KYKLADEN
LEBENSWELTEN EINER FRÜHGRIECHISCHEN KULTUR

KYKLADEN
LEBENSWELTEN EINER FRÜHGRIECHISCHEN KULTUR

Herausgegeben vom
Badischen Landesmuseum Karlsruhe

Die Deutsche Bibliothek verzeichnet diese Publikation in der Deutschen National-
bibliografie; detaillierte bibliografische Daten sind im Internet über http://dnb.d-nb.de
abrufbar.

Das Werk ist in allen seinen Teilen urheberrechtlich geschützt. Jede Verwendung ist
ohne Zustimmung des Museums/Verlages unzulässig. Das gilt insbesondere für Ver-
vielfältigungen, Übersetzungen, Mikroverfilmungen und die Einspeicherung in und
Verarbeitung durch elektronische Systeme.

© 2011 Badisches Landesmuseum Karlsruhe/Primus Verlag Darmstadt
Die Herausgabe des Werkes wurde durch die Vereinsmitglieder der WBG ermöglicht.

Gedruckt auf säurefreiem und alterungsbeständigem Papier

Redaktion: Claus Hattler, Badisches Landesmuseum Karlsruhe
Kataloggestaltung und -produktion: Verlagsbüro Wais & Partner, Stuttgart; Rainer Maucher
Printed in Germany
Druck und Bindung: Firmengruppe Appl, aprinta Druck, Wemding

Museumsausgabe
Einbandgestaltung: Christian Hahn, Frankfurt a. M.
Einbandmotive: Weibliche Marmorfigurine, Badisches Landesmuseum Karlsruhe
(s. Kat. 45), © Foto: Thomas Goldschmidt, Badisches Landesmuseum; Hintergrundmotiv:
Ranger Design, Stuttgart

www.landesmuseum.de

Buchhandelsausgabe Primus Verlag
Umschlaggestaltung: Christian Hahn, Frankfurt a. M.
Umschlagmotive: Weibliche Marmorfigurine, Badisches Landesmuseum Karlsruhe
(s. Kat. 45), © Foto: Thomas Goldschmidt, Badisches Landesmuseum; Hintergrundmotiv:
Ranger Design, Stuttgart

www.primusverlag.de

ISBN 978-3-86312-016-0

Lizenzausgabe für die WBG, Darmstadt
Umschlaggestaltung der WBG-Lizenzausgabe: Peter Lohse, Heppenheim
Umschlagmotiv der WBG-Lizenzausgabe: Weibliche Marmorfigurine, Badisches
Landesmuseum Karlsruhe (s. Kat. 45); © Foto: Thomas Goldschmidt, Badisches
Landesmuseum

www.wbg-wissenverbindet.de

ISBN 978-3-534-24894-0

Südostküste der Kykladeninsel Amorgos,
unweit der frühbronzezeitlichen Siedlung
von Markiani

Vorwort

> *„Das ist die Wirkung lebendiger Tradition:*
> *Wo sie am meisten befremdet,*
> *ist man ihrem Ursprung am nächsten."*
>
> Martin Mosebach, Du sollst dir ein Bild machen:
> Die Farbe der Griechen (2005) 15.

Die Kultur auf den ägäischen Kykladeninseln im ausgehenden 4. und im 3. Jahrtausend v. Chr. gehört zu den faszinierendsten der frühen antiken Kunstepochen. Sie ist gekennzeichnet durch die staunenswerte Welt der sogenannten „Idolfiguren", die in ihrer stilisierten Gestaltform die Kunst der Moderne fesselte und Rätsel aufgab, wie Menschen vor 5000 Jahren künstlerisch zu solch ausgebildeten und ausdrucksstarken plastischen Schöpfungen gelangen konnten.

Vielleicht bestand darin ein – produktives – Missverständnis. 1976 veranstaltete das Badische Landesmuseum eine spektakuläre Ausstellung über die „Kunst der Kykladen", die heute noch lebhafte begeisterte Erinnerungen in der Karlsruher Bevölkerung hinterlassen hat. Sie bestand aus über 400 Idol-Objekten unterschiedlicher Herkunft und Eigentums. Die Ausstellung und ihr – längst vergriffener – Katalog analysierte die verschiedenen Idolfiguren hauptsächlich nach kunsthistorischen Typologien, Entwicklungen und Stilvarianten.

Das neue Projekt des Badischen Landesmuseums hat die Absicht, die Kunst und die kulturellen Hervorbringungen der Kykladen auf eine historische und alltagsgeschichtliche Grundlage zu stellen. Sie fragt nach den kulturgeografischen, wirtschaftlichen und technologischen Grundlagen einer solchen Kultur, die sich im Übergang zu einer – nach heutigen Definitionen – „Hochkultur" befand.

Die Kultur der Kykladen jener Zeit ist eng mit den Anfängen der „Bronzezeit", der Verarbeitung von Bronze als Legierung von Kupfer und Zinn, verbunden, die dem Menschen neue Produktivmöglichkeiten zur Bearbeitung und Gestaltung ihrer Umwelt erschloss. Die Idole scheinen – aus meiner Sicht – aber auch dadurch entstanden und verstanden zu sein, dass die Menschen des 3. vorchristlichen Jahrtausends in ihrer Umwelt und Lebenswirklichkeit unbegreifliche und womöglich bedrohliche, irrationale Elemente wirksam sahen, jedenfalls solche, die sie in ihrem Alltag seelisch und übernatürlich begleiteten. Für die Kykladenkultur sollte auch bewusster wahrgenommen werden, dass sie über 1000 Jahre andauerte, eine „longue durée" besaß, die also vielschichtige Entwicklungen und Veränderungen wahrscheinlich machen. Durch die Schriftlosigkeit dieser Kultur können wir freilich wenig über Denken, Glauben und Weltvorstellung jener Menschen sagen, soweit uns nicht die archäologischen Funde Aufschluss geben können.

Wir danken den Museen, den ausländischen in Brüssel, Kopenhagen, Oxford, Paris und Schaffhausen, genauso unseren deutschen Leihgebern, die unser anspruchsvolles Ausstellungsprojekt befördern. Es hat leider nicht die Unterstützung der griechischen Behörden, Museen und Fachinstitutionen gefunden, die wir uns erhofft haben. Dies liegt am schlechten Licht, das man in Griechenland auf die Kykladenausstellung des Badischen Landesmuseums – vor 35 Jahren! – wirft und das seine Ursache in den damals ausgestellten Exponaten aus Privatsammlungen und aus dem Kunsthandel findet.

Unser neuerlicher Versuch einer Ausstellung zur faszinierenden Kykladenkultur hatte auch zum Ziel, das Verhältnis wieder auf die Basis einer für beide Seiten fruchtbringenden Zusammenarbeit zu stellen. Über das Maß des im Ausstellungswesen Üblichen wurden die Provenienzen der Exponate offengelegt, nicht nur des

Landesmuseums, sondern auch der internationalen und nationalen Leihgeber, die uns auch in dieser Hinsicht großmütig unterstützt haben. Die formelle Selbstverpflichtungserklärung zu einer zeitgemäßen Erwerbungs- und Ausstellungspolitik des Landesmuseums wurde formuliert und veröffentlicht – tatsächlich handelt es sich hierbei um Maximen, nach denen das Landesmuseum bereits seit einem Jahrzehnt handelt. Es ist schmerzlich, dass die zuständigen griechischen Behörden, anders als viele der griechischen und internationalen Fachkollegen, trotzdem kein Vertrauen in unser Tun gefasst haben. Eine kurzfristig von Griechenland erhobene Forderung, von der die Zusage der Leihgaben abhängig gemacht wurde und deren Erfüllung gar nicht in der Macht des Landesmuseums lag, besiegelte schließlich das Ende der erstrebten Kooperation. Dabei ist den heutigen Verantwortlichen des Badischen Landesmuseums durchaus bewusst, dass die Ankaufspolitik unserer Vorgänger (die wir noch nicht einmal mehr persönlich gekannt haben) in den 1960er-Jahren legitime Fragen hervorruft: Heute wissen wir, dass damals illegal ausgegrabene und in den Handel gebrachte Objekte gekauft wurden – so wie man dies auch damals wissen konnte, aber nicht wissen wollte. Immerhin galten damals bereits die nationalen Ausfuhrgesetze der Herkunftsländer, es existierte das UNESCO-Übereinkommen über „Maßnahmen zum Verbot und zur Verhütung der unzulässigen Einfuhr, Ausfuhr und Übereignung von Kulturgut" gegen den illegalen Kunsthandel, wenngleich die Bundesrepublik Deutschland dieses Abkommen auf Druck des Kunsthandels und einiger öffentlicher Museen erst 2007 mit Rückwirkung bis 1992 ratifiziert hat. Einerseits sind wir heute sensibler, wenn es darum geht, Eigentums- und Identitätsrechte der archäologischen Herkunftsländer voll zu respektieren, anstatt uns in mitteleuropäischen (und nordamerikanischen) Museen als die „eigentlichen" Sachwalter antiker Kultur und humanistischer Werte aufzumenden. Andererseits wissen wir heute auch besser über die Skrupellosigkeit des Antiken-Kunsthandels damals und heute Bescheid, der sich am Rand des kriminellen Milieus bis zu Geldwäsche und Raub bewegt und die Grabräuberei gefördert und hehlerisch unterstützt hat. Das waren und sind Straftaten – und zog unermessliche kulturgeschichtliche Wissensverluste nach sich: Dass wir nicht wirklich genau sagen können, wie die „Idole" im Grabbrauch verwendet wurden, hängt auch damit zusammen, dass viel zu wenige bei legalen, dokumentierten Grabungen zum Vorschein kamen. Über 80 % der Kykladenidole sind durch illegale, undokumentierte und aller Fundinformationen beraubter Raubgrabungen zum Vorschein (und in den Kunsthandel) gekommen. Sie waren nur noch eine „Ware", für die zumal vor 30, 40 Jahren ohne Murren und Handeln spekulative Höchstpreise bezahlt wurden. Es ist deprimierend zu wissen, dass auch Antiken heute im Handel in Hedgefonds, Investment-Portfolios, bei Käufern in China, Singapur oder Moskau landen.

Andererseits vermögen wir heute aber auch die griechische Antike nicht mehr so zu veredeln und als „human" zu glorifizieren, wovon die Generation der vor 30, 40 Jahren grassierenden Antikentrunkenheit zehrte. Die Antike war mindestens so blutrünstig wie andere Epochen der Weltgeschichte, von intransigenten Ehrvorstellungen beherrscht wie bei den Salafisten, und weiß künstlerisch heute vielen nichts mehr zu sagen. Wenn überhaupt, vermögen rätselhafte, geheimnisvolle Frühkulturen oder dekadente Spätkulturen ein heutiges, hochgereiztes öffentliches Interesse zu stimulieren. Wie viele Museen in Mitteleuropa engagieren sich denn noch für die griechische Antike? Das Badische Landesmuseum findet sich in seinem fast einzelkämpferischen Engagement durch die griechische Seite nicht fair gewürdigt. Ich teile auch nicht die Ansicht, dass eigentumsrechtlich fragwürdige Objekte nicht in Sonderausstellungen als Leihgaben gezeigt werden dürfen. Denn wenn ein Ausstellungsprojekt von Seiten des Herkunftslandes nicht oder nur mit zweitrangigen Leihgaben unterstützt wird, besteht ohne anderweitige Leihgaben die Gefahr, dass ein Thema unter Wert präsentiert werden würde – und ein wirtschaftlich ruinöser Besucherflop wird.

Ausstellungen mit Themen der antiken Archäologie aus der Türkei, Vorderasien oder Nordafrika haben derzeit mehr Konjunktur. Es sollte im gemeinsamen Interesse sein, dass die Beschäftigung mit der antiken griechischen Kultur – und diese vollzieht sich hierzulande hauptsächlich in spektakulären Ausstellungen mit hochkarätigen Exponaten – in der öffentlichen Aufmerksamkeit langfristig nicht auf den hinteren Rang einer sekundären Regionalkultur schrumpft.

Wir sind heute keine reinen Graecoklassizisten mehr wie zu Goethes und Kaiser Wilhelms Zeiten – Anatolien, das Alte Ägypten, Rom, die Spätantike, das abendländische Mittelalter, der Islam bieten ebenfalls spannende Kulturszenarien und sogar „modernere" Epochen der Abgründigkeiten und der Brüche als die idealisierte griechische Kunst und Kultur voll „edler Einfalt und stiller Größe", wie sie Winckelmann, Goethe oder Hölderlin bewunderten und über die die irische Germanistin Eliza Marian Butler 1935 ein Buch mit dem Titel *Von der Tyrannei Griechenlands über Deutschland* geschrieben hat. Die Ausstellungen des Badischen Landesmuseums über griechische Themen – das Heiligtum von Delphi 1996, das minoische Kreta 2001 und zuletzt die frühe, „homerische" Eisenzeit 2008 – sind sicher kein Ausdruck einer solchen Tyrannei. Sie sind Ausdruck eines nach wie vor lebendigen Interesses unseres Museumspublikums an den reichen Kulturen Griechenlands, das wir – auch gegen den Zeitgeist – wachhalten wollen.

Das Badische Landesmuseum möchte seine archäologischen Ausstellungen prinzipiell in Zusammenarbeit mit den jeweiligen Herkunftsländern realisieren. Trotzdem kann es eine Ausstellung über die Kykladenkultur auch ohne griechische Leihgaben veranstalten – und zwar mit nun auch aus griechischer Sicht „sauberen" Objekten. Denn auch in früheren Zeiten gab es in den abendländischen Ländern ein Bewusstsein dafür, dass diese Kultur in den großen europäischen Rahmen und damit auch in Museen des gesamten euromediterranen Zuschnitts gehört. Das Badische Landesmuseum selbst verfügt über einen forschungsgeschichtlich bedeutsamen Kernbestand bereits im mittleren 19. Jahrhundert erworbener frühkykladischer Skulptur, als diese in der Fachwissenschaft noch Befremden, wenn nicht Abscheu auslöste.

Deutsche Kultur ist in Museen Japans, Amerikas, Englands oder Frankreichs vertreten, und wir sind stolz darauf und fragen nicht nach den Transaktionsumständen, soweit kein Diebstahl vorliegt. Und das Badische Landesmuseum unterstützt Museen auf der ganzen Welt großzügig mit Leihgaben, soweit die Objekte irgendwie transportabel sind. Wir finden das in der heutigen Museums- und Ausstellungssituation professionell und sehen im Hinblick auf archäologische Objekte darin die Möglichkeit, antike Kulturen durch aussagekräftige Stücke aus unserem Bestand in anderen Häusern erfahrbar zu machen.

Ich möchte persönlich zum Ausdruck bringen, dass hier – jenseits der juristischen Sachverhalte – das Badische Landesmuseum zu einer ethischen und moralischen Lösung der strittigen Fragen herausgefordert ist und seinen Beitrag zu einer fairen Lösung zu leisten willens ist.

Ich habe vielen zu danken; und ich nenne bewusst die Unterstützung eines griechischen Kollegen an erster Stelle: Herrn Prof. Dr. Diamantis Panagiotopoulos von der Universität Heidelberg. Ihm sei zusammen mit seinen Mitarbeitern für die Übernahme von Teilen der Heidelberger Studio-Ausstellung „Inseln der Winde" gedankt und allgemein dem Zentrum für Altertumswissenschaften an der Universität Heidelberg, unserem produktiven Kooperationspartner, besonders Prof. Dr. Joseph Maran. Der Kooperationsvertrag zwischen der Universität und dem Landesmuseum wird „gelebt": im Sommersemester 2011 wurde ein gemeinsames berufsorientierendes Seminar veranstaltet, in dessen Rahmen die daran teilnehmenden Studenten Texte verfassten, die in die didaktischen Tafeln der Ausstellung Eingang fanden. Prof. Dr. Nikolaos Stampolidis, der Direktor des Goulandris-Museums für Kykladische Kunst, hat sich freundschaftlich für unser Anliegen in Athen eingesetzt, auch wenn die Entscheidung letzten Endes nicht zu unseren Gunsten zu wenden war.

Das Badische Landesmuseum dankt Dr. Jörg Rambach, Kalamata, sehr für die dauerhafte Überlassung seiner originalen Zeichnungen und Fotografien frühkykladischer Funde zur Ergänzung der hier bereits archivierten Bilddokumentation, wovon auch die Illustration des Kataloges sehr profitieren konnte.

Einige Katalogbeiträge, die durch die Entwicklung der Situation nicht durch griechische Kollegen realisiert werden konnten, sind dankenswerterweise kurzfristig von einer Reihe junger Wissenschaftler im Archäologischen Institut der Universität Erlangen-Nürnberg übernommen worden.

Auch ohne Leihgaben und Katalogbeiträge aus Griechenland kann die Karlsruher Ausstellung viel Interessantes und Neues bieten. Hier im Haus durchgeführte Versuche zur Bemalung an Marmornachbildungen brachten durch den Sachverstand des Bildhauers Christoph Lehr, Elchesheim-Illingen, und der Gemälderestauratorin Andrea Wähning eindrucksvolle Ergebnisse. Prof. Dr. Rainer Altherr aus Heidelberg unterstützte dabei durch seine naturwissenschaftlichen Analysen. Auch ihm sei gedankt. Außerdem berichtet der international namhafteste Archäologe der Kykladenkultur, Prof. Dr. Lord Colin Renfrew, zusammen mit einem seiner Mitarbeiter über die jüngsten und höchst eindrucksvollen Ergebnisse seiner Feldforschungen auf der Insel Keros.

Dr. Katarina Horst hat im Badischen Landesmuseum nicht nur die Ausstellung konzipiert und organisiert, sondern auch unermüdlich versucht, Frieden zu stiften zwischen den griechischen Staatsbehörden und dem Badischen Landesmuseum. Möge ihr in der Zukunft der wünschenswerte Erfolg beschieden sein.

Frau Horst wurde im Haus engagiert unterstützt von Dr. Bernhard Steinmann als Assistent, Claus Hattler M.A. als Katalogredakteur sowie Dr. Clemens Lichter in wissenschaftlichen Fragen.

Die Ausstellungsgestaltung übernahm bewährt das Team von Kurt Ranger, Stuttgart, den Katalog der Primus Verlag. Der Konrad Theiss Verlag entwickelte erstmals eine App anstelle des früheren Systems von Audioguides. Wie immer haben das Team der Restauratoren, der Technische Dienst, der PR-Service und die Museumspädagogik erfolgreich für die Ausstellung gearbeitet.

Das Badische Landesmuseum freut sich auf eine neue Kykladenausstellung nach 35 Jahren und hofft auf eine ebenso positive Resonanz in der Bevölkerung wie seinerzeit.

Prof. Dr. Harald Siebenmorgen

Inhalt

14 *Im Kreis der Inseln*
Die Kykladen als vorgeschichtliche Lebenswelt
von Katarina Horst

18 Übersichtskarten

Lebensräume

22 *Weißer Marmor, schwarzes Glas*
Die geologische Vielfalt der Kykladeninseln
von Rainer Altherr

30 *Inseln im Strom*
von Gerhard Plath

32 *Von nichts kommt nichts*
Steinzeitliche Vorgänger der Kykladenkultur
von Clemens Lichter

41 *Der Archipel als Lebensraum*
Pflanzen und Tiere als Nahrungsressourcen
von Eva Alram

Lebenswelten

50 *Herrscher der Inseln*
Anatomie einer Seefahrergesellschaft
von Evi Gorogianni

58 *Frühkykladische Musikanten*
von Manolis Mikrakis

60 *Hanglage und Meerblick*
Zur frühkykladischen Haus- und Siedlungsarchitektur
von Stefanie Hubert

74 *Kykladenboot und Minoerschiff*
Die Entwicklung der frühägäischen Seefahrt
von **Michael Wedde**

82 Modellrekonstruktion eines frühkykladischen Langbootes
von **Thomas Guttandin**

84 *Geritzt, gestempelt und bemalt*
Die Keramik der kykladischen Kultur
von **Robert Nawracala**

92 *Die Pracht der Steine*
Meisterwerke frühkykladischer Steinmetzkunst
von **Agnes Malecha**

100 *Spiegel oder Spendeschale?*
Das Rätsel der „Kykladenpfannen"
von **Bernhard Steinmann**

108 *Kostbares Gut*
Geräte und Gefäße aus Metall
von **Hartmut Matthäus**

118 Waffen und Würdezeichen
von **Christian Vonhoff**

120 *Spiegel des Lebens?*
Grabausstattungen und Totenfürsorge
von **Jörg Rambach**

132 Zeitstufen und Kulturhorizonte
von **Jörg Rambach**

134 Zeittafel

136 *Vor den Palästen*
Die Kykladenkultur und das frühminoische Kreta
von **Diamantis Panagiotopoulos**

144 *Maß für Maß*
Indikatoren für Kulturkontakte im 3. Jahrtausend
von Lorenz Rahmstorf

154 *„Globalisierung" vor 5000 Jahren*
Die Kykladen und die Welt der Frühbronzezeit
von Susan Sherratt

158 *Ende einer Blütezeit*
Umbruch und Kulturwandel im späten 3. Jahrtausend
von Jörg Rambach

Geisteswelten

164 *Ein erstes regionales Zentrum*
Das frühkykladische Heiligtum von Keros
von Colin Renfrew und Michael Boyd

175 *Vielfalt der Idole*
Typologie und Formenreichtum kykladischer Idolplastik
von Bernhard Steinmann

185 *Farbig gefasst*
Die Bemalung der Idole – das Experiment
von Bernhard Steinmann und Andrea Wähning

194 *Farbe auf Marmoridolen*
Bemalte Götter, Uschebti oder Voodoo-Puppen?
von Katarina Horst

202 „Alles ist ja nur symbolisch zu nehmen…"
von Susanne Erbelding

Nachleben

206 *Vom Sammeln von Kykladenidolen*
„Kykladenkunst" zwischen Markt und Museum
von Katarina Horst

216 Meister und Künstler?
von John F. Cherry

218 *Zurück zu den Anfängen*
Mythos und Geschichte, Reisende und Forscher
von **Claus Hattler**

227 *„Kleine Scheusale"*
Die Kykladenidole und die moderne Kunst
von **Anna zu Stolberg**

Die Welt der Dinge

240 *Katalognummern 1 bis 142*

Anhang

335 *Literaturverzeichnis*
343 *Am Ausstellungsprojekt Beteiligte*
344 *Danksagung*
345 *Ortsregister*
347 *Bildnachweis*

Im Kreis der Inseln
Die Kykladen als vorgeschichtliche Lebenswelt

von **Katarina Horst**

Die prähistorischen Kulturen Europas und des Mittelmeerraumes sind vielfältig, jede für sich einzigartig und bedeutend und sicherlich hat jede ihren beachtenswerten Beitrag zur Weltgeschichte beigetragen. Warum aber ist das Interesse an der Kultur der Kykladen des 3. Jahrtausends v. Chr. besonders stark? Es besteht kein Zweifel: Die schönen und attraktiven Marmorfiguren sind der Auslöser für diese große Aufmerksamkeit. Zu Recht: Denn innerhalb von drei bis vier Jahrhunderten haben die Bewohner dieser ägäischen Inselgruppe in der Blütezeit der frühkykladischen Kultur (ca. 2700–2300 v. Chr.) Tausende von Marmorfiguren geschaffen, die sie nach einem gemeinsamen und ästhetischen Gestaltungsprinzip, gewissermaßen einem Kanon, formten. 2000 Jahre später verfasste der griechische Künstler Polyklet eine Schrift über die Theorie der idealen Maßverhältnisse in der plastischen Gestaltung klassischer Menschenfiguren, eben den in der antiken Kunstgeschichte berühmten, leider nicht erhaltenen *Kanon des Polyklet*. Man hat jedoch den Eindruck, dass die Menschen auf den Kykladen auch ohne theoretische Schrift das Idealmaß gefunden hatten. „Die Klassik beginnt im 3. Jahrtausend", so brachte es Professor Diamantis Panagiotopoulos im Seminar der Heidelberger Universität auf den Punkt und hat damit dieses Phänomen treffend charakterisiert. Es verwundert daher nicht, dass noch der heutige Betrachter diese Kykladenfiguren als zeitlos schön empfindet.

Die Marmorfiguren der Kykladen sind *das* charakteristische Merkmal dieser Kultur. Sie allein darauf zu reduzieren, wäre aber nicht richtig, denn diese Kultur – wie auch die der unmittelbar benachbarten und mit ihr in direktem Kontakt stehenden Regionen – hat Vieles zu verbuchen, das, jedes für sich, mit dem Prädikat: „zum ersten Mal in Europa" versehen werden könnte. Zum ersten Mal wird das Metall Bronze für Werkzeug und Waffen verwendet, zum ersten Mal benutzt man zur Kennzeichnung von Gütern und Besitzverhältnissen gestempelte Zeichen, eine klare Vorstufe der Schrift, zum ersten Mal findet die Töpferscheibe Verwendung, zum ersten Mal wurde die Gesellschaft weit aufgefächert in Berufe und Spezialisierungen – alles Merkmale, die es erlauben, die Behauptung aufzustellen, dass die Kykladen im 3. vorchristlichen Jahrtausend auf der Schwelle zur ersten Hochkultur Europas standen.

Diesen enormen kulturellen Aufschwung verdanken die Bewohner der Kykladen zwei Faktoren: zum einen ihrer Fähigkeit, die Ägäis mit großen und schnellen Booten zu befahren, denn sie verfügten über das Knowhow des Bootsbaus auf technisch hohem Niveau und über hervorragende nautische Kenntnisse. Sie konnten dadurch einen weitgespannten Schiffsverkehr aufbauen. Sie trieben mit den Anrainervölkern an der kleinasiatischen Küste, dem griechischen Festland und auf Kreta einen regen Handel, der sich nicht nur auf materielle Güter beschränkte. Und genau dies war ihre zweite Fähigkeit: Sie waren in der Lage, interkulturell zu kommunizieren. Denn das wahre innovative Handelsgut waren Ideen: man tauschte sich z.B. über technische und handwerkliche Neuerungen aus, sicherlich auch über Gesellschaftsformen, über Religion, letztlich alles, was eine Kultur ausmacht. Die Grenze zwischen Orient und Europa, die von uns durch heutige Staatsgrenzen vor den Küsten Kleinasiens definiert wird, war faktisch in der Prähistorie nicht vorhanden. Sich mit anderen Völkern auseinander- und zusammenzusetzen und voneinander zu lernen ist im Hinblick auf Erfolg, Frieden und Entwicklung die intelligentere Überlebensstrategie für alle Beteiligten, als die, sich strikt voneinander abzugrenzen.

Zwei Harfenspieler, gefunden wohl in einem Grab auf der Insel Thera sowie ein Syrinxbläser, s. Kat. 101–103

Trotz der neuen Ideen und Waren, die zu ihnen kamen, entwickelten sich in der Kykladenkultur ganz eigene und spezifische Phänomene, die – soweit wir davon Kenntnis haben – uns faszinieren und in Erstaunen versetzen. Zu diesen Phänomenen gehört der Umgang mit den vielen Marmorfiguren, die bemalt wurden und ihre Verwendung in religiösen Riten fanden. Auch scheint es, dass besondere heilige Plätze zur Ausübung des Kultes benutzt wurden, von denen bisher zwei auf der kleinen Insel Keros entdeckt wurden. Diese zeichnen sich dadurch aus, dass es dort zwar keinerlei Architektur gab, dafür aber besondere Plätze, an denen Bruchstücke von unzähligen Marmorfiguren gefunden wurden. Was dort genau geschah, versucht eine Gruppe Forscher herauszubekommen, die sich hier zum ersten Mal vor einem deutschen Publikum darüber äußert (s. Seite 164 ff.).

Die vielen Marmorgefäße sind – wie die Figuren – Meisterwerke handwerklicher Steinmetzkunst. Sie fanden ihre Verwendung wohl auch in den religiösen Riten, doch noch längst sind nicht alle „Einsatzgebiete" der Gefäße geklärt. Von einigen „Kulturgütern" haben wir nur indirekt Nachweise: von der Korbflechterei, der Webkunst, der Kultivierung von Pflanzen. Zum Teil wissen wir von diesen durch Abdrücke im feuchten Ton noch ungebrannter Keramikgefäße.

Die Menschen haben Musik gemacht und geschätzt: Das zeigen zweifellos die Harfen- und Flötenspieler. Gern wüssten wir, welche Melodien auf diesen Instrumenten gespielt wurden.

Die gesellschaftliche Ordnung der Kykladenbevölkerung scheint so beschaffen gewesen zu sein, dass allen der Zugang an den Ressourcen und Lebensmitteln möglich war. Sie lebten in kleinen Familiengemeinschaften in weilerartigen Siedlungen, die sich über die Inseln verteilten. Eine steile Gesellschaftspyramide scheint es nicht gegeben zu haben, jedoch gab es in den Gemeinschaften eine Elite (bestehend aus sog. *Big Men*, wie sie in der Fachsprache bezeichnet werden), die sich durch besondere Besitztümer auszeichnete. Dieses Bild bieten uns die Begräbnisstätten, bei denen einige Gräber durch besonders reiche Ausstattung hervorgehoben wurden.

Langsam, ohne sichtbaren Bruch, „verblasst" diese Kultur auf den Kykladen. Es blieb auch bis jetzt die einzige von besonderer, eigenständiger Bedeutung, die von der Inselgruppe bekannt ist. Warum diese Kultur zu Ende ging und was die Auslöser dafür waren, wird in der

Geschützte Bucht im kykladischen Archipel. Die kykladische Frühbronzezeit ist ohne den Mut, sich auf das Meer zu wagen, undenkbar. Es war „eine Zeit unternehmungslustiger Männer, die die Meere befuhren" (John Caskey) und die ihrer befähigten Schiffsbaumeister. Während die lateinische Sprache mit dem Begriff *īnsula* (Insel) die Idee von Abgeschlossensein und Isoliertheit verbindet, steckt im griechischen Wort *nēsos* (Insel) die gleiche Wurzel wie in *naus* (Schiff). Eine enge Verbindung zwischen Inselleben, nautischen Fähigkeiten und Schiffsverkehr mag schon in der vorgriechischen Zeit gegolten haben.

Wissenschaft rege diskutiert. Es wird sicherlich nicht nur ein einziger Grund dafür verantwortlich zu machen sein, sondern ein Zusammenspiel aus mehreren Ereignissen, das den kulturellen Niedergang herbeigeführt hat. Bisher zeichnet sich ab, dass die auf den Inseln limitierten Ressourcen über das Maß der Regeneration hinaus ausgebeutet wurden, z.B. durch das Roden der Bäume zur Deckung des immensen Energiebedarfs in der Metallurgie, z.B. für die Herstellung von Bronze. Zudem scheinen die Zeiten unruhiger geworden zu sein und möglicherweise könnte es überfallartige Verwüstungen gegeben haben, die zeigen, dass die Kykladenbewohner nicht mehr uneingeschränkt die Herren des Mittelmeeres waren. Die Inselbewohner verließen ihre kleinen „Dörfer" und zogen in größeren Siedlungen zusammen. Das ist wohl ein Zeichen, dass sie Schutz in der Gemeinschaft erhofften und zudem eine bessere Versorgung durch Güter von außen. Doch eine Erholung der Gesellschaft und ihrer eigenen Kultur fand nicht statt, stattdessen eroberte einige Jahrhunderte später eine andere Kultur das Terrain der Kykladen: das minoische Kreta, die erste europäische Hochkultur.

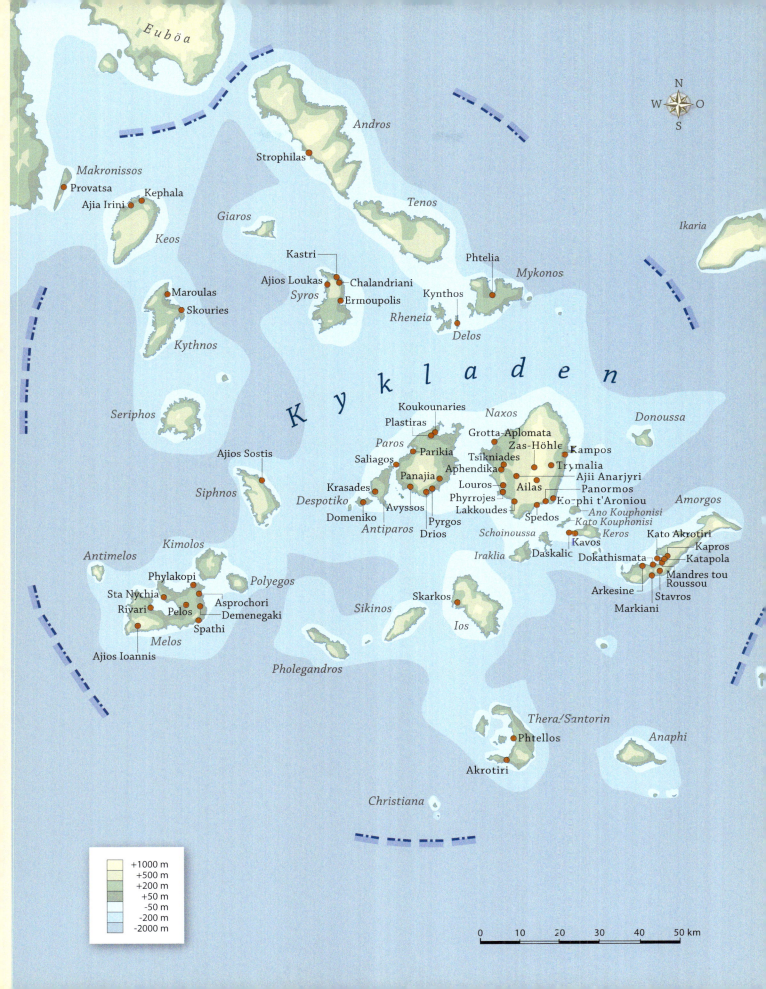

Lebensräume

Weißer Marmor, schwarzes Glas
Die geologische Vielfalt der Kykladeninseln

von **Rainer Altherr**

Die Kykladen sind geprägt durch viele Gesteinsarten. Häufig sind metamorphe Gesteine wie Gneis, Schiefer, Marmor, Amphibolit, Grünschiefer, Blauschiefer und Eklogit. Hinzu kommen stellenweise Granite. Die Inseln der Melos- und der Santorin-Gruppe bestehen fast völlig aus vulkanischen Gesteinen. Sedimentgesteine, wie z. B. Kalkstein, spielen dagegen in den Kykladen eine untergeordnete Rolle.

Zur Geologie der Kykladen

Die Entstehung der Kykladen kann nur im Zusammenhang mit der geologischen Entwicklung des gesamten ägäischen Raumes verstanden werden. Die meisten Inseln bestehen aus metamorphen Gesteinen, die vor 52 bis 45 Millionen Jahren in einer Subduktionszone, d. h. in einem Bereich, in dem sich als Folge der Plattentektonik eine Platte unter eine andere schiebt, bei relativ hohen Drücken und niedrigen Temperaturen entstanden. Dabei bildeten sich typische Minerale wie z. B. blauer Glaukophan ($Na_2(Mg,Fe^{2+})_3(Al,Fe^{3+})_2[Si_8O_{22}](OH)_2$), roter Granat (($Mg,Fe^{2+},Mn^{2+},Ca)Al_2[SiO_4]_3$), dunkelgrüner Omphazit ($NaCaAl(Fe^{2+},Mg)[Si_2O_6]$) und hellgrüner Jadeit ($Na(Al,Fe^{3+})[Si_2O_6]$). Gesteine mit viel Glaukophan bezeichnet man als Blauschiefer; solche, die hauptsächlich aus Granat und Omphazit bestehen, heißen Eklogit. Derartige Gesteine wirken schon aufgrund ihrer Färbung sehr attraktiv (s. Abb. links). Nach der „Hochdruck-Metamorphose" wurden die Gesteine dann Richtung Erdoberfläche transportiert. Auf diesem Weg wurden sie vor 15 bis 10 Millionen Jahren in einer Tiefe von ca. zwölf Kilometern stellenweise von granitischen Magmen durchdrungen und durch die damit verbundene Wärmezufuhr nochmals metamorph verändert. Besonders deutlich wird dies auf der Insel Naxos, die (neben Marmoren) überwiegend aus Gneisen, Schiefern und Amphiboliten besteht, welche bei Temperaturen von bis zu 700 °C aus Blauschiefern entstanden, die im Südosten der Insel noch erhalten sind.

Gesteine mit viel Glaukophan (blau) und Omphazit (grün) im Nordteil der Insel Syros

Ein Gestein aus Glaukophan (blaugrau) und Granat (rotbraun) im Nordteil der Insel Syros

Die Caldera (Vulkankrater) der Insel Santorin

Bereits vor 70 bis 65 Millionen Jahren entstanden die Gneise, Schiefer, Amphibolite und Granite der kleinen Inseln Donoussa (östlich Naxos), Nikouria (nördlich Amorgos) und Anaphi (östlich Santorin). Diese Gesteine wurden damals nördlich des Raumes der heutigen Kykladen bei relativ hohen Temperaturen (650 °C) in einer Tiefe von ungefähr 15 Kilometern unter der Erdoberfläche gebildet und später nach Süden auf die Gesteine der Kykladen überschoben.

Seit 15 Millionen Jahren dehnt sich der Bereich der Südostägäis stark aus; derzeit beträgt die Rate ca. 4 cm pro Jahr. Hierdurch wurde die kontinentale Erdkruste gerade im Bereich des heutigen Ägäischen Meeres stark verdünnt. Im Laufe der Zeit wurde somit aus einem durch kontinentale Kollision entstandenen Gebirge ein durch Bruchtektonik und plastische Deformation ausgedehnter flacher Bereich mit Meeresbedeckung. In der Frühen Bronzezeit (vor 5000 Jahren) lag der Meeresspiegel an vielen Stellen der Kykladen vier bis fünf Meter tiefer als heute.

Der Vulkanismus, der sich auf den heutigen Inselgruppen von Melos (seit 3,5 Millionen Jahren) und Santorin (seit 650 000 Jahren) abgespielt hat, ist bedingt durch die noch anhaltende Subduktion, bzw. Unterschiebung der Afrikanischen unter die Eurasische Platte. Daher gibt es auch heute noch häufig Erdbeben im südlichen Griechenland. Zum ägäischen Vulkanbogen gehören auch die Inseln Methana, Ägina und Poros südöstlich von Athen sowie Nisyros, Yali und Kos vor dem türkischen Festland.

Obsidianvorkommen in Sta Nychia auf der Insel Melos

Klima und Wasservorräte

Das Klima der Kykladen ist charakterisiert durch milde, regnerische Winter und warme, überwiegend trockene Sommer. Die durchschnittliche jährliche Niederschlagsmenge ist eher gering und liegt zwischen 360 und 650 mm pro Jahr. Dabei werden die höheren Werte auf den nördlichen Inseln Andros und Tenos erreicht. Diese Inseln sind den Nordwinden viel stärker ausgesetzt als die südlichen Inseln. Zum Vergleich sei hier der Wert von 740 mm für Karlsruhe genannt. Charakteristisch für die südlichen Kykladen ist, dass die Niederschlagsmengen von Jahr zu Jahr extremen Schwankungen unterworfen sind. Lokale Quellen gibt es vor allem auf Andros, Tenos, Keos und Naxos, während Melos, Santorin und Mykonos wenig Grundwasser zur Verfügung haben und Giaros und Antimelos fast trocken sind. Man kann davon ausgehen, dass die klimatischen Verhältnisse der Kykladen während der Bronzezeit ähnlich wie heute waren.

Marmor, der Rohstoff für die Kykladenidole

Marmor ist eines der markantesten und gleichzeitig weichsten Gesteine der Kykladen; es lässt sich mit einem Messer oder Hammer leicht ritzen. Das wesentliche und oft einzige Mineral dieses Gesteins ist Calcit (oder Kalkspat), $CaCO_3$, manchmal aber auch Dolomit, $CaMg(CO_3)_2$. Die Farbe der in den Kykladen vorkommen-

Weißer Marmor von Kinidaros, Naxos. Der Marmor enthält an dieser Stelle Amphibolit-Lagen, die durch Dehnung zerlegt worden sind (oben); Kykladischer Marmor (rechts).

den Marmore variiert von grau bis weiß; selten kann dieses Gestein auch ein wenig gelblich oder sogar rötlich sein, wie stellenweise auf Naxos bzw. Paros und Despotiko (westlich Paros). Graue Marmore sind meist feinkörniger als die weißen Marmore, die vor allem auf Paros und Naxos auftreten. Alle Marmore der Kykladen sind durch Metamorphose aus (dolomitisierten) Kalksteinen hervorgegangen. Sie stellten ein gut zu bearbeitendes Material für die Kykladenidole und Gefäße dar. Für ein einzelnes Artefakt aus Marmor ist es schwierig und vielleicht sogar nahezu unmöglich, die Herkunft des Rohmaterials verlässlich zu bestimmen. Man versucht oft, die Isotopenverhältnisse von Strontium, Sauerstoff und Kohlenstoff zur Unterscheidung der verschiedenen Marmore zu nutzen, allerdings mit begrenztem Erfolg.

„Jade", ein grünes Gestein aus dem Nordteil der Insel Syros

Vor allem im Norden von Syros findet man unter anderem auch feinkörnige, hellgrüne, ziemlich harte Gesteine, die fast nur aus den Mineralen Jadeit ($NaAlSi_2O_6$) und Quarz (SiO_2), manchmal auch Albit ($NaAlSi_3O_8$), bestehen. Auch diese Gesteine dienten als Rohstoff zur Herstellung von Schmuck und Gefäßen.

Obsidian, ein wichtiger Werkstoff im Neolithikum und in der Bronzezeit

Obsidian ist ein schwarzgraues vulkanisches Glas mit einer chemischen Zusammensetzung, die der eines Granits gleicht. Es entsteht, wenn relativ gasarmes siliziumreiches Magma an der Erdoberfläche ausfließt und schnell von ca. 850 °C auf die Umgebungstemperatur abkühlt. Fast immer enthält Obsidian kleine, oft nur wenige Mikrometer große Kristalle der Minerale Feldspat, Quarz, Biotit, Hornblende oder Magnetit. In den Kykladen kommen solche glasigen Gesteine im Nordostteil der Insel Melos an drei Orten vor: Sta Nychia, Demenegaki und Ajios Ioannis. Weitere Obsidianvorkommen in der Ägäis gibt es im Süden der Kykladeninsel Antiparos sowie auf Yali (dies ist der griechische Ausdruck für Glas), einer kleinen Insel, die sich im Dodekanes zwischen Kos und Nisyros befindet.

Wie lässt sich nun für ein einzelnes Obsidianwerkzeug die Herkunft des Rohstoffs bestimmen? Hier helfen zunächst Unterschiede in der chemischen Zusammensetzung, in der Art der kleinen Kristalle und eventuell auch in den Isotopenverhältnissen von Strontium und Neodymium. Wichtig ist weiterhin der Zeitpunkt, an dem die Schmelze zu Obsidian erstarrte. Während die Obsidiane von Melos ungefähr vor 1,6 Millionen Jahren entstanden, ist der Obsidian von Yali nur ca. 24 000 Jahre alt. Der Obsidian von Antiparos ist mit ungefähr vier Millionen Jahren deutlich älter. Die chemische Zusammensetzung von Obsidian lässt sich heute mit modernen analytischen Methoden im kleinsten Bereich von nur einigen Mikrometern mit hoher Genauigkeit bestimmen. Dies gilt auch für die sogenannten Spurenelemente, die in Konzentrationen von nur einigen Zehntausendstel Prozent vorhanden sind. Glücklicherweise unterscheiden sich die oben genannten Obsidianrohstoffe des südägäischen Raumes chemisch und teilweise auch isotopisch. Es hat sich gezeigt, dass in den Kykladen hauptsächlich Obsidian von Melos, untergeordnet aber auch der von Yali, verarbeitet wurde. Der Obsidian von Antiparos wurde dagegen nur in den dortigen Siedlungen verwendet. Dies erklärt sich dadurch, dass dieser Obsidian nur in relativ kleinen Stücken vorkommt und sich somit nicht besonders gut zur Herstellung von Werkzeugen eignete.

Bims, ein aufgeschäumtes saures vulkanisches Glas

Der Begriff Bims bezeichnet ein poröses, schwammiges vulkanisches Glas, das auch kleine Kristalle enthalten kann. Bims entsteht, wenn eine siliziumreiche Gesteinsschmelze bei der Eruption noch sehr viel Wasser in gelöster Form enthält. Da die Löslichkeit von Wasser in Gesteinsschmelzen mit fallendem Umgebungsdruck geringer wird, entgast das Magma beim Aufstieg aus dem Erdinneren. Dies ist vergleichbar mit dem Verhalten von Sekt beim Öffnen der Flasche; allerdings entweicht hierbei Kohlendioxid. Auf diese Weise wurden bei der Minoischen Eruption, die sich um 1627 v. Chr. ereignete, große Mengen an Magma gefördert. Beim Austritt des schäumenden Magmas wurde es an der Luft schnell abgekühlt und erstarrte zu Glas. Während der Abkühlung entwich teilweise noch Wasser aus der Schmelze. Auf diese Weise entstanden Bimsbrocken, die so leicht sind, dass sie vom Wasser getragen werden können. Die Minoische Eruption war ein heftiges Ereignis, bei dem die vulkanischen Förderprodukte bis in ca. 40 km Höhe geschleudert wurden; die Eruption dauerte jedoch nur wenige Tage. Neben den Bimsen der Minoischen Eruption gibt es im Bereich der Kykladen weitere Bims-Vorkommen (z.B. auf Yali), die bei anderen Eruptionen gebildet wurden.

Ägyptischer Alabaster oder Sinterkalk

Streng genommen bedeutet Alabaster eine Substanz aus feinem, meist weißem oder zumindest hellem Gips ($CaSO_4 \cdot 2H_2O$), der sich gut zur Wärmeisolierung eignet.

Zudem ist er sehr weich und kann daher leicht bearbeitet werden. Als Ägyptischer Alabaster wird eine Kalkspat-Varietät bezeichnet, die durch Ausfällung aus kalkhaltigem Süßwasser entsteht (Kalksinter). Der hierfür ebenfalls häufig verwendete Begriff Onyxmarmor ist leider irreführend.

Metalllagerstätten

Wie Ausgrabungen zum Beispiel in der Zas-Höhle von Naxos belegen, hatten die Bewohner der Kykladen bereits im späten Neolithikum Kontakt mit Metallen, nicht nur mit Kupfer, sondern auch mit Gold. Im 3. Jahrtausend v. Chr. wurden in der Frühen Bronzezeit bei Lavrion in Attika und auf den Inseln Kythnos, Siphnos und Seriphos Erzlagerstätten abgebaut, wie Stollen und Schlackenhalden belegen. Hierbei handelt es sich um Blei-Silber-Zink-Kupfer-Lagerstätten. Das Mineral Bleiglanz (PbS) enthält in geringen Mengen (<1 Gew.%) Silber. Kupfer ist in diesen Lagerstätten überwiegend nur in Form von grünen und blauen Kupfersekundärmineralen, wie z.B. Malachit ($Cu_2[(OH)_2|CO_3]$), Azurit ($Cu_3[(CO_3)_2|(OH)_2]$) oder Chrysokoll ($Cu_4H_4[(OH)_8|Si_4O_{10}] \cdot n\,H_2O$), zu finden. Auf der Insel Keos ist zwar keine Lagerstätte bekannt, aber es gibt auch hier zumindest Hinweise auf die Verarbeitung von Kupfererz, da in der dortigen Ausgrabung der Siedlung von Kephala kleine Kupferbröckchen, Schlackestücke und Gusstiegel gefunden wurden. Auch auf Polyegos kommen silberhaltige Bleiglanz-Vererzungen vor. Goldvorkommen sind von Siphnos und Melos bekannt.

Für die Herstellung der Legierung Bronze wurde neben dem Hauptanteil Kupfer auch noch zwischen 5 und 12% Zinn benötigt. Größere Lagerstätten für Zinn gibt es in der gesamten Ägäis nicht. Damals halfen sich die

Smirgel-Abbau auf der Insel Naxos. Die korundhaltigen Smirgelstücke werden entlang der Straße angehäuft und später abtransportiert.

Glaukophan-Omphazit-Granat-Fels (Syros)
Dieses Gestein besteht im Wesentlichen aus den Mineralen
Glaukophan (blau; $Na_2(Mg,Fe^{2+})_3Al_2[Si_8O_{22}(OH)_2]$)
Omphazit (grün; $NaCa(Al,Mg,Fe^{2+})[Si_2O_6]$)
Granat (rotbraun; $(Mg,Fe^{2+},Mn,Ca)_3Al_2[SiO_4]_3$)

Bims (Santorin)
Entstanden bei der Minoischen Eruption, ca. 1627 v. Chr.

Nuklei und Klingen aus Obsidian (Melos)
Fundort: Sta Nychia

Chrysokoll (grün)
$Cu_4H_4[(OH)_8|Si_4O_{10}]$

Azurit (blau; $Cu_3[OH|CO_3]_2$), teilweise mit
Chrysokoll (grün; $Cu_4H_4[(OH)_8|Si_4O_{10}]$)

Gesteinsproben aus der Lehrsammlung des Instituts für Geowissenschaften der Universität Heidelberg

Smirgel (Naxos)
Das blaue Mineral ist Korund (Al_2O_3)

Bleiglanz (dunkelgrau; PbS),
umgeben von *Limonit* (gelbbraun; $FeOOH$)
(Lavrion, Attika)

Menschen nicht nur in den Kykladen zunächst mit Arsen, das ebenfalls eine Härtung des Kupfers bewirkt. Erst später, ab 2600 v. Chr., wurden auf der Iberischen Halbinsel und möglicherweise auch im Süden der Türkei Zinnvorkommen entdeckt, was die Herstellung echter Bronze ermöglichte. Die Herkunft des verwendeten Zinns in den Kykladen ist aber noch nicht geklärt.

Die metamorphen Bauxite von Naxos werden oft nach dem Fundort Smyrna (= İzmir) in Anatolien als S(ch)mirgel bezeichnet. Hierunter versteht man ein feinkörniges Gemenge aus Korund (Al_2O_3) mit Magnetit (Fe_3O_4), Hämatit (Fe_2O_3) und anderen Mineralen. Wegen der hohen Härte von Korund wurde damals und wird auch heute noch Smirgel zum Schleifen von Metallen und Marmor benutzt.

Mineralische Pigmente

Als gelbe, rote und braune Pigmente dienten die Ocker. Gelber Ocker besteht aus einer Vielzahl von wasserhaltigen Eisen(III)-oxiden ($Fe_2O_3 \cdot aq$), unter anderem auch Limonit ($FeOOH$), sowie Beimengungen von Tonmineralen, Quarz und Kalk. Roter Ocker besteht dagegen überwiegend aus Hämatit (Fe_2O_3). Dabei variiert der Farbton mit der Korngröße des Hämatits. Zinnober (HgS) wurde nicht so häufig verwendet, da er sich an Licht zersetzt. Die blaue Farbe wurde meist aus Ägyptisch Blau, einer Bezeichnung für das Mineral Cuprorivait ($CaCuSi_4O_{10}$), hergestellt. Daneben wurde auch Azurit ($Cu_3(OH)_2(CO_3)_2$) verwendet, der nur mit relativ viel Aufwand in reiner Form gewonnen werden konnte. Unter Umgebungseinflüssen (Verwitterung) wird dieses Mineral grünlich. In der minoischen Siedlung Akrotiri auf Santorin wurde aber auch das fein zerriebene blaue Mineral Glaukophan als Farbstoff nachgewiesen. Natürlich vorkommende grüne Pigmente wie Malachit ($Cu_2(OH)_2CO_3$) und Chrysokoll ($CuSiO_3 \cdot nH_2O$) sind nicht sehr farbkräftig und wurden daher seltener benutzt. Stattdessen wurden damals grüne Pigmente meist durch Mischen von gelben und blauen Pigmenten hergestellt. Die tatsächliche Verwendung vieler der genannten Stoffe (z. B. Ägyptisch Blau) ist für die ägäische Frühbronzezeit allerdings noch nicht nachgewiesen.

Lit: Altherr/Siebel 2002 – Altherr u. a. 1979 – Altherr u. a. 1982 – Altherr u. a. 1994 – Friedrich 2000 – Gale 1981 – Pe-Piper/Piper 2002 – Ring/Kumerics 2008 – Ring u. a. 2007

Inseln im Strom

von **Gerhard Plath**

Das Ägäische Meer unterliegt den ozeanografischen Bedingungen des Mittelmeeres. Die Oberflächenverdunstung des Mittelmeeres ist so groß, dass sie nicht durch die in ihm mündenden Flüsse ausgeglichen werden kann. Als Folge davon strömt kälteres Atlantikwasser durch die Straße von Gibraltar ein. Diese Kaltwasserschicht führt zu einer Unterwasserströmung entlang der nördlichen Küste von Afrika, umrundet Zypern und erreicht die Ägäis nördlich von Rhodos. Im Norden führen mehrere Flüsse, darunter der Evros und der Axios, Süßwasser zu. Darüber hinaus bringt die Schneeschmelze im Frühjahr über die Donau und das Schwarze Meer enorme Süßwassermengen in die nördliche Ägäis. Die Fauna und Flora unter Wasser ist aufgrund dieser unterschiedlichen Zuströme nicht die gleiche wie im restlichen Mittelmeer.

Die hohen Gebirgsketten auf dem griechischen Festland grenzen die Ägäis von der zentraleuropäischen Großwetterlage ab, sodass der Luftmassenaustausch von der Großwetterlage über Kleinasien und dem westlichen Mittelmeerraum abhängig ist. Den Sommer über beherrschen heftige Nordwinde, die seit der Antike Etesien genannt werden, den ägäischen Raum, während im Winter westliche Winde vorherrschen. Im Frühjahr und Herbst bringen südliche Winde, der Chamsin und der Schirokko, mit mäßigen Geschwindigkeiten Warmluftmassen in die Ägäis.

Aufgrund der mehr als 2000 Inseln hat man an jeder Stelle auf See Landblick, was die Navigation erleichtert. Diese dichte Inselwelt führt aber auch zu beschleunigten Luft- und Wasserströmungen zwischen den Inseln, in deren enger Nachbarschaft außerdem mit Untiefen zu rechnen ist.

Das Ägäische Meer ist stark von seismischen und tektonischen Bewegungen geprägt. Fast drei Viertel der ägäischen Seefläche liegen auf der Kleinasiatischen Platte, die südlich von Kreta auf die Afrikanische Platte stößt. Über den Golf von Korinth und die Dardanellen grenzt die Eurasische Platte an. In den Randzonen dieser Platten führen tektonische Bewegungen zu stetigen Veränderungen der Küstenlage.

Eine Studie, die die Erfassung der maritimen Bedingungen für Schiffe unter Rahsegel und dadurch die Ermittlung bronzezeitlicher Seewege zum Ziel hatte, wurde von mir in den Jahren 2007 und 2008 durchgeführt. Unter Zuweisung von

Stürmische See zwischen den Kykladen. Auch bei gutem Wetter können Fallwinde nahe an den Inseln segelnden Booten gefährlich werden.

Grenzwerten für Wind, Wellen und Strömungen wurden die Daten ausgewertet. Mittels separater Vektorzuweisung (Wind, Wellen, Strömung) wurden in einem ersten Schritt mögliche Seerouten ermittelt. Die Komponenten Bewölkung, Dunst, Mondlicht oder Sandsturm wurden in einem zweiten Schritt als Ausschlussfaktoren eingefügt.
In Zonen, in denen es zu einer Überlagerung von Vektoren kam, welche an manchen Stellen über mehrere Wochen die gleiche Richtung von Strömung, Wind und Wellen anzeigten, konnten als regelmäßig benutzbare Seewege erkannt werden.
Folgende Auffälligkeiten wurden festgestellt: Entlang der kretischen Nordküste und über der Insel Kythera bis in die Argolis und den Saronischen Golf hinein herrschen häufig günstige Bedingungen für einen Rahsegler. Das Gleiche gilt für die Nord-Süd-Route entlang des Dodekanes und zwischen Thera und dem östlichen Kreta.
Die Inselwelt der Kykladen dagegen ist von günstigen Rahsegelbedingungen unabhängig, da die Strecken mittels Ruder- oder Paddelantrieb per „Inselhüpfen" zu bewältigen sind. Das Queren der Ägäis in Ost-West-Richtung ist jedoch nur an wenigen Tagen im Jahr möglich. Die Route zwischen Kreta und Rhodos ist nur mit einem Zwischenstopp in Karpathos befahrbar.
Eine „Schleichroute" könnte der Euböische Golf gewesen sein, der eine Verbindung aus dem Saronischen Golf zu den nördlichen Sporaden und der nördlichen Ägäis darstellt.
In der Seestraße zwischen Euböa und Andros baut sich im Frühjahr eine fast konstante Nord-Süd-Strömung von mehr als vier Knoten auf. Ein Passieren dieses Kanals nach Norden ist nur mit einem Vortrieb von mindestens acht Knoten möglich. Der hierzu nötige Westwind stellt sich allerdings recht selten ein, sodass diese Passage für Segler praktisch nur in der Gegenrichtung zu befahren ist.

Lit: Hofrichter 2001

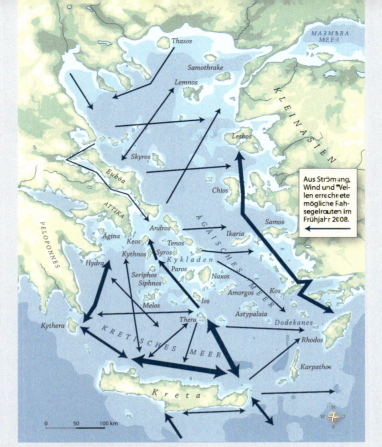

Mögliche Rahsegelrouten zwischen dem 12. 3. und 29. 5. 2008

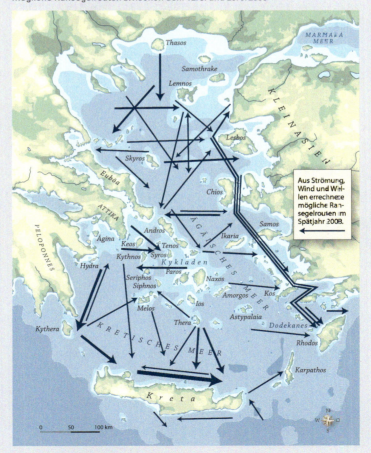

Mögliche Rahsegelrouten zwischen dem 4. 6. und 15. 10. 2008

Von nichts kommt nichts
Steinzeitliche Vorgänger der Kykladenkultur

von **Clemens Lichter**

Die Vorgeschichtsforschung ist oftmals von der Sichtweise geprägt, Gewässer als natürliche Hindernisse und damit auch als kulturelle Barrieren zu interpretieren. Auch wenn diese Betrachtungsweise in vielen Fällen zutreffen mag, so ist ein genauer Blick auf die tatsächlichen Verhältnisse dennoch lohnenswert.

Bei prähistorischen Schiffspassagen galt es – aus Sicherheitsgründen sowie im Hinblick auf die Navigation und Versorgung mit Trinkwasser –, mehrtägige Fahrten über das offene Meer zu vermeiden. Stattdessen zog man Routen in Küstennähe vor. Die naturräumlichen Voraussetzungen der Ägäis, mit ihren in Sichtweite zueinander liegenden Inseln, erlauben es, Schiffsreisen in mehrere, überschaubare Abschnitte zu gliedern, und bieten Möglichkeiten für Nachtlager und Schutz bei stürmischer See. Diese besonderen Gegebenheiten machten das Ägäische Meer zu einem Gunstraum für die frühe Schifffahrt und bei Kenntnis der Windverhältnisse und Meeresströmungen zu einem bedeutenden vorgeschichtlichen Verkehrsweg.

Aus der Ägäis sind für das Neolithikum und die Frühbronzezeit bislang keine Funde von Wasserfahrzeugen bekannt geworden, dies ist jedoch keinesfalls als Argument gegen deren Existenz zu interpretieren. Denn die Seltenheit solcher Funde erklärt sich mit der Betrachtung der dafür notwendigen Voraussetzungen: Zunächst muss es zur Ablagerung der Fahrzeuge gekommen sein, was nur durch einen Verlust (z. B. bei einem Sturm oder auch ein gezieltes Versenken) zustande kommt. Darüber hinaus müssen an der Ablagerungsstelle besondere Erhaltungsbedingungen vorherrschen und der Platz darf durch spätere Prozesse nicht zerstört worden sein. Schließlich müssen diese Stellen entdeckt, als solche erkannt und fachgerecht dokumentiert werden.

Bislang bekannte stein- und frühbronzezeitliche Bootsmodelle und -darstellungen geben wahrscheinlich nur ein eingeschränktes Spektrum der vorhandenen Schiffstypen wieder. Neben den auf den „Kykladenpfannen" dargestellten Booten dürften noch weitere Wassertransportmittel zur Verfügung gestanden haben und es ist grundsätzlich auch mit Segelbooten zu rechnen.

Belege für „überseeische" Kontakte

Aus indirekten Belegen lässt sich ableiten, dass das Mittelmeer und insbesondere die Ägäis mindestens seit dem Epipaläolithikum (11. Jt. v. Chr.) befahren wurde.

Ein Indiz für die steinzeitliche Befahrung der Ägäis liefert Obsidian von der Kykladeninsel Melos. Die Nutzung dieses für die Herstellung von Steingeräten hervorragend geeigneten Rohmaterials ist für die epipaläolithischen und mesolithischen Schichten der Franchthi-Höhle (Argolis) seit dem 10. Jahrtausend v. Chr. auf dem griechischen Festland nachgewiesen – ein Befund, der die Existenz seetüchtiger Wasserfahrzeuge voraussetzt, die ein Aufsuchen der rund 140 km entfernt liegenden Kykladeninsel Melos ermöglichten. Ein weiterer Hinweis

Spätneolithisches Schiffsmodell aus Tsangli, Thessalien

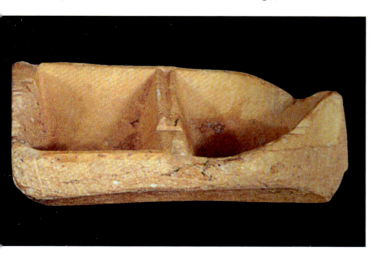

Verbreitung von Obsidian von der Kykladeninsel Melos in der stein- und bronzezeitlichen Ägäis

sind Funde von melischem Obsidian in der mesolithischen Siedlung Maroulas auf der Kykladeninsel Kythnos und in den mesolithischen Schichten der Kyklopenhöhle auf Youra (weniger als 10% Melosobsidian), einer Insel der nördlichen Sporaden. Der für die vorneolithische Zeit vorläufig östlichste Verbreitungspunkt stammt von Ikaria, jener ostägäischen Insel auf der – der Sage nach – Dädalus seinen Sohn Ikarus bestattet haben soll. Melosobsidian scheint hier ebenfalls aus mesolithischen Fundzusammenhängen belegt (Sampson 2006).

Spätestens seit dem Frühneolithikum gelangte melischer Obsidian zur Herstellung von Steingeräten auch nach Thessalien und Makedonien und auf die Peloponnes. Schließlich ist dessen Verwendung in Siedlungen des 7./6. Jahrtausends v. Chr. in der westanatolischen Küstenregion und auf Kreta nachgewiesen. Von Melos nach Kreta sind ebenfalls rund 100 km über das offene Meer zu überwinden.

Ursache oder Wirkung?

An einigen Fundplätzen stellt der melische Obsidian rund die Hälfte der geschlagenen Steingeräte, an anderen tritt der Rohstoff in deutlich geringeren Anteilen in Erscheinung. Das Rohmaterial scheint an Orten mit großen Mengen an Melosobsidian offenbar auf direktem Weg bezogen worden zu sein. Entweder hatte man die Insel selbst aufgesucht oder man stand in Austausch mit Personen, die unmittelbar Zugang zu diesem Material hatten. Melischer Obsidian wurde von den direkt versorgten

Klingen aus Melosobsidian von Dedecik-Heybelitepe (Westanatolien) Melischer Obsidian wurde spätestens seit Ende des 7. Jt. v. Chr. auch in Westanatolien zur Geräteherstellung verwendet.

Plätzen aber auch weitergetauscht, wie die Fundplätze mit geringeren Anteilen dieses Rohmaterials nahelegen. Dabei scheinen sowohl vorbereitete Kerne als auch fertige Klingen oder Geräte weitergegeben worden zu sein. Diese Beobachtungen, wie auch die nachweisliche Nutzung von beiden Abbaustellen (Sta Nychia und Demenegaki) auf Melos, und fehlende Besiedlungsspuren aus dieser Zeit sprechen gegen eine permanente Anwesenheit von Menschengruppen auf der Insel. Wahrscheinlicher erscheinen zeitlich befristete Aufenthalte, die u. a. zur Versorgung mit dem beliebten Rohstoff dienten. Ob der melische Obsidian die Ursache und gleichsam die Triebfeder für diese regen Kontakte und die Nutzung des Seeweges war oder nur deren (einziger) materieller Niederschlag, muss vorläufig offen bleiben.

Weitere Belege für die Befahrung des östlichen Mittelmeerraums liefern die Kolonisierung Zyperns im 11./10. Jahrtausend v. Chr. und der Beginn der bäuerlichen, d.h. sesshaften, Ackerbau und Viehzucht treibenden Lebensweise auf Zypern (9. Jt. v. Chr.) und schließlich auch auf Kreta (7000 v. Chr.). Vieles spricht auch dafür, dass die neolithische Lebensweise das griechische Festland in der Mitte des 7. Jahrtausends v. Chr. ebenfalls auf dem Seeweg erreichte.

Es ist davon auszugehen, dass dieser Schiffsverkehr von spezialisierten Gruppen, die es verstanden, die Ressourcen des Meeres zu nutzen und über einen reichen nautischen Erfahrungsschatz sowie über handwerkliche Fähigkeiten im Schiffsbau verfügten, bewerkstelligt wurde. Diese „Seefahrer" nutzten die ägäischen Inseln als Zwischenstationen und für kurzfristige, möglicherweise auch saisonale Aufenthalte. Sie besaßen zweifellos auch Wissen über jenseits des Meeres liegende Gebiete und durch Kontakte mit der einheimischen Bevölkerung indirekt auch Kenntnisse über diese Landschaften und die dort verfügbaren Ressourcen. Ferner waren sie in der Lage, Transportkapazitäten zur Verfügung zu stellen. Denn für den Transfer der im Nahen Osten, im Bereich des sogenannten Fruchtbaren Halbmondes, entstandenen sesshaften, Ackerbau und Viehzucht treibenden Lebensweise war es erforderlich, Saatgut und domestizierte Tiere auf dem Wasserweg zu transportieren. Den Spezialisten fiel damit eine wesentliche Mittlerrolle bei der Ausbreitung der neuen Lebensweise zu. Der gegenüber dem Balkanraum um mehrere Jahrhunderte frühere Beginn dieser Innovation in Griechenland dürfte seine Begründung u. a. in der Existenz dieser Vermittler finden.

Steinzeitliche Kulturabfolge auf den Kykladen

Für einen dauerhaften oder längerfristigen Aufenthalt von Menschengruppen auf den Kykladen während der Altsteinzeit (Paläolithikum) gibt es bislang keine belastbaren materiellen Nachweise. Der melische Obsidian an epipaläolithischen Fundstellen des Festlandes ist bis-

lang der einzige – wenn auch nur indirekte – Beleg für menschliche Anwesenheit auf der Insel Melos. Durch den seit dem letzten Eiszeitmaximum (ca. 18 000 v. Chr.) um rund 120 m angestiegenen Meeresspiegel und den dadurch bedingten Landverlust ist aber auch damit zu rechnen, dass paläolithische Stationen heute unter Wasser liegen.

Erste Siedlungsplätze und eine Fundlücke

Einen der vorläufig frühesten direkten Nachweise für die Anwesenheit von Menschen auf den Kykladen liefert der mesolithische Fundplatz Maroulas auf der Insel Kythnos. Annähernd runde Steinfußböden markieren die Standorte der mittelsteinzeitlichen Bauten. Das Siedlungsgelände wurde auch für die Niederlegung der Toten benutzt. In dem ausgegrabenen Areal fanden sich mehrere Bestattungen in extremer Hocklage. Es ist vorläufig nicht geklärt, ob der Platz ganzjährig besiedelt war. Möglicherweise haben sich die Menschen hier nur zu bestimmten Jahreszeiten aufgehalten. Lebensgrundlage bildete Fischfang, aber auch die Jagd auf kleine Säugetiere und Vögel. Maroulas liefert einen wichtigen Beleg für die Nutzung der Kykladen in mesolithischer Zeit. Es ist anzunehmen, dass auch die anderen, z. T. weitaus größeren Kykladeninseln von mesolithischen Gruppen aufgesucht wurden.

In Fels gepickte Darstellungen von Booten aus Korphi t'Aroniou auf Naxos

Die Beziehungen zwischen Griechenland und Westanatolien geben sich in verschiedenen kulturellen Elementen und Praktiken zu erkennen. Neben bemalter Keramik und Figurinen gehören hierzu z. B. auch Stempel, deren Muster eine gegenseitige Beeinflussung erkennen lassen (oben: Stempel aus Ulucak/Anatolien, unten: Stempel aus Sesklo/Thessalien).

Für die Zeit des Früh- und Mittelneolithikums, d.h. vom 7. bis zum Ende des 6. Jahrtausends v.Chr., konnten bisher keine Fundplätze identifiziert werden. Diese Fundlücke steht in einem scheinbaren Gegensatz zu der Rolle, die gerade der ägäischen Inselwelt und insbesondere den Kykladen bei der Übermittlung der bäuerlichen Lebensweise nach Europa zugedacht wird. Eine mögliche Erklärung für das Fehlen des Früh- und Mittelneolithikums ergibt sich aus den Einschränkungen, welche die Inselstandorte der frühen Landwirtschaft auferlegten und die diese Lagen für die frühen Bauern zunächst unattraktiv erscheinen ließen. Die bäuerliche Nutzung der Inselstandorte setzte eine gegenüber dem Festland andere Bewirtschaftung und Zusammensetzung von Anbauprodukten und Tierhaltung voraus. Dies zeigt sich z.B. auch an den Siedlungen der Folgezeit: Untersuchungen von Haustierknochen der spätneolithischen Fundplätze Saliagos und Phtelia weisen mit 80–90 % sehr hohe Anteile an kleinen Wiederkäuern, d.h. Schaf und Ziege, auf, und damit an Tieren, die aufgrund ihrer Anpassungsfähigkeit und Genügsamkeit für die felsigen und trockenen Standorte besonders gut geeignet sind. Schweine spielten dagegen nur eine untergeordnete Rolle und das Rind kam nur vereinzelt vor. Die zeitgleichen Fundstellen in Festlandgriechenland geben ein anderes Bild wieder: Der Anteil der kleinen Wiederkäuer fällt geringer aus, während Schweine und Rinder immerhin rund ein Drittel ausmachen. In diesen Verhältnissen spiegelt sich die Anpassung der Tierhaltung an die Gegebenheiten auf den Inseln wider. Ein ähnliches Bild liefern auch die Daten zu den Anbauprodukten. Stehen auf den Festlandfundstellen die Weizenarten Einkorn und Emmer an erster Stelle, dominiert auf den Inseln die an trockene Standorte besser angepasste Gerste.

Für die Subsistenz des Spätneolithikums auf den Kykladen besaßen die Ressourcen des Meeres aber nach wie vor große Bedeutung. An dem Fundplatz Saliagos dokumentieren Anhäufungen von Thunfischknochen eine jahreszeitlich bedeutende Jagd auf diese Fische. Diese hoch spezialisierte Art der Nahrungsgewinnung setzt zweifellos einen enormen Erfahrungsschatz zum Verhalten dieser Schwarmfische voraus. Dies zeigt, dass die im Spätneolithikum auf den Kykladen siedelnden Menschengruppen offenbar keine Fremden waren, da sie über umfangreiche Kenntnisse über die lokalen Gegebenheiten verfügten.

Schon in der neolithischen Epoche gibt es neben eher naturalistisch dargestellten Figurinen bereits stark schematisierte Typen, wie dieses Exemplar aus Saliagos zeigt.

Spätneolithische Blüte

Die dauerhafte Besiedlung der Kykladen erfolgte offenbar erst mit dem griechischen Spätneolithikum. Es wird in einen älteren Abschnitt I (ca. 5300–4300 v.Chr.) und einen jüngeren Abschnitt II (ca. 4300–3200 v.Chr.) unterteilt, für den sich die Bezeichnungen Finales Neolithikum oder Chalkolithikum (Kupfersteinzeit) eingebürgert haben. Auf den Kykladen wird der ältere Abschnitt (I) nach einer heute vor Antiparos gelegenen Siedlungsstelle als Saliagos-Kultur bezeichnet. Ein weiterer bekannter und durch Grabung erschlossener Fundplatz dieser Zeit ist Phtelia auf der Insel Mykonos. Den jüngeren Abschnitt II, das Chalkolithikum, charakterisiert die unter anderem nach dem Fundplatz Kephala auf Keos benannte, sogenannte Attika-Kephala-Gruppe, der auch die Siedlung Strophilas auf Andros angehört. Beide Abschnitte sind ferner in der Zas-Höhle auf Naxos vertreten sowie von zahlreichen weiteren, durch Oberflächenfunde bekannten Plätzen auf den Kykladen überliefert. Ab der Mitte des 4. Jahrtausends v. Chr. ist auf den südlichen Kykladeninseln die Grotta-Pelos-Gruppe verbreitet, die auch noch die erste Phase der Frühbronzezeit einnimmt.

Die Saliagos-Kultur

Die spätneolithische Saliagos-Kultur war auf der gesamten Inselgruppe der Kykladen verbreitet. Bislang kennen wir keine Gräber – diese Kultur ist uns ausschließlich aus Siedlungsfunden überliefert. Die Siedlung am Namen gebenden Fundort war von einer Steinmauer umgeben und gehört damit zu den frühen Befestigungen der Ägäis. Die Anzahl der Bewohner des weniger als einen Hektar Fläche einnehmenden Platzes wird auf maximal 200 geschätzt. Die nah beieinander errichteten, rechteckigen Bauten der Siedlung besaßen Steinfundamente.

Kennzeichen der Saliagos-Kultur ist die Verzierung der dunkel polierten Tongefäße mit matter weißer Bemalung, die als geometrische Muster die Gefäße ziert. Weiß auf dunkel bemalte Keramik ist eine charakteristische Ware, die im ägäischen Raum seit Beginn des Spätneolithikums in Erscheinung tritt. Am etwas jüngeren Fundplatz Phtelia ist auch pastose Bemalung, d.h. Bemalung der Gefäßoberfläche nach dem Brand, in weißer und roter Farbe typisch, eine Verzierung, die auch in der folgenden Attika-Kephala-Gruppe noch zur Anwendung kommt. Zum typischen Ensemble der Saliagos-Kultur gehören ferner Pfeilspitzen, die am Namen gebenden Fundort besonders zahlreich sind und aus melischem Obsidian hergestellt wurden.

Die Attika-Kephala-Gruppe

Der auf einer gebirgigen, zum Meer steil abfallenden Halbinsel an der Nordwestküste von Keos liegende Fundplatz Kephala ist durch eine Siedlung und einen Friedhof des ausgehenden 5. und 4. Jahrtausends v. Chr. bekannt geworden (Coleman 1977). Vor allem am Südhang fanden sich rechteckige, mehrräumige Grundrisse

Die in Westanatolien hergestellten und verbreiteten Figurinen vom Typ Kiliya wurden lange Zeit als frühbronzezeitlich angesehen und von den Kykladenidolen abgeleitet. Nachdem jedoch deutlich geworden ist, dass diese Figurinen dem 5./4. Jahrtausend v. Chr. angehören, können sie als Vorläufer der Kykladenidole angesehen werden. Kiliya-Figurine mit der Herkunftsangabe Papasköi (Papasköy), aus der Antikensammlung Berlin

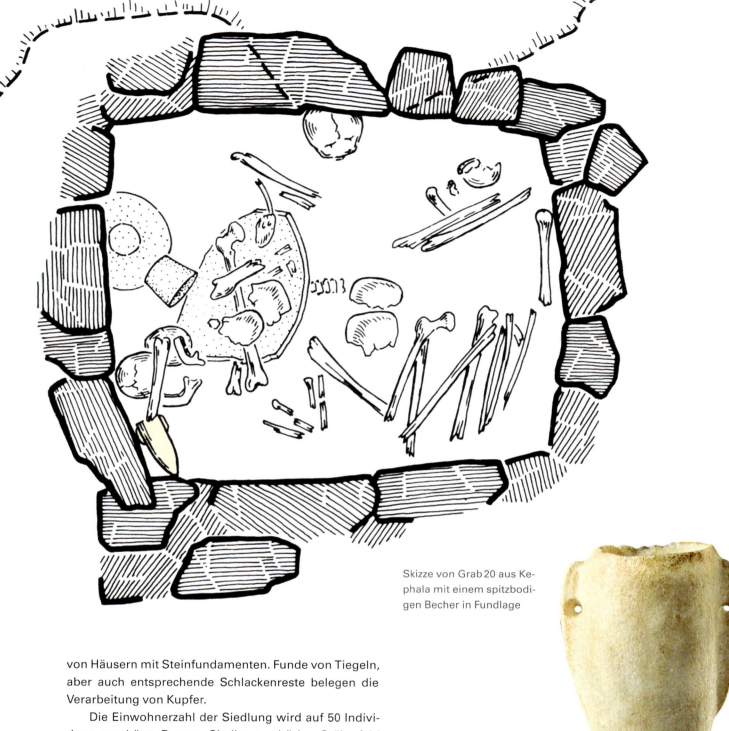

Skizze von Grab 20 aus Kephala mit einem spitzbodigen Becher in Fundlage

Spitzbodiger Mamorbecher aus Naxos (s. Kat. 1). Vergleichbare Stücke stammen aus Kephala und sind von Fundplätzen in Westanatolien und der bulgarischen Schwarzmeerküste bekannt geworden.

von Häusern mit Steinfundamenten. Funde von Tiegeln, aber auch entsprechende Schlackenreste belegen die Verarbeitung von Kupfer.

Die Einwohnerzahl der Siedlung wird auf 50 Individuen geschätzt. Das zur Siedlung gehörige Gräberfeld war durch eine Mauer in einen oberen und einen unteren Teil getrennt und bestand aus etwa 40 Gräbern. Aus kleinen Steinen gesetzte Wände begrenzen die von größeren Steinplatten abgedeckten Gräber. Die annähernd rechteckigen, bisweilen rundlichen Steinkisten waren meist dicht zueinander gesetzt angelegt. In den Gräbern fanden sich Bestattungen in Hocklage unterschiedlicher

Orientierung. Neben Einzel- wurden auch Doppel- und Mehrfachbestattungen praktiziert. In einem Grab lagen Reste von insgesamt 13 Individuen. Hierbei ist ein zeitliches Nacheinander der einzelnen Bestattungen festzustellen: Viele Skelette wurden nicht mehr im Verband angetroffen. Bei einer Neubelegung der Steinkiste wurden ältere, bereits skelettierte Verstorbene und deren Beigaben einfach zur Seite geschoben. Nicht zuletzt deswegen war die Beigabenausstattung der Gräber aus Kephala verhältnismäßig spärlich. Hervorzuheben ist ein spitzbodiger Becher aus Kykladenmarmor, der in einer Mehrfachbestattung (Grab 20) zutage kam. Ähnliche Marmorgefäße sind auch von anderen Orten überliefert, so z.B. ein Exemplar mit der Herkunftsangabe Naxos (s. Kat. 1), und von Fundplätzen außerhalb der Kykladen bekannt. Die Fundstelle Kulaksızlar bei Manisa nördlich von İzmir hat mit mehreren Fragmenten dieses Typs den Nachweis geliefert, dass dieser Gefäßtyp auch in Westanatolien hergestellt wurde (Takaoğlu 2005). Ein weiteres Exemplar stammt von dem kupferzeitlichen Gräberfeld von Varna an der bulgarischen Schwarzmeerküste.

Die Gefäßkeramik aus Kephala lässt in Form und Verzierung Bezüge nach Attika erkennen und bleibt den allgemeinen Modeerscheinungen der Zeit nicht verschlossen. Die für die Attika-Kephala-Gruppe typische, mit Politurmustern verzierte Ware ist sowohl von der Peloponnes als auch aus der Ostägäis bekannt.

Ein weiterer prominenter und z.T. durch Ausgrabung erfasster Siedlungsplatz des Chalkolithikums ist Strophilas auf der Insel Andros. Die auf dem Plateau gelegene, zur Seeseite hin durch den steilen Abhang natürlich geschützte Siedlung war zur Landseite mit einer Steinmauer nebst Bastionen geschützt. Mit 2,5 ha war Strophilas deutlich größer als Kephala. Bekannt ist der Platz unter anderem aber auch wegen seiner Felszeichnungen, die sowohl naturalistische (Schiff, Tiere) als auch abstrakte Motive (Spiralen) zeigen.

Neolithische Wegbereiter

Das Spätneolithikum und das Chalkolithikum zeigen in vielerlei Hinsicht Anknüpfungspunkte mit der frühbronzezeitlichen Kykladenkultur, z.B. in Grabarchitektur und Bestattungssitten, aber auch den Siedlungen. Figurinen und Marmorgefäße geben sich dabei als Vorläufer der frühbronzezeitlichen Fundinventare zu erkennen. Bemerkenswert – vor allem im Hinblick auf die spätere Entwicklung – sind z.B. die Figurinen der Saliagos-Kultur. Sitzende und stehende Typen sind z.T. bereits aus Mar-

Politurmusterverzierte Keramik ist typisch für das Chalkolithikum in der Ägäis. Gefäß aus der Zas-Höhle auf Naxos

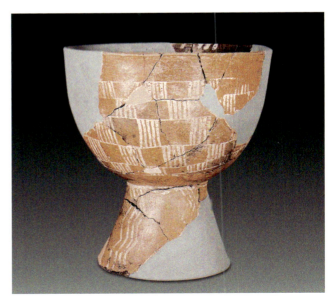

Weiß bemalte Keramik, eine typische Erscheinung des Spätneolithikums. Gefäß aus Saliagos

Goldblech aus der Zas-Höhle in Naxos. Vergleichbare Goldblechstreifen sind aus dem kupferzeitlichen Gräberfeld von Varna an der bulgarischen Schwarzmeerküste überliefert.

mor hergestellt und erreichen in dem violinförmigen Typ einen enormen Abstraktionsgrad.

Hinsichtlich ihrer abstrahierenden Formensprache wie auch des Materials Marmor und den vermutlichen Kontexten besitzen die in West- und Südwestanatolien verbreiteten Figurinen vom Typ Kiliya (Seeher 1990; Takaoğlu 2005) eindeutige Parallelen zu den Figurinen der Kykladenkultur. Die Zeitstellung des Kiliya-Typs im späten 5. bis mittleren 4. Jahrtausend v. Chr. macht diesen zu einem Vorläufer der Kykladenidole und unterstreicht einmal mehr die enge Verzahnung der Kykladenkultur mit dem westanatolischen Raum.

Weitreichende Tauschnetzwerke

Aus dem Spätneolithikum kennen wir bereits erste Nachweise zur Metallurgie in der ägäischen Inselwelt. Die Siedlung Saliagos erbrachte zwar keine Belege für die Verwendung von Kupfer, aus dem wenig jüngeren Phtelia sind jedoch erste Kupferartefakte überliefert. Kupferbeile, -meißel und -pfrieme kamen auch in Kephala und in der Zas-Höhle auf Naxos zum Vorschein. In den spätneolithischen Schichten des zuletzt genannten Fundplatzes fand sich auch ein Goldblechstreifen und damit der älteste Edelmetallfund der Kykladen. Vergleichbare Goldobjekte sind auch aus dem bereits genannten Gräberfeld von Varna überliefert.

Mithilfe der Metallzusammensetzung und der Bleiisotopie konnte bei einigen Stücken auf die Herkunft des Erzes geschlossen werden. Neben Skouries, einer Lagerstätte auf Kythnos, und weiteren Lagerstätten auf Siphnos und Seriphos, lassen sich zwei der Artefakte aus Phtelia mit der Lagerstätte Bolkardağ/Aladağ im anatolischen Taurusgebirge verknüpfen. Zu den aus lokalen Erzen produzierten Kupfergeräten fanden also auch Rohmaterialien oder Geräte aus Anatolien Eingang in die Kykladen (Gale/Stos-Gale 2008). Dieser Befund deckt sich mit einer Beobachtung, die bei den Obsidianartefakten aus Saliagos gemacht wurde. Dort wurde vor allem melischer Obsidian verwendet, der lokal verarbeitet wurde. Ein kleiner Teil des Obsidians stammt jedoch aus Yali und belegt damit für Saliagos Kontakte in die Ostägäis. „Import" von Gütern, die auf den Kykladen reichlich vorhanden sind, erscheint auf den ersten Blick widersinnig, ergibt vor dem Hintergrund des neolithischen Tauschhandels aber durchaus einen Sinn: Denn hierbei handelt es sich nicht vorrangig um einen am Markt und dessen Bedürfnissen orientierten ökonomischen Prozess. Nichtsdestotrotz liefern die Artefakte ein vorzügliches Abbild vorhandener Beziehungsnetzwerke.

Die Kykladen waren also schon lange vor Beginn der frühbronzezeitlichen Kykladenkultur in die überregionalen Beziehungsnetzwerke ihrer Zeit eingebunden. Entscheidende Grundvoraussetzung hierfür war zweifellos ihre geografische Lage. Die bereits in vorneolithischer Zeit betriebene Befahrung der Ägäis erlaubte es, sich über einen langen Zeitraum nautisches Know-how anzueignen und sich diesen Raum nutzbar zu machen. Damit wurden die wesentlichen Grundlagen für die Entwicklungen in der Frühen Bronzezeit geschaffen. Aufrechterhaltung und Ausbau dieses zwischen Festlandgriechenland, Westanatolien und dem östlichen Mittelmeerraum bestehenden Beziehungsgeflechtes ermöglichte die kulturelle Blüte der Kykladen im 3. Jahrtausend v. Chr.

Lit: Alram-Stern 1996 – Brodie u.a. 2008 – Broodbank 1999 – Broodbank 2000 – Cherry 1990 – Coleman 1977 – Gale/Stos-Gale 2008 – İstanbul 2011 – Lichter 2005 – Lichter u.a. 2008 – McGrail 2001 – Perlès u.a. 2011 – Reingruber 2008 – Sampson 2002 – Sampson 2006 – Seeher 1992 – Takaoğlu 2005

Der Archipel als Lebensraum
Pflanzen und Tiere als Nahrungsressourcen

von **Eva Alram**

Die kykladische Inselwelt ist geografisch wie klimatisch Teil der südlichen Ägäis und bietet entsprechende Voraussetzungen für die Nahrungsbeschaffung. Ihre stark gegliederte Landschaft besteht aus Bergen und Hügeln, von denen bei heftigen Regenfällen Erdreich abgeschwemmt und in tiefer gelegenen Flächen abgelagert wird. So entstehen an den flachen Abhängen der Berge sowie in kleinen Ebenen Ackerflächen, allerdings meist nur von beschränkter Größe. Terrassierungen, die die kultivierbaren Flächen wesentlich vergrößern, gehen hingegen erst auf die Spätbronzezeit zurück.

Die Landverteilung innerhalb des Archipels ist höchst unterschiedlich, und nur Naxos, Andros, Paros und Tenos können als groß bezeichnet werden; sie machen die Hälfte der Landmasse der gesamten Kykladen aus. Nur diese Inseln verfügen über ausreichend Ackerfläche, um größere Gemeinschaften zu ernähren. Nach ihrer Größe ist jedoch jede der Inseln für sich zu klein, um einen in sich geschlossenen Lebensraum zu schaffen, der ohne Austausch mit benachbarten Inseln existieren kann.

Klimatische Verhältnisse – damals und heute

Das Klima der Ägäis während der späteren Jungsteinzeit und der Bronzezeit ist weitgehend mit dem heutigen mediterranen Klima vergleichbar, könnte aber etwas regenreicher gewesen sein. Charakterisiert wird es durch trockene, heiße Sommer und Regenfälle im kühlen Winter. Die Jahresdurchschnittstemperatur beträgt 18,5 °C. Die Niederschlagsmenge ist auf den einzelnen Inseln höchst unterschiedlich. Auf die nordwestlichen Inseln regnen zwischen 650 und 500 mm, die Regenmenge der südlichen und östlichen Inseln sinkt bis auf 350 mm. Das ist nahe an der Grenze des Minimums für den Regenfeldbau. Viel Grundwasser ist nur auf Andros, Tenos und Naxos vorhanden. Dagegen kann der niedrige Grundwasserspiegel auf Inseln wie Melos, Thera und Mykonos Dürreperioden verursachen. Die Regenfälle sind dort oft unregelmäßig und unberechenbar.

Aufgrund der unregelmäßigen Regenfälle ist davon auszugehen, dass keine der Inseln je dicht bewaldet war. Der natürliche Bewuchs bestand aus strauchartigem, immergrünem Buschwerk (Macchie) sowie in Gebieten mit gutem Wasserhaushalt aus kleinen Wäldern und Baumgruppen von Koniferen, Eichen und Buchen. Untersuchungen auf Naxos zeigen, dass der Baumbestand bereits während der Frühbronzezeit zurückging. Auf Amorgos sind schon für diese Zeit Vegetationsstörungen und Bodenerosion nachgewiesen, die vermutlich auf frühen Ackerbau zurückzuführen sind.

Die mediterrane Landschaft bietet eine Fülle von Wildpflanzen, die bis in die jüngere Vergangenheit hinein beerntet wurden. Zu ihnen gehören Feigenbaum, Pistazienbaum, Mandelbaum, Birnbaum, Schlehdorn, Hülsenfrüchte, Wildgetreide (Gerste, Hafer), die Eichbäume, die Wilde Weinrebe, der Wilde Ölbaum sowie Knollen, Wurzeln und diverse Kräuter und Blattgemüse.

Anfänge der Landwirtschaft

Mit dem Sesshaftwerden des Menschen in der Ägäis findet am Beginn der Jungsteinzeit um 6500 v. Chr. der Wechsel statt vom Jagen und Sammeln zu Ackerbau und Viehzucht. Kulturpflanzen und Haustiere liefern nun die Nahrung. Von den nun in der Ägäis belegten Kulturpflanzen stammt Weizen aus dem Gebiet des „Fruchtbaren Halbmondes" zwischen Euphrat und Tigris. Hier trat er als natürlicher Bewuchs auf und wurde um 10 000 v. Chr. domestiziert. Andere Kulturpflanzen wie Gerste und diverse Hülsenfrüchte sind als Wildform in der Ägäis belegt, und eine lokale Domestizierung wäre möglich, ist aber nicht gesichert. Mit dem Beginn der

dauernden Besiedlung der Kykladen um 5000 v. Chr. sind domestizierte Pflanzen nun auch auf diesem Archipel nachgewiesen. Zu den bevorzugten Kulturpflanzen in der Ägäis gehören die Getreide des Weizenspektrums Einkorn (*Triticum monococcum*), Emmer (*T. dicoccum*) und die Nacktweizen Saatweizen (*T. aestivum*) und Hartweizen (*T. durum*). Da Nacktweizen nur auf fruchtbaren Böden gedeihen, wurde während der gesamten Bronzezeit in der südlichen Ägäis und auf den Kykladen vor allem der genügsame Emmer angebaut. Ein weiteres Hauptgetreide, das trotz des unregelmäßigen Niederschlags auf den Kykladen gut gedeiht, ist die Gerste (*Hordeum vulgare*). Aus der wilden zweizeiligen Gerste (*Hordeum spontaneum*) entsteht in der Jungsteinzeit die mehrzeilige Gerste, die das Dreifache an Ernte bietet. Gerste ist besonders in den jungsteinzeitlichen und chalkolithischen Siedlungen von Saiagos bei Paros, der Zas-Höhle auf Naxos und Kephala auf Keos belegt. Getreide kann zerkleinert und als Brei gegessen, aber auch zu Brot gebacken werden.

Andererseits kommt den Hülsenfrüchten gleichrangige Bedeutung zu. Auf den Kykladen dominieren, wie in der restlichen Ägäis, die Linse (*Lens culinaris*), die Linsenwicke (*Vicia ervilia*) und die Erbse (*Pisum sativum*). Spätestens ab dem späteren Teil der Jungsteinzeit tritt in der südlichen Ägäis die Ackerbohne (*Vicia faba*) und die Saatplatterbse (*Lathyrus sativus*) hinzu, die in Kephala und Phtelia belegt sind. Manche Hülsenfrüchte sind roh giftig. Sie können aber durch Einweichen, Abgießen des Einweichwassers und neu Aufsetzen mit frischem Wasser zu köstlichen Speisen gekocht werden.

Besonders Gerste und Hülsenfrüchte sind geeignet für Standorte, die nur durch Regen bewässert werden. Sie nutzen die knappen Winterniederschläge voll aus und haben ihren Vegetationszyklus abgeschlossen, wenn die sommerliche Trockenheit beginnt. Ihr Anbau ermöglichte eine Umorientierung in der Besiedlung von den landwirtschaftlichen Kernzonen Griechenlands – den Beckenlandschaften des griechischen Festlandes mit ausgezeichneten, gut bewässerten Ackerböden – in Gegenden mit geringerer Niederschlagsmenge, wie sie die gebirgigen Zonen Südgriechenlands sowie die Inseln der Kykladen darstellen. Somit dürfte ihr Anbau ein wesent-

Olivenbäume auf Kreta

Getreide der Ägäis: Einkorn, Emmer und mehrzeilige Gerste

"Sauciere" aus Spedos auf Naxos

licher Faktor für eine dauerhafte Besiedlung der Kykladen gewesen sein.

Eine wichtige Neuerung in der Landwirtschaft ist das Einsetzen des von Rindern gezogenen Pfluges. Die Verbreitung des Pfluges und des Rindes als Zugtier findet im 4. Jahrtausend vermutlich ausgehend von Mesopotamien statt. Ihr Einsatz erleichterte die Bewirtschaftung von guten Böden, welche weiter von der Siedlung entfernt lagen. Die Bestellung von Feldern mithilfe des Pfluges ist auf Kreta bereits für das 4. Jahrtausend zu vermuten und auf dem griechischen Festland auf alle Fälle ab der Frühbronzezeit gesichert. Ob auf den Kykladen der Pflug verwendet wurde, ist unklar. Möglicherweise setzte man hier wegen der schlechten Qualität der Ackerböden während der Frühbronzezeit die alte Form der Kultivierung mittels der Haue fort. Ab der Frühbronzezeit wurde der Esel als Nutztier verwendet.

Die „mediterrane Trias"

Im späten Neolithikum gewinnen die Kulturformen von Obstgehölzen zunehmend wirtschaftliche Bedeutung. Es beginnt mit der Weinrebe, in der Bronzezeit kommt der Ölbaum hinzu. Beide haben ihre wilde Stammformen im Land, die wilde Rebe in den Auen der Wasserläufe und der Wilde Ölbaum auf den Hängen. Wein und Öl und die Feldfrüchte sind als „mediterrane Trias", die die frühbronzezeitliche Landwirtschaft bestimmte, in die Literatur eingegangen. Der Ölbaum ist in der Ägäis heimisch als Wilder Oleaster (*O. europaea* ssp. *sylvestris*). Palynologische Untersuchungen zeigen eine Zunahme der Ölbaumpollen bereits ab dem 4. Jahrtausend v. Chr. in Südgriechenland und auf Kreta. Allerdings ist es schwierig, anhand verkohlter Olivenkerne im Siedlungsfundgut die kleinen Kerne der heimischen Wildform von den größeren der domestizierten Form zu unterscheiden. Es ist möglich, dass der Ölbaum, als Bestandteil der Macchie, durch Freilegen und Beschneiden in Kultur genommen wurde. Andererseits ist zu bedenken, dass den Griechen die Einführung des Kultur-Ölbaums in gemeinsamer Erinnerung ist: Pallas Athene bewirbt sich bei den Athenern als ihre Stadtgöttin mit dem produktiven Ölbaum als Wettbewerbsgeschenk. Für eine große wirtschaftliche Bedeutung des Ölbaumes bereits während der Frühbronzezeit sprechen Funde von Olivenkernen und von Ölresten in Gefäßen. Ebenso wurde der Ölbaum als Bauholz verwendet, das übliche Beschneiden liefert Brennholz. Das Olivenöl ist ein kostbares Gut. Es ersetzt schnell und gründlich die alten Pflanzenöle, wie zum Beispiel das Leinöl, und die tierischen Fette. Olivenöl ist seit damals und bis heute im mediterranen Raum ein wertvolles energielieferndes Nahrungsmittel. Ölreste in einer kleinen Kanne vom

Gräberfeld von Spedos auf Naxos lassen außerdem vermuten, dass Öl bereits während der Frühbronzezeit als Träger aromatischer Essenzen diente. Seine Verwendung wäre in Zusammenhang mit einem hohen gesellschaftlichen Status des Benutzers zu sehen.

*Olivenöl ist **seit damals und bis heute** im mediterranen Raum ein wertvolles energielieferndes Nahrungsmittel*

Die Wilde Weinrebe (*Vitis vinifera* ssp. *sylvestris*) ist in der Ägäis heimisch und wächst dort als Liane der Auen bis in die Baumkronen. Die Kulturform ist bereits im 5. Jahrtausend in Griechenland nachweisbar als wichtige Nutzpflanze. Im Gegensatz zur Olive ist die Kulturform des Weines durch die im Siedlungsschutt allgegenwärtigen Rebenkerne klar von der Wildform zu trennen. Diese Kerne sind in der Ägäis belegt. Erstmals schriftlich erwähnt wird Wein in Mesopotamien in der

Angelhaken aus Kupfer/Bronze aus Chalandriani auf Syros

zweiten Hälfte des 3. Jahrtausends. Wein wird bei Gemeinschaftsritualen getrunken. Charakteristische Sets von Gefäßen, Kanne, „Sauciere" und Schälchen, dienen zum Servieren und Trinken (s. Abb. linke Seite). Abdrücke von Weinblättern finden sich auch auf Unterseiten von Gefäßen (s. Abb. links). Diese zeigen, dass Weinblätter als Unterlage beim Trocknen von frisch geformten Gefäßen verwendet wurden.

Jagd und Fischfang

Die natürliche Fauna der südlichen Ägäis wird bei Grabungen hauptsächlich durch Knochenfunde von bei der Jagd erlegten Tieren dokumentiert. Auf den Kykladen sind dies Hirsch, Fuchs, Hase, Wildkatze und verschiedene Vogelarten. Damwild könnte vom Menschen auf einige Inseln gebracht worden sein. Allerdings spielt die Jagd bereits in der Jungsteinzeit nur eine untergeordnete Rolle.

Fischfang und die Jagd auf Meeressäuger sind schwierig zu belegen, da Fischreste auf Grabungen nicht immer erhalten sind und andererseits nur bei sorgfältigem Sieben des Erdmaterials gefunden werden können. Im jungsteinzeitlichen Saliagos fand man Reste von Thunfisch und Walen, dagegen sind frühbronzezeitliche Belege äußerst selten. Allerdings ergab eine Isoto-

Abdruck eines Weinblattes auf einem Tonnapf aus Chalandriani auf Syros

benanalyse des menschlichen Skelettmaterials von Daskalio bei Kavos, dass Fische und Meeresfrüchte Bestandteil der Ernährung der Bevölkerung waren. Gefischt wurde mit Angeln, deren Kupferhaken sich in Gräbern auf Syros erhalten haben (s. Abb. vorige Seite). Hinzuweisen ist allerdings auf die wechselnden Wanderrouten großer Fischschwärme. Deshalb diente der Fischfang vermutlich nur als Nahrungsergänzung. Muscheln und Schnecken wurden vor allem zum Essen gesammelt. Muschelschalen dienten auch zur Schmuckproduktion oder als Behälter.

Erste Haustiere

Um 6500 v. Chr., mit dem Beginn der jungsteinzeitlichen Lebensform in der Ägäis, wurden in Griechenland Haustiere eingeführt. Es sind dies die kleinen Wiederkäuer Schaf und Ziege, das Rind und das Hausschwein. Das Schaf hat keine lokalen Vorfahren in der Ägäis, und seine Vorfahren dürften aus dem Gebiet des Fruchtbaren Halbmondes stammen. Im Gegensatz dazu kommt die Ziege als „Wildziege" heute noch auf einigen Inseln der Ägäis vor. Allerdings ist unklar, ob diese wilden Inselziegen die „echte" Stammform darstellen oder doch nur

Vorratsgefäß aus Ajia Irini auf Keos

auf früh verwilderte, eingeführte Hausziegen zurückgehen. Das Rind wurde relativ früh in Kleinasien domestiziert. Deshalb ist bei diesem Haustier eine lokale Domestikation unwahrscheinlich. Hingegen könnte das Hausschwein in Griechenland lokal aus dem Wildschwein domestiziert worden sein. Von den Kykladen ist

Marmorstatuette eines Schweines, Kykladen, Fundort unbekannt

eine Statuette aus Marmor belegt (s. Abb. linke Seite). Entsprechend der rauen Landschaft des Archipels überwiegen in kykladischen Siedlungen Schaf und Ziege. Der Anteil von Rind und Schwein ist wesentlich geringer. Auffällig ist während des Chalkolithikums eine Vorliebe für die Haltung von Ziegen. Schaf und Ziege dien-

Das Rind wurde relativ früh in Kleinasien domestiziert

ten vor allem der Fleischgewinnung, aber auch Milch- und Käseproduktion waren von Bedeutung. Fleisch wurde vermutlich nur zu festlichen Anlässen, zu geselligen Zusammenkünften und bei Gastmahlen gegessen. Funde von Spinnwirteln weisen auf die zunehmende Verarbeitung von Wolle hin, die das ältere Leinen nach und nach" ergänzt (s. Abb. rechts). Dafür spricht auch das Auftreten einer größeren Schafrasse, vermutlich ein Wollschaf, das auf Amorgos im Laufe der Frühbronzezeit belegt ist. Die landschaftliche Beschaffenheit der Kykladen lässt vermuten, dass Viehzucht auf dem Archipel ein besonders wichtiger Zweig der Landwirtschaft war. Aufgrund der Kleinräumigkeit der kykladischen Landschaft wurden die Viehherden vermutlich nicht von Wanderhirten gehütet, entfernt von den dörflichen Ansiedlungen, sondern das Vieh war Bestandteil eines gemischten Landwirtschaftssystems. Viehwirtschaft wurde neben dem Feldanbau betrieben und die Tiere weideten in geringer Distanz zu den Feldern.

Vorratswirtschaft

Ein wesentlicher Faktor der kykladischen Landwirtschaft ist die Lagerung von Gütern. Vorratshaltung von landwirtschaftlichem Überschuss ist gerade in Gegenden mit großen Schwankungen im Ernteertrag wichtig und ermöglicht das Überleben im Fall von Ernteausfällen. Ernteüberschuss konnte aber auch an benachbarte Gemeinden weitergegeben werden und so lokale Missernten ausgleichen. Auf diese Weise konnten zwischen den einzelnen Inselgemeinschaften soziale Abhängigkeiten entstehen, die je nach Notwendigkeit gefestigt oder gelockert wurden. Als eine weitere Form der Speicherung von Nahrung ist die Haltung von Vieh anzusehen. Für die Lagerhaltung sind in den frühbronzezeitlichen Sied-

Sarakatsani-Frauen aus der Gegend des Olymp beim Spinnen. Die hier verwendeten Spindeln sind mit bronzezeitlichen Geräten der Ägäis vergleichbar.

lungen der Kykladen große, aus Ton gebrannte Vorratsbehälter belegt. Gewisse Vorratsgefäße hatten im unteren Gefäßteil einen kleinen Ausguss, dienten also dem gezielten Ausgießen von Flüssigkeiten wie Wein (s. Abb. vorige Seite). Vorratsgefäße können gewöhnlich einzelnen Haushalten zugeordnet werden, sodass sich Vorratshaltung vermutlich in den Händen von Familien befand. Ein Fehlen von kommunaler Lagerung entspricht auch dem Siedlungsbild der Kykladen und den kleinen Transportschiffen, die zwischen den Inseln verkehrten.

Lit: Alram-Stern 1996, 183–201 – Alram-Stern 2014, 217–228 – Becker/Kroll 2008 – Broodbank 2000, 68–85 – Halstead 2007 – Hansen 1988 – Marangou/Renfrew/Doumas/Gavalas 2006, 223–246 – Sarpaki 1992 – Valamoti 2009

Lebenswelten

Herrscher der Inseln
Anatomie einer Seefahrergesellschaft

von **Evi Gorogianni**

Das Heraufdämmern der Frühbronzezeit (ca. 3100–2000 v. Chr.) fand die Kykladen übersät mit einer beträchtlichen Zahl dauerhafter Siedlungen, die im Spätneolithikum entstanden waren (ca. 5200 v. Chr.). Frühbronzezeitliche Siedlungen waren typischerweise von bescheidener Größe, da die Gesellschaften dazu tendierten, sich aufzuspalten (anstatt weiter zu wachsen), bevor sie eine größere Kopfzahl erreichten. Diese kulturelle Praxis führte zu einer ziemlich feinen Verteilung einer großen Anzahl kleinformatiger bäuerlicher Gemeinden über die kykladische Land- und Seeregion hinweg, sogar in den Gegenden der Kykladen, die nach heutigem Maßstab als entlegen oder unbedeutend betrachtet werden.

Demografische und soziopolitische Entwicklungen in der Frühbronzezeit

Die durchschnittliche Gemeinschaft auf den Kykladen bestand wahrscheinlich aus einer bis zu drei Kernfamilien, die in einzelnen Gehöften (fünf bis zehn Einwohner) oder kleinen Weilern (elf bis fünfzig Einwohner) lebten und manchmal nur sehr magere landwirtschaftliche Ressourcen zu ihrer Verfügung hatten. Um die daraus entstehenden existenziellen Defizite, seien sie nun real oder lediglich eingebildet, auszugleichen, investierten diese Gemeinschaften besonders in den frühen Phasen der Frühbronzezeit viel Energie in den Aufbau von Kommunikations-, Handels- und Austauschbeziehungen mit anderen Siedlungen, insbesondere mit solchen ihrer unmittelbaren Umgebung. Diese Verbindungen konnten, neben der Befriedigung des Bedarfs an lebensnotwendigen und exotischen Gütern, hin und wieder von ganz zentraler Bedeutung sein, da solche Beziehungen eine Art „sozialer Lagerhaltung" darstellten, d.h. ein Netzwerk an Siedlungen, das Rückhalt und Hilfe für Gemeinschaften bieten konnte, wenn sie von unerwarteten Erscheinungen betroffen wurden, wie Dürren, Missernten und anderen Naturkatastrophen. Außerdem boten solche Verbindungen auch den Zugang zu einem großen Pool an Heiratspartnern, die das Überleben der Gemeinschaften langfristig sicherten.

*Wissen war ein nicht weniger **geschätztes Gut** als die handfesten exotischen materiellen Güter*

Im Verlauf der Frühbronzezeit, insbesondere während des Übergangs von der Phase Frühbronzezeit I (3100–2700 v. Chr.) zu II (2700–2200 v. Chr.), wuchs die Bevölkerung der Kykladen fast um das Dreifache an. In manchen Regionen dehnte sich die Streuung der Weiler und Gehöfte sogar auf die allerkleinsten Inseln aus; in anderen wurde sie dichter, und in außergewöhnlichen Fällen führten größere Konzentrationen an Menschen zu Siedlungen wie Ajia Irini auf Keos, Chalandriani-Kastri auf Syros, Grotta-Aplomata auf Naxos, Skarkos auf Ios und Daskalio-Kavos auf Keros. Diese Orte können als die ersten dörflichen Gemeinden der frühbronzezeitlichen Kykladen gelten, die von 100 bis 300 Individuen bewohnt waren und eine Fläche von etwa einem Hektar umfassten.

Dieses Anwachsen der Bevölkerung, zusammen mit dem Entstehen der ersten geschlossenen Siedlungen, scheint einen beachtlichen Einfluss auf die Qualität, Häufigkeit und die Reichweite der Überseekontakte zwischen den Inseln gehabt zu haben. In früheren Perioden war das „Inselhüpfen" über kurze Strecken die Regel, während Seefahrten über längere Distanzen, die eine Woche oder mehr in Anspruch nahmen, tendenziell ver-

Ostküste der Insel Paros. Beim Blick übers Meer ist schemenhaft am Horizont das Nachbareiland Naxos zu erkennen. Die Nähe der Inseln im Archipel erleichterte die Seefahrt und den Kontakt untereinander.

mieden wurden. Eine Gemeinschaft von 20 bis 25 Individuen konnte es sich kaum leisten, einen Großteil ihrer Mitglieder für solche strapaziösen Reisen freizustellen, zumal in Jahreszeiten, wenn alle in der Landwirtschaft benötigt wurden. Jede der Siedlungen von der Größe eines Dorfs, die in der Frühbronzezeit II entstanden, besaß demografisch eine hinreichend breite Basis, um den Bedarf an Arbeitskräften für das Überleben der Gemeinschaft zu decken und gleichzeitig einer spezialisierten Gruppe von Individuen zu erlauben, ihre Anstrengungen auf den Fernhandel zu konzentrieren. Es war immer diese Art Aktivität, die den Seeleuten das meiste Ansehen einbrachte, denn sie gewährte ihnen nicht nur die Gelegenheit des Zugriffs auf ein weites Spektrum exotischer Güter (wie Metalle, Obsidian und Keramik), sondern auch „Herrschaftswissen" über die Welt jenseits der Wasserwüsten der Ägäis – Wissen, das ein nicht weniger geschätztes Gut war als die handfesten exotischen materiellen Güter.

Der demografische Überschuss ermöglichte auch die Herstellung und Nutzung größerer Boote – der sogenannten kykladischen Langboote – als der kleinen gepaddelten Kanus, die vor der Frühbronzezeit II verbreitet waren. Dieser neue Bootstyp erforderte eine Besatzung von 20 bis 25 Personen. Langboote konnten, obwohl sie für den Transport großer und sperriger Ladung nicht sehr gut geeignet waren, wohl häufiger Fahrten in die weitere ägäische Welt wagen, mit einer höheren Erfolgsquote und für längere Zeitabschnitte, als es vorher möglich war. Und während sie sich draußen in der kykladischen Nachbarschaft bewegten, werden sie auch als Instrumente gedient haben, die von der Macht der Gemeinschaft kündeten, die sie ausgesandt hatte und deren Status und Ansehen sie in der Region vermehrten. Obwohl das Langboot an sich nicht der Hauptgrund für die Intensivierung des Fernhandels in der Frühbronzezeit II war, wurde es doch sicher ein mächtiges symbolisches Medium in der Arena des Wettstreits der Gesellschaften, die dergleichen Technologie einsetzten.

„Kykladenpfanne" mit Darstellung eines Langboots aus Chalandriani auf Syros. Die Striche ober- und unterhalb des Rumpfes zeigen wohl Paddel an, was bedeutet, dass mit einer Bemannung von bis zu 30 Paddlern gerechnet werden muss.

Anatomie der Macht in kykladischen Gesellschaften

Gesellschaften der Größe, wie sie durch die durchschnittliche kykladische Gemeinschaft repräsentiert wurden, sind tendenziell durch eine egalitäre soziale Struktur charakterisiert. Typisch für egalitäre Gesellschaften ist, dass alle Mitglieder der Gemeinschaft direkt an den Entscheidungsprozessen teilhaben und unterschiedslos Zugang zu den strategischen Ressourcen genießen. Darüber hinaus wird gesellschaftlicher Status nicht durch festgesetzte Mechanismen erlangt, sondern durch persönliche Leistung oder Verdienst und durch aktive Bewährung in gleich welcher Tätigkeit, die in der Gruppe geschätzt wird (z. B. Kampf, Seefahrt, Handel, Jagd oder einfach das Alt-und-weise-Werden).

Es gibt viele Anzeichen, dass eine solche Struktur die kykladische Gesellschaft der Frühbronzezeit kennzeichnete. Zuerst und vor allem weisen die Befunde der – zugegebenermaßen wenigen – ausgegrabenen Siedlungen auf eine geringe Statusdifferenzierung. Besonders aussagekräftig ist das Fehlen zentraler oder hervorragender Gebäude, die auf das Vorhandensein einer dauerhaften Form von Herrschaft (durch einzelne Anführer oder durch ein Gremium) schließen lassen, wie es an vielen Orten in der übrigen Ägäis der Fall ist, z. B. in Poliochni auf Lemnos oder Lerna in der Argolis. Daher können wir behaupten, dass die Entscheidungsfindung auf den Schultern der gesamten Gesellschaft ruhte, deren Mitgliedern dann auch die Umsetzung der sich daraus ergebenden Beschlüsse oblag.

Ebenso gibt es kaum Hinweise auf einen bevorrechtigten Zugang zu den natürlichen Ressourcen, obwohl der kykladische Archipel ein an Erzen, Mineralien und Obsidian besonders reiches Gebiet darstellt. Ein anschauliches Beispiel bieten die Inseln Kythnos und Siphnos, auf denen es bisher keine Belege dafür gibt, dass bedeutende Siedlungen entstanden wären, deren Bewohner den Zugang zu den Ressourcen der unmittelbaren Nachbarschaft ausgenutzt oder kontrolliert hätten. Ferner scheinen die Bergwerke und Minen der ganzen Region – wie auf Melos, das Obsidian lieferte – von Gruppen, die von entfernten Siedlungen kamen, direkt angesteuert worden zu sein. Die Rohmaterialien bauten sie selbst vor Ort ab, verarbeiteten sie weiter und brachten sie schließlich in ihre Heimat.

Grabbeigaben aus Marmor: zwei Harfenspieler und Gefäße, die aus einem Grab auf der Insel Thera stammen sollen und 1840 erworben wurden (s. Kat. 101 und 102). Bestattungssitten lassen nicht nur Rückschlüsse auf die Glaubensvorstellungen einer Gesellschaft zu, sondern auch auf ihr soziales Wertesystem.

Dasselbe geringe Interesse an der Kontrolle von Besitztümern (oder des Zugangs zu diesen), zeigt sich auch bei den Friedhöfen. Friedhöfe scheinen nicht so angelegt worden zu sein, dass sie dazu geeignet gewesen wären, die territorialen Ansprüche der zugehörigen Gemeinschaften anzuzeigen. Sie lagen abseits der landwirtschaftlich bebauten Flächen, beispielsweise an den Abhängen felsigen Hügelgeländes. Darüber hinaus scheinen alle Mitglieder der Gruppe ohne Rücksicht auf Geschlecht oder sozialen Status ein unbeschränktes Anrecht auf die Nekropole gehabt zu haben, auf der den Individuen ein Platz neben der Ruhestätte ihrer Ahnen oder ihrer Familie zustand.

Trotz des offensichtlichen Fehlens gesellschaftlicher Differenzierung konnten die inoffiziellen Anführer einzelner Gesellschaften ihre eigenen individuellen Leistungen mit einer ganzen Reihe von Möglichkeiten zum Ausdruck bringen. Im Leben wurde ihr besonderer Status wohl auf eine Weise ausgedrückt, die sie selbst für ihr Auftreten in der Öffentlichkeit gewählt hatten. Schmuck, Tätowierungen und andere Arten von Körperveränderung (z. B. Rasur, Narbenzier, Aderlass) sind wahrscheinlich einige der hauptsächlichen Wege der kykladischen „Respektspersonen" (Big People), sich zu unterscheiden und für ihre Vorzüge zu werben. Im Todesfall entschieden sich die kykladischen Gesellschaften, ihre besonderen Mitglieder mit einer großen Anzahl von Artefakten zu bestatten, die wohl die Geschichte ihrer persönlichen Leistungen erzählten. Und so gibt es, auch wenn die meisten frühbronzezeitlichen Gräber eher ärmlich sind und nur wenige oder gar keine Grabbeigaben aufweisen, einige Beispiele, bei denen die Quantität, Qualität und Bandbreite der Beigabenausstattung klar von der Norm abweichen.

Diese Gräber gehörten wohl Individuen der Kategorie „Familienoberhaupt, Ältester oder lokaler Held, der es fertigbrachte, Statussymbole und eine instabile persönliche Machtstellung zu akkumulieren, die seine oder ihre Lebenszeit nicht überdauerte" (Broodbank 2000, 265) und die sich Tätigkeiten verschrieben, die eine erhöhte Wertschätzung verliehen (z. B. Seefahrt, Kampf, Herstellung kostbarer Objekte). Funde aus Friedhöfen und Siedlungen legen nahe, dass die Menge der Konkurrenten um diese kurzlebigen Statuspositionen während der Frühbronzezeit II größer wurde. Die gleichzeitige Steigerung der Verwendung maritimer Motive in der Ikonografie ist ein Hinweis darauf, dass die Seefahrt ein Feld intensiven Wettbewerbs wurde. Wie oben erwähnt, ermöglichte der Bevölkerungsanstieg in dieser Zeit (zumindest demografisch) den Bau und den Einsatz von Langbooten, die charismatischen Persönlichkeiten die Gelegenheit eröffneten, nicht nur ihre eigenen organisatorischen Fähigkeiten herauszustellen, sondern auch ihr Wissen, ihre Erfahrung und ihre Tüchtigkeit im maritimen Fernhandel. Dadurch brachten sie soziale Prozesse in Gang, die, hätten sie sich fortgesetzt und hätte nicht das Glück der Kyklader in der Folgezeit einen schweren Rückschlag erlitten, die soziale Organisation der kykladischen Gemeinschaften nachhaltig verändert hätte.

„Big Men" – „Small Women"? Geschlechterrollen und Gesellschaft auf den frühbronzezeitlichen Kykladen

Eine Analyse der kykladischen Gesellschaft in „höherer Auflösung" erfordert die Suche nach Individuen, nach den Männern und Frauen, die die Kykladen bevölkerten, und so müssen wir unser Augenmerk wieder auf die Nekropolen lenken. Kykladische Friedhöfe dienen, wenngleich sie schwere Verwüstungen durch die Tätigkeit von Raubgräbern erlitten haben, trotz allem als wertvolle Quelle für das Studium der kykladischen Gesellschaft. Unglücklicherweise wurde die überwiegende Mehrzahl des Skelettmaterials aus kykladischen Friedhöfen jedoch keiner Geschlechtsbestimmung unterzogen, sodass diese Informationsquelle weitgehend ungenutzt blieb.

Es ist vorgeschlagen worden, dass die maritimen Aktivitäten und insbesondere der Fernhandel, der sich nicht mit dem bäuerlichen Kalender in Einklang bringen ließ, in einer Aufteilung der Arbeit nach Geschlecht oder Alter resultierte. In größeren Gemeinschaften gab es wohl die Möglichkeit, sich individuell für die Teilnahme an diesen Seefahrtunternehmen zu entscheiden, ohne das Überleben der Gemeinschaft aufs Spiel zu setzen. Wenn dies der Fall war, folgt daraus, dass leistungsfähige und ambitionierte Männer in den besten Jahren (und vielleicht gelegentlich auch Frauen?) wohl einen Teil ihrer Zeit zwischen Mai und Oktober der Seefahrt widmen konnten, während die meisten Frauen, Kinder sowie Ältere und körperlich ungeeignete Personen beiderlei Geschlechts zurückblieben, um das unmittelbare Überleben der Gemeinschaft durch Arbeit auf den Äckern und Versorgung des Viehs zu sichern.

Ungleichheit zeigt sich im archäologischen Befund

Was diese Arbeitsteilung für den relativen Wert der Beiträge der Geschlechter und Altersgruppen bedeutete, ist unbekannt, aber wenn Tätigkeiten, aus denen Prestige für ein Individuum erwachsen konnte, in erster Linie Männern im besten Alter vorbehalten waren, lässt sich leicht ein soziales Leitbild vorstellen, das von beginnender Geschlechterungleichheit gekennzeichnet ist.

Ungleichheit zeigt sich im archäologischen Befund im Allgemeinen in Hinweisen auf unterschiedlichen Zugang zu Reichtum und strategisch bedeutsamen Ressourcen. Daher kommt man nicht umhin, zumindest bis das Knochenmaterial aus systematisch ausgegrabenen kykladischen Nekropolen mit größerer Genauigkeit untersucht wird, die Erforschung von Geschlechterungleichheit auf anderen Wegen voranzutreiben. Dies kann über die Untersuchung von Gemeinschaften wie der von Manika auf Euböa erfolgen, die mit ihren Partnern auf den Inseln Handel trieben oder sonst von ihnen beeinflusst waren – vorausgesetzt, dass dort dieselben gesellschaftlichen Konventionen galten. Im Fall Manikas scheinen Männer und Frauen keinen unterschiedlichen Zugang zu Wohlstand gehabt zu haben, wie die Existenz wohlhabender Frauengräber nahelegt. Ein genauerer Blick auf die Funde zeigt jedoch, dass es dennoch qualitative Unterschiede in der Art und Weise gab, in der die Gesellschaft Manikas die soziale Identität der Geschlechter konstruierte. Obwohl Männer und Frauen im Allgemeinen mit derselben Bandbreite an Grabbeigaben ausgestattet waren (mit der bemerkenswerten Ausnahme der „Kykladenpfannen", die Männern vorbehalten gewesen zu sein scheinen), finden sich bestimmte Artefakttypen, wie Schmuck, Bronzegegenstände, Knochenröhren und Farbpaletten, eher weiblichen Bestattungen beigegeben, wohingegen Messer und Obsidianklingen eher mit männlichen Gräbern zu verbinden sind. Wenn diese Situation auch für alle (oder den größten Teil) der kykladischen Gesellschaften zutreffen sollte, wäre es begründet, die Schlussfolgerung zu ziehen, dass bei Männern der Schwerpunkt auf Prestigegütern lag, die durch Fernhandel oder Verbindungen zwischen den Inseln erworben wurden, und bei Frauen darauf, sie mit Artefakten auszustatten, die mit persönlichem Schmuck und Körperpflege zu tun haben.

Dieselbe Betonung persönlicher Zier und Körpermanipulation, die hauptsächlich (aber nicht ausschließlich) bei Frauen anzutreffen ist, zeigt sich auch bei den frühbronzezeitlichen Figurinen, die der Erforschung des Individuums und des Geschlechts eine weitere, nicht unkomplizierte Dimension verleihen. Obwohl diese Figurinen eher eine stark stilisierte und idealisierte Version der Sozial- und Geschlechterrolle der *persona* zum Ausdruck bringen anstatt die eines spezifischen lebenden (oder verstorbenen) Individuums wiederzugeben, sind einige der Figurinen mit aufgemalten Details geschmückt. Durch Bemalung hervorgehoben wurden Partien des Gesichts (Augen, Haaren, Nase und Mund), Schmuck (Halskette, Armreife und sogar Diademe) und andere Formen von Körperschmuck (wie Augen, die anstatt im Gesicht auf Körperteilen aufgemalt sind, oder abstrakte und lineare Muster), die wohl Tätowierungen, Aderlass-Rituale oder Narbenschmuck darstellen sollen.

Die jüngste Analyse der frühbronzezeitlichen Figuren wirft ein Schlaglicht auf andere interessante Aspekte der sozialen Konstruktion von Geschlecht. Eine aktuelle Studie zeigt, dass es neben den weiblichen Figurinen, die bei Weitem die überwiegende Zahl darstellen (53%), und denen, die Männer zeigen (2%), zwei weitere Kategorien gibt: eine asexuelle (44%), die ganz allgemein soziale *personae* enthält, und solche (1%) mit doppeldeutigem Geschlecht (Mina 2008, 71 und 91 Abb. 6.1). Letzterer Kategorie entsprechen Figurinen mit Charakteristika beider Geschlechter. Diese Figurinen re-

Marmorfigurine einer Schwangeren (s. Kat. 92)

Thronende Frau, Marmorskulptur im Akademischen Kunstmuseum Bonn (s. Kat. 100)

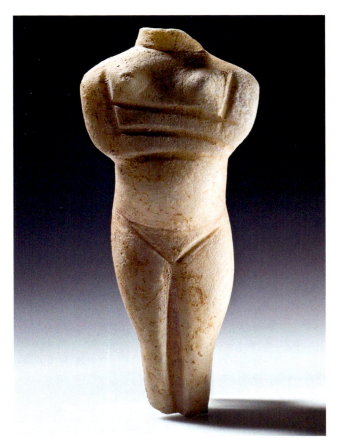

präsentieren vielleicht ein drittes Geschlecht, was bedeuten würde, dass die kykladische Gesellschaft Geschlecht nicht auf einer bipolaren Basis begriffen hat, oder dass Frauen Rollen annehmen konnten, die von den lokalen Gesellschaften als typisch männlich betrachtet wurden.

In Bezug auf die beiden uneindeutigen Geschlechterkategorien verbildlichen die künstlerischen Darstellungskonventionen Aspekte einer idealisierten Geschlechteridentität, die innerhalb des frühbronzezeitlichen sozialen Kontexts wahrscheinlich bedeutsam waren. Im Fall der männlichen Figurinen zum Beispiel richtet sich das Hauptaugenmerk besonders stark auf spezifische soziale Rollen, da die Figuren entweder bei einer Tätigkeit dargestellt werden oder als Träger von bestimmten Insignien, die sie als Angehörige bestimmter Gruppen identifizieren, wie z. B. als Musiker (Harfner,

Jägerin oder Kriegerin? Figurinenfragment, angeblich aus Syros

Flötenspieler) und als sogenannte Jäger-Krieger („Hunter-warriors", bewaffnete Figuren). Auch wenn vereinzelt weibliche Versionen dieser Figurentypen (mit Ausnahme der Musiker) bekannt sind, ist es doch auffällig, dass das ikonografische Repertoire männlicher Figuren so groß ist, insbesondere wenn man in Betracht zieht, dass die männlichen Figuren insgesamt so rar sind (2%). In jedem Fall sind die sozialen Rollen, die in diesen Aktivitäten zum Ausdruck kommen, wie bei den „Jäger-Kriegern" oder Musikanten, in frühbronzezeitlichen Gesellschaften hoch geschätzt worden. Der Grund dafür liegt in einem sozialen Kontext, in dem Reisen, Raubzüge und große Abenteuer genauso reichlich vorhanden waren wie die Geschichten darüber, die dem heimischen Publikum bei gesellschaftlichen Anlässen vorgetragen oder vorgesungen werden mussten. Wenngleich weibliche Figurinen besonders im Vergleich zu ihren männlichen Gegenstücken in gewaltiger Anzahl gefunden worden waren, ist die Erklärung ihrer Geschlechterrollen weit schwieriger, da die große Mehrheit von ihnen einem einzigen Typus angehört, dem der stehenden nackten Frau. Die Artikulation des Körpers (z. B. die Modellierung der Brüste, des Schamdreiecks und schwangerer Bäuche) betont Weiblichkeit und Frausein, was Wissenschaftler zu einer ganzen Reihe von Interpretationen verleitete, die von der Darstellung der Muttergottheit bis zu Adorantinnen und von Klageweibern bis zu göttlichen Ammen reichte, sogar bis zum vermuteten figürlichen Ersatz für Konkubinen. Besonders bedeutsam ist, dass die extreme Betonung der weiblichen Fruchtbarkeit (oder potenziellen Fruchtbarkeit) nicht mit einer entsprechenden Betonung von Mutterschaft als wichtiger Rolle in der gesellschaftlichen Ideologie der Kykladen verbunden war, wie die auffällige Abwesenheit von „Kourotrophoi" (d.h. von Frauenfiguren, die ein Kind stillen) unterstreicht. Zudem gibt es ein weiteres Rollenrepertoire, ausgedrückt in der kleinen Gruppe weiblicher Figurinen, das eindeutig nicht dem vorherrschenden Typ entspricht und als Hinweis gelten darf, dass Frauen vermutlich Rollen annehmen konnten, die hohen sozialen Status gewährten. Vielleicht am besten erwiesen ist dies in den Figurinen, die sitzende Frauen (Sitzen ist Statushöheren vorbehalten) und weibliche „Jäger-Krieger"-Gestalten zeigen.

Lit: Brodie/Doole/Gavalas/Renfrew 2008 – Broodbank 2000 – Broodbank 2008 – Davis 2001 – Davis/Tzonou-Herbst/Wolpert 2001 – Doumas 1977 – Mina 2008 – Sherratt 2000 – Torrence 1986 – Whitelaw 2004

Frühkykladische Musikanten

von **Manolis Mikrakis**

Eine herausragende Stellung unter den Erzeugnissen frühkykladischer Plastik um die Mitte des 3. Jahrtausends v. Chr. nehmen mehrere Marmorfigurinen von Musikanten ein. Der Materialbestand wird immer wieder kontrovers diskutiert, da die naturwissenschaftliche Echtheitsprüfung bei Marmorobjekten noch nicht völlig zuverlässig ist, und auch die moderne Fälschung einer Harfenspielerfigur für den Kunsthandel konnte in der Vergangenheit nachgewiesen werden. Folgt man dem Prinzip, dass die Beweislast bei Einzelfunden aus unkontrollierten Grabungen diejenigen trifft, die diese für echt halten wollen, so ist Echtheit unter den Figurinen musikalischer Relevanz nach Meinung des Autors nur bei sechs sitzenden Harfenspielern gesichert (New York, Metropolitan Museum Inv. 47.100.1 wegen seines Thronstuhls – trotz vielfach geäußerter Zweifel; Amorgos, Chora, Archäologische Sammlung Inv. A. 96/K.A./Λγλ 1, Oberflächenfund aus Mandres tou Roussou; Karlsruhe, Badisches Landesmuseum Inv. B 863 und B 864, angeblich Grabfunde aus Thera, s. a. Kat. 101 und 102; Athen, Nationalmuseum Inv. 8833 aus Naxos, Aphendika Grab 40 und Inv. 3908, Grabfund aus Keros, s. Abb. links) sowie bei einem stehenden Spieler eines doppelten Blasinstrumentes (Athen, Nationalmuseum Inv. 3910, Grabfund aus Keros). Das Saiteninstrument ist eine dreieckige Harfe mit geschlossenem Rahmen und horizontalem, kantigem Resonanzkasten, der sich nach vorne verjüngt (s. Abb.). Bereits in einer Ritzzeichnung des späten 4. Jahrtausends v. Chr. aus Megiddo im heutigen Israel belegt (s. Abb. rechts), stellt diese Harfenform eine technische Spitzenleistung des damaligen Instrumentenbaus dar. Im Vergleich zu dem offenen Rahmen anderer Harfenformen, die in Ägypten und im Alten Orient verbreitet waren, ermöglicht der stabilere geschlossene Rahmen schärfere Töne, feinere Klangfarben und mächtigeres Klangvolumen. Aussagen zur Spielhaltung und -technik sind bei der stark abstrakten Formensprache der Figurinen nur begrenzt möglich: Die rechte Hand wird grundsätzlich die Saiten gezupft haben, die allerdings nie wiedergegeben sind, während die linke Hand in aller Regel das Instrument an

Kykladische Marmorfigurine eines Harfenspielers aus Keros, Athen, Nationalmuseum Nr. 3908 der Schrägseite des Rahmens festgehalten haben wird.

Die Übernahme dieses Musikinstrumentes aus dem Nahen Osten ist ein frühes Zeichen ägäischer Außenkontakte in Zusammenhang mit dem ersten Aufkommen hierarchischer Gesellschaftsstrukturen und staatlicher Herrschaftsformen im griechischen Raum. Die Entwicklungen erfassten nicht zuletzt Lebensstil und Festkultur, Bereiche mithin, die soziale Stellung definieren und nach außen sichtbar machen können.

Was für Vorstellungen könnten diese Figurinen bei den Zeitgenossen erregt haben? Schriftquellen dazu gibt es bekanntlich nicht und die Verwendung, die sie fanden, bevor sie ins Grab kamen, ist bei dem begrenzten Umfang des Materials und der lückenhaften Dokumentation kaum bekannt. Anders als kanonische Figurinen mit verschränkten Armen, die in Grab- wie in Siedlungskontexten vorkommen, tauchte bisher kein Musikant in einer Siedlung auf. Es wäre dennoch voreilig, die Gattung als streng grabspezifisch zu betrachten, zumal der bereits erwähnte Oberflächenfund aus einem noch nicht genau untersuchten Fundplatz stammt. Weil ferner Anspielungen auf Festmähler im frühkykladischen Grabbrauchtum sonst kaum erkennbar sind, ist die Deutung der Musikanten als Entertainer für das Leben im Grab oder auch als Hinweis auf die musikalische Begabung des Verstorbenen selbst weniger wahrscheinlich. Voreilig wäre nicht zuletzt der Schluss, die Musikanten seien ausschließlich männlich; das Geschlecht ist nicht immer deutlich wiedergegeben.

Die Entscheidung, Musikanten im hochwertigsten Medium der Zeit und sogar in prestigeträchtiger Sitzhaltung wiederzugeben, geht auf jeden Fall weit über die zeitgenössischen Normen zur Wiedergabe eines hohen Sozialstatus hinaus. Im Alten Orient überwogen damals Bilder einfacher dienstleistender Musikanten am Rande von Bankettszenen. Bild- und Textzeugnisse musizierender Personen hohen Rangs sind

Steinplatte mit der Ritzzeichnung eines Harfenspielers. Fund aus Megiddo, Israel, Schicht XIX, Israel Antiquities Authority Nr. 38.954

vereinzelt und stellen in dieser frühen Zeit immer Götter oder vergöttlichte Herrscher dar, wie etwa im ausgehenden 3. Jahrtausend v. Chr. den sumerischen König Šulgi von Ur, der sich der Fähigkeit rühmte, verschiedene Instrumente kunstgerecht spielen zu können. Wenn also eine Hypothese über den symbolischen Sinngehalt frühkykladischer Musikantenfigurinen aufgestellt werden soll, so würde sie eher dahin gehen, diese Figurinen als transzendentale, außerhalb der sinnlich erfahrbaren Welt anzusiedelnde Gestalten zu deuten und mit religiöser Vorstellungen zu verbinden, die von künftigen Forschungen noch zu beleuchten sind.

Lit: Braun 1999 – Craxton/Warren 2004 – Lawergren 1996 – Marangou 1999 – Mikrakis in Vorb. – Mina 2008 a – Rahmstorf 2006 – van Schaik 1998 – Younger 1998

Hanglage und Meerblick
Zur frühkykladischen Haus- und Siedlungsarchitektur

von **Stefanie Hubert**

Bei der Erforschung der frühbronzezeitlichen Siedlungsstrukturen können nicht nur Informationen über das Alltagsleben der Bewohner gewonnen, sondern auch Rückschlüsse auf generelle kulturelle Entwicklungen dieser lebhaften Zeit in der Geschichte der kykladischen Inselwelt gezogen werden. Doch die Archäologen haben mit ganz verschiedenen Problemen zu kämpfen: Zum einen haben sich einfache Hütten aus Holz, Rohr, Schilf und Lehm, die es sicherlich gegeben hat, in den materiellen Hinterlassenschaften nicht erhalten, da es sich um vergängliche Materialien handelt, die im Laufe der letzten 5000 Jahre spurlos verschwunden sind. Aber auch aus Steinen errichtete Mauern können aufgrund der Erosion, der die kleinen Kykladeninseln wegen ihres recht rauen Klimas und der spärlichen Vegetation besonders stark ausgesetzt waren, vollständig verloren gegangen sein. Zum anderen wurden viele frühbronzezeitliche Siedlungen in späterer Zeit mit neuen Mauern überbaut, sodass die älteren Strukturen häufig stark zerstört und nur in kleinen Ausschnitten fassbar sind.

Trotz dieser Problematik, die das Bild vergangener Kulturen vom Zufall der archäologischen Überlieferung abhängig macht, haben die Forschungen ausreichend Ergebnisse geliefert, um einen umfassenden Einblick in die grundlegende Entwicklung der Siedlungsarchitektur und daraus ein Bild der damaligen Wohn- und Lebenssituation zu gewinnen.

Überblick über die Siedlungsentwicklung

Der Zeitpunkt der ersten Besiedlung der Kykladen liegt im Dunkeln. Nach dem heutigen Forschungsstand lassen sich in Maroulas auf Kythnos bereits im Mesolithikum und vermehrt in der späten Steinzeit, d. h. im ausgehenden 4. Jahrtausend v. Chr., erste größere Siedlungsstrukturen fassen, etwa in Saliagos bei Antiparos, in Kephala auf Keos und in Phtelia auf Mykonos. An den Übergang von der spätneolithischen zu frühbronzezeitlichen Kultur datiert die befestigte Siedlung von Strophilas auf Andros.

Aus der ersten Phase der Frühen Bronzezeit, der Grotta-Pelos-Stufe (Frühkykladisch I), haben sich nur wenige Siedlungsspuren erhalten. Mithilfe der archäologisch besser erfassten Nekropolen, in denen die Zahl der Gräber nur selten über 20 hinausgeht, wurde der Rückschluss gezogen, dass auch die zugehörigen Wohnareale sehr klein waren und dass die wenigen Einzelhäuser, die hauptsächlich aus Holz gebaut waren, von Familienverbänden bewohnt wurden, die sich erst im Laufe der Zeit zu etwas größeren Dorfgemeinschaften zusammenschlossen. Dieser traditionelle Forschungsansatz, der von einer langsamen, aber stetigen Entwicklung hin zu den größeren „Stadtanlagen" der Keros-Syros-Stufe (Frühkyladisch II) ausgeht, muss angesichts der neueren Grabungsergebnisse relativiert werden, die etwa in Strophilas bereits in spätneolithischer Zeit die Existenz einer recht komplexen befestigten Siedlungsstruktur belegen. Die Untersuchungen in Markiani auf Amorgos legen nahe, dass die dortige Siedlung in Frühkykladisch I gegründet und befestigt wurde und eine recht lange Nutzungsdauer bis zum Ende von Frühkykladisch II aufweist. Weitere Hausreste der Grotta-Pelos-Stufe sowie der Übergangsphase zu Frühkykladisch II (Kampos-Gruppe) sind in Skarkos auf Ios und in Grotta auf Naxos greifbar, wo sich eine große Nekropole dieser Zeit befunden hat.

In der Keros-Syros-Stufe (Frühkykladisch II), die zweifellos als Höhepunkt der frühkykladischen Kulturentwicklung bezeichnet werden kann, lässt sich ein bedeutender Anstieg in der Menge und Größe der archäologisch fassbaren Siedlungen feststellen, der mit einem erheblichen Bevölkerungszuwachs einhergegangen sein muss. Der generelle Wohlstand der Zeit, der anhand der Anzahl, Vielfalt und technischen Fertigkeit der Kunstobjekte aller

Gattungen sichtbar wird, spiegelt sich auch in der Architektur. Die bedeutendste Siedlung dieser Phase ist mit Kastri auf Syros vertreten, jedoch konnte durch teils recht aktuelle Grabungen eine ganz beträchtliche Anzahl weiterer Ortschaften ans Tageslicht gebracht werden, etwa in Skarkos auf Ios, in Pyrgos und Koukounaries auf Paros, bei Panormos auf Naxos, auf dem Kynthos auf Delos, in Ajia Irini auf Keos, in Markiani auf Amorgos und in Daskalio auf Keros. Die Siedlungen dieser Phase wurden fast ausschließlich auf schwer zugänglichen Anhöhen in Meeresnähe errichtet und teilweise auch mit mächtigen Wehrmauern befestigt, sodass eine überlegene Verteidigungsposition im Angriffsfall gegeben war. Dies zeugt von einer kriegerischen und unsicheren Zeit, in der Piraten ihr Unwesen trieben und fremde Volksstämme, etwa aus Kleinasien oder der nordöstlichen Ägäis, die Inselwelt der Kykladen überschwemmten. Feindliche Übergriffe waren zweifellos dafür verantwortlich, dass einige der neu gegründeten Festungen nach einer recht kurzen Besiedlungsphase am Ende von Frühkykladisch II unter Gewalteinwirkung zerstört und verlassen wurden.

In der Phylakopi I-Stufe (Frühkykladisch III) wurde der Großteil der älteren Siedlungen aufgegeben und neue, allerdings zahlenmäßig unterlegene Strukturen an anderer Stelle errichtet. Dieser Umbruch in der kulturellen Entwicklung ist auch anhand der Dekorationsformen der Keramik, dem Verschwinden der Steingefäße und dem Verlust der kanonischen Idolform greifbar und muss wohl mit dem Aufblühen und Ausgreifen der minoischen Kultur in Verbindung gebracht werden, welche die kykladische Vormachtstellung zur See an der Wende zum neuen Jahrtausend offenbar ohne größere kriegerische Aktionen überflügelte und schließlich ablöste. Die Wohnareale, unter denen etwa die Namen gebende erste Siedlung in Phylakopi auf Melos, spärliche Haus-

Phylakopi auf der Insel Melos. Die Siedlung erlangte erst nach dem Ende der Frühkykladisch II-Blütezeit Bedeutung. Heute sind vor Ort in erster Linie die Reste spätbronzezeitlicher Architektur erhalten.

Kastri auf Syros

reste in Phournion auf Paros sowie Mauerzüge in den bereits bestehenden Siedlungsplätzen in Ajia Irini und in Daskalio zu nennen sind, wurden konträr zur vorangegangenen Phase nun in der Regel in flachen Küstenregionen, ohne umgebende Befestigungsmauer und in lockerer Streubebauung angelegt. Dies zeugt von einer friedlichen Zeit, in der die Kunstgattungen allerdings in einer Phase des Niedergangs begriffen waren.

Festungsarchitektur

Bereits in spätneolithischer Zeit wurde die Siedlung von Strophilas auf Andros an der landesinneren Seite von einem doppelten Mauersystem mit halbrunden Bastionen geschützt. An der ebenfalls mit hufeisenförmigen Vorsprüngen ausgestatteten Festungsmauer von Markiani auf Amorgos konnten zwei Bauphasen ausgemacht werden, von denen die erste mit dem Beginn der Siedlungsaktivität in Frühkykladisch I, die zweite mit der „Aufrüstungsphase" in Kastri am Ende von Frühkykladisch II korreliert.

Die bedeutendste Festung der späten Keros-Syros-Stufe (Frühkykladisch II spät) ist jene von Kastri auf Sy-

Modellrekonstruktion der nachweisbaren Reste der Siedlung von Kastri und ihrer Festungsanlage, s. Kat. 104

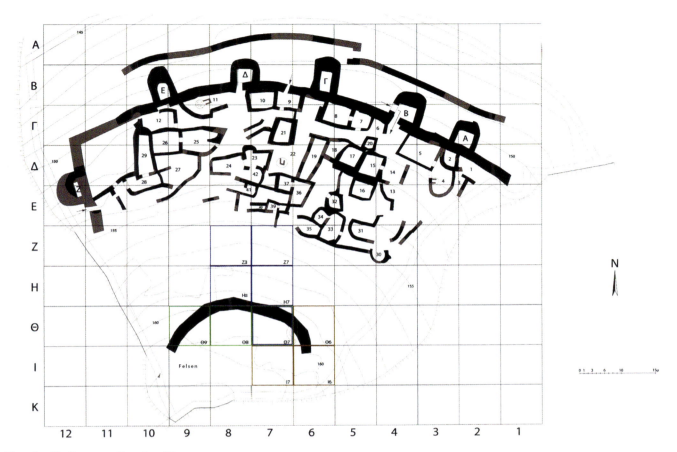

Plan der Siedlung von Kastri auf Syros

ros. Die Siedlung liegt auf einem 165 m hohen Felsplateau, das sich direkt an der Nordostküste der Insel auf steilen Klippen erhebt und an der Südseite von zwei tiefen Schluchten keilförmig eingeschlossen wird. Die aufgrund ihrer topografischen Lage ohnehin schwer einnehmbare Siedlung war zusätzlich von drei Mauerringen umgeben. Der innere Mauerring von ovaler Form umschloss die obere Spitze des Hügels. Nur sein nördlicher Mauerbogen hat sich erhalten, der südliche Abschnitt muss aufgrund des hier sehr steil abfallen Geländes der Erosion zum Opfer gefallen sein, möglicherweise wurden die Steinblöcke teilweise auch in späterer Zeit entwendet und andernorts als Baumaterial benutzt. In der Forschung war bis kürzlich umstritten, wann dieser obere Mauerring errichtet wurde. Da das Aufschichten von einfachen Bruchsteinmauern im Laufe der Jahrtausende kaum technischen Veränderungen unterworfen war und sich deshalb rein optisch „moderne" nicht von antiken Strukturen unterscheiden, kann der Zeitpunkt der Entstehung eines solchen Bauwerks nur durch Grabungen und die daraus gewonnenen Funde geklärt werden. Kykladische Keramik der Frühen Bronzezeit, die im Zuge der jüngsten griechischen Untersuchungen innerhalb der Mauerschichten zum Vorschein

Hausgrundrisse in Kastri

Hanglage und Meerblick 63

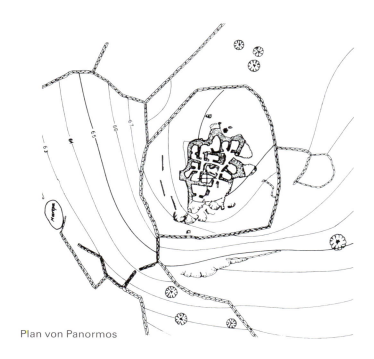

Plan von Panormos

Zwei doppelte Toranlagen führten durch den nördlichen Mauerabschnitt ins Innere der Festung: Zwischen den Bastionen Γ und Δ war eine kleinere Pforte angelegt, durch die man zunächst in eine Torkammer (Raum 9) und erst durch eine zweite Tür in geradliniger Wegführung zum Siedlungsareal gelangte. Weiter östlich führte ein zweifacher Zugang im rechten Winkel durch die Bastion B. Die erhaltene Türpfanne zeigt, dass das innere Tor durch eine einflüglige Tür, die sich nach innen öffnete, zu verschließen war.

Außerhalb des bewohnten und eingeschlossenen Areals war eine etwas schmälere Vormauer in einem Abstand von ca. 5 m parallel zur Hauptmauer angelegt, sodass ein ringförmiger unbebauter Zwischenbereich,

Frühkykladische Mauern und Toranlage der Befestigung von Kap Panormos auf Naxos

kam, bestätigte im Fall des oberen Mauerrings von Kastri, dass jener zu eben dieser Zeit gebaut wurde und nicht – wie lange angenommen – erst während des griechischen Freiheitskrieges.

Etwa 40 m nördlich dieses inneren Mauerrings verläuft eine weitere Befestigungsmauer, an deren Außenseite in unregelmäßigen Abständen halbrunde Bastionen gebaut waren. Auch dieser untere Mauerriegel ist nicht in vollständiger Länge erhalten, muss aber aufgrund topografischer Gegebenheiten sicherlich in Form eines großen Bogens an die obere Burgmauer im Süden angeschlossen haben. Der ca. 70 m lange nördliche Mauerabschnitt war zwischen 1,30–1,80 m breit und hat sich in eine Höhe von ca. 1,00–1,35 m erhalten, dürfte aber ursprünglich erheblich höher gewesen sein. Fünf Bastionen haben sich an der Nordseite erhalten, die jeweils einen inneren, meist annähernd rechteckigen Raum umschlossen, der in zwei Fällen ebenerdig zugänglich war, ansonsten jeweils nur durch Leitern erreicht werden konnte. Während die Festungsmauer selbst aus recht großen Marmorblöcken in Trockenbautechnik ohne Bindemittel errichtet war, wurden die Bastionen aus flachen Steinplatten aufgeschichtet und waren an ihrer nach außen gerichteten Seite, an der die Mauer eine Stärke von bis zu 2,50 m erreichen konnte, zudem mit Erdmörtel verbunden, was zur größeren Stabilität beitrug.

ein sogenannter Zwinger, entstand. Diese „Pufferzone" war im Fall eines Angriffes gut von den erhöhten Plattformen der Bastionen zu verteidigen – der Feind war zwischen beiden Mauerzügen gefangen. Zahlreiche runde Steine, die zwischen den Mauern und in den Bastionen zutage kamen, dürften als Wurf- und Schleudergeschosse gedient haben, was von der gewaltsamen Zerstörung der Festung zeugt.

Ein ganz ähnliches Schicksal wurde der kleinen Befestigungsanlage zuteil, die bei Kap Panormos an der Südostküste von Naxos auf der im Volksmund als „Gipfel der Mandelbäume" bekannten Bergspitze liegt und lediglich eine Fläche von ca. 20 x 24 m umfasst. Eine 1–2 m breite Außenmauer aus großen Steinblöcken schlängelt sich, angepasst an die natürlichen Vorgaben des felsigen Geländes, wellenförmig um das Innenareal und bildet fünf bastionsartige Mauervorsprünge aus. Zwei von diesen sind besonders massiv und schützen beidseitig den einzigen schmalen Zugang im Nordwesten, der über Treppenstufen erreichbar war. Verbunden durch ein Netz von engen Korridoren drängen sich innen 20 kleine Räume aneinander, deren Wände aus kleineren Bruchsteinen gebaut wurden. Die Festung wurde Opfer eines Angriffs, wovon noch die zahlreichen faustgroßen Kieselsteine am Eingang zeugen, die als Wurfgeschosse verwendet wurden, sowie die Hinweise auf einen großen Brand, der seine zerstörerischen Spuren innerhalb der Festung hinterlassen hat.

Etwas unterhalb am Fuß des Hügels kam eine ganze Menge an typischem Haushaltsgeschirr und Werkzeugen zutage, die darauf hinweist, dass dort eine ausgedehnte

In der Festung von Panormos, Naxos

Siedlung existierte. Deren Bevölkerung könnte das kleine Fort auf der Hügelspitze entweder als Rückzugsort in Zeiten der Gefahr genutzt haben oder als Speicher für landwirtschaftliche Produkte, die für das Überleben ei-

Die Wehrhaftigkeit der Architektur zeugt allgemein von unsicheren Zeiten

ner autonomen Gemeinschaft unverzichtbar waren und deshalb einer besondern Sicherung bedurften.

Die Wehrhaftigkeit der Architektur sowie die archäologisch fassbaren Zerstörungshorizonte zeugen allgemein von unsicheren Zeiten in der Mitte des 3. Jahrtausends v. Chr. Offenbar wappnete man sich gegen Feinde, die übers Meer kamen. Auch andernorts innerhalb der Ägäis ist eine vergleichbare fortifikatorische „Aufrüstung" von Siedlungen in Meeresnähe fassbar, etwa in Lerna in der Argolis, in Kolonna auf Ägina und in Troia an der Meeresstraße der Dardanellen.

Die Ähnlichkeit all dieser frühbronzezeitlichen Festungsanlagen im Hinblick auf ihre Konstruktionstechnik und Bauform kann entweder als zufällige Parallelentwicklung gesehen werden oder aber als Zeugnis einer gegenseitigen Beeinflussung, die durch einen frühen „inter-insularen" Handelsverkehr, der etwa durch kykladische Importware im frühminoischen Kreta oder durch anatolische Rohstoffe in Kastri bezeugt ist, vermittelt wurde.

Siedlungsarchitektur

Da in der Regel nur Bruchteile der einstigen Siedlungsareale ausgegraben bzw. erhalten sind, ist die Berechnung ihrer Größendimensionen problematisch. Immerhin lässt sich erkennen, dass die flächenmäßige Ausdehnung von Ort zu Ort stark variierte: Die kleine Festung von Panormos auf Naxos umfasst etwa ein Areal von nur ca. 500 m^2, Kastri scheint mit seinen 0,5 ha im Mittelbereich zu liegen, während Skarkos auf Ios mit einer Fläche von mehr als 1 ha eher am oberen Ende der Größenskala einzuordnen ist.

Die vornehmliche Lage der Siedlungen auf felsigen Anhöhen führte ganz natürlich zu einem konzentrischen Erscheinungsbild der Gesamtanlagen, bei dem sich die Einzelbauten in Terrassen auf unterschiedlichen Höhenniveaus um die zentrale Hügelspitze gruppierten. Anhand der drei ineinandergeschachtelten Mauerringe von Kastri wird dieses Schema am besten ersichtlich, es ist aber auch auf dem Kynthos auf Delos und in Daskalio auf Keros nachweisbar.

Bei befestigten Siedlungen stand innerhalb der Mauern nur begrenzt Platz zur Verfügung, was zu einer sehr dichten Bebauung führte. Ferner zeugen vor allem in Kastri die unregelmäßigen, teilweise fast chaotisch anmutenden Mauerzüge davon, dass die Siedlungen nicht auf ein vorher festgelegtes Planungskonzept zurückgehen, sondern vielmehr den topografischen Gegebenheiten vor Ort angepasst wurden und nach den Bedürfnissen der Bewohner entstanden und gewachsen sind.

Hausarchitektur

Zur effizienten Ausnutzung des vorhandenen Platzes wurden in Kastri die Wohnbauten möglichst gut an das von der Natur vorgegebene Gelände angepasst, wodurch ein- oder zweiräumige Komplexe von unterschiedlichster Gestalt entstanden, die direkt aneinandergesetzt waren und sich gemeinsame Wände teilten; einzelne Doppelkompartimente wurden an die Innenseite der Festungsmauer gebaut. Die Gebäude in der ebenfalls dicht bebauten Siedlung von Skarkos auf Ios wurden im Zuge mehrerer Bauphasen sukzessive nebeneinandergesetzt, sodass sich parallele Doppelwände ergaben, welche das Aufsetzen eines Obergeschosses ermöglichten.

Rechteckige Einzelstrukturen sind in Pyrgos auf Paros, in Ajia Irini auf Keos und in Skarkos auf Ios zu finden, wo sie einen L-förmigen Grundriss aufweisen. In der Siedlung auf dem Kynthos auf Delos wurden freistehende einräumige Häuser apsidialer Form (d.h. von halbovalem Grundriss) entdeckt, in Korphi t'Aroniou auf Naxos ein ovaler Bau. Bereits die spätneolitische Siedlung von Strophilas auf Andros zeichnet sich durch eine äußerst dichte Bebauung aus, die sowohl durch rechteckige als auch durch apsidiale Hausformen charakterisiert ist, sodass beide Bauformen stets nebeneinander existiert haben müssen.

Durchschnittlich kann mit einer Wohnfläche von 40–80 m^2 pro Haushalt gerechnet werden, wobei es abweichende Sonderfälle an beiden Enden der Größenskala gibt: In Panormos auf Naxos ist aufgrund des Platzmangels eine minimale Raumgröße von nur 2–6 m^2 festzu-

Ruinen frühkykladischer Häuser in Markiani

stellen, dagegen erreicht der spätneolitische Großbau Beta in Strophilas auf Andros eine Fläche von ca. 200 m² allein im Erdgeschoss.

Der Variantenreichtum der Hausformen war aber nicht nur von regionalen Traditionen und der lokalen Topografie des Geländes geprägt, sondern auch abhängig von der Gebäudefunktion. In Kastri bestanden die normalen Wohnhäuser in der Regel aus zwei nebeneinander oder über Eck gesetzten Räumen. Kleinere isolierte Einzelbauten mit halbrunden Wänden wurden dagegen als Vorratsspeicher für Getreide gedeutet, während größere doppelte Raumeinheiten als Hinweise auf eine soziale Differenzierung der Einwohner verstanden wurden.

Ein schmaler Hallenbau, dessen Funktion durch die aktuellen Grabungen noch geklärt werden muss, wurde in der letzten Siedlungsphase von Daskalio (Frühkykladisch III) auf der Hügelspitze errichtet. Das Gebäude von 16 m Länge hat einen apsidialen Abschluss und war in drei Räume aufgeteilt, wobei die Zwischenwände jeweils zentrale Türöffnungen aufwiesen. Ein annähernd rundes Gebäude direkt südlich davon wurde als Heiligtum gedeutet, da es mehr als 340 Kieselsteine enthielt, die keinen bautechnischen Zweck erfüllten und von Strandregionen aus großer Entfernung dorthin gebracht worden sein müssen.

In Koukounaries auf Paros hat sich auf der Hügelspitze ein großer rechteckiger Baukomplex erhalten, bei dem die einzelnen Räume um einen zentralen Innenhof arrangiert waren. Östlich davon muss sich auf einem flacheren Felsplateau eine ausgedehnte Siedlung der gleichen Zeitstellung (Frühkykladisch II) befunden haben. Von den Häusern, die aus Holz, Stroh und Lehm gebaut waren, hat sich nichts erhalten, doch zeugen noch die

Der Kynthos-Hügel auf der wasserarmen Insel Delos, auf dem Reste frühkykladischer Besiedlung gefunden wurden. Auch in historischer Zeit war man stark auf Regenwasser angewiesen, das in Zisternen gesammelt wurde.

Funde zahlreicher Keramiktöpfe, Werkzeuge sowie die Reste von Nahrungsmitteln und Feuerstellen von reger häuslicher Aktivität. Da die „normale" Bevölkerung offenbar hier wohnte, stellt sich die Frage, welchen Zweck das große Steinhaus auf der Hügelspitze erfüllte. Möglicherweise diente es als administratives Zentrum, in dem Nahrungsmittel gelagert und verteilt wurden.

Indirekte Hinweise auf eine gewisse soziale Hierarchie liefern auch die Funde von Siegeln und Siegelabdrücken aus Markiani, Phylakopi und zahlreichen anderen Fundorten. Diese bebilderten Stempel dienten zur Kennzeichnung der Herkunft oder des Besitzes von Objekten und zeugen grundlegend von zentralisierten administrativen Vorgängen – der Aufzeichnung, Organisation und Verteilung von Produkten. Das für diese Aufgaben zuständige Personal war gewissermaßen für das Wohl der gesamten dörflichen Gemeinschaft verantwortlich und dürfte daher einen gesonderten sozialen Status innegehabt haben.

Bautechnik

Von den Wänden der Häuser haben sich oft nur die Steinfundamente oder die untersten Mauerlagen erhalten, in Ausnahmefällen auch die gesamte Höhe des Erdgeschosses. Als Baumaterial diente in der Regel das lokal anstehende Gestein – oft Marmor, Kalkstein oder Schiefer. Eine Ausnahme stellt die Siedlung von Daskalio auf Keros dar, wo ein qualitativ hochwertiger Werkstoff von anderen Inseln importiert wurde. Manchmal wurden Felsen in den Verlauf der Wände inkorporiert, dadurch konnte der Arbeitsaufwand reduziert und Baumaterial eingespart werden. Ansonsten lässt sich eine Verwendung von unbearbeiteten Bruchsteinen sowie von grob

in Form gebrachten Quaderblöcken oder flachen Steinplatten feststellen, die teils in Trockenbautechnik, teils im Lehmverband aufeinandergeschichtet wurden. Möglicherweise waren die oberen Wandzonen bei manchen Häusern nicht aus Steinen, sondern aus einem Konstrukt aus Fachwerk und Lehmziegeln errichtet, das jedoch im Lauf der Zeit verfallen und heute im archäologischen Befund nicht mehr nachweisbar ist. Ebenfalls aus Gründen der Vergänglichkeit finden sich nur sporadisch Hinweise darauf, dass die Wandflächen zur besseren Abdichtung an den Innenseiten mit einem Gemisch aus Lehm und Stroh verputzt waren.

Die Breite der Wände variiert stark. An den einräumigen und sicher einstöckigen Apsidenhäusern auf dem Kynthos auf Delos konnte teilweise eine recht geringe Mauerstärke von ca. 30 cm festgestellt werden. Beim großen Rechteckbau auf der Hügelspitze in Koukounaries auf Paros, welches sicher mehrstöckig war, erreichen die Wände eine Breite von 1,20–1,40 m. In Strophilas auf Andros und Skarkos auf Ios weisen die mittelgroßen, teils doppelräumigen Rechteckbauten eine durchschnittliche Mauerstärke von 60–80 cm auf. In Skarkos konnten im oberen Bereich der glücklicherweise recht hoch erhaltenen Wände Rücksprünge festgestellt werden, die wohl als Auflage für waagrechte Holzbalken dienten und damit ein zweites Stockwerk belegen. Dieses war dort durch Steintreppen an den Außenwänden zu erreichen. Als einfachere Variante könnten andernorts auch Stiegen oder Leitern aus Holz im Inneren der Wohnräume verwendet worden sein.

Überhaupt muss Holz als zweites, ebenfalls wichtiges Baumaterial für die Errichtung von Hauswänden angenommen werden, auch wenn es sich im archäologischen Fundspektrum nicht nachweisen lässt.

Für die Fußböden wurde teilweise der natürlich anstehende Felsen verwendet, der zu diesem Zweck leicht abgetragen und geglättet wurde; häufiger lässt sich ein Bodenbelag aus fest gestampfter Erde feststellen; selten wurden auch flache Steinplatten als Pflaster verlegt.

Die Türschwellen bestanden in der Regel aus größeren Steinblöcken. In Ajia Irini haben sich sogar noch Türpfannen erhalten, in denen sich ehemals die Angeln der hölzernen Türflügel drehten.

Problematisch ist die Frage nach der Form der Dächer, denn nirgendwo hat sich ein Gebäude bis zum First erhalten. Aufgrund des ariden Klimas geht man generell von flachen oder nur leicht schrägen Decken aus, wie sie auch noch heute die Häuser in mediterranen Gegenden prägen. Dabei dienten Holzbalken und Astwerk als stabile Trägerkonstruktion für die eigentliche Abdeckung, die – je nach lokalen Rohstoffen – entweder aus flachen Schieferplatten oder aus Schilfmatten bestand und mit einer wasserabweisenden Schicht aus Lehmerde versiegelt wurde.

Neben dieser einfachen und zweckmäßigen Technik, die sich vor allem für dicht bebaute Hanglagen eignete und bis kürzlich in den ländlichen Regionen Griechenlands verwendet wurde, zeigen mehrere Hausmodelle aus Melos, dass auch Satteldächer und Deckenkonstruktionen in der Art eines Tonnengewölbes bekannt waren, die wohl vorwiegend für freistehende Häuser verwendet wurden. Letztere Dachform eignete sich besonders für apsidiale Häuser und lässt sich anhand eines vollovalen Bauwerks von 2,10 × 2,80 m in Korphi t'Aroniou auf Naxos auch archäologisch nachweisen.

Hausmodell aus Tuffstein

Eine Schieferpyxis aus Melos zeigt – vergleichbar zum Bau in Koukounaries auf Paros – ein Gebäude, bei dem sich mehrere Räume um einen zentralen offenen Hofbereich gruppieren (s. Abb. rechte Seite). Die Außenwände des Hausmodells sind mit einem dekorativen Spiralmuster bedeckt, wie es für die frühkykladischen Steingefäße typisch ist. Inwiefern dieser Dekor auf reale Vorbilder zurückgreift, muss fraglich bleiben. Der hervorgehobene Eingang der Pyxis ist mit einem kleinen Giebeldach über dem Hauseingang ausgestattet, welches eine Musterung aus schraffierten Dreiecken aufweist und vielleicht eine Abdeckung aus Stroh sugge-

Tonmodell aus Rivari, Melos

Während sich dessen Südmauer an den gewachsenen Felsen anlehnt, neigen sich die übrigen Wände aus jeweils überkragenden Steinlagen stark nach innen und waren wohl ursprünglich abschließend mit flachen Schieferplatten abgedeckt.

Hausmodelle

Eine wichtige Informationsquelle zum Aussehen der Häuser liefern die frühkykladischen Hausmodelle. Ein massives Exemplar aus Tuffstein zeigt ein rechteckiges Haus, dessen seitliche Wände leicht nach außen geneigt sind, beim realen Vorbild also aus Holz oder einem anderen leichten Material gefertigt waren. Die Konstruktion eines bogenförmigen Daches, wie sie das Modell wiedergibt, muss – sofern sie nicht der Fantasie des Steinmetzen entsprungen ist – *in natura* aus biegsamem Astwerk und Lehmverputz bestanden haben.

Mit einem Satteldach ist dagegen ein Terrakottamodell aus Rivari auf Melos ausgestattet. Das annähernd rechteckige Haus steht auf einem trompetenförmigen Fuß und weist an einer Seite eine breite rechteckige Öffnung auf, die als Eingang zu verstehen ist. Die schrägen Dachflächen werden von eingeritzten Doppellinien mit Querschraffur und eingestempelten Dreiecken geziert.

Schieferpyxis aus Melos, Staatliche Antikensammlungen und Glyptothek München Inv. 1983 WAF

riert. Das Modell steht auf vier rillenverzierten Füßen, die entweder als Zierform oder als Imitation einer realen Pfeilerarchitektur aus flachen Steinplatten zu deuten sind. Die sieben runden Kompartimente im Inneren der Pyxis wurden als Abbild von Getreidesilos verstanden, woraus eine Interpretation als Speicherbau resultierte; möglich ist aber auch, dass das Modell die außergewöhnliche Architektur eines Heiligtums widerspiegelt.

Felsbilder

Ein ganz besonderer Reiz geht von den Felsbildern aus, die bisher in zwei Siedlungen entdeckt wurden. In Strophilas auf Andros finden sie sich auf einem großen Areal des natürlich anstehenden Felsens direkt außerhalb der Festungsmauer, an einigen Blöcken der Außenfassade derselben sowie innerhalb der Siedlung auf dem felsigen Boden eines geräumigen Hallenbaus, bei dem es sich vermutlich um das lokale Heiligtum handelt. Die teils abstrakten und teils figürlichen Motive wurden in Pick- und Ritztechnik ausgeführt. Es handelt sich um die frühesten Felsbilder, die bisher innerhalb der Ägäis nachgewiesen werden konnten; sie datieren zweifellos zeitgleich zur Siedlung in die spätneolithische Phase. Die abstrakten Figuren bestehen aus Kringeln, Kreisen und spiralförmig angeordneten kleinen runden Mulden. Unter den figürlichen Motiven finden sich narrative Jagdszenen mit Hirschen, Wölfen und anderen Vierbeinern, die von der ehemaligen Vielfalt der heute stark dezimierten heimischen Tierwelt zeugen. Meeresgetier und Szenen des Fischfangs weisen auf den Reichtum der See, der einen Teil des Nahrungsbedarfs der frühen Inselbevölkerung gedeckt haben muss. Zahlreiche Schiffsdarstellungen des kykladischen Typus mit hohem Heck müssen als Vorläufer für ihre bekannten Pendants auf den frühbronzezeitlichen „Kykladenpfannen" gelten und verweisen auf die Pionierleistung

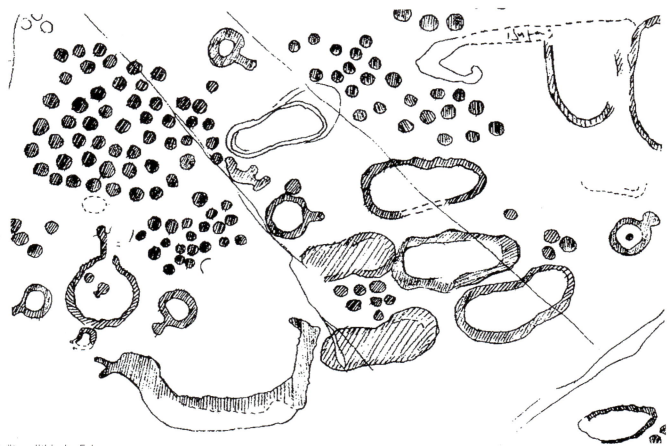

Spätneolithische Felszeichnungen aus Strophilas

der „Strophilaner" im Bereich der Schiffsbaukunst und Seefahrt. Die Wiedergabe eines vierbeinigen Tieres als Fracht auf einem Schiff illustriert, dass bereits am Ende der Steinzeit Viehtransporte zwischen den Kykladeninseln stattfanden und weist darüber hinaus auf die entscheidende Bedeutung, welche speziell Andros, eine der größten und wohl ehemals vegetationsreichsten Kykladeninseln, in der Entwicklung des Schiffsbaus und der frühkykladischen maritimen Handelsrouten zugekommen sein muss. Zweifellos verdankte die spätneolithische Siedlung ihren Reichtum der Seefahrt, weshalb das Schiffsmotiv besonders beliebt war und sogar an der Außenfassade der Stadtmauer plakativ dargestellt wurde. Aufgrund ihrer topografischen Lage zwischen dem griechischen Festland und den südlicheren Kykladeninseln könnte Andros auch als Schnittpunkt und aktive Kontaktzone eines interkulturellen Ideenaustausches beider Regionen gedient haben.

Ein reiches Repertoire von Felsbildern stammt auch aus Korphi t'Aroniou auf Naxos, jedoch finden sich die kleinen Kunstwerke dort auf verstreut liegenden Steinblöcken, sind also ihrem ursprünglichen Kontext beraubt und sekundär zur Errichtung von Terrassierungsmauern verwendet worden. Sowohl in der Picktechnik als auch in der schematischen Darstellungsweise und der Motivwahl, die sich abermals durch eine Vorliebe für (Jagd-) Tier- und Schiffsdarstellungen auszeichnet, stimmen sie mit den Bildern aus Strophilas überein, sodass möglicherweise von einem hohen Alter dieser Bildwerke innerhalb des hiesigen Frühkykladisch II-Siedlungskontextes ausgegangen werden muss.

Wasserversorgung

Die meisten frühkykladischen Siedlungen waren auf felsigen Anhöhen ohne eigene Quelle errichtet, sodass die Wasserversorgung ein Problem darstellte (s. Abb. Seite 68). Ein Großteil des Bedarfs an der Leben spendenden Flüssigkeit musste wohl mit Behältern aus Ton oder Haut über längere Strecken von nahegelegenen Quellen oder Bachläufen in Talregionen auf die bewohnten Anhöhen transportiert werden. Um dieser schweißtreibenden und zeitaufwendigen Arbeit auszuweichen, wurde Regenwasser von Dächern, Straßen und Hofarealen abgeleitet und in größeren Sammelbecken aufgefangen, worauf die Kanalsysteme in Koukounaries, Ajia Irini und besonders in Markiani hinweisen. In dieser befestigten Siedlung an der Südküste von Amorgos wurden Rinnen teils aus dem anstehenden Fels geschlagen, teils aus Steinblöcken gebaut und zumindest stellenweise mit flachen Steinplatten abgedeckt. Das Ableitungssystem zweigte sich immer wieder auf und wurde über mehrere stets tiefer liegende Terrassen schließlich in ein Auffangbecken geleitet.

Innenausstattung und häusliche Aktivitäten

Da kaum fest installierte Feuerstellen in den Häusern gefunden wurden, müssen tragbare Tonöfen und provisorische Steinsetzungen, die sich im archäologischen Befund schwer nachweisen lassen, eine große Rolle gespielt haben. Diese dienten zur Erwärmung des Raumes, aber auch zur Zubereitung von Mahlzeiten, wovon mancherorts noch Asche- und Nahrungsmittelreste zeugen.

Zur Beleuchtung der Innenräume, die aufgrund der Hitze im Sommer und der Kälte im Winter sicher nur sporadisch mit Fensteröffnungen ausgestattet waren, wurden einfache Ton- und Steinlampen benutzt.

Informationen über das Aussehen der Möblierung aus Holz können zwar nicht anhand des archäologischen Befunds, jedoch mithilfe der Steinfigurinen gewonnen werden, die zuweilen auf Stühlen oder Thronen sitzend dargestellt sind.

Tongefäße verschiedener Formen erfüllten verschiedene Funktionen im Haushalt: Pithoi dienten der Lagerung von Lebensmitteln – von Wein, Öl und Getreide –, wobei runde Schieferplatten zuweilen als Abdeckung dieser großen Vorratsgefäße verwendet wurden. Darüber hinaus haben sich diverse Formen von Kochtöpfen und von Trink- und Essgeschirren sowie von Mörsern, Mühlen und Werkzeugen für den alltäglichen Gebrauch erhalten.

Neben der Herstellung von Nahrungsmitteln wurden auch handwerkliche Erzeugnisse innerhalb des Hauses gefertigt. Die Produktion von Textilien aus Leder und Wolle ergibt sich aus der vorhandenen Viehwirtschaft und den zahlreich zutage gekommenen Spinnwirteln und Webgewichten. Abdrücke auf Lehmklumpen und Tongefäßen zeugen von Geweben aus Leinen und Korbflechtereien. Die Verarbeitung von Holz kann indirekt durch den Schiffs- und Hausbau sowie anhand der erhaltenen Werkzeuge nachgewiesen werden.

Einen besonders hohen Stellenwert nahmen die Steinschneidekunst und das Töpfern hochwertiger Keramik in Brennöfen ein, wofür sicherlich spezialisierte Werkstätten zuständig waren. Wichtig war auch die Herstellung von Werkzeugen und Waffen aus Bein, Stein, Obsidian und Metallen wie Blei, Kupfer, Zinn und Bronze. In Kastri wurde eine Metall verarbeitende Werkstatt in einem offenen Hofareal direkt an der Festungsmauer entdeckt (s. Plan Seite 63, Raum 11). Die Installation eines aus drei Steinplatten konstruierten Ofens, der noch Aschereste und Bronzeschlacken enthielt, das Fragment eines Schmelztiegels sowie die verschiedenen fertigen Metallgegenstände in einer Mauernische zeugen von dieser Nutzung.

Die hergestellten Produkte waren teilweise für den Export bestimmt, hauptsächlich jedoch für den Eigenbedarf der lokalen Bevölkerung. Häufig gelangten sie auch als Beigaben in die benachbarten Nekropolen, wo den Gräbern der Verstorbenen stets eine ungleich reichere Ausstattung zukam als den Häusern der Lebenden.

Lit: Bossert 1967 – Brodie/Doole/Gavalas/Renfrew 2008 – Doumas 1972 – Ekschmitt 1986 – Höckmann 1975 – İstanbul 2011, 32 – 40 – MacGillivray 1980 – Marangou/Renfrew/Doumas/Gavalas 2006 – Petrakos 2006 – Petrakos 2007 – Petrakos 2008 – Petrakos 2009 – Renfrew u. a. 2009 – Zapheiropoulou 1969

Kykladenboot und Minoerschiff
Die Entwicklung der frühägäischen Seefahrt

von **Michael Wedde**

Am Anfang war das Boot. Wellenumwogt, lange bevor der Mensch an den Gestaden der Ägäis auftrat, hing die Besiedlung und Ausbeutung der kykladischen Inseln von seetüchtigen Wasserfahrzeugen ab. Der Nachweis von Obsidian in Kulturschichten des griechischen Festlands spricht für Fahrten zur Quelle dieses Rohstoffs, der Insel Melos, bereits seit dem späten Paläolithikum. Dies wiederum legt in Anbetracht der Lage von Melos am südwestlichen Rand der Kykladen ausgedehnte Erkundungsfahrten zur Ermittlung der Lagerstätten von Rohstoffen nahe. Nachdem die Besiedlung der Inseln einmal begonnen hatte, dürfte dies häufige Interaktion zwischen den Inselgesellschaften untereinander zur Folge gehabt haben, denn die meisten Kykladeninseln waren arm an Ressourcen und jeweils auf ein oder zwei für die Kultur wichtige Materialien beschränkt, sei es Obsidian, Marmor oder Schmirgel. Folglich kann ein bedeutsamer Warenstrom in alle Richtungen postuliert werden.

Boot und Bild

Aussagen über die Konstruktionsweise frühkykladischer Wasserfahrzeuge hängen vollkommen von der bildenden Kunst ab – es sind keine Schiffswracks bekannt. Die kykladische Kunst bietet bis in die Frühbronzezeit bzw. die Frühkykladisch II-Zeit (die Keros-Syros-Kultur des mittleren 3. Jt.s v. Chr.) wenig figürliche Darstellungen. Als das erste Bild eines seetauglichen Schiffs ans Tageslicht kam,

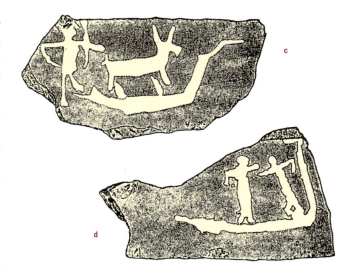

warf es eine Menge Fragen auf. Das Frühkykladisch II-Schiff (a und b) ist lediglich einige Male dargestellt, und zwar nur auf einer einzigen Objektgattung von einem einzigen archäologischen Fundort – andernorts findet es nur wenig Nachhall. Darüber hinaus zeigt die Untersuchung dieses Schiffstyps, dass er an das Ende einer langen Entwicklung gehört und von einem fortschrittlicheren Typ abgelöst wird, der von einer anderen ägäischen Kultur gebaut wurde.

Konkreter: Es existieren 19 Darstellungen von Frühkykladisch II-Schiffen, von denen sich 14 auf sogenannten Kykladenpfannen (s. Seite 100 ff.) befinden,

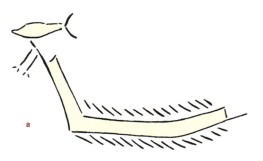

Das tönerne Bootsmodell von Palaikastro auf Kreta

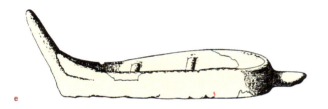

e

hauptsächlich aus dem Friedhof von Chalandriani auf Syros (vier Bilder befinden sich auf „Pfannen" unbekannter Herkunft in europäischen Museen). Der Typus findet sein Echo in zwei Piktogrammen auf Marmortafeln aus dem Heiligtum von Korphi t'Aroniou auf Naxos (c und d) sowie einem Modell aus Terrakotta von Palaikastro in Ostkreta (e). Eine mögliche Beziehung besteht auch zu einem Piktogramm auf einer Schieferplatte aus Theben. Ein Schiff ähnlicher Form ist unter dem Griff eines fragmentierten Askos aus Orchomenos eingeritzt (f).

Am Anfang war das Boot

Das Frühkykladisch II-Schiff besitzt – nach den Darstellungen auf den „Kykladenpfannen" von Chalandriani zu urteilen – einen langen, niedrigen Rumpf, der auf einer Seite leicht ansteigt und in einem Sporn endet und auf der anderen Seite zu beträchtlicher Höhe ansteigt, bekrönt von einem Fischsymbol. Die große Anzahl kurzer Striche ober- und unterhalb des Rumpfs wird, begründet durch Menge und Länge, als Paddel interpretiert. Das Fehlen von Mast und Rudern spricht für eine geringe Schiffsbreite. Ethnologische Parallelen deuten auf den Typus des Langboots. Die Identifikation von Bug und Heck ist umstritten. Eine Frühkykladisch III-Scherbe aus Phylakopi (g) zeigt einen Rudergänger mit seinem Steuer auf einem langen, niedrigen Schiffsrumpf mit kurzen Strichen ober- und unterhalb und einem Rumpfende, das in einem sanften Bogen zu solcher Höhe ansteigt, dass es über den Rand des fragmentarischen Bildgrunds hinausragt. Das andere Ende der Darstellung ist verloren, doch die Handschrift des Künstlers ist der der „Kykladenpfannen" eng verwandt.

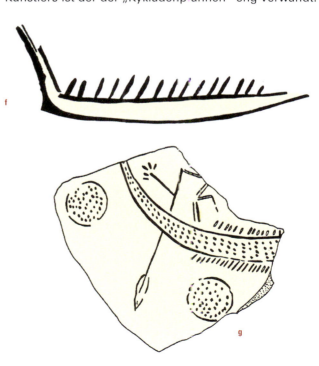

Es ist wahrscheinlich, dass ein Schiff desselben Typs abgebildet ist. Ein Vergleich der Wasserfahrzeuge der ägäischen Bronzezeit untereinander belegt, dass, wenn es einen signifikanten strukturellen Unterschied in der Höhe der Schiffsenden gibt (unter Ausschluss der dekorativen oder angefügten Elemente), das Heck stets höher ist.

Deutung der Quellen

Die beschränkte Zahl an überlieferten Darstellungen, der beinahe einzigen argumentativen Stütze, sowie deren begrenztes Ursprungsgebiet sollten Bedenken hinsichtlich des schieren Gewichts des von heutiger Gelehrsamkeit darauf errichteten interpretativen Überbaus erregen. Der Mangel an anderer Evidenz bewirkt aber gezwungenermaßen eine Fokussierung auf diese Bilder, der kaum zu widerstehen ist. Zur Verteidigung der Ansicht, dass es sich bei der genannten Form um *den* Frühkykladisch II-Typus handelt, sollte Folgendes in die Betrachtung einbezogen werden: Aufs Ganze gesehen sind Schiffsdarstellungen in der bronzezeitlichen ägäischen Kunst rar, trotz der massiven Abhängigkeit der Menschen vom Seeverkehr, der aus den Siedlungsmustern, den Tauschsystemen, den spezifischen Objektgattungen und schriftlichen Dokumenten abgeleitet werden kann. Es trifft zu, dass eine dichte Ansammlung von Schiffsbildern an einem einzigen Fundort selten vorkommt – vergleichbare Belege stammen aus Malia auf Kreta des Zeitabschnitts Mittelminoisch II B (Siegel aus der Werkstatt des Steinschneiders in Quartier My), vom Spätkykladisch I-zeitlichen Akrotiri auf Thera (Wandmalerei des Miniaturfrieses mit Schiffsprozession aus dem Westhaus), aus Pyrgos Livanaton in Phtiotis der Phase Späthelladisch III C (Kraterscherben und Bootsmodelle) –, doch in dieser frühen Stufe ist es wahrscheinlich, dass das Wasserfahrzeug ein (relativ) populäres Motiv war, gemessen am Interesse, das ihm von einzelnen Künstlern oder Werkstätten entgegengebracht wurde. Es ist zudem festzustellen, dass „Kykladenpfannen" ansonsten nicht mit figürlichen Darstellungen auf dem Gefäßkörper geschmückt sind.

Die genannten beiden Bilder von Naxos bieten eine interessante Bestätigung dafür, dass die Form des Langboots nicht allein der Vorstellungskraft eines einzelnen Kunsthandwerkers entsprungen ist. Einen noch interessanteren Befund bietet das Modell aus Palaikastro: die Anwesenheit kykladischer Siedler auf Kreta ist gut dokumentiert, sowohl durch eine Fülle kykladischer Objekte als auch durch z. B. einen ganzen Friedhof mit kykladischen Bestattungen in Ajia Photia nahe Sitia in Ostkreta. Die Nekropolen von Manika auf Euböa und Tsepi in Attika illustrieren das Ausmaß kykladischer Aktivität – einer Aktivität, die *per definitionem* den Gebrauch des Frühkykladisch II-Langboots einbezog.

Aufs Ganze gesehen sind Schiffsdarstellungen in der bronzezeitlichen ägäischen Kunst rar

Es sollte auch betont werden, dass der Katalog frühbronzezeitlich ägäischer Schiffsdarstellungen keine Alternativen zur beschriebenen Form oder auch nur weitere signifikante Anhäufungen von Bildern kennt. Das Frühkykladisch II-Langboot ist der einzige Schiffstyp, der für diese Epoche dokumentiert ist. Zudem stellt er, verglichen mit den nächsten klar definierbaren Rumpfformen des Frühminoisch III- bis Mittelminoisch II-Typs (s. Seite 79 und h–m), deren klaren typologischen Vorläufer dar, und zwar sowohl in der Art der zweidimensionalen Darstellung als auch in der daraus resultierenden dreidimensionalen Rekonstruktion. Das Langboot ist das notwendige Verbindungsglied in der Entwicklung hin zum mit Rudern versehenen Segelschiff.

Schmal und schnell

Wie oben festgehalten, sprechen das Fehlen von Mast und Segel einerseits und das Fehlen von Rudern andererseits für einen langen, schmalen Rumpf, der querschiffs ausreichend Raum zum Sitzen oder Knien für zwei Reihen von Paddlern bietet. Es kann über eine noch größere Breite spekuliert werden, aber die bloße Länge des Rumpfs legt eine schmale Konstruktion nahe, die zu hoher Geschwindigkeit befähigt in Anbetracht der bis zu 40 Paddler, die durch die Striche ober- und unterhalb des Rumpfs angegeben sind. Eine zu große Breite würde beim Fehlen eines Kiels zu schwerfälliger Manövrierbarkeit führen und dem Boot bei den herrschenden nautischen Bedingungen, die breiten, flachen, niedrigen Schiffen feindlich ist, kahnähnliche Züge verleihen. Der Vorsprung am niedrigen Bug konnte das Boot schützen, wenn es in voller Fahrt auf einem

h   i   j

k   l   m

Strand anlandete. Das hochgezogene Ende könnte als Windfahne gedient haben, die die Spitze des Rumpfs in den Wind drehte, wenn er nicht durch Paddler angetrieben wurde.

Schiffsdarstellungen in der Flächenkunst

Eine „Kykladenpfanne" von Chalandriani hebt sich von den übrigen ab: auf ihr sind zwei Schiffe dargestellt (n und o), nicht nur eines wie sonst üblich. Sie zeigen am oberen Rand des Rumpfes eine Reihe auf einer Spitze stehende Dreiecke anstatt der kurzen Striche ober- und unterhalb; eine schraffierte Zickzacklinie verläuft am Rumpf entlang. Dieses Zickzackmuster könnte eine Nähnaht andeuten, die einzelne Teile des Schiffes verbindet (wie Lucien Basch vorgeschlagen hat), während die Dreiecke, die scheinbar die Köpfe der Crew darstellen, wenn man sie in *diesem* Kontext versteht, sich auf die für die Naht erforderlichen Löcher beziehen ließen (die Form der Löcher ist von Wracks späterer genähter Schiffe bekannt). Aus diesem Grund ist es denkbar, dass es sich beim Langboot der Frühkykladisch II-Zeit um einen erweiterten Einbaum handelt: Der Einbaum selbst bildet das Rückgrat des Rumpfes und erstreckt sich vom Heck zur Bugverlängerung. Unweit des Endes dieser Verlängerung wurde ein vertikaler Vordersteven in den Einbaum geschnitten (der Bugfortsatz schützt daher diese Stelle). Die Krümmung der „Kiellinie" (dieser Fachbegriff bezeichnet die Unterkante der Rumpfsilhouette), die auf verschiedenen Darstellungen aus Chalandriani zu beobachten ist, spricht für eine erhebliche Abarbeitung des Einbaums, um eine solche nach unten gebogene Kiellinie zu erzielen. An diesem zentralen Teil wurde mindestens eine Planke, ein Kielgang, angebracht, der vom Achtersteven bzw. der Windfahne bis zum Vordersteven verläuft. Ob mehr als ein Plankengang an den Rumpf genäht war, lässt sich nicht sagen. Querstreben sorgten für zusätzliche Stabilität und boten Sitzgelegenheiten für die Besatzung – auch wenn es beim schnellen Paddeln nötig war, sich in die Duchten zu kauern. Es wird wohl etwas Stauraum unter den Duchten oder unter dem verschiebbaren Boden gegeben haben.

Nach dieser Rekonstruktion steht das Frühkykladisch II-Langboot am Ende der Entwicklung des Einbaums und vor der Einführung der aus Planken bestehenden Schiffsaußenhaut. Wenn wir weiter zurückbli-

n

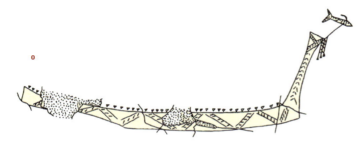

o

cken, finden wir die Darstellung schlichter Einbäume in den mittel- und spätneolithischen Terrakottamodellen in Nordgriechenland – Wasserfahrzeuge, die gleichwohl kurze Überfahrten bewältigen konnten und die das „Inselhüpfen" zwischen den Kykladen möglich machten. Einen etwas fortschrittlicheren Einbaum zeigt das Tonmodell von Mochlos auf Kreta (p).

Der reine Einbaum ist in seiner Bauweise der Piroge, bei der ein Einbaum als Kernstück des Bootes mit seitlich aufgesetzten Planken verbunden ist, unterlegen. Die Konstruktion der Schiffe zeigt die Fortschritte, die mit der Einführung von Kupferwerkzeugen auf den Kykladen einhergingen. Die Größe der Schiffe gibt auch den Hinweis auf eine andere Stufe gesellschaftlicher Organisation: Cyprian Broodbank hat festgestellt, dass das Frühkykladisch II-Langboot eine Bemannung erforderte, die die Kapazitäten einzelner Siedlungen, sogar ganzer Inseln überschreiten konnte. Das Auslaufen eines Langboots für eine längere Fahrt bedeutete die Abwesenheit des Teils der männlichen Bevölkerung, der sich auf der Höhe seiner körperlichen Leistungsfähigkeit befand, über einen längeren Zeitraum. Die Kooperation zwischen Siedlungen, zwischen benachbarten Inseln wurde so zu einer Bedingung *sine qua non* für das Reisen zur See.

Kykladisches Erbe

Obige Interpretation findet ihre Bestätigung zu einem gewissen Grad in der auf das Langboot folgenden, in der Ägäis erscheinenden Schiffsbauweise – dem Frühminoisch III- bis Mittelminoisch II-Schiff (s. h–m und Abb. rechte Seite). Die frühesten Darstellungen wiederholen die Hauptzüge des kykladischen Langboots: das tiefere Ende mit dem Vorsprung gegenüber dem Ende mit einem beinahe vertikalen, ziemlich hohen Fortsatz. Gleichwohl gibt es beträchtliche Unterschiede: Der Rumpf selbst ist bedeutend kürzer, es ist ein Mast mit stehender Takelage dargestellt und die Striche an der Unterseite des Rumpfs (oberhalb gibt es keine) sind länger. Zwei von den 22 Darstellungen, die diesen Schiffstyp zeigen, besitzen ein oder mehrere Steuerruder am erhöhten Ende (s. i und m). Wenn das minoische Schiff eine Weiterentwicklung des kykladischen Langboots sein sollte, würde sich dadurch auch die Deutung des höheren Endes als Heck erhärten. Lehnte man die Beziehung der Typen zueinander ab, wäre das kykladische

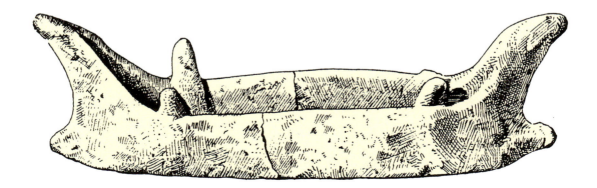

p

Schiff eine evolutionäre Sackgasse und das minoische die revolutionäre Neukonzeption eines seetüchtigen Fahrzeugs – höchst unwahrscheinlich im Hinblick auf die konservative Einstellung früher Schiffsbaumeister.

Mast und Ruder zeigen an, dass der minoische Rumpf weitaus breiter gewesen sein muss als der des Lang-

Die Größe der Schiffe gibt auch den Hinweis auf gesellschaftliche Organisation

boots, sowohl um der Hebelwirkung von Segel und Mast zu begegnen als auch um ausreichend Platz für den einzelnen Ruderer zu schaffen, der den Riemen mit einem Binnenbord-Außenbord-Verhältnis von 1:3 zu bewegen hatte. Die Zahl der dargestellten Ruder, durchschnittlich fünf pro Seite, lässt auf eine Rumpfgesamtlänge von ca. acht bis zehn Metern schließen – weniger als die Hälfte eines kykladischen Langboots. Das Frühminoisch III- bis Mittelminoisch II-Schiff war also breiter, kürzer und in der Lage, sich den Wind und die stärkere Leistung der Riemen als Antriebskräfte nutzbar zu machen. Auch wenn es mangels Schiffswracks nicht zu belegen ist, war der Rumpf wohl in Plankenbauweise auf dem „Kielschwein", einer massiven zentralen Planke, gebaut, an der die Plankengänge befestigt waren. Diese Planken waren vermutlich dünner als der zentrale Balken und schufen so einen Absatz im Rumpfquerschnitt und damit gewissermaßen einen „Proto-Kiel". Weitere Planken wurden dann Kante an Kante (in Kraweelbauweise) angefügt. Die Darstellungen zeigen bei einigen Exemplaren eine Längskrümmung („Kielsprung"), die sich nicht mit einem Einbaum vereinbaren lässt. Folglich handelt es sich um das erste wirkliche Schiff der ägäischen Bronzezeit, den Ahnherr aller, die folgen sollten, bis weit in die klassische Zeit hinein und sogar darüber hinaus. Die Gesamtheit der untersuchten Bilder zeigt eine allmähliche Veränderung, deren Hauptzüge in der Zunahme des Kielsprungs und dem abnehmenden Winkel zwischen Bugvorsprung und

Segelschiff, wie es ab der Schlussphase der ägäischen Frühbronzezeit in Gebrauch kam (Modell gebaut von Thomas Guttandin)

Vordersteven liegen – die Tendenz geht hin zu einem nächsten Entwicklungsschritt, zur Form des Schiffs der Mittelminoisch I- bis II-Zeit: ein abgeflachter Halbmond mit annähernd gleich hohen Enden (umgekehrt ist dies der Vorläufer des Mittelminoisch III- bis Spätminoisch I-Typs, der am besten in den Schiffen des Miniaturfrieses von Akrotiri auf Thera fassbar ist (s. Abb. rechte Seite).

Langboot und Segler im Vergleich

Das frühminoische Schiff erreichte nicht die Geschwindigkeit eines kykladischen Langboots mit 40 Mann, die das Meer mit ihren Paddeln zu Gischt peitschten, aber seine Vorteile sind offensichtlich: Vom Wind getrieben konnte es von der Morgen- bis zur Abenddämmerung und in die Nacht hinein segeln; bei Gegenwind oder Windstille konnte es über lange Distanzen gerudert werden. Außerdem bot es reichlich Platz für Fracht, zumal die Ladekapazität durch die Reduktion der Mannschaft auf ein Minimum, das zum Steuern und zum Bedienen der Segel nötig war, vergrößert werden konnte. Wenn ein Dutzend Männer eine volle Crew ausmachten, dann genügte für die Fahrt nur unter Segeln die Hälfte davon. Im Gegensatz zum Langboot, das so stark auf menschliche Muskelkraft angewiesen war, dass eine Inselgesellschaft vielleicht kaum ein einziges Gefährt bemannen konnte, erlaubte es das frühminoische Schiff, wenngleich aufwendiger im Bau, vielen kretischen Gemeinden, die Zugang zum Meer hatten, eines oder mehrere Schiffe zu bemannen – ohne untragbare Einschränkungen bezüglich der menschlichen Arbeitskraft an Land hinnehmen zu müssen.

Im Zeichen des Fisches

Die Wahl des Fisches als Abzeichen der Langboote ist die Bestätigung dafür, wie viel die Bewohner der kykladischen Inseln dem Meer verdankten. Es ist zu wenig über die frühkykladischen Glaubensvorstellungen bekannt, um eine klare Interpretation des Symbols anzubieten, aber die wirtschaftliche Bedeutung der Meeresfauna schlägt sich in den zahlreichen Wiedergaben von Fischen in der kykladischen Kunst nieder. Es ist gut möglich, dass die Insulaner zwischen ihrem Wasserfahrzeug und den anmutigen Bewegungen der Thunfische und Delfine eine Parallele gezogen haben. Im Unterschied zu den Kykladenbewohnern verbanden die Minoer ihre windgetriebenen Schiffe mit den Vögeln am Himmel: Von der Frühminoisch III- bis zur Spätminoisch I-Zeit fungierte der Vogel als Symbol am Vordersteven, sein Schwanz bot Inspiration für den Abschluss des Achterstevens, er erschien als Bugsprietschmuck, er fand sich auf den Rumpf gemalt, er konnte sogar zum Schiffsrumpf selbst werden, und in einem Fall gestaltete ein Steinschneider das Segel in einer Siegeldarstellung in Flügelform. Die stark verdichteten, symbolischen Bilder von Schiffen, die die Gruppe der sogenannten „talismanischen" Siegel zeigt, bestehen aus einem Teilstück des Rumpfs, der prunkvollen Kapitänskajüte („ikria"), die nur bei Prozessionen zum Einsatz kam, und dem Vogel am Bugspriet. Die Mykener wiederum gaben dem Vordersteven ihrer Ruderschiffe – einer Weiterentwicklung des Mittelminoisch III- bis Spätminoisch I-zeitlichen Schiffs – die Form eines Vogelkopfes. Im Gegensatz zum Mangel an ausdrücklichen religiösen Konnotationen für den kykladischen Fisch erscheint der minoische Vogel in zahllosen Kultszenen, sitzend auf Pfeilern, auf Doppeläxten oder auf Kulthörnern in einem Heiligtum, oder auf dem Diadem einer Göttin mit erhobenen Armen, als Malerei auf Larnakes (tönernen Särgen), sogar als Darstellung der Gottheit selbst in Epiphanieszenen. Die Ansicht, dass es sich dabei um die Anrufung göttlichen Beistands handelt, dürfte nicht zu weit hergeholt sein.

Das Ende der Langboote

Mit dem Auftreten des frühminoischen Schiffs verschwinden nicht nur das kykladische Langboot, sondern auch alle späteren Schiffsentwürfe der Inselbewohner aus unserem Gesichtskreis. Es handelt sich dabei um ein generelles Problem in der Erforschung des frühägäischen Schiffbaus: Die Entwicklung der Wasserfahrzeuge, wie sie durch Bilddarstellungen bezeugt ist, ist eine Abfolge für sich allein stehender Typen. Sie beginnt mit dem kykladischen Langboot (Frühkykladisch II), setzt sich fort mit drei aufeinander folgenden minoischen Schiffstypen (Frühminoisch III bis Mittelminoisch II, Mittelminoisch I bis II, Mittelminoisch III bis Spätminoisch I) und endet mit zwei gleichzeitigen mykenischen Ruderschiffen (Späthelladisch III B bis C). Dies trifft für alle Abbildungen zu, die typologisch klassifiziert

Flaggschiff der Flottille (oben) in einer Freskomalerei, die im „Westhaus" der spätbronzezeitlichen Siedlung bei Akrotiri auf Thera gefunden wurde

werden können – unter Auslassung vereinzelter Ausnahmen, die sich der Interpretation widersetzen. Insgesamt handelt es sich um 206 Bilder von 366 (also 56,4%). Die eindrucksvollste aller Schiffsdarstellungen der ägäischen Bronzezeit, die Miniaturmalerei einer Schiffsprozession von Akrotiri, wurde zwar auf der Kykladeninsel Thera entdeckt, die abgebildeten Schiffe sind aber von unbestreitbar minoischer Form. Es ist unwahrscheinlich, dass die Insulaner aufgehört hätten, Schiffe zu bauen, aber andererseits ist klar, dass sich die Innovationskraft auf diesem Feld nach Süden verlagert hat. Die Frühkykladisch II-Zeit endete in Zerstörung, wie auch die Perioden Frühhelladisch II und Frühminoisch II. Aber während die Festlands- und Inselbewohner sich nur mit Mühe erholten, schwangen sich die Minoer zu neuen Höhen auf. Das kykladische Langboot, Ende einer langen Entwicklung ausgehend vom einfachen Einbaum, starb mit Frühkykladisch II, während das Frühminoisch III- bis Mittelminoisch II-Schiff, das seinen Vorgänger in allen Bereichen mit Ausnahme der Geschwindigkeit auf kurzen Strecken überflügelte, zum Zugtier wurde, das wesentlich dazu beitrug, die Grundlage der minoischen Palastwirtschaft zu schaffen. Das Langboot brachte die Kyklader nach Kreta, nach Euböa, nach Attika. Auf dem Rückstrom dieser Welle zogen die Minoer auf ihren Schiffen aus, um die Inseln zu kolonisieren und allmählich ihre Reichweite bis nach Milet im Osten und Samothrake im Norden auszudehnen. Die Grundlage für diese Expansion lag im Übergang des kykladischen Langboots zum minoischen Schiff.

Lit: Basch 1987 – Broodbank 1989 – Guttandin 2009 – Wedde 1999 – Wedde 2000

Modellrekonstruktion eines frühkykladischen Langbootes

von **Thomas Guttandin**

Bis heute wurde kein Wrack eines kykladischen Langbootes gefunden, das uns Auskunft darüber geben könnte, wie die Boote der seefahrenden Völker in der frühbronzezeitlichen Ägäis ausgesehen haben. Die äußeren Formen der Kykladen- bzw. Syros-Schiffe sind auf den „Kykladenpfannen" und in einigen wenigen Modellen aus Ton überliefert. Aufgrund der vereinfachten Darstellungen fällt es schwer, konkrete Aussagen über Konstruktion und Funktion dieser Schiffe zu treffen. Nur durch den Vergleich mit entsprechenden seegängigen Einbäumen von maritimen Kulturen wie den Maori auf Neuseeland und den Indianerstämmen der Haida, Nootkan und Kwakiutl an der Nordwestküste Amerikas ist es möglich, aus den kursorischen Darstellungen Erkenntnisse über Bau und Nutzung kykladischer Langboote zu gewinnen.

Die Größe eines Kykladenschiffs kann mithilfe des Platzbedarfs eines Paddlers ermittelt werden. Optimal ist ein lichter Abstand von 0,75 m, wie er von den Kanus der Maori überliefert ist. Er erlaubt es den Paddlern, sich mit dem Gesäß und einem Knie zwischen den Duchten zu „verpressen". Für die Kykladenschiffe ergeben sich bei einer Besatzung von 20 bis 50 Paddlern rechnerisch Rumpflängen von 11,9 bis 23,0 m – Größenordnungen, die mit den Reise- und Kriegskanus der Haida und Maori vergleichbar sind.

Für den Bau der Kykladenschiffe als erweiterte Einbäume (Pirogen) kamen aufgrund der erforderlichen Stammlängen und -querschnitte nur zwei Holzarten in Betracht: das Holz der Griechischen Tanne (*Abies cephalonica*) mit bis zu 1,7 m Durchmesser und 38 m Wuchshöhe oder das der Weißtanne (*Abies alba*) mit bis zu 2,0 m Durchmesser und 60 m Wuchshöhe. Auf den Kykladen waren diese Bäume nie heimisch. Sie mussten in den Höhenlagen Euböas und der Peloponnes gefällt und zum Meer transportiert werden.

Das Tonmodell von Palaikastro (s. Abb. Seite 75 oben) zeigt am schmalen Ende des Bootsrumpfes eine aufragende Finne, an der auf jeder Seite eine aufgesetzte Planke befestigt wurde. Am breiteren Ende des tropfenförmigen Rumpfs ist ein Sporn angesetzt. Doch wo befindet sich der Bug und wo das Heck? Bei allen seegängigen Einbäumen wird aus dem unteren breiteren Teil eines Stammes der Bug herausgearbeitet. Der Grund dafür ist der zu überwindende Wellengang auf See: Treffen die langen, schlanken Boote auf eine Welle, würde eine schmale Bootsspitze den Wellenkamm „durchschneiden" und das Boot sofort voll Wasser laufen. Ein breiter Bug wird von der Welle angehoben, sodass das Boot über sie hinweggleiten kann.

Die Modellrekonstruktion (s. Kat. 105) im Maßstab 1 : 10 folgt den Bauabläufen der Maori und Haida bei der Herstellung ihrer Boote. Der Rumpf ist, beginnend mit der Außenseite, aus einem frisch gefälltem Stamm geschnitzt. Danach

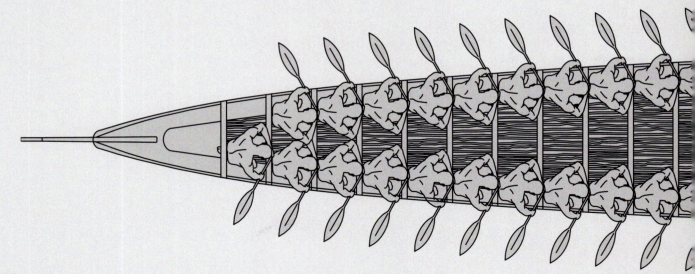

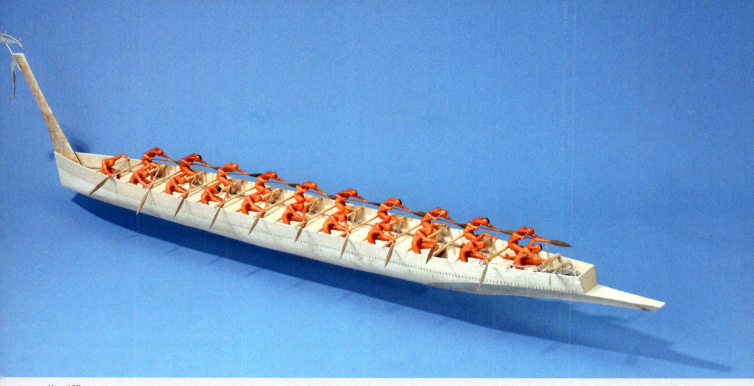

s. Kat. 105

wird der Rohling innen ausgehöhlt, zum Spreizen gedämpft und mit je einer auf beiden Seiten aufgesetzten Planke zur Piroge erweitert.

An der Oberkante der Planken sind Duchten aus Rundhölzern befestigt. Dazwischen knien die Paddler auf einem Rost aus Ästen, der von im Rumpf eingebundenen Querhölzern fixiert wird. Ein kurzes Segment des Bodens ist an der tiefsten Rumpfstelle entfernt und mit einem Brett abgedeckt, damit das Wasser aus der Bilge ausgeschöpft werden kann.

Im Modellboot befindet sich nur eine halbe Besatzung. Es ist breit genug, um in jedem Segment zwei Paddler und im Mittelbereich zusätzlich noch Passagiere aufzunehmen, sodass insgesamt etwa 50 Personen Platz finden. Die Paddler tragen teilweise Haartrachten, Tätowierungen oder Bemalungen, wie sie bei zeitgenössischen kykladischen Figurinen modelliert oder aufgemalt wurden. Die Finne im Heck ist mit einem frühkykladischen Kerbschnittmuster versehen und mit Wachs eingefärbt. Am oberen Ende ist ein in Makrameetechnik

geknüpfter Wimpel befestigt. Die aus Astwerk gebundene Fischstandarte bietet wenig Windangriffsfläche und orientiert sich eng an den Ritzzeichnungen in Ton. Der Fisch schwimmt entgegengesetzt der Fahrtrichtung des Bootes. Vielleicht hält er so Verbindung mit der Heimatsiedlung, die für die Dauer einer Reise einen großen Teil ihrer Bevölkerung verliert und damit fast schutzlos zurückbleibt.

Lit: Best 1925 – Gutandin/Panagiotopoulos/Pflug/Plath 2011 – Neel 1995 – Wedde 2000

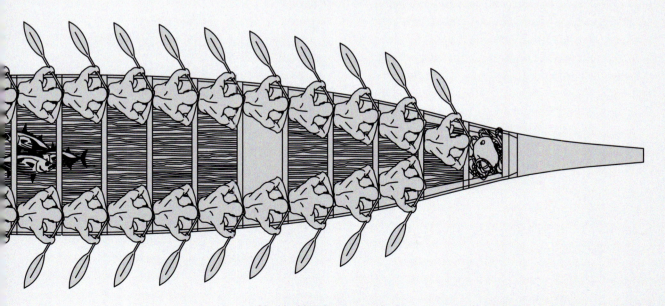

Modellrekonstruktion eines frühkykladischen Langbootes

Geritzt, gestempelt und bemalt
Die Keramik der kykladischen Kultur

von **Robert Nawracala**

Um die Entwicklungslinien innerhalb der Keramikformen der kykladischen Kultur erfassen zu können, sind die Archäologen auf Keramikfunde aus Wohnbereichen und auf ungeplünderte Grabinventare angewiesen. Nicht immer wurden bei früheren Grabungen die vermeintlich unwichtigen Fragmente einfacher Keramik sorgfältig aufbewahrt und ausgewertet. Mancher Ausgräber ließ das scheinbar unbedeutende Material kurzerhand entsorgen. In Phylakopi wurde glücklicherweise alles aufbewahrt und dieser Fundort liefert damit das lückenlose chronologische Rückgrat für die späte kykladische Keramik. Anfänglich wurden die Fundinventare einzelner Ausgrabungsplätze für sich alleine betrachtet. Christos Tsountas erkannte als Erster, dass die nach unterschiedlichen lokalen Fundorten benannten Typen und daraus resultierenden Perioden zusammengehören und unter dem Obergriff der Kykladenkultur zusammengefasst werden konnten.

Das Zusammenführen zahlreicher Ausgrabungsergebnisse von den einzelnen Kykladeninseln bestätigt die folgende Entwicklungslinie in der kykladischen Keramikproduktion.

Generell lassen sich drei Hauptformen unterscheiden: die unverzierte, tongrundige Keramik, die durch Ritzungen und Stempelungen verzierte Keramik und die mit einem aufgebrachten Tonschlicker bemalte. Diese Formen treten in den drei kykladischen Epochen, Frühkykladisch I bis III, in unterschiedlicher Konzentration auf. Hinzu kommen unterschiedliche Gefäßformen und Typen, die zum einen eine Unterscheidung der einzelnen Phasen ermöglichen und zum anderen die Entwicklung der frühen Kykladenkultur deutlich veranschaulichen. Dass dieser Kultur auch eine große Bedeutung für die Nachbarkulturen zukommt, lässt sich etwa mithilfe von Exportfunden auf der Insel Kreta und mit dort produzierten Gefäßen, die kykladische Ziermuster imitieren, veranschaulichen.

Geritzte Muster

Die erste Phase der Kykladenkultur, Frühkykladisch I (3200–2700), zu der auch die Gefäße der Pelos-Kultur gehören, benannt nach der gleichnamigen Nekropole Pelos auf der Insel Naxos, legt den Grundstein der späteren Keramikproduktion. In dieser Zeit treten neben einfachen undekorierten Gefäßen des alltäglichen Gebrauchs auch erste Exemplare einer ritzverzierten Keramik auf. Bereits innerhalb der Pelos-Gruppe werden Ritzungen mit Kaolin, einem weißen mineralischen Farbstoff, gefüllt, der auf der Insel Naxos als natürlich vorkommender Rohstoff zur Verfügung steht. Durch den farblichen Kontrast entstehen Gefäße mit einem faszinierenden Zweifarbmuster.

Noch bleibt die Grundform der Muster recht einfach. Das Gros der verwendeten Ziermotive besteht aus geraden und parallel angeordneten Strichgruppen. Die wichtigste und auch häufigste Gefäßform in dieser Zeit ist die frühkykladische Pyxis. Diese zeichnet sich durch eine

Frühkykladisch I-Pyxis aus Paros

meist zylindrische Grundform und einen flachen Boden, der als Standfläche dient, sowie einen Deckel aus. Die Büchsen dienten sicherlich der Aufbewahrung unterschiedlichster Stoffe. Denkbar sind Salben, Schmuckgegenstände oder allgemein wertvolle, in kleinen Mengen vorhandene und daher sicher unter Verschluss aufzubewahrende Materialien.

Die Außenseiten wurden durch vertikale Strichabfolgen verziert. Häufig findet sich das sogenannte Fischgrätmuster, eine Verzierung, die aus zahlreichen, parallel angeordneten winkelförmigen Strichabfolgen besteht, die den Eindruck der namensgebenden Fischgräten vermitteln. Interessant ist das Herstellungsverfahren dieser Pyxiden. Da die schnell drehende Töpferscheibe in Frühkykladisch I unbekannt war, nutzte man einen hölzernen Kern als Innenform der gewünschten Dose und ummantelte ihn komplett mit Ton. Wie in den späteren antiken Töpferwerkstätten ließ man den Ton ruhen, bis er eine „lederharte" Konsistenz annahm. In diesem Zustand ist der Ton noch bedingt formbar, aber nicht mehr allzu elastisch. Der Töpfer konnte nun die Ritzverzierung auf der Außenseite anbringen, den Deckel oben am Gefäßkörper abschneiden und für den anstehenden Brand den Holzkern entfernen, ohne das Gefäß zu deformieren. Belege für diese Technik sind zum einen die sehr passgenauen Deckel, bei denen gelegentlich Durchbohrungen für Halte- oder Verschlussschnüre zu finden sind, die deckungsgleich auf den Schnurösen am Gefäßkörper liegen, das heißt in einem Zug gefertigt wurden. Auch wurden Gefäße gefunden, deren Striche sich von der Seitenwandung über die Deckelkante ohne Unterbrechung fortsetzen.

Kegelhalsgefäße

Neben den Pyxiden, die in unterschiedlichen Formen hergestellt wurden und die Leitform von Frühkykladisch I bilden, treten aber auch weitere Gefäßformen auf. Besonders wichtig, wenngleich auch verhältnismäßig selten, sind die Kegelhalsgefäße. Die bauchige Grundform ähnelt einem umgedrehten Seeigelskelett (s. Kat. 21). Darüber setzte der Töpfer einen manschettenförmigen, konkav eingeschnürten Hals. Eine Variante der Kegelhalsgefäße der frühen Zeit besitzt keinen ausgearbeiteten Standfuß, sondern steht mit der abgeflachten Unterseite auf einer relativ kleinen Standfläche.

Kegelhalsgefäß mit Ritzverzierung aus Paros

Wie üblich verzierte man die Außenseite mit einem Fischgrätmuster oder einfachen Strichgruppen, ließ jedoch den Hals des Gefäßes undekoriert oder nur mit einem Einzelmotiv geschmückt.

Eine zweite Variante der Kegelhalsgefäße unterscheidet sich lediglich durch einen angestückten, trompetenförmigen Fuß (s. Abb. oben).

Betrachtet man die Tonqualität dieser Phase, so fällt auf, dass ein eher grob gemagerter und nicht sehr gut aufbereiteter Ton Verwendung fand, der zahlreiche Einschlüsse aufweist. Die Gefäße wurden von Hand gefertigt und zum Antrocknen auf Korbmatten oder eine Unterlage aus Blättern gestellt, die sich gelegentlich als Negativabdruck auf der Unterseite erhalten haben (s. Abb. folgende Seite). Die Brenntemperatur der Töpferöfen und die Dauer des Brandes sind noch nicht technisch ausgefeilt, ein Umstand, der dazu führte, dass die Keramik in den meisten Fällen schlecht gebrannt ist. An gebrochenen Fragmenten sieht man heute noch den nicht durchgebrannten, schwarz gebliebenen Kern im Inneren. Die Farbvielfalt des verwendeten Tons nach dem eigentlichen Brand reicht dabei von braun über rötlich bis nahezu orange. Die Außenseite wurde meist mit einem Überzug aus feinerem Ton bestrichen und

nannt (s. Seite 92 ff.). Dieses frühkykladische Formenrepertoire wird auch in den weiteren Phasen wieder begegnen.

Neue Formen

Am Übergang zwischen Frühkykladisch I und II und zeitlich nicht absolut einer Gruppe zuweisbar, tauchen neue Formen im Keramikspektrum auf. Es handelt sich um flaschenähnliche Gefäße mit einem schmalen Hals und einem rundlichen Gefäßbauch, der keine Standfläche aufweist. Am oberen Schulterbereich befinden sich zwei Schnurösen. Diese Form, die in der Kampos-Gruppe häufig zu finden ist, steht, je nach persönlicher Ansicht des jeweiligen Archäologen, in Verbindung zur früheren Pelos- oder der späteren Keros-Syros-Keramik. Ähnlich den zeitlich etwas früheren Pyxiden ist diese Töpferware mit den bereits bekannten Strichmustern auf der Außenseite verziert. Von besonderem Interesse sind diese flaschenähnlichen Gefäße (s. Abb. rechte Seite), weil sie auch auf Kreta an mehreren Fundplätzen zutage kamen und es ermöglichen, das zeitliche Ordnungssystem zwi-

Abdruck eines Blattes auf dem Boden einer kleinen konischen Schüssel, Chalandriani auf Syros

Doppelpyxis im Antikenmuseum des Archäologischen Instituts Heidelberg, Frühkykladisch I (Kat. 11)

vor dem Brand mithilfe eines Kieselsteines oder Knochens poliert. Selbst heute noch kann man sich der damit erzielten Wirkung der schimmernden Oberfläche einer so frühen kykladischen Keramik trotz der simplen Gefäßformen und Verzierungen kaum entziehen.

Fasst man die Leitformen innerhalb der Keramik zusammen, finden sich somit überwiegend Pyxiden in zylindrischer oder auch linsenförmiger Form, sehr selten in Doppelform (s. Abb. rechts), und die Kegelhalsgefäße (Krateriskoi) mit und ohne Fuß.

Die genannten Gefäße sind, was die Pyxiden angeht, als Vorläuferform der späteren Marmorgefäße zu betrachten. Kegelhalsgefäße hingegen treten schon in Frühkykladisch I sowohl aus Ton und aus Marmor gefertigt auf, die marmornen Kegelhalsgefäße werden Kandila (Plural: Kandilia) ge-

Flasche mit schmalem Hals, Frühkykladisch I, aus Naxos, Ajii Anarjyri

Flasche mit schmalem Hals aus Pyrgos (Grotte) auf Kreta

schen Kreta und den Kykladen besser aufeinander abzustimmen (s. Abb. oben rechts). Sie legen ein beredtes Zeugnis davon ab, dass in dieser Zeit die Kykladenkultur „tonangebend" in der Ägäis war.

Neben diesen neuen Gefäßen treten innerhalb der Kampos-Gruppe nun auch die berühmten „Kykladenpfannen" auf, eine Gefäßform, die ihren Namen aufgrund der Ähnlichkeit zu den heutigen Pfannen erhielt. Die genaue Funktion dieser Gefäße ist bislang noch unbekannt, eine Nutzung als „Pfanne" im wörtlichen Sinne ist jedoch sicher abzulehnen. Zumindest lassen sich keine Brandspuren feststellen, sodass die Gefäße zumindest nicht in Kontakt mit Feuer kamen. Trotzdem finden sich diese Pfannen auch in Wohnbereichen und lassen eine häusliche Verwendung nicht ausschließen (s. dazu auch Seite 100 ff.).

Die „Kykladenpfannen" der Kampos-Gruppe wurden nun nicht mehr primär mit einfachen Ritzmustern verziert, sondern von nun an treten auch kompliziertere, fortlaufende Spiralmuster und Kreisornamente sowie eingestempelte geometrische Muster auf. Um diese komplizierten Strukturen in symmetrischer Qualität zu erreichen, verwendete man Holzstempel oder vorgefertigte Schablonen (s. Kat. 108 und 109).

Die Deutung der Muster auf der Unterseite der Pfanne ist schwierig, doch hat sich in der Wissenschaft die Deutung als stilisierte Sonne durchgesetzt, und wirklich scheint das zentrale Mittelmotiv wie eine Sonne seine Strahlen nach außen zu schicken.

Zudem wurden größere bauchige Gefäße hergestellt, deren Henkel, entgegen jeglicher Logik, im unteren Drittel der Wandung angesetzt wurden. Vielfach wurden im Bestattungskontext, aber außerhalb und vor den eigentlichen Gräbern, Gefäße gefunden, die am besten als hutartig zu beschreiben sind. Sie dienten vermutlich als Spendegefäße für ein Totenopfer während oder nach der eigentlichen Bestattung, ähnlich den späteren Omphalosschalen. Auch in dieser Zwischenphase werden die eingeritzten Linien mit einer weißen Pigmentschicht gefüllt, um eine farbliche Wirkung zu erzielen.

Experimentierfreudige Töpfer

Mit der bereits erwähnten Keramik der Keros-Syros-Gruppe, benannt nach den beiden Kykladeninseln, beginnt die wahre Blütezeit der kykladischen Töpferkunst in der Phase Frühkykladisch II (2700–2300).

Alte Gefäßformen wie die Pyxiden treten mehr und mehr in den Hintergrund. Die Deckelform wurde verändert und mit einer breiten Krempe ausgestattet. Da auch der Boden krempenartig verbreitert wurde, erlangten die „neuen" Pyxiden ein spulenhaftes Äußeres (s. Abb. unten).

Die Töpfer begannen mit zahlreichen neuen Gefäßformen zu experimentieren, sodass gegenüber Frühkykladisch I eine unglaubliche Formenvielfalt entstand. Die Form der „Kykladenpfannen" wurde weiterhin produziert, doch wurden sie nicht mehr mit einfachen Sonnensymbolen verziert, sondern mit stilisierten Bootsdarstellungen. Die Ruder an den Seiten der Boote sind durch Striche wiedergegeben und die Schiffe treiben in einem Meer aus spiralförmigen Wellen (s. Seite 102).

Die bekannten Kegelhalsgefäße lassen nur noch in Ansätzen die einzelnen Gefäßelemente erkennen, die Übergänge werden verschliffen und wirken einheitlicher (s. Kat. 52 und 53).

Innen bemalte Schale auf schlankem, hohem Fuß, Chalandriani auf Syros

Pyxis mit dunkler Bemalung auf hellem Grund, Frühkykladisch II, Chalandriani auf Syros

Erstmals tritt die Schnabelkanne auf, eine bauchige Kanne mit einem einzelnen Henkel und einem fast senkrecht angebrachten Ausguss. Diese Kannenform wird die Ägäis für mehrere Jahrhunderte nicht mehr verlassen. Mit der Schnabelkanne kamen auch die „Saucieren" oder Schnabeltassen in Verwendung (s. Abb. rechte Seite): ein weites, offenes Gefäß mit einem Standfuß

Die Töpfer begannen mit zahlreichen neuen Gefäßformen zu experimentieren

und einem breiten, an den Rändern hochgezogenen Ausguss. Der Sinn und Zweck dieser komplizierten Gefäßform ist noch immer nicht hinreichend geklärt und schwankt von der Deutung als Öllampe bis hin zu Libationsgefäßen, das heißt Spendegefäßen, für flüssige Opfergaben.

Neben diesen Formen zeichnet sich die Syros-Gruppe durch gedrückt rundliche, fast doppelkonische Pyxiden aus, Schalen mit flachem oder niedrigem Fuß (s. Abb. oben), einfachen Näpfen, aber auch Doppel- oder Mehrfachgefäßen, bei denen mehrere Einzelformen aneinandergefügt wurden. Hinzu kommen Spende-

„Sauciere" aus Syros im Archäologischen Nationalmuseum Athen

"Kykladenpfanne" aus Ton mit sternförmigem Motiv in Kerbschnittverzierung, Chalandriani auf Syros

gann man nun, die Tonmasse besser aufzubereiten oder auch gezielt spezielle Tonsorten zu verwenden. Das Resultat ist ein häufig sehr heller, reiner Ton von gelblich beiger Grundfarbe, die farblich der Ware aus dem deutlich späteren Keramikzentrum Korinth ähnelt. Dieser helle Tongrund diente den Töpfern als neuartiger Malgrund. Mit einem speziell zubereiteten Tonschlicker, den man als „Urfirnis" bezeichnet, verzierten die kykladischen Töpfer fortan ihre Gefäße mit geometrischen Mustern, die den vorher üblichen Ritzverzierungen ähneln. Je nach Dauer und Intensität der Hitzeeinwirkung beim Brand wurde diese Farbe am fertigen Gefäß schwarz, bräunlich oder rot. Doch nicht nur geometrische Formen treten nun auf, sondern auch stilisierte Geschöpfe, die Vögel oder Fische darstellen.

Das Repertoire der Gefäßformen umspannt in Frühkykladisch II „Kykladenpfannen", Kegelhalsgefäße, hutähnliche Gefäße, kleinere Schalen mit und ohne hohen Standfuß, bauchige Vasen, Pyxiden in den unterschiedlichsten Formen, tiergestaltige bzw. zoomorphe Vasen (s. Abb. unten) und Saucieren mit hohem Fuß.

gefäße in Form von Tieren, wie etwa einem Igel mit Schale aus Chalandriani (s. Abb. rechts). Die Verzierung besteht weiterhin aus Ritzlinien, deren Formenvielfalt durch Kreis und Spiralmuster erweitert wurde. Im zunehmenden Maße verwendeten die Töpfer einen gestempelten Dekor auf den Gefäßwandungen. Gefäße der späteren Kastri-Gruppe sind überwiegend unverziert, besitzen aber eine glänzend polierte, fast einheitlich schwarze Oberfläche. Sie erweitern das Formenspektrum um einhenklige oder doppelhenklige Trinkgefäße und weitere Kannenformen. Bemerkenswert sind Gefäße mit röhrenförmigen Tüllen und trompetenförmigen Standfuß.

Gefäßmalerei

Diese Neuheiten treten jedoch in den Schatten, da die kykladischen Töpfer in Frühkykladisch II mit einer völlig anderen Form der Verzierung experimentierten: der Bemalung. Dieser Innovation ging eine einschneidende Veränderung im Töpferwesen voraus. War die vorherrschende Tonfarbe früher dunkel und wegen zahlreicher Unregelmäßigkeiten kaum als Malgrund geeignet, be-

Tonfigur eines auf den Hinterläufen sitzenden Vierbeiners, der eine Schale vor sich hält, vielleicht ein Igel. Gefunden im Friedhof von Chalandriani auf Syros, jetzt im Nationalmuseum in Athen

Späte Entwicklung

Die letzte Phase, die mit Frühkykladisch III (2300–2000/1900) und besonders der Stadtanlage Phylakopi auf Melos in Verbindung gebracht werden kann, zeichnet sich durch einige Neuerungen aus. Alte, bis dahin traditionelle Gefäßformen verschwanden und weisen auf das nahe Ende der Kykladenkultur hin, ein Ende, an dem eine neue Macht in der Ägäis, die Kultur der Minoer, maßgeblich beteiligt war.

Die wichtigste Gefäßform von Frühkykladisch III bleibt die Schnabelkanne (s. Kat. 117 b und e). Daneben treten großformatige Vorratsgefäße, sogenannte Pithoi, auf (s. Kat. 117 f). Immer noch gibt es Pyxiden, deren Wandung sich nach oben verengt, und Spendegefäße aus mehreren Gefäßeinheiten (bis zu 25), die in der Archäologie als Kernoi bezeichnet werden. Diese Kernoi wurde vermutlich bei Begräbnisriten verwendet und konnten in ihren verschiedenen Behältern unterschiedliche Grabbeigaben aufnehmen. Neuartig sind auch die „Entenvasen" oder Askoi (s. Abb. unten), die sich schließlich über den gesamten Raum der Ägäis verbreiteten. Es handelt sich dabei um kugelige, geschlossene Gefäße mit einer langen, steilen Tülle, die in einer verbreiteten krempenartigen Mündung ausläuft. Daneben wurden weiterhin einhenklige Tassen, Schalen und Becher getöpfert. Die Bemalungs- und Verzierungsmuster blieben die gleichen wie in Frühkykladisch II.

Neue Tiefgrabungen in Phylakopi brachten Vergleichsbeispiele zu der früheren Keramik der Syros-Gruppe an den Tag, die die Wichtigkeit der Stadt auch in Frühkykladisch II belegen. Trotzdem zeichnet sich gerade in Phylakopi das nahe Ende der Kykladenkultur ab. Mit dem Übergang zur mittelkykladischen Zeit verliert das kykladische Töpferhandwerk an Bedeutung und wird zunehmend von Importen aus dem neuen Töpferzentrum Kreta verdrängt.

Lit: Caskey 1972 – Ekschmitt 1986 – Getz-Preziosi 1987a – Karlsruhe 1976 – Marangou 1990 – Papathanassopoulos 1981 – Rambach 2002 – Renfrew 1991 – Schachermeyr 1976 – Stampolidis/Sotirakopoulou 2011 – Zervos 1957.

„Entenkanne" im Keramikmuseum von Sèvres, Frühkykladisch III

Die Pracht der Steine
Meisterwerke frühkykladischer Steinmetzkunst

von **Agnes Malecha**

Um die frühkykladischen Steingefäße in Form zu bringen, war eine ausgereifte Herstellungstechnik nötig. Über den Abbau des Materials in der Frühen Bronzezeit wissen wir nichts; wahrscheinlich wurden für kleinere Idole und Gefäße Lesesteine verwendet, für größere müssen wir davon ausgehen, dass Blöcke in der passenden Größe aus dem anstehenden Fels gebrochen wurden, wobei das Verfahren wohl dem früher ägyptischer Steinbrüche nicht unähnlich gewesen sein wird: Entlang der Maserung wurden passgenaue Holzpflöcke in natürliche oder gearbeitete Spalten gesteckt und sodann gewässert, worauf das quellende Holz die Steinmasse spaltete, doch ist auch die Verwendung einfacher Steinsägen oder Schlagsteine denkbar. Hatte man einen Block der gewünschten Größe, so wird man grob die Außenform des Gefäßes oder Idols so lange mit dem Meißel in kleineren Stücken abgeschlagen haben, wie das Risiko eines größeren Bruches vertretbar war. Wir können vermuten, dass nach diesem Schritt noch sehr viel Material überstand, welches dann mit Schmirgel abgefeilt werden musste.

Für das Innere tiefer, geschlossener Gefäßes werden einfache Bogenbohrer verwendet worden sein, offene Gefäße stellte man ausschließlich mit Meißel und Schmirgelfeile her. Zuletzt stand dann eine abschließende Glättung mit Sand und Bimsstein an; Letzterer sorgte dafür, dass die Marmorerzeugnisse der Kykladen noch heute eine so glatte und polierte Oberfläche haben.

Die Produktionsweise wird sich vom Neolithikum bis zum Ende der bronzezeitlichen Steinbearbeitung kaum geändert haben; Bronzewerkmeißel könnten jene aus Stein im Laufe der Keros-Syros-Kultur (Frühkykladisch II) teilweise verdrängt haben – so denn die Bronze hart genug gewesen ist und der Handwerker sich ein Werkzeug aus Metall leisten konnte. Die vermehrte Nutzung von Bronze wird die Fertigungsprozedur insgesamt aber kaum verändert haben, geschweige denn ein Ersatz für Schmirgel oder Bims gewesen sein.

Große Typentreue

Generell zeichnet sich die Kykladenkultur durch besondere Typentreue aus, keine andere Kultur hielt so durchgängig an Grundaufbau und Form der einzelnen Typen fest.

Besonders deutlich wird das an den Marmorgefäßen welche in die Grotta-Pelos-Kultur, Frühkykladisch I, zu datieren sind. Die meisten Steingefäße dieser Zeit lassen sich vier Typen zuordnen, innerhalb derer sie sich in ihren Grundeigenschaften kaum unterscheiden; ihnen allen gemeinsam sind die vertikalen Ösenrippen mit horizontaler Durchbohrung, durch welche wohl Schnüre gezogen wurden, mit denen man die Gefäße transportierte oder verschloss.

Hierzu gehört zunächst der konische Becher, welcher sich direkt von neolithischen Steinbechern ableiten lässt und sich von diesen nur durch eine breite Standfläche unterscheidet. Allen diesen Bechern der Frühkykladisch I-Zeit sind neben Form und Standfläche die zwei einander gegenüberliegenden vertikalen Griffe eigen, welche ungefähr in der Gefäßmitte vom Gefäßkörper abstehen. Aufgrund ihrer Form kann man annehmen, dass die Becher für Transport und Konsum flüssiger Substanzen gedacht waren; Exemplare mit anthropoiden Zügen – etwa ein Becher in Oxford (s. Abb. rechts) – lassen jedoch vermuten, dass es sich hierbei nicht um Gefäße des Alltags gehandelt haben wird: Ähnlich gestaltet wie zeitgleiche Idole, zeigt die Oberfläche des Bechers einen weiblichen Körper mit Brüsten und einem durch die Schenkel gebildeten Schamdreieck, die zur Körpermitte laufenden Arme dienen gleichzeitig als Ösenrippen. Man könnte sich vorstellen, dass der Inhalt dieser Becher unter den Schutz der dargestellten Gottheit gestellt

Menschengestaltiger Marmorbecher im Ashmolean Museum, Oxford, s. Kat. 37

wurde oder aber die Versorgung des Verstorbenen durch jene auch im Jenseits garantieren sollte.

Die Schalen der Zeitstellung Frühkykladisch I zeichnen sich durch eine dicke Wandung und einen halbkugeligen Körper ohne klar definierten Boden aus, wodurch sie einen relativ unsicheren Stand haben. Die Gestaltung des Gefäßrandes variiert, jedoch wird er bei etwa der Hälfte aller Schalen durch eine oder mehrere auf der Außenseite horizontal umlaufende Linien betont, andere Verzierungen wie Zickzackmuster hingegen sind extrem selten. Ösenrippen treten meistens einzeln auf, jedoch sind auch Schalen mit bis zu vier – dann interessanterweise nebeneinander liegenden – Rippen bekannt. Oft wurden in den Schalen Pigmentreste gefunden, einige Exemplare wurden zudem von einem Pistill begleitet. Dies lässt darauf schließen, dass die Schalen zum Zerstoßen und/oder Anrühren von Pigmenten – entweder für die Malerei oder zu kosmetischen Zwecken – verwendet wurden. Möglicherweise enthielten sie im funerären Kontext bereits zerstoßenes Pigment oder Kosmetika, die den Verstorbenen im Jenseits nützlich sein sollten.

Die ungewöhnlichste Form der Marmorgefäße in Frühkykladisch I ist sicherlich die nach der Form griechischer Kirchenlampen benannte Kandila. Es handelt sich dabei um eine steinerne Umsetzung des auch in Ton vorkommenden Kegelhalsgefäßes. Am runden, an ein Seeigelskelett erinnernden Körper liegen je zwei Ösenrippen einander gegenüber, wobei die zwei Paare im Regelfall diagonal zueinander angeordnet sind. Der Gefäßkörper selbst wird von einem schlanken, oft leicht konkav geschwungenen, konischen Fuß getragen. Der kegelförmige, nach oben enger werdende Hals sitzt mittig auf der vom Körper gebildeten ebenen Fläche auf.

Auffällig sind die klaren, bei nahezu allen Gefäßen identischen Proportionen, an denen man wieder die Typentreue der kykladischen Künstler sehen kann: So ist der Hals immer höher als der Standfuß, der Durchmesser gleich der Körperhöhe und der Durchmesser von Körper inklusive Henkel immer nur wenig kleiner als die Gesamthöhe des Gefäßes.

Die letzte große Gruppe der Frühkykladisch I-Marmorgefäße ist jene der Paletten. Es handelt sich dabei um größtenteils rechteckige Tabletts mit erhöhtem Rand, oft mit durchbohrten Ecken. Sie sind, neben der Schale, die am längsten laufende Gattung kykladischer Steingefäße, was zu einer großen Formenvielfalt führt. In Frühkykladisch I haben sie fast alle klar vom Boden abstehende, aufragende Wände, entweder spitz zulaufende oder mit Sorgfalt abgerundete Ecken und sind ziemlich flach. Wie die Schalen, zeigen die Paletten oft Spuren von Farbpigmenten, die in ihnen zerrieben wurden; es wird sich bei ihnen also wohl hauptsächlich um Alltagsgegenstände gehandelt haben, deren Material nach dem Verwendungszweck ausgesucht wurde: Mineralien mit einem Steinpistill in einem Tongefäß zu zerkleinern, konnte zuungunsten des Reibegefäßes ausgehen.

Verwendung der Gefäße

Da wir nur wenige Funde marmorner Gefäße aus Siedlungsgrabungen haben, nahm man früher an, sie hätten ausschließlich als Grabbeigabe gedient. Angesichts der

„Kandila" aus Marmor, Antikenmuseum des Archäologischen Instituts Heidelberg, s. Kat. 15

Vielzahl beschädigter oder reparierter Gefäße erscheint diese Annahme heute fragwürdig, da man so viele Brüche – vor allem bei der Durchbohrung der Ösenrippen der Kandila – kaum als Werkstattschäden ansehen kann. Fügt man Benutzungsspuren etwa von Schalen oder Paletten hinzu, so kommt man zu dem Ergebnis, dass es sich bei den Marmorgefäßen zwar um wertvolleres Haushaltsgut handelte, eine generelle Einschränkung auf den sepulkralen Sektor jedoch zu kurz greift. Eine Ausnahme könnte man für die Kandila annehmen: Sie sind nicht nur unhandlich schwer, sondern ihr Inneres ist oft auch wesentlich kleiner als ihre Außenmaße, weshalb sie im Alltag ihren tönernen Verwandten, den Kegelhalsgefäßen, unterlegen waren. Es handelte sich bei ihnen sicherlich um Prunkgefäße mit dezidert besonderem Einsatzbereich, evtl. im Bereich des Kultes, bevor sie als Grabbeigabe, möglicherweise zur symbolischen Aufrechterhaltung der Versorgung mit Wasser oder Nahrung, einem Menschen ins Grab folgten.

Entwicklung der Formen

So typentreu die Kykladenkultur sein mag, so wenig ist sie starr und unveränderlich, wie wir am Übergang zwischen den Kulturstufen Frühkykladisch I und II, in der sogenannten Kampos-Gruppe, und der Entwicklung von Gefäßformen in der Stufe Frühkykladisch II sehen können. So verlieren die Kandilia in der Übergangsphase zunächst ihren hohen Fuß, um dann zu Beginn von Frühkykladisch II ganz zu verschwinden. Ähnlich ergeht es dem konischen Becher, welcher vielleicht im henkellosen Becher mit konkavem, geschwungenem Rand und dem auf diesem aufbauenden Kelch der Keros-Syros-Kultur weiterlebte. Tablett und Schale „überlebten" den Wandel; Erstere bereicherten ihr Formenspektrum durch eine rechteckige Variante mit hochgezogenen Längs- und eingezogenen Querseiten und sehr dünner Wandung. Auch die ovalen, sich einer flachen Schale annähernden Typen werden wohl in Frühkykladisch II datieren. Die Schalen schließlich stellen in verschiedenen Varianten zusammen mit Pyxiden die häufigsten Steingefäße in Frühkykladisch II und stehen wohl auch – mit einem Fuß versehen – für die an Trinkpokale erinnernde Variante der Frühkykladisch II-Keiche Pate.

Hat man sich in Frühkykladisch I überwiegend auf die Bearbeitung von Marmor konzentriert, so entstammt

Marmorne Ausgussschale mit blauen Pigmentresten im Museum für kykladische Kunst Athen

der Übergangszeit eine Gruppe von Schalen, welche aus einem opaken, jadeartigen Stein geschnitzt sind. In Frühkykladisch II finden sich vermehrt einfache Gefäße für den alltäglichen Gebrauch, welche in Kalkstein oder Chloritschiefer gearbeitet sind. Letzterer wurde auch zur Herstellung feiner, reich verzierter, der Keramik entnommener Gefäßformen verwendet. Ebenfalls der Keramik entnommen scheinen einige seltene Formen, wie etwa eine Marmorsauciere oder bestimmte Typen der Mehrfachgefäße.

Schalen wurden weiterhin hauptsächlich in Marmor gefertigt und bilden variantenreich die größte Gruppe von Steingefäßen dieser Zeitstellung. Oft sind sie relativ flach mit nach innen eingerolltem Rand, welcher durch eine horizontale Linie betont werden kann. Beliebt sind bis zu vier waagerechte Haltegriffe auf Höhe des Gefäßrandes, aber auch Haltehilfen in Form kleiner Vorsprünge im oberen Bereich des Körpers; diese zwei Formen können auch kombiniert werden. Gerne werden die Schalen mit trompetenförmigem Fuß gefertigt.

Eine häufige Variante ist die Ausgussschale, bei der sich die Mündung elegant aus der Körperform entwickelt und die in der Regel tiefer ist als ihre Verwandten mit durchgängigem Rand. Christos Tsountas vermutete noch, die in Gräber beigegebenen Ausgussschalen seien Lampen, oder zumindest ein Lampenersatz, doch ist man hiervon inzwischen abgekommen: Nicht nur wären die Ausgussschalen für Öllampen relativ tief und wür-

Die Pracht der Steine 95

Spulenpyxis, s. Kat. 65

den entweder eine sehr große Menge Öl oder einen viel zu langen Docht benötigen, sondern sie zeigen auch keine Brandspuren, was sie lediglich als Lampenmodelle infrage kommen ließe. Diese finden sich jedoch in Grabzusammenhängen der Frühkykladisch II-Zeit und haben mit Ausgussschalen wenig Ähnlichkeit. Wahrscheinlicher ist, dass jene wirklich hauptsächlich zum Ausschütten von Flüssigkeiten – wohl vor allem in kultischen und sepulkralen Zusammenhängen – konzipiert waren, wie wir einem besonders schönen Kompositexemplar entnehmen können, bei dem das Gefäß mit Trompetenfuß auf einem kleinen Tischchen gearbeitet ist und möglicherweise eine Opferung darstellt.

Exemplare mit Pigmentresten könnten aber darauf hinweisen, dass auch hier der Übergang zwischen praxisbezogener und rein sakraler Nutzung fließend war.

Formen in Frühkykladisch II

Neben Schalen, Tabletts und den oben bereits erwähnten Kelchen treffen wir in Frühkykladisch II auf Steingefäße, deren Formen uns bereits in Frühkykladisch I begegnet sind – allerdings in Ton gearbeitet.

Die wohl größte Gruppe bilden hierbei Pyxiden, welche sowohl in Marmor als auch in weichem Chloritschiefer vorkommen.

In Marmor handelt es sich größtenteils um sphärische oder bikonische Pyxiden, mit – wie der Name schon sagt – rundem, manchmal von vertikalen Ritzlinien überzogenem Körper und einfach oder doppelt durchbohrten Griffen an der breitesten Stelle des Gefäßes. Manchmal ist eine Standfläche ausgearbeitet, doch auch diese „Döschen" stehen ziemlich wackelig; wahrscheinlich erfolgte die Aufbewahrung hängend. Von den bekannten Stücken ist etwa die Hälfte mit erhaltenem Deckel auf uns gekommen, dieser kann Bohrungen aufweisen, welche es zusammen mit den durchbrochenen Henkeln ermöglichten, die Pyxis per Schnürung zu verschließen.

Die zweite, ebenfalls sehr häufig vorkommende Form der Pyxis hat einen zylindrischen Aufbau und ist von feinen parallelen Horizontalrillen überzogen, die meisten Pyxiden dieser Form gehören zur Gruppe der Spulenpyxiden, bei welchen Standfläche und Deckel weit über den Körper herausragen, sodass tatsächlich das Bild einer Garnspule entsteht. Der Übergang zwischen Körper und Deckel erfolgt bei diesen Stücken in der Regel im oberen Bereich der Rillenverzierung, ist also geschickt kaschiert. Deckel und Standfläche sind zumeist durchbohrt, sodass eine Schnürung zugleich als Verschluss und Trageriemen dienen konnte. Die Deckel sind normalerweise flach, äußerst selten in Form eines Daches oder mit einem Griff in der Mitte versehen, etwa in Gestalt eines Vogels. Bei einer ganzen Anzahl dieser Gefäße wurden im Inneren Spuren von Pigmenten gefunden, die in ihnen gelagert worden waren. Zusätzlich zeigen einige der Deckel ebenfalls Farbspuren, weshalb man annimmt, dass sie als Mischpalette verwendet wurden.

Obwohl die dritte für Frühkykladisch II typische Pyxidenart, die Hauspyxis, hauptsächlich in weichem Chloritschiefer gearbeitet ist, kennen wir doch zwei Exemplare in Marmor: eine einfache zylindrische mit vier kleinen Füßchen und eine in gelängter Hausform mit zwei einander gegenüberliegenden blinden „Eingängen", deren Türrahmen über den Gefäßkörper hinausreichen und die Standflächen des Gefäßes bilden. Beide sind mit den für Spulenpyxiden typischen Horizontalrillen verziert.

Hausmodelle

Pyxiden aus Chloritschiefer können sphärisch oder zylindrisch sein und zeigen als Hauspyxiden eine große Formenvielfalt. Gemeinsam sind ihnen fast allen kleine, mit horizontalen Linien verzierte Standfüße und ein an ein Satteldach erinnernder Deckel. Die meisten von ihnen haben eine rechteckige, gerundete Form, jedoch sind auch Exemplare in Form zweier runder Einzelgefäße auf derselben Grundplatte und runde Hauspyxiden bekannt. Ein besonders schönes Exemplar besteht aus sieben im Quadrat um ein aus dieser Anordnung entstandenes größeres Fach gereihter runder Segmente. Auf seiner Außenseite ist zudem ein kleines Scheintor mit Vordach gearbeitet. Ob die Hauspyxiden realen Gebäuden nachempfunden waren, können wir nur vermuten. In diesem Fall würde die reiche Verzierung, ebenso wie Form und Innengestaltung der Gefäße, auf besondere Gebäude wie Heiligtümer oder gemeinschaftliche Silos hinweisen (s. Abb. Seite 71).

Wie auch die anderen Gefäße aus Chlorit, tragen die Pyxiden wesentlich vielfältigere Verzierungen als die Marmorgefäße: Neben den auch in Marmor üblichen horizontalen und vertikalen Linien finden sich Dreieck- und Fischgrätenmuster in verschiedenen Variationen und Kombinationen sowie ein elaborierter Dekor scheinbar ineinanderlaufender und auseinander entstehender Spiralen. Besonders schön ist dieses Muster an einer der seltenen steinernen „Kykladenpfannen" (s. Kat. 107) zu sehen, auf deren Rückseite es sich aus einer großen Mittelspirale entwickelt; die Größe der Spiralen nimmt dabei zum Rand hin ab. Diese aus der Keramik entlehnte Form ist etwas häufiger in Marmor gearbeitet; die Rückseite kann dabei entweder unverziert bleiben oder ein für Marmorgefäße außergewöhnliches Muster von schraffierten Rauten oder Dreiecken tragen.

Schafe aus Stein

Gesondert erwähnt seien tiergestaltige Gefäße, von denen nur sehr wenige – zwei aus Frühkykladisch I und vier aus Frühkykladisch II – und zum Teil fragmentiert auf uns gekommen sind. Sie zeichnen sich generell durch einen zylindrischen oder sphärischen Körper aus, an dem dann Gliedmaßen und Kopf ansetzen. Die zwei Exemplare der Grotta-Pelos-Kultur zeichnen sich durch zwei Öffnungen im Rücken und ein den Kopf aussparendes Ritzmuster aus; sie werden wohl Schafe darstellen. Aus der späteren Keros-Syros-Kultur haben sich zwei Schweine, ein Igel (s. Kat. 36) und ein zweiköpfiger Vogel (s. Kat. 35) erhalten. Die Körper dieser Tiergefäße sind durchgängig glatt und haben nur eine Öffnung. Schwierig ist hier die Frage nach dem Verwendungszweck: Manche Wissenschaftler argumentieren, dass die Gefäße ihren Inhalt wiedergeben, jene in Schafform also etwas Wolle oder Schafskäse enthielten, während in den Schweinen Speck oder Schmalz gelagert wurde. Diese Erklärung ist jedoch angesichts des Igels und vor allem des zweiköpfigen Vogels fragwürdig, denn welche Erzeugnisse dieser Tiere sollten die Gefäße enthalten? Wahrscheinlicher ist, die zoomorphen Gefäße in den kultischen Bereich zu stellen. Möglicherweise waren die dargestellten Tierarten jeweils mit einer Gottheit ver-

Skulptur in Form eines Schafs, Ashmolean Museum Oxford

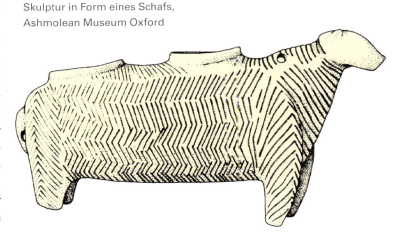

bunden, unter deren Schutz man den Inhalt der Gefäße stellen wollte; vielleicht handelte es sich auch um Substitute für wirkliche Tieropfer – im Fall von Igel und zweiköpfigem Vogel möglicherweise auch Opferwächter – in die man zusätzlich vergängliche Opfer füllte.

Für den zweiköpfigen Vogel mag zusätzlich eine Schale bei der Interpretation behilflich sein, welche selbst einen außerordentlichen Stellenwert innerhalb der kykladischen Funde innehat. Die sogenannte „Taubenschale" ist in ihrem guten Erhaltungszustand bisher einzigartig, jedoch lassen Fragmente aus Kavos auf Keros, welche nicht zu der Schale passen, auf ähnliche Gefäße schließen, vielleicht stammt auch die Taubenschale selbst von diesem Ort. Sie ähnelt in ihrer Form stark den „Pfannen", nur dass sich an ihren kreisrunden Körper kein Griff anschließt. Der nach oben leicht verdickte Rand ist ein bisschen eingerückt, sodass der Boden einen kleinen Vorsprung bildet. Auf der Diagonale der Schale saßen ursprünglich 16 kleine, meist als Tauben angesprochene Vögel aufgereiht. Das Gefäß wird in der Forschung übereinstimmend als kultisch angesprochen, worauf auch die Darstellung von Vögeln in der Kleinplastik der Kykladenkultur und die relativ große Zahl von Vogelamuletten hinweisen könnten Möglicherweise wurde die Schale im Heiligtum einer mit Tauben assoziierten Gottheit aufgestellt und mit Getreide gefüllt, um die Vögel anzulocken oder an den Ort zu binden. Vielleicht stellte so eine Fütterung „heiliger Tiere" auch eine eigene Form des Opfers an die Gottheit dar; denkbar wäre aber auch, dass man mit so einem Opfer um die Schonung des ausgebrachten Saatguts durch die Vögel bat.

Rätselhaftes Ende

Am Ende von Frühkykladisch II läuft die Produktion von Steingefäßen auf den Kykladen aus. Den genauen Grund dafür kennen wir nicht. Ein Steinpithos aus der Stufe Frühkykladisch III auf Thera, welcher gerne als Beispiel für die Herstellung steinerner Gefäße über Frühkykladisch II hinaus hergenommen wird, eignet sich seiner Form wegen jedoch eher als Hinweis für den frühen Einfluss Kretas auf die Vulkaninsel. Außerdem verdeutlicht

Steinerne Schale, eine Reihe Tauben auf dem Gefäßdurchmesser, Museum für kykladische Kunst Athen

er, dass es keinesfalls der Kontakt mit der minoischen Kultur – oder gar eine Invasion derselben – gewesen sein kann, welcher die Steingefäßherstellung abebben ließ. Wahrscheinlicher wäre in so einem Fall ein Wandel der Gefäßformen gewesen, wie wir ihn auf Thera mit dem Pithos sehen können, blieben doch Steingefäße in der minoischen Kultur bis in spätminoische Zeit beliebt.

Wie schnell verschwanden die Steingefäße überhaupt? Möglicherweise tatsächlich recht schnell im Zuge kriegerischer Ereignisse. Aufgrund der für die lange Laufzeit doch sehr geringen Anzahl von Gefäßen müssen wir uns jedoch fragen, ob uns eine langsame kulturelle Veränderung – sei es durch innere Ursachen, äußeren Druck oder Zuwanderung – nicht ähnlich plötzlich erscheinen würde wie eine schlagartig eingestellte Produktion. Es ist zu bezweifeln, dass sich eine Reduktion der Produktion über zwei, drei Handwerkergenerationen im Befund abzeichnen würde.

Das Verschwinden der Steingefäße aus der Kykladenkultur wird also – zumindest vorläufig – ein Rätsel bleiben.

Lit: Doumas 1983 – Ekschmitt 1986 – Getz-Gentle 1996 – Getz-Preziosi 1987 a – İstanbul 2011 – Karlsruhe 1976 – Papathanassopoulos 1981 – Rehm 1997 – Renfrew/Springer Peacey 1968 – Renfrew 1991 – Renfrew 2007

Steingefäß in Form eines zweiköpfigen Vogels, s. Kat. 35

Spiegel oder Spendeschale?
Das Rätsel der „Kykladenpfannen"

von **Bernhard Steinmann**

Neben den Idolen gehören die sogenannten „Kykladenpfannen" zu den am schwierigsten zu deutenden Fundobjekten der frühbronzezeitlichen Kykladenkultur. Meist bestehen sie aus Ton, in seltenen Fällen aber auch aus Marmor oder Chloritschiefer. Sie sind jedoch immer rund und weisen einen Griff auf, der verschieden gestaltet sein kann: als einfache, oft durchlochte Griffplatte, als zwei gegabelte Griffstümpfe oder als bügelartiger Griff (s. Seite 104 Nr. 2, 5 und 9). Das Gefäß an sich ist durchschnittlich 20–30 cm im Durchmesser. Es verfügt über einen niedrigen Rand und wirkt dadurch pfannenartig, eignet sich also grundsätzlich für die Aufnahme von festen oder flüssigen Substanzen. Die schönsten und eindrucksvollsten Stücke stammen von den Kykladen, vor allem von der Insel Syros, doch war der Gefäßtyp auch als lokale Nachahmung auf dem griechischen Festland, der Insel Euböa und auf Kreta bekannt, was für eine Anwesenheit von Kykladenleuten oder zumindest für eine starke Beeinflussung durch die Kykladenkultur spricht. Bronzene Vertreter der Gattung aus den königlichen Gräbern von Alaca Höyük und aus Horoztepe in Zentralanatolien künden von der weiten Verbreitung dieses Gefäßtyps.

Besondere Aufmerksamkeit erregten seit der Entdeckung der ersten Exemplare die verzierten Böden der „Kykladenpfannen", wobei die kunstfertigsten Arbeiten von den Kykladeninseln stammen. Der Dekor wurde entweder eingeritzt, gestempelt oder eingedrückt, die Vertiefungen nach dem Brand mit einer weißen Farbsubstanz gefüllt und damit hervorgehoben, wie dies auch bei anderen Tongefäßen der Kykladenkultur zu beobachten ist. Verziert ist stets die Standfläche und damit die Unterseite des Gefäßes, gelegentlich ist auch die Außenseite des Gefäßrands oder die Oberseite des Griffes mit einem Dekor versehen. Die Innenseite der Schale ist dagegen nie verziert worden. Der Begriff „Kykladenpfanne" ist daher eigentlich unzutreffend, denn bei einer Pfanne würde man niemals den Boden verzieren, da er ständig dem Feuer ausgesetzt wäre. Zudem wurden an den bekannten Exemplaren bislang keine Brandspuren entdeckt. Die Bezeichnung Griffschale böte sich daher als neutraler und vor allem treffenderer Begriff an, der auch zunächst nichts über die nähere Funktion des Gefäßes aussagt.

Keine Pfannen, aber was dann?

Die Deutung der kykladischen Griffschalen erschließt sich einzig aus den Fundkontexten, der dargestellten Symbolik auf den Gefäßböden und der die Funktion angebenden Form. Alle drei Punkte sind zu beachten, um sich einer Erklärung annähern zu können.

„Kykladenpfannen" sind fast ausschließlich aus Grabkontexten bekannt und fanden sich in opulenten,

Innenseite der Griffschale aus Chloritschiefer, Kat. 107

mit zahlreichen Objekten ausgestatteten Gräbern, aber auch als einzige Beigabe des Toten. In der Regel wurden sie beim Kopf des Verstorbenen niedergelegt, in einem Fall (Grab 322 der Nekropole von Chalandriani/Syros) lag die Schale sogar auf dessen Hand. Ob die Griffschalen aber allein mit Totenkult und Jenseitsvorstellungen verbunden waren, kann nicht mit hinreichender Sicherheit bewiesen werden, da sie nicht mit entsprechender Häufigkeit in kykladischen Gräbern auftreten. Neben ei-

Ein Schlüssel für die Deutung der Griffschalen ist *der Motivschatz*, mit dem die Unterseiten verziert sind

ner Verwendung im sepulkralen Bereich gibt es Hinweise darauf, dass der Gefäßtyp auch im realen Leben verwendet wurde. Fragmente von Griffschalen fanden sich gelegentlich in Siedlungen, was ein Hinweis darauf sein könnte, dass sie im Alltag ebenfalls eine Rolle spielten.

Ein Schlüssel für die Deutung der Griffschalen ist der große Motivschatz, mit dem die Unterseiten verziert sind. Dazu gehören vor allem Spiralbänder, Spiralrapporte, einzelne Spiralen, konzentrische Kreise, Schraffuren und Kerbschnittmuster. Solche Dekore sind für die Keramik der Kykladenkultur nicht ungewöhnlich, da auch andere Gefäßtypen wie Pyxiden oder Kegelhalsgefäße derartige Verzierungen tragen. Eine Besonderheit bei den Griffschalen ist jedoch, dass gerne sternartige Motive und Schiffe dargestellt werden, in einem Fall aber auch vier Fische, die um einen Spiralenvierpass mit einbeschriebenem Gestirn kreisen (s. Seite 104 Nr. 5). Hinzu kommt, dass man bei den meisten Schalen mit zwei Griffstümpfen am Griffansatz Darstellungen der weiblichen Scham anbrachte, sodass das Gefäß anthropomorph wirkt (s. Abb. folgende Seite).

Interpretation der Motive

Die Lesart und Deutung dieser Motive und ihrer Kombination lässt einigen Spielraum. Als abstrakte Darstellungen von Wellen, und damit wohl des Meeres, können Spiralrapporte und Spiralbänder verstanden werden. Darauf deutet nicht nur die allgemeine Ähnlichkeit der Darstellung mit dem Element hin, sondern auch, dass Schiffsdarstellungen immer in Kombination mit Spiralrapporten

Schale aus Chloritschiefer mit reicher Spiralverzierung, s. Kat. 107

oder verwandten Motiven auftauchen. Das Schiff befindet sich demzufolge in seinem Element, dem Meer (s. Seite 104/105 Nr. 5–7). Spiralen wiederum, die als Einzelmotiv die Dekorationsfläche dominieren, sind dagegen eher als Gestirn, vielleicht als Sonnensymbol zu verstehen. Gleiches gilt für konzentrische Kreise, wobei ganze Gruppen dieses Motivs wohl eher als Vereinfachung eines Spiralrapports zu verstehen sind und somit das Meer und nicht etwa den Sternenhimmel meinen. Schraffuren und Kerbschnittmuster begegnen auch an anderen Tongefäßen und sind meist eher dekorativer denn symbolischer Natur oder ahmen unter Umständen auch Korbflechterei nach (s. Seite 104 Nr. 10). Sie sind also, sofern nicht in bestimmter Weise angeordnet, ohne tiefere Bedeutung und erfüllen häufig die Funktion eines Füllmotivs.

Der Deutungsspielraum von konkreteren Darstellungen wie von Schiffen und Vulven ist hingegen eingeschränkter. Das Schiff deutet eine Reise auf dem Meer an, sei es eine reale oder eine metaphorische, auf das Jenseits anspielende Überfahrt. Da wir keine genauen Hinweise auf die Jenseitsvorstellungen der frühbronzezeitlichen Kykladenbewohner haben, bleiben weitere Überlegungen in diese Richtung jedoch Spekulation. Zudem galten große Schiffe in dieser Zeit auch als Prestigeobjekte, die den Bewohnern einer Siedlung Reisen an fremde Küsten und damit Zugang zu kostbaren Gütern ermöglichten. Dieser Aspekt war dem antiken Betrachter des Bildes genauso bewusst wie die Tatsache, dass derartige Unternehmungen mit erheblichen Risiken verbunden waren.

Die Darstellung der weiblichen Scham auf den kykladischen Griffschalen kann als Zeichen von Fruchtbarkeit und Sexualität gedeutet werden. Verbindungen zu den Idolen, die gleichfalls hervorgehobene weibliche Geschlechtsmerkmale aufweisen, gaben Anlass zur Spekulation, in den Griffschalen ebenfalls Idole zu sehen. Hinzu kommen die anthropomorphen Züge einiger Griffschalen, besonders der Variante mit zwei Griffstümpfen und einer Darstellung der weiblichen Scham. Bei diesen idolartig gestalteten Gefäßen dachte die Forschung daher an symbolische Darstellung einer großen Göttin. In der als Bauch verstandenen runden Bildfläche sind das Meer und die Gestirne dargestellt, die große Göttin gebiert also den Himmel und das Meer. Jedoch muss bedacht werden, dass bei Weitem nicht alle Griffschalen mit einem Schamdreieck verziert sind und auch nicht alle mit Griff-„Füßchen" versehen wurden. Die menschenartige Gestalt geht mehr auf zufällige Variation in der Griffgestaltung zurück denn auf einen intentionellen Anstoß für die Formgebung des Gefäßes und bietet daher für die Deutung kaum Ansatzpunkte. Die Assoziationen der Griffschalen mit einer großen Muttergottheit sind Konstrukte moderner Forschung und entbehren jeglicher konkreter archäologischer Hinweise.

Ein Versuch, die Motive mit einer umfassenden Erklärung zu deuten, geht von der Beobachtung aus, dass das Sternenmotiv in ähnlicher Weise auf den Kykladen als auch im Vorderen Orient vorkommt. Dort steht es als Zeichen für eine Göttin, die je nach Zeit oder Region den Namen Ištar, Astarte oder Tanit trägt und aus der später wohl auch die griechische Aphrodite hervorgeht. Der Wirkbereich dieser Göttin ist die Fruchtbarkeit, aber auch der Schutz der Seefahrt, beides Themen, die sich in Ge-

„Kykladenpfanne" aus Syros mit Schiffsdarstellung. Die Ritzverzierung am Griff kann als Vulvadarstellung gedeutet werden.

stalt der Vulven- und Schiffsdarstellungen auch auf den kykladischen Griffschalen wiederfinden. Schiffe und Vulven könnten sich weiterhin auf Raubfahrten junger Männer beziehen, die, auf der Suche nach Prestigegütern und vor allem nach Frauen, den Schutz und die Unterstützung einer derartigen Göttin benötigen. Die Theorie erscheint auf den ersten Blick plausibel, doch schöpft sie primär aus viel späterem und gleichzeitig räumlich entferntem Quellenmaterial. Der Versuch, Phänomene und Symbolik aus zwei verschiedenen Kulturräumen einer Erklärung zu unterwerfen, verkennt nicht nur kulturelle Unterschiede, sondern vereinfacht komplexe religiöse Vorstellungen und eine Symbolwelt, die wir heute nur ansatzweise verstehen können. So bleibt auch dieses, zugegebenermaßen attraktive, Erklärungsmodell spekulativ und ist im Vergleich zu dem geringfügigen archäologischen Quellenmaterial, auf dem es basiert, zu konkret.

Grenzen der Erkenntnis

Letztendlich muss uns bewusst sein, dass es mangels schriftlicher Überlieferung keine allzu klare Deutung für die auf den kykladischen Griffschalen dargestellten Motive gibt und auch ihre Verbindung zueinander nur vermutet werden kann. Es muss außerdem damit gerechnet werden, dass es nicht nur eine einzige Erklärung für das gesamte Symbolrepertoire gibt, sondern verschiedene. Dem Anlass entsprechend wurden Motivgruppen individuell mit der Absicht einer spezifischen Aussage zusammengestellt, die für den modernen Betrachter jedoch kaum mehr im Detail zu erklären ist. Man erhält lediglich ein unscharfes Bild, das uns erlaubt, eine Deutungsrichtung zu sehen, doch nicht, feste Umrisse zu erkennen.

Insgesamt deutet jedoch das überschaubare Repertoire an Bildmotiven darauf hin, dass die Gefäßgattung an sich für einen bestimmten Zweck gedacht war und einem bestimmten Lebensbereich angehörte. Manche Motive wie Spiralmuster finden sich auch an anderen kykladischen Gefäßen wieder, doch sind es gerade bei den Griffschalen die immer wiederkehrenden Themen wie Wasser, Gestirne und weibliche Fruchtbarkeit, die sich hervorheben und als Ausdruck einer bestimmten, sehr wahrscheinlich religiösen, Vorstellungswelt zu sehen sind.

Die dargestellte Symbolik auf den Gefäßen allein ist nicht hinreichend, die Funktion der kykladischen Griffschalen zu erklären. Es ist auch die Formgebung, die bei Deutungsversuchen mit einbezogen werden muss, denn meist richtet sie sich nach der Verwendung des Gefäßes.

Spiegel?

Bereits die ersten Erforscher der Kykladenkultur stellten Überlegungen zu einer praktischen Funktion der Griffschalen an, so auch Christos Tsountas im Jahr 1898. Seiner Vermutung nach handelt es sich bei diesen um Spiegel. Die Gefäße seien mit Wasser gefüllt und dann auf einen Tisch oder den Boden gestellt worden, sodass eine glatte, spiegelnde Oberfläche in dem Gefäß erzeugt worden sei. Um sein Spiegelbild sehen zu können, hätte der Betrachter sich über das Gefäß beugen müssen. Diese Deutung erfreute sich in der Folgezeit großer Beliebtheit und wird bis heute von der Forschung immer wieder gerne aufgegriffen. Eine Bestätigung dieser Theorie schien der in den 1930er-Jahren getätigte Fund zweier bronzener Griffschalen aus den reichen, frühbronzezeitlichen Gräbern von Alaca Höyük zu sein (s. Abb. unten). Bei flüchtigem Blick erinnern die beiden anatolischen Stücke durchaus an bronzene Spiegelscheiben der klassischen Antike. Beides, Tsountas' ursprüngliche Deutung der Griffschalen und die Funde von Alaca Höyük, führte dazu, dass ein Teil der Wissenschaft bis heute die Deutung der kykladischen Griffschalen als Spiegel akzeptiert. Ausgehend von der Deutung der mit Wasser gefüllten Griffschale als Spiegel und der Idee, dass die Griffschalen selbst als Idole aufzufassen seien, äußerte Jürgen Thimme die These, dass diese Gefäßgattung eine große Meeres- und Totengöttin versinnbildliche. Das Spiegeln im „Bauch" der Göttin sei gleichzeitig ein Übergang in das Jenseits. Damit rechtfertige sich die Beigabe dieser „Spiegel" ins Grab und sei als ein Hinweis auf Tod, aber auch auf ein neues Leben zu verstehen, denn der Wirkbereich dieser Göttin erstreckte sich auf Fruchtbarkeit und Geburt.

Kritische Bemerkungen

Experimentalarchäologische Untersuchungen haben jedoch gezeigt, dass Wasser als Spiegelfläche ein unbefriedigendes Ergebnis liefert: Das Spiegelbild ist zu undeutlich und flau. Schwarz gefärbtes Wasser dagegen, Wein

Griffschale aus Bronze, gefunden in Alaca Höyük

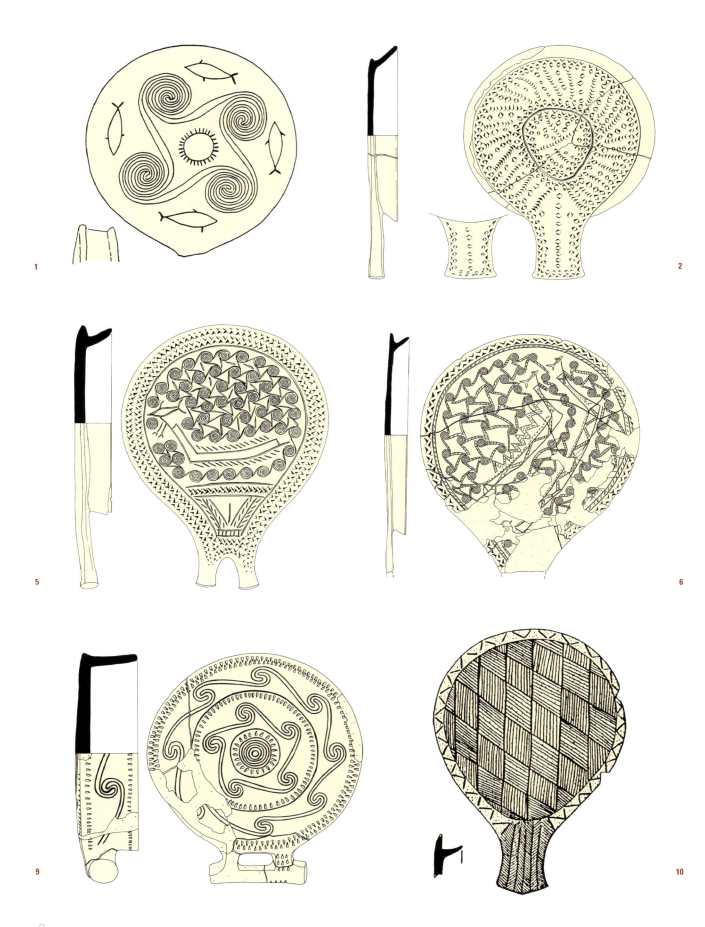

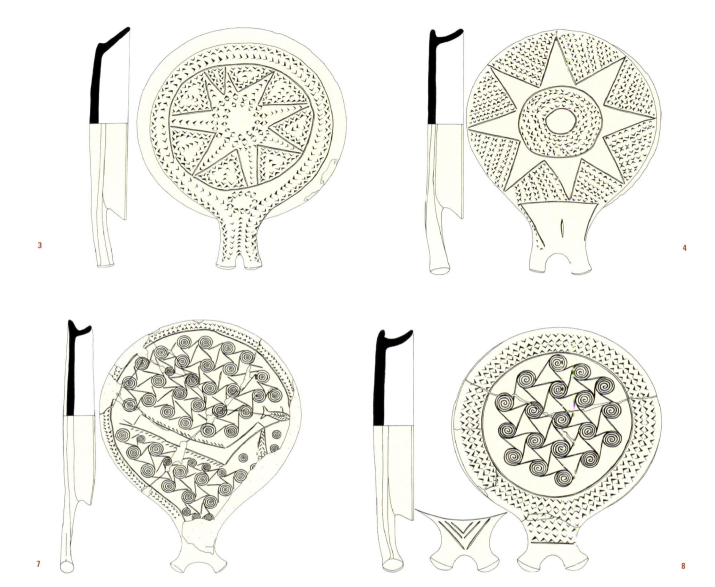

Die Auswahl an Griffschalen zeigt den Motivreichtum sowie die unterschiedlichen Griffformen
1. Louros Athalassou/Naxos, Grab 26
2. Chalandriani/Syros, Grab 236
3. Chalandriani/Syros, Grab 377
4. Chalandriani/Syros, Grab 398
5. Chalandriani/Syros, Grab 174
6. Chalandriani/Syros, Grab 364
7. Chalandriani/Syros, Grab 351
8. Chalandriani/Syros, Grab 292
9. Kampos/Paros, Grab 3
10. Aplomata/Naxos, Grab 27

und vor allem Olivenöl erzeugen eine optimale spiegelnde Oberfläche und ergeben ein hinlänglich deutliches Spiegelbild. Der Beweis für eine Nutzung als Spiegel schien erbracht.

Aber wer würde Wein oder sogar Olivenöl, kostbare Nahrungsmittel, die mühsam hergestellt werden mussten und in der Frühen Bronzezeit möglicherweise sogar Luxusgüter waren, regelmäßig als Spiegelbild erzeugendes Mittel verschwenden? Und selbst wenn man die Flüssigkeit wieder zurück in den Vorrat gösse, erscheint die Idee doch absurd. Hinzu kommt, dass die Griffschale bei Gebrauch auf dem Boden oder einem Tisch stehen muss, was zur Folge hat, dass das Bildfeld auf der Unterseite nicht zu sehen ist.

Man darf sich von der äußeren Ähnlichkeit zu Bronzespiegeln der klassischen Zeit nicht dazu verleiten lassen, die Griffschalen als Spiegel zu deuten. So sind die bronzenen Exemplare aus Alaca Höyük gleichfalls kein

Beleg für die Nutzung der Gefäßgattung als Spiegel. Zum einen verfügen die Gefäße aus Alaca Höyük über einen Gefäßrand, obwohl bei einem Metallspiegel eine glatte Oberfläche genügen würde. Die Formgebung des antiken Gefäßes widerspricht daher deutlich der postulierten Deutung moderner Wissenschaftler. Zum anderen wiegt eines der beiden Stücke 4,1 kg, was für einen Spiegel, den man bequem in der Hand halten möchte, doch zweifellos viel zu schwer wäre. Außerdem erlaubt der flache Griff keine vernünftige Handhabe, zumal eine Verkleidung mit Holz oder Elfenbein nicht sehr wahrscheinlich ist, da es dafür weder einen Hinweis noch eine Möglichkeit einer Befestigung gibt. Die anatolischen Griffschalen aufgrund ihrer Gestaltung dann als Flüssigkeitsspiegel zu interpretieren, erscheint doch sehr gezwungen, wenn doch auch eine polierte Metalloberfläche den Zweck eines Spiegels erfüllen würde und in der ganzen Antike erfüllt hat. Niemand würde durch Hinzufügung eines Gefäßrands die Aufnahme einer spiegelnden Flüssigkeit ermöglichen, um dann einen unhandlichen, herstellungstechnisch aufwendigen und im Gebrauch umständlichen Spiegel zu erhalten.

Es zeigt sich also, dass weder die Griffschalen der Ägäis noch die Stücke aus Anatolien wirklich glaubhaft mit einer Funktion als Spiegel zu verbinden sind. Im Hinblick auf die Sozialstruktur und Gemeindegrößen auf den Kykladen ist der individuelle Spiegel ohnehin kein zwingend notwendiges Utensil. Wenn man Gesichtsbemalung anbringen oder sich frisieren möchte, wäre doch daran zu denken, dass ein Familienmitglied, beispielsweise im Zuge der Vorbereitung zu einem Fest, dabei hilft und man sich die Bemalung gegenseitig aufträgt. Wir sprechen hier schließlich von einer in Großfamilien oder Dorfgemeinschaften organisierten Gesellschaft, in der gegenseitige Hilfe zum Alltag gehörte. Das gegenseitige Schminken/Frisieren kann zudem ein durchaus geselliger Moment sein, der soziale Bindungen zwischen den Individuen und innerhalb der Gemeinschaft stärkt.

Gewagte Vorschläge

Noch gewagter mutet der Vorschlag Jean Faucounaus an, der die Griffschalen als Navigationsinstrumente deutete. Dabei wird die Schale mit Wasser gefüllt, am Griff ein Holzstab befestigt und über diesen dann bestimmte Sterne angepeilt, um auf dem Meer navigieren zu können. Die Funktionalität eines derartigen Gerätes ist allerdings fragwürdig, da die Handhabung außerordentlich umständlich ist. Zudem verkennt die ganze Deutung die navigatorischen Fähigkeiten der Kykladenbewohner, die über Generationen genug Erfahrung über die ägäischen Gewässer, die Position von Inseln und sichtbaren Landmarken gesammelt haben, um ohne derart komplexe Hilfsmittel auskommen zu können.

Eine neuere Idee von Christos Doumas geht davon aus, dass die Griffschalen zur Herstellung von Salzkuchen verwendet worden seien. Funde solcher Schalen in Siedlungen legten einen praktischen Nutzen nahe, und die häufig verwendeten Symbole wie Sonne und Meer wären ein Hinweis auf Salzgewinnung. Ferner sei die Schalenform mit oft schräg geneigten Wänden als Form geeignet. Die Salzkuchen sollen dann per Langboot – wieder ein Symbol, das auf den Griffschalen häufig zu finden ist – verhandelt worden sein und als einheitliche, währungsartige Zahlungseinheit den Einkauf verschiedener Produkte ermöglicht haben.

Archäologische Belege, z.B. Salzreste in den Griffschalen, gibt es leider nicht, und so bleibt auch dies eine von vielen Vermutungen zum Verwendungszweck der Gefäße.

Trinkgefäß und Prestigegut

Wozu könnten nun, wenn alle bisher aufgeführten Theorien kaum eine hinlänglich glaubhafte Erklärung bieten, die Griffschalen gedient haben? Ich möchte hier eher an Trink- oder Spendegefäße denken, die bei besonderen, wahrscheinlich kultischen, Anlässen verwendet wurden. Nur in diesem Zusammenhang kommen Bildsprache und Dekor zum Tragen und haben auch eine kontextuelle Bedeutung. Man denke an Trinkgefäße wie die Augenschalen aus archaischer und klassischer Zeit, deren Bemalung erst dann ihre Wirkung und Bedeutung entfaltet, wenn daraus getrunken wird. Das Neigen der Griffschale in die Vertikale – sei es beim Trinken oder Spenden – erlaubt es, dass die Bilder zur Geltung kommen. Wurde sie in den Zeiten zwischen den Festen nicht gebraucht, hängte man sie im Haus an die Wand oder lehnte sie in Regalen stehend an die Wand, sodass die verzierte Unterseite sichtbar blieb. Als Grabbeigabe erfüllten sie dann schließlich den Zweck eines Prestigeobjekts, das die soziale Stellung des Verstorbenen unterstrich.

Mögliche Handhabung einer kykladischen Griffschale, vorgeführt an einer Nachbildung im Badischen Landesmuseum

Die Symbolwelt, bestehend aus Themen des Meeres (Schiffe, Fische, Wasser), der Sonne (Sternmotive) und Fruchtbarkeit (Vulven) deutet auf religiöse Vorstellungen hin, bei denen landwirtschaftliche Erfolge (gute Ernte durch Sonne und fruchtbare Böden), aber auch das Meer als Wirtschafts- und Kontaktraum von essenzieller Bedeutung für die Existenz der kykladischen Zivilisation waren. Es sind Themen, die die Inselbewohner bewegten, weil sie im täglichen Leben wichtig für das Überleben waren und demnach göttlichen Beistands bedurften. Möglicherweise sahen sie in guten Ernten und erfolgreichen nautischen Unternehmungen das Wirken einer Göttin, doch lässt sich diese Vermutung aufgrund des geringen archäologischen Materials und fehlender Schriftquellen kaum näher spezifizieren.

Lit: Broodbank 2000, 251–253 – Coleman 1985 – Doumas 1993 – Dugas 1925 – Faucounau 1978 – Getz-Gentle 1996, 123 f. 180–182. – Goodison 1989, 3 f. 18–20. – Höckmann 1976 – Mellink 1956 – Papathanassoglou/Georgouli 2009 – Renfrew 1972, 420 f. – Sherratt 2000, 197–200 – Thimme 1965 – Tsountas 1899, 89–92 – Zschietzschmann 1935

Kostbares Gut
Geräte und Gefäße aus Metall

von **Hartmut Matthäus**

Die Inselgruppe der Kykladen ist von Natur aus gesegnet. Anders als die heutige verkarstete Hügellandschaft gerade der kleineren Inseln erkennen lässt, waren die Eilande im Altertum fruchtbar, brachten Getreide, Wein und andere Feldfrüchte hervor. Hinzu kommen die Bodenschätze: Marmor zuvörderst, besonders auf den Inseln Naxos und – in noch feinerer Qualität – auf Paros, Schmirgel als unentbehrliches Hilfsmittel zum Schleifen und Glätten von Steinoberflächen auf der Insel Naxos, Obsidian, d. h. vulkanisches Glas zur Herstellung von Klingen und Pfeilspitzen, auf der Insel Melos. Schließlich steht Metall an: auf Siphnos reiche Silbervorkommen und, mit dem Silber im Erz eingebunden, Blei (auf eine Tonne Bleisulfid kommen etwa 500 bis 5000 g Silber); es finden sich auch quantitativ nicht sehr umfangreiche Kupfervorkommen, so auf Kythnos. Hinzu kommen kleinere Lagerstätten auf anderen Inseln. Metalle konnten innerhalb der Inselgruppe der Kykladen auf relativ kurzen Seerouten von einer Insel zur anderen transportiert werden, bieten die Kykladen doch ein einzigartiges geografisches Bild der Durchdringung von See und Land. „Immer erhebt sich mindestens eine Insel über dem Horizont" (Friedrich Matz).

Durch derartige Erzvorkommen waren wenigstens die wesentlichen, während der Bronzezeit zur Herstellung von Artefakten benötigten Metalle, nämlich Kupfer, Silber, Gold und Blei, aus lokalen Lagerstätten zu decken.

Handel mit Kupfer, Zinn und Gold

Allerdings musste ein Teil des Metallbedarfs – Kupfer, Zinn, Gold – wahrscheinlich aus fremden Quellen ergänzt, d. h. durch Seehandel aus sehr viel weiter entfernten Regionen beschafft werden. Die Frühe Bronzezeit in der Ägäis ist nicht zuletzt aus diesem Grunde die erste Blütezeit transmaritimen Handels im östlichen Mittelmeerraum. Über die Herkunft importierter Metalle ist allerdings nur Spekulation möglich. Kupfer steht auf der Insel Zypern, aber auch in den Taurusbergen Kleinasiens an. Zinn könnte bereits – wie für das frühe 2. Jahrtausend v. Chr. im Vorderen Orient durch assyrische Schriftquellen nachgewiesen – aus zentralasiatischen Lagerstätten östlich des Aralsees auf Karawanenwegen in den Nahen Osten transportiert worden sein. Doch standen in Kestel, einer bereits am Ende des 3. Jahrtausends v. Chr. erschöpften Mine, auch im östlichen Anatolien geringe Menge dieses zur Bronzeherstellung unentbehrlichen Metalls an.

Gold begegnet in kleinen Quantitäten auf der Insel Siphnos, weiter nördlich in der Ägäis auf der Insel Thasos. Es bleibt aber fraglich, ob diese Vorkommen zur Versorgung der Inselwelt ausreichten. Wie weit Import aus ferneren Gegenden wie Ägypten, das durchaus mindestens sporadische Verbindungen in die Welt der Ägäis unterhielt, oder Transsylvanien – man denke an die reichen Goldfunde im kupfersteinzeitlichen Gräberfeld von Varna – eine Rolle spielte, lässt sich derzeit kaum ermessen. Die frühbronzezeitlichen Kulturgruppen der Ägäis existierten jedenfalls nicht in einer *splendid isolation*, sondern standen in regem Kontakt untereinander und mit der Außenwelt. Die vielen Schiffsdarstellungen auf den sogenannten Kykladenpfannen wie auch die Schiffsmodelle aus Blei belegen nachdrücklich die Bedeutung von Schifffahrt und Handel.

Erzabbau und -verhüttung

Der Abbau von Metallen lässt sich auf der Insel Siphnos, deren Bergwerke in den Jahren zwischen 1975 und 1982 durch das Deutsche Bergbaumuseum in Bochum erforscht wurden, besonders gut verfolgen. Es sind nied-

Umgebung des antiken Bergbaureviers von Ajios Sostis auf Siphnos

rige Stollen, die den Metalladern durch den Marmorkörper der Insel folgen, begehbar nur in gebückter, kriechender Haltung. Bergbau bedingte im Altertum schwerste körperliche Arbeit. In den Stollen aufgefundene Keramik reicht bis in den Beginn der Kykladenkultur, d. h. bis an den Anfang des 3. Jahrtausends v. Chr. zurück. Es standen also von Anbeginn an lokale Metallressourcen zur Verfügung, die bergmännisch erschlossen und ausgebeutet wurden; nicht anders übrigens als im attischen Lavrion.

Nach dem Abbau musste das Erz mit Pochsteinen manuell zerkleinert werden, um taubes Gestein (die überwiegende Menge) von metallhaltigem zu trennen. Kupfererze müssen teilweise vor dem Schmelzen geröstet werden, um den Schwefelanteil zu verringern. Das eigentliche Ausschmelzen des Metalls erfolgte in kleinen

Bleiglanz aus Lavrion, Attika. Probe in der Lehrsammlung des Instituts für Geowissenschaften der Universität Heidelberg

Grubengänge im Bergwerk von Ajios Sostis, die vom Deutschen Bergbau-Museum erforscht wurden

kuppelförmigen Öfen mit einer Außenhaut aus Ton. In ihnen wurde das Erz mit Holzkohle geschichtet; Blasebälge sorgten für Luftzufuhr und die Steigerung der Temperatur. Am Ende des Schmelzvorganges setzte sich das Metall auf dem Boden ab und konnte entnommen werden.

Bleierze werden zunächst zu Roh- oder Werkblei verhüttet, wobei manche Beimengungen anderer Metalle verschlacken oder verdampfen, so etwa Arsen. Technisch schwieriger gestaltete sich die anschließende Trennung von Silber und Blei, die sogenannte Kupellation, bei der durch Sauerstoffzufuhr das Blei zur sogenannten Bleiglätte oxidiert und in Schmelztiegeln (Kupellen) aus porösem Material gebunden wird, sodass das wertvollere, erst bei sehr viel höheren Temperaturen oxidierende Edelmetall Silber ausfällt und relativ rein zu extrahieren ist. Die nötige Sauerstoffzufuhr wurde wiederum durch Blasebälge erzielt. In der unmittelbaren Umgebung der Silbergruben im Norden der Insel Siphnos, bei Ajios Sostis, haben sich im Schutt, vermischt mit Schlacken, auch Reste tönerner Düsen von vermutlich aus Leder bestehenden Blasebälgen gefunden. Die feuerfesten Düsen dienten dem Anschluss an die Schmelzöfen. Die Bleiglätte lässt sich bei Schmelzen in reduzierender Atmosphäre wieder zu Blei umwandeln, sodass am Ende Silber und größere Mengen an Blei zur Verfügung stehen.

All diese Vorgänge erfolgten für gewöhnlich in der Nähe der Bergwerke, da der Transport großer Erzmengen kaum wirtschaftlich gewesen wäre. Danach erst konnte die eigentliche Verarbeitung des Rohstoffs zu Werkzeugen, Waffen, Schmuckgegenständen, Geräten und Gefäßen erfolgen. Sie geschah in den Siedlungen oder vielleicht auch wegen der allfälligen Brandgefahr am Rande der Siedlungen. Kupfer wurde teils pur verarbeitet und teils, um einen härteren Werkstoff zu gewinnen, bereits in dieser frühen Zeit mit anderen Metallen zu Bronze legiert, anfänglich mit Arsen, vor allem seit der zweiten Hälfte des 3. Jahrtausends v. Chr. dann auch mit Zinn, wobei das klassische Mischungsverhältnis von Bronze, das bei etwa zehn Teilen Kupfer und einem Teil Zinn liegt, vielfach variiert wurde. Leider liegen nur wenige repräsentative Serien von Metallanalysen vor, die Auskunft geben könnten über Metallzusammensetzungen, um die technologischen Prozesse näher zu beschreiben, wie auch über die Herkunft der Metalle, was helfen könnte, Handelsrouten und Austauschprozesse innerhalb der Kykladen wie auch mit den weiter entfernten Kulturräumen des östlichen Mittelmeergebietes zu rekonstruieren.

Folgen für Umwelt, Mensch und Gesellschaft

Große Probleme dürfte schon im Altertum die Umweltbelastung durch die Metallverarbeitung bereitet haben. Metallschmelzen erfordert enorme Mengen an Holz, und zwar ein Mehrfaches des Volumens an Holzkohle im Vergleich zur Erzmenge, eine Gefahr für die Waldbestände gerade der kleineren Inseln wie etwa Siphnos. Wir wissen nicht, ob man der drohenden Verkarstung

Große Probleme dürfte schon im Altertum die Umweltbelastung durch die Metallverarbeitung bereitet haben

durch gezielte Wiederaufforstungsmaßnahmen begegnete. Für das große Bergbaugebiet des Lavrion im südlichen Attika setzen manche Wissenschaftler in der klassischen Zeit des 5. und 4. Jahrhunderts v. Chr. massive Umweltschäden voraus.

Hand in Hand mit dem Aufkommen eines differenzierten Metallhandwerks gehen gesellschaftliche Veränderungen. Bergbau und Metallverarbeitung erfordern berufliche Spezialisierung in hohem Maße: Prospektoren, die Metalladern auffinden, Bergbauspezialisten, Spezialisten für das Aussteifen der Stollen und Schächte mit Holz, Personal zum Zerkleinern und Vorbereiten des Erzes, Spezialisten für das Schmelzen, ebenso Handwerker, die anschließend Metall gießen, zu Gefäßen treiben (d. h. in Kaltarbeit hämmern), es vernieten, löten, Dekor punzen können. Selbst verfeinerte Techniken wie Granulation und Filigran lassen sich – in Anatolien (Troia) und im Vorderen Orient – bereits im 3. Jahrtausend v. Chr. nachweisen. Diese hoch spezialisierten Handwerker mussten natürlich von ihren Gemeinschaften ernährt werden; all dies führt zu einer in den vorausgehenden jungsteinzeitlichen Kulturen nicht bekannten, nun einsetzenden, tief greifenden beruflichen Auffächerung der Gesellschaft. Schiffbau, Schifffahrt und Seehandel, auch sie hoch spezialisierte Berufsfelder, entfalten sich in vorher nicht gekanntem Maße. Denn Metall bearbeitende Kulturen sind im Mittelmeergebiet auf Gedeih und Verderb, wie oben angedeutet, für ihre Wirtschaft vom Metallimport über See abhängig.

Und noch ein letzter Punkt: Metall erlaubt problemloses Horten von Reichtümern, trägt damit zur Hierarchisierung und Stratifizierung der Gesellschaft erheblich bei. Es ist kein Zufall, dass sich in Troia oder in Lerna auf dem griechischen Festland nun befestigte Fürstensitze nachweisen lassen. Es sind die Residenzen sich neu etablierender Führungsschichten. Auf den Kykladen fehlen vermutlich durch den Zufall der Ausgrabungstätigkeit bislang vergleichbare Zentren.

Die Anfänge des Metallhandwerks

Älteste Spuren kykladischen Metallhandwerks lassen sich am Übergang vom Neolithikum zur Frühen Bronzezeit in der kleinen Siedlung von Kephala auf der Insel Keos greifen, Fragmente kleiner Kupfergegenstände und Reste von tönernen Gusstiegeln oder auch von Auskleidungen kleiner Schmelzöfen. In ungefähr derselben Zeit entstanden kupferne Flachbeile in der Zas-Höhle von Naxos.

Danach setzt um 3000 v. Chr. ein deutlicher Entwicklungssprung ein. In den letzten Jahren ist in der wissenschaftlichen Literatur kontrovers diskutiert worden, ob der Ursprung der Metallurgie in den Hochkulturen des Ostens zu suchen sei oder ob es unabhängig voneinander mehrere Regionen frühen Metallhandwerks gegeben habe. Für den kykladischen Bereich wie für die gesamte Ägäis scheint sich mit dem 3. Jahrtausend v. Chr.

ein Horizont abzuzeichnen, der deutlich an Kleinasien wie den Vorderen Orient und deren Kulturtraditionen anknüpft.

Werkzeug

Werkzeug und Gerät sind am besten im sogenannten Hortfund von Kythnos repräsentiert, einer Gruppe von insgesamt 14 oder 16 Bronzen, die vermutlich der Keros-Syros-Stufe der Kykladenkultur, also etwa der Mitte des 3. Jahrtausends v. Chr., angehören. Es sind massive gebrauchsfähige Werkzeuge des Holzhandwerks, drei große, fast 20 cm lange Flachbeile, drei schmalere Meißel ähnlicher Größe; dazu eine kreuzschneidige Axthacke, deren Vorderteil als Axt benutzt werden kann, während die rückwärtige querliegende Klinge die Funktion einer Dechsel erfüllt, des typischen Zimmermannswerkzeuges, das zum Schlichten von Holzoberflächen dient (Zugehörigkeit fraglich); schließlich zwei massive Schaftlochäxte und eine asymmetrische Doppelaxt (Zugehörigkeit fraglich). Sehr ähnlich wirkt eine Gruppe von Werkzeugen im Museum von Kopenhagen – zwei Flachbeile, ein Meißel, eine Schaftlochaxt –, die aus Naxos kommen soll; sie ist vermutlich Teil desselben Fundkomplexes, dessen Herkunft offen bleiben muss.

Ähnliche Werkzeugformen sind aus Amorgos und Naxos bekannt. In Ailas auf Naxos (Grab 23) sind ausnahmsweise einmal einem Holzarbeiter die Werkzeuge mit ins Jenseits gegeben worden: zwei Meißel und eine fuchsschwanzartige Säge. Ahlen und Pfrieme ergänzen den Bestand. Den Handwerkern auf den Kykladen standen demnach durchaus differenzierte und effiziente Gerätschaften zur Verfügung, Gerät übrigens von hohem Metallwert, denn das Gesamtgewicht des Hortes von Kythnos beträgt 9 bis 10 kg. Die Formen der Werkzeuge finden Parallelen in anderen Kulturgruppen der Ägäis. Es handelt sich um Erzeugnisse lokaler Bronzegießer, auch wenn der Ursprung des Typs der Schaftlochäxte im anatolischen Raum zu suchen ist. Die hoch entwickelten Kulturen der Ägäis haben bereits in der Zeit des 3. Jahrtausends v. Chr. ein eigenständiges Formenspektrum geschaffen und nicht nur fremde Vorbilder kopiert.

Gefäße aus Gold und Silber

Zu den herausragenden Schöpfungen kykladischer Metallhandwerker zählen gegossene und getriebene Gefäße aus Silber und Gold. An erster Stelle muss hier eine Silberschale genannt werden, die, im Grab D der Nekropole von Kapros auf der Insel Amorgos (nahe dem Hafen von Katapola) entdeckt, schon 1886 von Ferdinand Dümmler, der die Funde in einer Privatsammlung in Athen gesehen hatte, publiziert wurde. 1893 kaufte das Ashmolean Museum in Oxford die Fundgruppe an (s. Kat. 66). Obgleich die Geschlossenheit des Grabinventars aufgrund der nicht zu kontrollierenden Entdeckungsgeschichte nicht über jeden Zweifel hinaus gesichert ist, wäre es doch ein ungewöhnlicher Zufall, wenn die athenischen Vorbesitzer Objekte mehrerer reicher Gräber in Besitz gehabt hätten. Diese Vorbemerkung ist wichtig, da

Silberschale im Metropolitan Museum of Art in Ney York Inv. 46.11.1

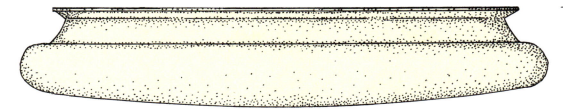

Profilzeichnung der Silberschale aus dem Fundkomplex „Kapros Grab D" im Ashmolean Museum in Oxford, s. Kat. 66e

das Grab D von Kapros für eine Gruppe kykladischer Metallgefäße die einzige äußere Datierungsgrundlage bietet. Das Grab umfasste neben Schmuckgegenständen ein Tongefäß und Idole des Plastiras-Typs, die an das Ende der Grotta-Pelos-Stufe, wohl noch vor der Mitte des 3. Jahrtausends v. Chr., zu setzen sind. Die im Grab gefundene kleine Silberschale von 8,6 cm Durchmesser und einem Gewicht von 71,5 g ist recht dickwandig gegossen und durch Hämmern in die Form gebracht. Es ist ein rundbodiges flaches Gefäß mit kräftig gebauchter Wandung, mäßig hoher Halszone und einem nach außen abknickenden Rand.

Ihm schließen sich zwei sehr viel größere Silberschalen identischen Typs – 20 bzw. 25 cm Durchmesser – im New Yorker Metropolitan Museum an, deren Wandung Gruppen eingepunzten Strichdekors zeigt, der dem Fischgrätendekor der Keramik der Grotta-Pelos-Stufe entspricht. Vergleichbar dekoriert sind zwei prachtvolle Gefäße, die aus Euböa, einer Insel, die im Einzugsbereich der Kykladenkultur liegt, kommen sollen und sich heute im Benaki-Museum in Athen befinden (s. Abb. folgende Seite). Diese beiden, von höherer Form und mit einem kleinen Omphalos am Boden, sind aus Gold gefertigt (468 bzw. 560 g schwer!), ein drittes, angeblich mitgefundenes flacheres, unverziertes Gefäß, der Schale aus Amorgos nahestehend, dagegen aus Silber (435 g). Die Gefäßformen lassen an Trinkgefäße für festliche Bankette denken. Es ist sogar möglich, dass die New Yorker Gefäße vom gleichen Fundplatz kommen wie die Stücke im Benaki-Museum; so zumindest lautete die Auskunft des Kunsthändlers für die New Yorker Silberschalen. Alles dies sind frühe Schöpfungen kykladischer Kunsthandwerker, die sich den Edelmetallvasen aus Heinrich Schliemanns „Schatz des Priamos" in Troia II durchaus zur Seite stellen lassen, wahrscheinlich sogar früher entstanden sind.

Die Herstellung von Gefäßen aus Silber setzt sich in der späteren Stufe der Kykladenkultur, der Keros-Syros-Stufe der zweiten Hälfte des 3. Jahrtausends v. Chr., fort. In diese Zeit gehören etwa ein Silberschälchen aus dem Grab 82 von Tsikniades auf der Insel Naxos, ein gerieftes

Silberschale im Metropolitan Museum of Art in New York
Inv. 1972.118.152

Zwei Goldgefäße im Benaki-Museum in Athen

Silberschälchen aus Dokathismata auf Amorgos, dazu weitere nur bruchstückhaft auf uns gekommene Gefäße bzw. einige noch unveröffentlichte Stücke. Es ist damit immerhin ein kleiner Ausschnitt aus dem reichen Kunstschaffen kykladischer Metallhandwerker erhalten.

Auch auf dem griechischen Festland sind zur selben Zeit Gefäße aus Edelmetall hergestellt worden. Bestes Zeugnis ist eine dünnwandig getriebene goldene Schnabeltasse („Sauciere") im Musée du Louvre, die aus Arkadien stammen soll (s. Kat. 110). Ihr stellt sich ein zweites Goldgefäß gleichen Typs unbekannter Herkunft zur Seite, das, früher im Israel Museum in Jerusalem, sich heute in einer New Yorker Privatsammlung befindet. Saucieren begegnen zwar vereinzelt in der kykladischen Keramik, sind grundsätzlich jedoch eine der Leitformen der griechisch-festländischen Kultur des 3. Jahrtausends v. Chr.

In allen Regionen rund um die Ägäis, in Kleinasien – nicht nur in Troia, sondern auch im Landesinneren in den „Königsgräbern" von Alaca Höyük –, auf den Kykladen, auf dem griechischen Festland, selten in dieser Zeit auf Kreta, zählten Gefäße aus Edelmetall, deren Formen jeweils regionale Werkstattkreise kennzeichnen, zum Besitz der reichen Oberschichten, die sich bei festlichen Gelegenheiten mit ihnen präsentierten.

Schmuck

Außerordentlich groß und variantenreich wirken die frühen kykladischen Schmuckgegenstände, Gewand- und Haarnadeln, Armreifen, Schmuckperlen, Diademe. Das Material ist Silber und Kupfer oder Bronze. Nadeln mit Kugel- oder Pyramidenkopf, mit Spiralenden, Vasenkopfabschluss oder bekrönender Vogel- oder Widderfigur, Letztere ein kleines Kunstwerk, gehören Formen an, die lokaler Herkunft sind, teilweise auch Parallelen in Kleinasien und auf dem griechischen Festland haben. Armreifen sind entweder schlicht aus einem runden Silberstab zusammengebogen oder bandförmig, gelegentlich mit Ritzverzierung an den Abschlüssen. Perlen begegnen in reicher Variation von kleinen Silberscheibchen, die zu Hunderten als Ketten aufgereiht waren, bis hin zu größeren, aus Silberblech geformten Röhrenperlen.

Ein Ausnahmewerk ist ein 4,8 cm breites, leider fragmentiertes Silberdiadem, gefunden in der Siedlung von Kastri auf Syros, das in Punkttechnik ausgeführte Ornamente, stilisierte Tier- und Menschenfiguren zeigt. Das Diadem erinnert an Golddiademe ähnlicher Technik, wie sie reich ausgestatteten Toten in der kretischen Nekropole von Mochlos mitgegeben wurden. Derartiger Schmuck wurde demnach auch im täglichen Leben getragen. Eine andere Variante repräsentiert ein Fundstück aus Amorgos,

*In allen Regionen rund um die Ägäis zählten **Gefäße aus Edelmetall** zum Besitz der reichen Oberschichten*

ein schlichtes Silberband, dessen oberen Rand eine durchbrochen gearbeitete Zickzackleiste schmückt. Die meisten Schmuckfunde kamen in Kontexten der späteren Stufen der Kykladenkultur in der zweiten Hälfte des 3. Jahrtausends v. Chr. zutage. Die Schmuckgegenstände aus Bronze und Silber, selten nur aus Gold, unterstreichen noch einmal den Reichtum der gesellschaftlichen Eliten dieser Zeit.

Erwähnung verdienen schließlich Geräte für Kosmetik und Körperpflege. Hierzu zählen bronzene Spatulae, die vielleicht zum Anreiben von Farbe verwendet wurden, ebenso wie bronzene Nadeln mit profiliertem Steingriff (u. a. in Amorgos, Kapros, Grab D), die vielleicht als Tätowiernadeln zu identifizieren sind. Gesichtsbemalung und wohl auch Tätowierungen zeigen bekanntlich manche Kykladenidole aus Marmor. Eine geläufige Form sind Pinzetten zum Auszupfen von Körper- oder Gesichtsbehaarung (s. Abb. Seite 116).

Schmuckfunde, geritzte Knochenröhren und Spinnwirtel aus kykladischen Gräbern

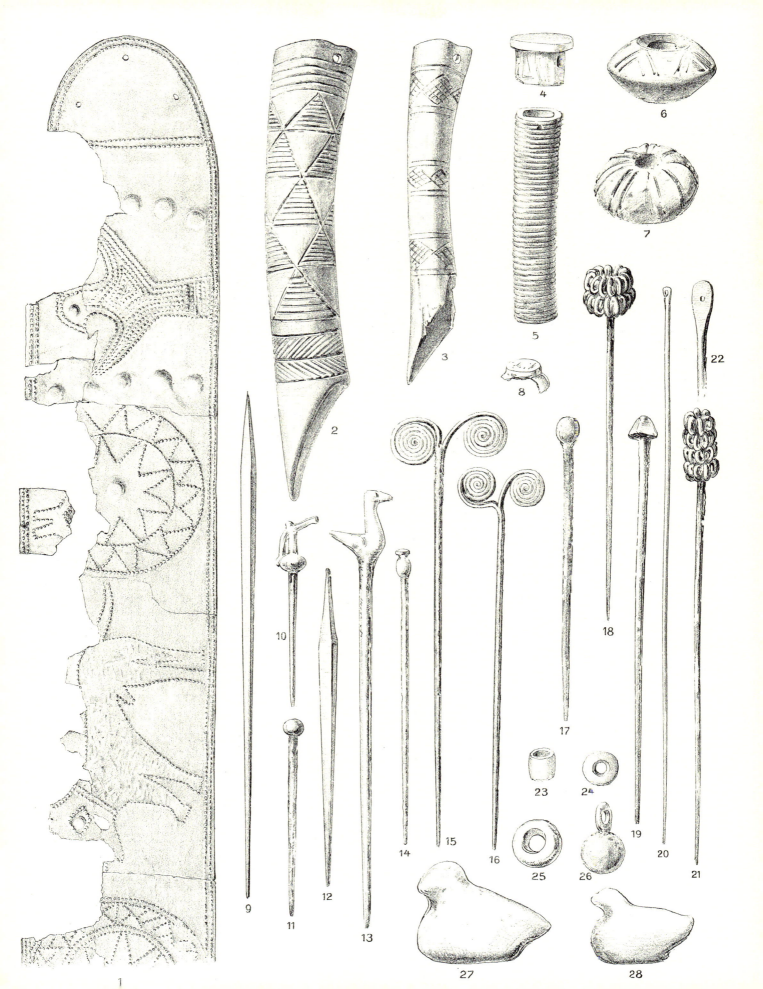

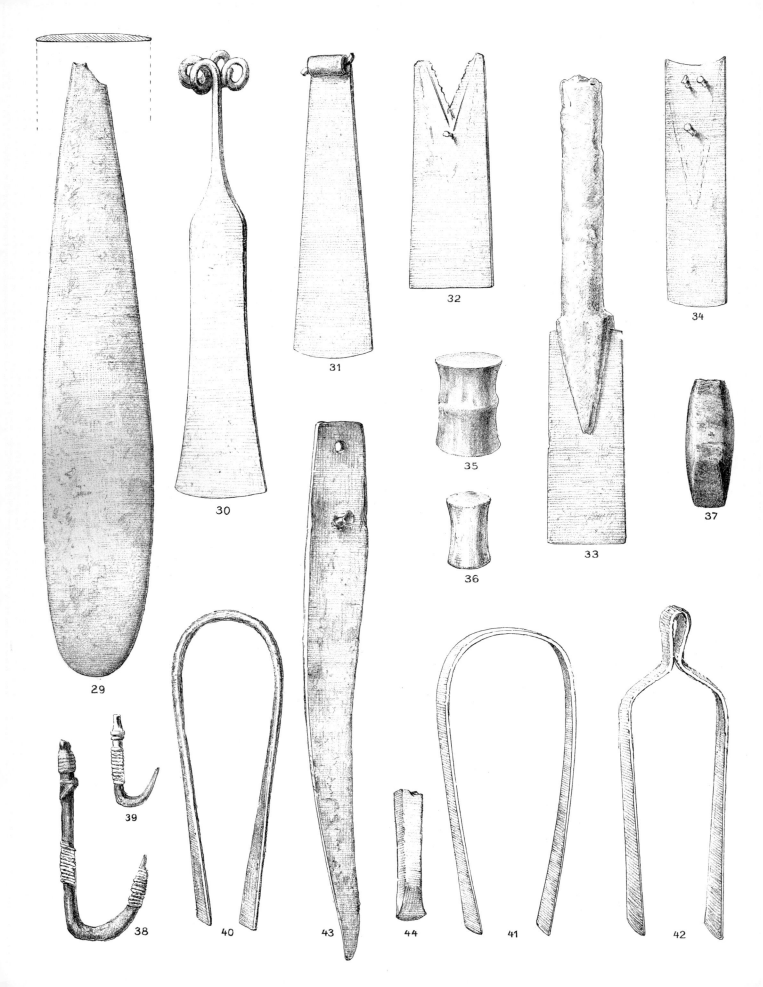

Vielseitiges Blei

Blei spielte eine nicht zu unterschätzende Rolle: Bleiklammern dienten zum Flicken zerbrochener Marmoridole, aber auch zur Reparatur zerbrochener Steingefäße und selbst von Tongefäßen, die offenkundig so hoch geschätzt wurden, dass sich die Flickung lohnte. Dabei wurden entlang der Bruchkanten Löcher gebohrt, die man dann verklammerte. Aus Blei wurden aber gelegentlich auch kleine Kykladenidole, also Gegenstände kultischer Verehrung, geschaffen, Tierstatuetten, Stempelsiegel und schließlich Schiffsmodelle. Drei solcher etwa 40 cm langen Bleiboote, die den von den Darstellungen der „Kykladenpfannen" her bekannten Langbooten mit hohem Bug und Heck entsprechen, verwahrt das Ashmolean Museum in Oxford (s. Kat. 106), ein weiteres das Merseyside County Museum in Liverpool. Wie die Pfannen, kommen die Bootsmodelle aus Gräbern. Es ist durchaus möglich, dass hinter diesen Grabbeigaben die religiöse Vorstellung eines durch ein Gewässer vom Diesseits getrennten Jenseits steht, wie sie das gleichzeitige Ägypten ebenso kennt wie später das klassische Griechenland.

Die Werkstatt eines Bronzegießers

Die meisten der Metallgegenstände kommen aus reich ausgestatteten Gräbern. Eine Ausnahme bildet die befestigte Siedlung von Kastri auf der Insel Syros, hoch auf einem Bergsporn gelegen. Sie gehört in die unruhige Zeit vermehrter Kontakte mit Anatolien, eine Zeit vielleicht der Einwanderung anatolischer Bevölkerung, in der zweiten Hälfte des 3. Jahrtausends v.Chr. (sog. Kastri-Lefkandi I-Horizont). In der Siedlung haben sich nicht nur Bronzen wie Pfrieme, Meißel, Flachbeile, Dolche, eine große Lanzenspitze mit geschlitztem Blatt und eine Säge gefunden, also Werkzeug zur Holz- und vielleicht Steinbearbeitung sowie Waffen, sondern auch Zeugnisse der Tätigkeit einer Metall verarbeitenden Werkstatt: drei steinerne Gußformen für die Herstellung von bronzenen Dolchen und Flachbeilen sowie Fragmente dickwandiger, aus grobem Ton gefertigter Schmelztiegel. Bei den Tiegeln handelt es sich um kleine Schalen, nur

Instrumente der Körperpflege und anderes Gerät

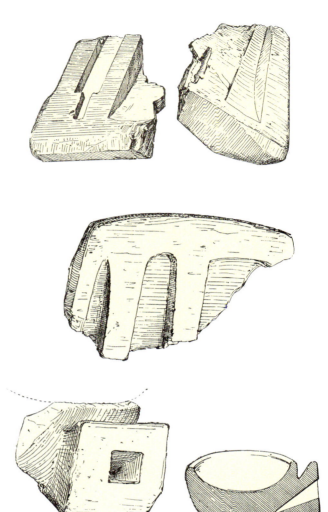

Steinerne Formen und Gusstiegel für den Bronzeguss aus Kastri

ca. 8,5 cm hoch, mit einer seitlichen Tülle in die ein Holzgriff eingesteckt werden konnte. Einer der Tiegel enthält noch anhaftende Bleireste. Hier lässt sich ein Einblick in die metallurgische Technik gewinnen.

Das reiche Metallhandwerk zeichnet ein Bild einer sich entfaltenden, experimentierfreudigen technologisch innovativen Kultur eigenständigen Charakters, deren Schaffen technische Brillanz mit hohem ästhetischem Anspruch verbindet, einer Kultur, die einzigartig ist im prähistorischen Mittelmeerraum.

Lit: Bossert 1976 – Branigan 1974 – Branigan 1976 – Buchholz 1972 – Coleman 1977 – Davis 1977 – Fitton 1989 – Gropengießer 1986 – Gropengießer 1987 – Renfrew 1967 – Renfrew 1984 – Sapouna-Sakellarakis 1976 – Segall 1938 – Sherratt 2000 – Wagner/Weisgerber 1984 – Wagner/Weisgerber 1988

Waffen und Würdezeichen

von **Christian Vonhoff**

Die frühkykladische Kultur des 3. Jahrtausends v. Chr. zeichnete sich durch zahlreiche materialspezifische Innovationen und vielschichtige kulturelle Veränderungen aus, die sich auch im Bereich des Kriegswesens niederschlugen. Konkret wären an dieser Stelle die als prägende Neuerung zu bezeichnende „Geburtsstunde" des ägäischen Metallhandwerks, ein damit einhergehender Wandel der militärischen Gepflogenheiten, die Errichtung erster befestigter Siedlungen oder die damit verbundene Sozialorganisation von lokalen Siedlungsverbänden unter der Ägide sogenannter *Big Men* zu nennen.

Gerade der Waffensektor und das Kriegshandwerk erfuhren zu Beginn der frühbronzezeitlichen Periode durch die Metallverarbeitung eine grundlegende Revolution. Diese manifestierte sich auf den Kykladen zwischen ca. 3000–2800 v. Chr. zunächst im Auftreten erster metallener Bronzedolche aus Arsenkupfer, nachdem dort zuvor noch Speere mit Obsidianspitzen, Pfeil und Bogen sowie Schleudern als bevorzugte Waffen für Krieg und Jagd gedient hatten. Die Mehrzahl der erhaltenen Dolchexemplare gehört der Kulturstufe Frühkykladisch II entwickelt/spät oder auch Keros-Syros-Phase (ca. 2600–2200 v. Chr.) an und entstammt überwiegend Grabkontexten aus Amorgos und Naxos; daneben begegnen auch vereinzelt Funde aus Siedlungen wie beispielsweise Palamari auf der Insel Skyros und Kastri auf Syros oder Panormos auf Naxos. Grundsätzlich ist bei den frühbronzezeitlichen ägäischen Dolchformen zunächst zwischen Lang- und Kurzdolchen zu differenzieren, die ihrerseits je nach geografischer Region in Proportionen, Klingenform und Griffgestaltung variieren können. Speziell für den kykladischen Raum lassen sich nach Colin Renfrew insgesamt drei Leitformen von Metalldolchen unterscheiden, die sich aus zwei Typen von Langdolchen und einem Kurzdolch-Typus zusammensetzen. Die beiden Langdolchtypen (Typen IV a/b Renfrew) besitzen jeweils einen profilierten Klingenrücken mit deutlich abgesetzter Mittelrippe oder Mittelgrat, enden in einer geraden (IV a; vgl. Kat. 70 und 71) oder gerundeten (IV b) Heftpartie mit zwei oder vier Nietlöchern und sind gegossen. Der Typus des kykladischen Kurzdolchs weist dagegen eine flache, unprofilierte kurze Klinge mit geradem oder gerundetem Heft und zwei bis vier Nietlöchern auf (Typ III a Renfrew), wobei die Exemplare bisweilen gehämmert, jedoch nicht gegossen sind.

Neben den als technische Innovationen zu klassifizierenden Metalldolchen erfreuten sich in der frühbronzezeitlichen kykladischen Kultur weiterhin auch bronzene Speerspitzen rasch wachsender Verbreitung. Hierbei handelt es sich gleichfalls um eine neue, in Material und Technik überlegene Waffengattung, welche die im Spätneolithikum auf den Kykladen üblichen Speerspitzen aus Obsidian verdrängt. Die ersten metallenen Speerspitzen treten während der Periode Frühkykladisch II entwickelt/spät in der Keros-Syros-Kultur auf und sind aus Arsenkupfer oder Zinnbronze gefertigt. Metallene Speerspitzen fanden sich dabei sowohl in Gräbern (Dokathismata Grab 14 und Stavros Grab 12/Amorgos) als auch in Siedlungskontexten (Panormos/Naxos, Kastri/Syros, Palamari/Skyros), wobei sich für den kykladischen Raum mehrere verschiedene Typen z. T. außerägäischen Ursprungs differenzieren lassen:

Den bei Weitem gängigsten Typus verkörpert die Speerspitze mit geschlitztem Blatt, abfallenden Schultern und Griffzunge (Typ II a Renfrew; vgl. Kat. 74), die aus frühkykladischen Grabzusammenhängen auf Amorgos bekannt ist. Der Typus der Speerspitze mit Schäftungsangel und breiter ungeschlitzter Klinge mit Mittelrippe (Typ I a Renfrew) lässt sich auf den Kykladen dagegen lediglich einmal in der Siedlung von Panormos auf Naxos nachweisen, ist jedoch ab der Mitte des 3. Jahrtausends zahlreich für den zyprischen, südanatolischen sowie syro-palästinischen Raum bezeugt. Folglich ist in diesem Speerspitzentypus keine kykladische Produktion, sondern das singuläre Beispiel eines Imports aus dem ostmediterranen Raum zu sehen. Für den Typus der Speerspitze mit Schäftungsangel und geschlitztem Blatt (Typ I b nach Renfrew), der in Grab 14 von Dokathismata auf Amorgos in einem Grabkontext vergesellschaftet aufgefunden wurde (Grab 14) und eine Entsprechung in einer Speerspitze unbekannter Provenienz in Karlsruhe findet (Kat. 75), wird in der Forschung eine (zentral-)anatolische Herkunft vermutet. Auch bei diesem Typus dürfte es sich demnach um eine nahöstliche Form handeln, die lediglich vereinzelt im frühkykladischen Kulturraum auftritt. Als Sonderfall ist ferner das Exemplar einer geschlitzten bronzenen Speerspitze mit abgesetzten Schneidenrändern und Griffzunge aus der Siedlung von Kastri auf Syros zu werten, deren Klingenblatt zu zwei Dritteln einen erhöhten Mittelgrat aufweist und in der Ägäis keine adäquaten Parallelen findet; hier lassen sich zudem zwei weitere Speerspitzentypen mit geschlitzter Klinge, Mittelrippe und Griffzunge anschließen (Typen II b/c Renfrew), die jeweils zweimal für frühkykladische Fundkontexte (Amorgos, Syros) nachgewiesen sind und anatolischen Ursprungs sein sollen. Der Typus der Speerspitze mit vier runden Perforationen in der Klinge, abgesetzten Schneidenrändern und Griffzunge (Typ II d Renfrew) schließlich ist für die Kykladen nur einmal in einem mehrfach genutzten Steinkistengrab aus Arkesine/Amorgos belegt (Kat. 118). Ansonsten begegnet dieser Typus ausschließlich auf Kreta und kann somit als weiteres Indiz für den lokal begrenzten Charakter der ägäischen Metall- und Waffenproduktion im 3. Jahrtausend v. Chr. herangezogen werden. Die militärtechnischen Neuerungen von Metalldolchen und -speeren finden sich weiterhin z. T. auch in der frühkykladischen Bildkunst wieder, einer Bildkunst, die sich primär durch die sogenannten Kykladenidole definiert. Unter diese fallen auch drei männliche Marmorfigurinen der Gattung der sogenannten *Hunter-warrior figurines*, die sich durch einen Schultergurt bzw. eine Schärpe, Gürtel und Dolch auszeichnen (Kat. 73).

Bislang sind lediglich drei Exemplare dieses Typs bekannt, die sämtlich in Sammlungen verwahrt werden und deren Herkunft sowie Fundumstände unklar sind. Allgemein dürften diese Darstellungen als Reaktion auf das veränderte militärische Umfeld, in welchem der neu eingeführte Metalldolch rasch zur Waffe bzw. dem Prestigeobjekt *par excellence* avancierte, zu interpretieren sein. Die Bedeutung der metallenen Dolche und Speerspitzen wird zudem aus frühkykladischen Grabausstattungen ersichtlich, die ab der zweiten Hälfte des 3. Jahrtausends v. Chr. Kombinationen dieser beiden Waffentypen beherbergen, wie Grabfunde aus Amorgos eindrucksvoll veranschaulichen.
Auch das Wesen der Kriegsführung *per se* erfuhr dank der Errungenschaften des Metallhandwerks einen grundlegenden Wandel: So ist in den Metalldolchen nun erstmals eine Waffengattung bezeugt, die zum einen als effektives wie technisch hochwertiges Kampfinstrument, zum anderen offenbar auch als Standesabzeichen fungierte und derart z. B. in Form von Grabbeigaben vom hohen sozialen Rang der jeweiligen Besitzer kündete. Gleichzeitig handelt es sich bei den Dolchen um reine Nahkampfwaffen, die in unmittelbaren Zweikampfsituationen und damit einer neuen Art der militärischen Konfrontation zum Einsatz kommen konnten, während im Neolithikum noch Fernkampfwaffen (Schleuder, Bogen, Speer mit Obsidianspitze) die Grundlagen der Kriegsführung gebildet hatten. An Stelle Letztgenannter trat ab der zweiten Hälfte des 3. Jahrtausends v. Chr. der Speer mit Metallspitze, der in Kombination mit dem Dolch nun das bevorzugte Waffenensemble des Kriegers verkörperte. Daneben belegen erste Reste von fortifikatorischer Bautätigkeit (s. Seite 62 ff.) ein gestiegenes Verlangen der frühkykladischen Population nach Sicherheit, das durch zunehmende kriegerische Aktivitäten und/oder Piraterie zu erklären sein dürfte. Hinsichtlich der Kriegsführung schließlich erscheinen zwei Arten von militärischer Konfrontation als plausible Erklärungsmodelle: Während sich die kriegerischen Verwicklungen im „alltäglichen Bereich" vermutlich in Form von Überraschungsüberfällen mit Kanus und Fernkampfwaffen auf nahe gelegene Ziele wie benachbarte Siedlungen o. Ä. abspielten, wurden „organisierte" Kriegs- und Raubzüge gegen entlegenere Orte wahrscheinlich mithilfe von Langbooten durchgeführt. Vor allem Letztere stellten dabei prestigeträchtige Unternehmungen zur Legitimation und Reputation der führenden *Big Men* sowie ihrer kriegerischen Standesgenossen in der frühkykladischen Kultur dar.

Lit: Bossert 1965 – Branigan 1974 – Broodbank 2000 – Ivanova 2008 – Karlsruhe 1976 – Rambach 2000 – Rehm 1997 – Renfrew 1967 – Renfrew 1972 – Sherratt 2000

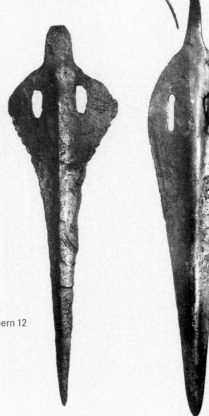

Speerspitzen aus den Gräbern 12 und 14 von Amorgos

Spiegel des Lebens?
Grabausstattungen und Totenfürsorge

von **Jörg Rambach**

Unsere Kenntnisse von der materiellen Kultur der frühbronzezeitlichen Kykladen beruhen weitgehend auf Beigaben aus Gräbern. Diese sind zumeist vollständig erhalten und Formen sowie Dekorschemata erschließen sich uns somit eindeutig. Einige Beigaben waren von vornherein eigens als Grabbeigabe geschaffen. Doch auch diese können wertvolle Hinweise auf Fähigkeiten, Kontakte, Sitten und Gebräuche der Kykladenbewohner geben. Da in den frühbronzezeitlichen Gräbern der Kykladen Körperbestattung eines einzelnen Toten in seitlicher Hockerlage der vorherrschende Brauch war, ist zumeist gesichert, dass auch die im Grab angetroffenen Objekte alle gleichzeitig mit diesem dorthin gelangten. Sie stellen daher eine Auswahl von zu gleicher Zeit gängigen Formen und Typen dar. Somit können solche Gräber als „geschlossene Funde" als für bestimmte Zeiten oder Kulturen repräsentativ erachtet werden. Von der Forschung werden sie zu „Gruppen" zusammengefasst, die nach den frühesten und für die einzelne „Gruppe" jeweils bedeutendsten Fundorten benannt wurden – wie z. B. die Pelos-, Plastiras- oder Kampos-Gruppe. Die relativchronologische Stellung der Gräbermaterial-Gruppen kann durch das Vorkommen von Leittypen dieser Gruppen in stratifizierten Siedlungszusammenhängen überprüft werden.

Den Grabfunden kam auf den frühbronzezeitlichen Kykladen von Anfang an eine hohe Bedeutung für die Forschung zu, da sie im Gegensatz zu stratifizierten frühkykladischen Siedlungen in großer Zahl vorlagen. Lange war Phylakopi auf Melos die einzige frühbronzezeitliche Siedlungsstelle auf den Kykladen mit einer Vertikalstratigrafie, die bis in die Anfänge der frühkykladischen Zivilisation zurückreichte. Auf dem süd- und mittelgriechischen Festland stellt sich für die Frühhelladische Zeit dagegen das Problem, dass zwar viele Siedlungen bekannt und erforscht, jedoch nur wenige Friedhöfe lokalisiert und untersucht worden sind.

Die Niederlegung von Beigaben in den Gräbern zeigt zuerst einmal an, dass die Menschen an irgendeine Form des Weiterlebens des Verstorbenen glaubten. Die mitgegebenen Gegenstände sollten diesem entweder auf dem Weg ins Jenseits oder an dessen letztem Bestimmungsort dort dienlich sein. So finden wir in erster Linie kleine, leicht zu transportierende Gefäße, die bei der Aufnahme von fester Nahrung oder Flüssigkeiten, d. h. bei der Befriedigung von Grundbedürfnissen des Menschen, behilflich sein konnten. Große Vorratsgefäße, Pithoi, großformatiges Kochgeschirr und tragbare Herde wird man in den kleinen Einzelgräbern dagegen in aller Regel nicht zu Gesicht bekommen. Wohl aber Geräte zur Nahrungszubereitung wie steinerne Handmühlen, Mörser und Reibsteine. Eine weitere Kategorie von Beigaben umfasst das Trachtzubehör, d. h. die Ausstattung, die der Tote bei seiner Grablegung am Leib trug. Dies können, z. T. im Hinblick auf das Geschlecht des Verstorbenen

Fotoaufnahme des Befundes eines Frühkykladisch I-zeitlichen Kistengrabes, gefunden in Plastiras, Naxos

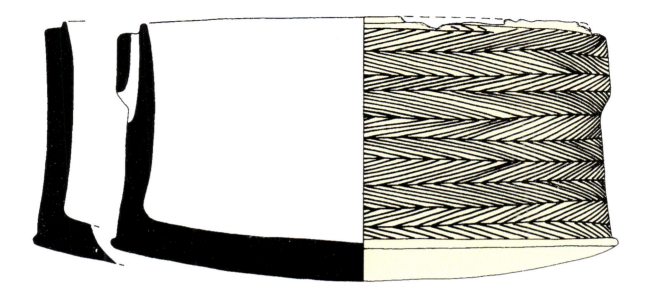

Zylindrische Tonpyxis aus Grab 63 der Nekropole von Panajia auf Paros. In ihrem Inneren fanden sich noch organische Reste.

variierend, Haar- und Gewandnadeln, Kopfschmuck, Diademe, Waffen und Prunkwaffen, Schmuck wie Colliers und Anhänger aus Halbedelstein, Finger- und Haarringe sowie Armreifen sein. Kleine Pyxiden (Büchsen) können zur Aufbewahrung von kleinen Gegenständen gedient haben, die dem Verstorbenen schon zu Lebzeiten viel bedeuteten. Andere Utensilien wie Pinzetten, Spatel, Spiegel („Kykladenpfannen") sowie Reibunterlagen und Farbstoffe zur Zubereitung von Schminke waren für die Körperpflege bestimmt. Ungewöhnlichen Beigaben wie Angelhaken, Tiergefäßen, Petschaften, Schöpflöffel aus Silber, Spinnwirteln oder Räuchergefäßen könnten eine Vorliebe des Verstorbenen für bestimmte Tätigkeiten, die Bekleidung eines Amtes, eine besondere Stellung in der Gemeinschaft oder aber die Benutzung von Spielzeug (Tiergefäß) zugrunde liegen. Wertvolle Gegenstände wie z. B. „Marmor-Kandilia" mögen als Prestigeobjekte oder verehrte Erbstücke ins Grab gelangt sein.

Frühe Beigabengrundausstattung

Die zylindrische Tonpyxis mit zwei vertikalen Ösenhenkeln ist eine der Leitformen der beginnenden kykladischen Bronzezeit, der Pelos-Gruppe (Stufe Frühkykladisch Ia1). Sie zeigt häufig dichten Ritzdekor mit horizontalem oder vertikalem Fischgrätenmuster. In Frühkykladisch I-Siedlungskontexten fehlt die ritzverzierte zylindrische Tonpyxis weitestgehend. In Form und Dekor ist sie als Imitation von Flechtwerkerzeugnissen anzusprechen, die im Alltag der frühen Kykladenbewohner eine große Rolle gespielt haben dürften. Dies könnte bedeuten, dass die keramische Nachahmung von Korbflechterei eigens für die Grablege hergestellt wurde. In der Welt der Lebenden könnten Pyxiden aus Flechtwerk z. B. zur Trocknung und Aufbewahrung von Schafs- oder Ziegenkäse gedient haben. So war z. B. die zylindrische Pyxis aus Panajia Grab 63 auf Paros außen und innen an vielen Stellen mit einer schwarzen Masse überzogen, bei der es sich um Rückstände einer karbonisierten organischen Substanz handelte (Nahrungsmittel, Fett, Kosmetikpaste?). Noch heute wird z. B. auf Siphnos in zylindrischen Flechtwerkbehältern der „Manoura-Jylomeni"-Käse hergestellt, der zwei Jahre haltbar ist und auf der Rinde Abdrücke des Flechtwerks aufweist. Das Kegelhalsgefäß mit 2+2 (zwei gegenständig auf der Schulter angebrachte Ösenhenkelpaare, wobei zwischen den zwei Ösen eines Paares jeweils ein größerer Abstand besteht) bauch- bis schulterständigen vertikalen Ösenhenkeln der Pelos-Gruppe ist häufig bis zum Halsansatz mit Flechtwerk imitierendem Ritzdekor überzogen und vermittelt so das Aussehen einer Korbflasche. Im Alltag mögen undekorierte Gefäße dieses Typs als Wasserflaschen tatsächlich mit einem schützenden und isolierenden Mantel aus Flechtwerk versehen gewesen sein. Als Hängegefäße konnten sie zu-

Die beiden wesentlichen Tongefäßtypen in den Gräbern der frühen bis fortgeschrittenen Stufe Frühkykladisch I sollten den Toten wohl mit zwei Behältnissen zur Sicherung von Grundbedürfnissen des Kykladenbewohners versorgen, einem Behältnis zur Aufnahme von Flüssigkeit und einem zur Aufbewahrung fester Nahrung. Im Grab könnten natürlich auch echte Flechtwerksbehältnisse deponiert worden sein.

Mittel zur Körperbemalung

Als Unterlagen zum Zerreiben von roten Farbbrocken sind, im Verein mit kleinen Steinstößeln, die Marmorschalen mit horizontal durchbohrter Ösenrippe (s. Kat. 39 und 40) und die flach-rechteckige, in den vier Ecken perforierte Marmorpalette der Plastiras-Gruppe zu sehen (Frühkykladisch Ia2). Gebrauchsspuren und Kuhlen zeigen, dass diese bereits vor der Beigabe ins Grab von den Lebenden benutzt worden waren. Das rote Farbpulver (Eisenoxid, Hämatit, Zinnober) konnte zur Herstellung von Schminke oder Farbe benutzt werden, ins Grab aber auch zum Farbauftrag aus rituellen Grün-

Manoura Jylomeni aus Siphnos. Der urtümliche Käse (Dm. ca. 11 cm) trocknet und reift in Körbchen, außerdem wird er mit Weinschlamm bestrichen. Das Flechtwerkkörbchen im Bild stammt von Syros, wo Käse traditionell ebenfalls in geflochtenen Behältern getrocknet wird.

Kegelhalsgefäß aus Ton, gefunden in Grab 136 des Friedhofs von Soumbaria, Despotiko, mit zwei sich gegenüberstehenden Ösenhenkelpaaren

dem an Schnüren in Brunnen hinabgelassen werden. Das Aufhängen an zwei getrennten Schnüren gestattete dabei das leichtere seitliche Abkippen und somit schnellere Eintauchen des Gefäßes in das Wasser.

den (rote Farbe als Farbe des Blutes) mitgegeben worden sein. Zur Zeit der Kampos-Gruppe (Frühkykladisch Ib) treten in den Gräbern erstmals blaue, pulvrige Farbsubstanzen in Erscheinung, die in ritzverzierten Miniaturkegelhalsgefäßen aus Ton aufbewahrt wurden. Die Farbsubstanzen Azurit und Malachit (Kupferkarbonate) dienten wohl unter Beimengung von Öl oder Fett zur Herstellung blauer Schminke.

Erste Luxusgüter und Trachtzubehör

Die beiden anderen Steingefäßtypen der Plastiras-Gruppe, das Zylindergefäß mit wandständigen, horizontal durchbohrten Ösenrippen (s. Kat. 8) und das „Marmor-Kandili", ein Kegelhalsgefäß, das in seiner Form an Kandilia (Öllampen in heutigen griechischen Kirchen) erinnert, sind nicht funktionsbedingt aus Stein hergestellt und fanden wohl nur im Grabzusammenhang Verwendung. Das Zylindergefäß imitiert eimerartige Behälter aus Holz oder Leder, die vermutlich auch als Schöpfgefäße für tiefe Wasserlöcher dienten. Die z. T. sehr schweren „Marmor-Kandilia" haben das tönerne Kegelhalsgefäß der Pelos-Gruppe auf hohem Fuß mit vier horizontal durchbohrten vertikalen Ösenrippen zum Vorbild. Wel-

Marmornes Kegelhalsgefäß, Grab 71, Panajia, Paros, mit Drehspuren im Inneren

lenartige Drehspuren an der Innenwandung des kleinen Hohlraums der „Marmor-Kandilia" belegen, dass diese Gefäße auf einer Art von „Drehbank" ausgehöhlt wurden. Als Schmuck oder Talisman mögen Anhänger verschiedener Formgebung und Perlen aus Halbedelstein

Das „Marmor-Kandili" fand wohl nur im Grabzusammenhang Verwendung

bereits im täglichen Leben getragen worden sein, bevor sie wohl als Trachtzubehör ihren Eigner ins Grab begleiteten. In der Stufe Frühkykladisch I gehörten Anhänger und Perlen aus Halbedelstein zur Standardausstattung der Toten, wobei auch Holzperlen eine Rolle gespielt haben mögen. In den Grabinventaren der Stufe Frühkykladisch II fehlen Anhänger und Colliers aus Halbedelsteinen dagegen weitestgehend.

Erste Hinweise auf Verwendung von Metall

Eine Goldperle aus Phyrrojes auf Naxos und ein Bronzeblechfragment aus Lakkoudes auf Naxos stellen die bislang einzigen Metallgegenstände aus Inventaren der Pelos-Gruppe (Frühkykladisch Ia1) ohne chronologisch jüngere Anteile dar. Aus den Gräbern der von Steingefäßen gekennzeichneten Plastiras-Gruppe (Frühkykladisch Ia2)

Kegelhalsgefäß aus Marmor, aus Grab 24 von Glypha, Paros

liegen immerhin zwei Kupferperlen aus Akrotiri auf Naxos, eine Bronzenadel aus Plastiras auf Paros, zwei Kupferahlen mit quadratischem Schaftquerschnitt aus Ajii Anarjyri auf Naxos und vier Bruchstücke eines vierkantigen Kupferdrahts aus Panajia auf Paros vor. Schon Christos Tsountas war aufgefallen, dass das Miniatur-Marmorschälchen aus Krasades auf Antiparos Schalen aus Metall imitiert. Die radial auf der Unterseite eingetieften Riefen entsprechen genau einem Rippungsmuster zur Versteifung von Schalen aus Silberblech, wie dies z. B. an dem Exemplar aus dem Grabfund von Dokathismata auf Amorgos zu sehen ist. Metallgefäße scheinen somit zur Zeit der Plastiras-Gruppe nicht unbekannt gewesen zu sein. Auch die erstmals in der Kampos-Gruppe (Frühkykladisch Ib) auftretenden blauen Farbsubstanzen Azurit oder Malachit, d. h. Kupferkarbonate (s. o.), weisen auf frühen Kupferabbau und -verarbeitung hin.

Neue Ufer

Für die Kampos-Gruppe (Frühkykladisch Ib) sind vor allem drei Neuerungen charakteristisch: die Kampos-Flasche (s. Abb. Seite 87) mit eingeritzter Imitation von

Schälchen aus Silberblech mit vertikalen Riefen, aus einem Grab von Dokathismata, Amorgos

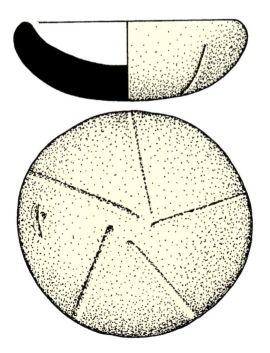

Kalottenschälchen aus Marmor mit fünf radial angeordneten Gravurlinien auf der Außenseite. Aus Grab 117 von Krasadas, Antiparos

Korbgeflechtummantelung (Feldflasche), die frühesten „Kykladenpfannen" und die erstmals in frühkykladischen Gräbern auftretenden „Fruchtständer" mit konischem Standfuß sowie weiter Schale mit innen verdickter und abgesetzter Lippe. Zylindrische und sphärische Tonpyxiden leben in leicht modifizierter Form und nun zumeist ohne Ritzverzierung fort. Zur Kampos-Gruppe sind allerdings wesentlich mehr Gräber zu zählen, die sich außerhalb der Kykladen fanden. Die große Nekropole von Ajia Photia auf Kreta, aber auch andere Bestattungsplätze dort, wie Pyrgos (Grotte) oder Kanli Kastelli, sind in ihrem Beigabenbestand in derart hohem Maß von kykladischen Gefäßformen und Gerätschaften der Kampos-Gruppe gekennzeichnet, dass von der Existenz kykladischer Kolonien an der Nordküste von Kreta in der Stufe Frühminoisch Ib auszugehen ist. Auch Attika und Euböa geraten ab dieser Zeit unter stärkeren kykladischen Einfluss.

Zeit der Blüte, Zeit der Vielfalt

In der Periode Frühkykladisch II wurde blaues Farbpulver in ritzverzierten Knochentuben aufbewahrt, die am geraden Ende mit einem Stöpsel aus Stein oder Holz verschlossen waren (s. Kat. 41). Mit dem anderen, schnabelartig offenen Ende ließ sich das Farbpulver fein dosiert ausstreuen. In Marmorschälchen mit innen verdicktem und abgesetztem Rand oder solchen mit vier horizontalen Randleisten konnten nach Ausweis der Grabbefunde rote Farbbrocken oder blaues Farbpulver aufbewahrt, mit Steinstößeln zerstoßen oder mit anderen Substanzen vermischt werden. Farbspuren auf Marmoridolen belegen, dass diese mit Farbstreifen oder farbigen Punktreihen bemalt gewesen sein könnten. Dies lässt sich als Hinweis auffassen, dass die Kykladenbewohner die Farbe nicht nur zum Schminken benutzten, sondern sich tätowieren ließen oder ihren Körper bemalten. Der Körper- und Schönheitspflege dienten sicher Pinzetten und wohl auch Spatel sowie Ahlen aus Bronze. Sie könnten bei der Zubereitung, beim Vermischen und beim Auftrag von Farbpasten behilflich gewesen sein. Obsidianklingen mögen als Mehrzweckschneidegerät oder als Rasierklinge eingesetzt worden sein, Obsidiannuklei (die Kernsteine, von denen die Klingen abgeschlagen wurden) als Stößel. Nadeln aus Bronze, Silber oder Bein mit verschiedenen Kopfformen dienten als Haarnadeln oder zum Verschließen eines Gewandes (s. Abb. folgende Seite). Eindeutig Mittel zur Nahrungszubereitung waren die großen und schweren rechteckigen bis trapezförmigen Reibpaletten aus Stein, die ab der Stufe Frühkykladisch I häufig im Verein mit großen Reibsteinen in Gräbern begegnen. Tiefe Kuhlen auf der Reibfläche und andere Reibspuren bezeugen ihre langfristige Vorbenutzung im Alltag zum Mahlen von Korn u. Ä. Nahezu alle Tongefäße, die in Gräbern der Stufe Frühkykladisch II vorkommen, sind mittlerweile auch in Siedlungskontexten belegt. Dies trifft selbst für die ritz- und eindruckverzierten Kegelhalsgefäße mit Netzmustern aus tangentenverbundenen Spiralen oder konzentrischen Kreisen (s. Kat. 52 und 53) zu, die besonders häufig in der Nekropole von Chalandriani auf Syros auftreten. Generell umfasst das Repertoire an Tongefäßformen nun auch enghalsige Krüge, konische Becher, Henkeltassen, kleine flache Schälchen und kelchartige Gefäße, d.h. Bestandteile von Ess- oder Trinkgeschirr. Mit Deckeln verschließbare Pyxiden verschiedener Formgebung aus Ton oder Stein, fein bemalt oder ritz- und stempelverziert, waren so-

Ein „Fruchtständer" im Museum von Naxos. Die Bezeichnung sagt nichts über die tatsächliche Verwendung des Gefäßes in prähistorischer Zeit aus.

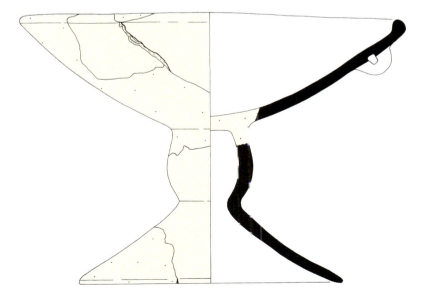

Konische Tonschale auf hohem Fuß („Fruchtständer") aus Pyrgos (Grotte) auf Kreta

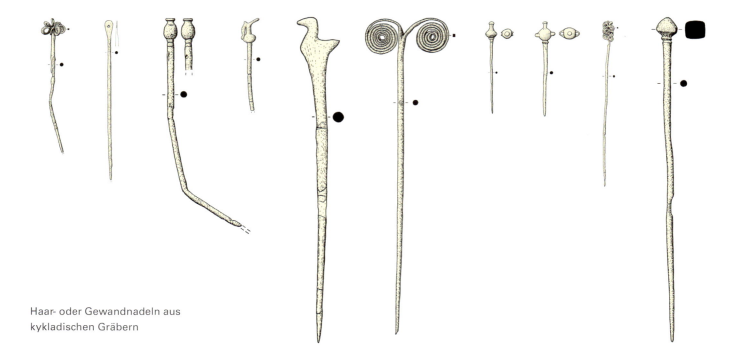

Haar- oder Gewandnadeln aus kykladischen Gräbern

wohl im Leben als auch im Tod am ehesten als Kästchen zur Aufbewahrung von Schmuck oder Kosmetika gedacht. Beleuchtung ließ sich mit Fackeln erzielen oder aber durch kleine, mit Olivenöl gefüllte Schälchen, in die ein Docht gelegt war. Kleine Ausgussschälchen aus Ton oder Stein mögen z. T. ganz speziell als Öllämpchen gedient haben. Auch „Saucieren" kommen hierfür infrage, wenngleich sie wohl hauptsächlich als Schenkgefäß in Verbindung mit flachen Trinkschalen auf Ringfuß eingesetzt wurden. Als mehrarmige „Leuchter" mit zentralem hohem Standfuß mögen einige Kernoi (Kompositgefäße mit mehreren Schalen) und bauchige Gefäße auf Standfuß mit röhrenförmigen Fortsätzen benutzt worden sein, die ab der frühen Stufe Frühkykladisch II beliebt wurden und im Grab auch als Imitationen in Marmor vorkommen. Sehr unterschiedlich sind die Deutungen zur Funktion der sogenannten „Kykladenpfannen", die auch auf dem kykladisch beeinflussten griechischen Festland sowohl im Siedlungs- als auch im Grabzusammenhang verziert oder undekoriert auftreten und auf den Kykladen (allerdings nur selten) sogar in Marmor gefertigt, begegnen (s. Seite 100 ff.). Die frühen „Kykladenpfannen" der Kampos-Gruppe (Frühkykladisch Ib) sind klein, mit kreisrunder Bodenplatte, hoher Wandung sowie π-förmigem Griff versehen und formal aus den zylindrischen Pyxiden der Pelos- und Kampos-Gruppe abgeleitet. Auch die Bodenplatte der „Kykladenpfannen" der folgenden Aplomata-Stufe (Frühkykladisch IIa) ist häufig noch kreisrund, die Pfannen weisen nun jedoch Brettgriffe oder bereits Füßchengriffe auf. Große Pfannen mit ovaler Bodenplatte, Füßchengriff und eingravierten Schiffsdarstellungen sind für die Chalandriani-Gruppe (Frühkykladisch IIb) charakteristisch.

Rätselhaft ist die Bedeutung, welche die Marmoridole für den Kykladenbewohner des 3. Jahrtausends v. Chr. im Leben und im Tod hatten (s. Seite 168 ff. und 194 ff.). Auf ihre Benutzung vor der Beigabe ins Grab weisen Beschädigungen und ausgeführte Reparaturen hin, die gelegentlich an Idolen aus Grabzusammenhang zu beobachten sind. In Siedlungs- und in Grabzusammenhang mögen zudem hölzerne, heute nicht mehr nachweisbare Idole gebräuchlich gewesen sein. Auf Hockern oder Stühlen (Thronen) sitzend dargestellte Idole vermitteln uns einen Eindruck der Konstruktion frühkykladischer Sitzmöbel.

Die Häufigkeit der Beigabe von Idolen in frühkykladischen Gräbern ist extrem schwer abzuschätzen, da wir nicht wissen, ob die meisten der beigegebenen Idole nicht vielleicht aus Holz bestanden und somit selbst bei den unter Aufsicht von Archäologen durchgeführten Graböffnungen gar nicht mehr nachweisbar waren. Die Marmoridole waren in den von Wissenschaftlern untersuchten

Gräbern eher seltene Beigaben. In den meisten Gräbern fehlten sie völlig. Wenn sie aber als Beigaben mitgegeben wurden, dann oft in doppelter oder mehrfacher Ausführung, vor allem im Falle der schematischen Idole der Stufe Frühkykladisch I. Leider stammen die meisten der heute bekannten Marmoridole aus Raubgrabungen. Die Blütezeit der Herstellung von Marmoridolen dürfte die erste Hälfte der Stufe Frühkykladisch II gewesen sein (Aplomata-Stufe). In den Gräbern dieses naxischen Friedhofes, dessen Belegungszeit auf die frühe Stufe von Frühkykladisch II begrenzt ist, waren Marmoridole vergleichsweise häufig als Beigaben verwendet worden. Im riesigen Gräberfeld von Chalandriani auf Syros, das sowohl im frühen als auch im späteren Frühkykladisch II (Aplomata- und Chalandriani- plus Kastri-Stufe) belegt war, waren Marmoridole dagegen extrem selten.

Rara et curiosa

Seltene Beigaben, die offenbar auf eine besondere Tätigkeit, Vorliebe oder Stellung des Verstorbenen zu Lebzeiten hindeuten, sind Spinnwirtel, Angelhaken, Räuchergefäße, ein Petschaft aus Blei und ein silberner Schöpflöffel. Selten sind auch Schmuckgegenstände aus Silber oder Bronze wie Armbänder (s. Kat. 48 und 49), Finger- und Haarringe, Diademe. Äußerst gering ist die Anzahl der in die Gräber mitgegebenen Waffen wie Dolche oder Lanzenspitzen aus Bronze, eine Beigabensitte, die bislang allein auf den Inseln Naxos, Amorgos und den Kouphonisia zu beobachten ist. Besonderheiten sind die sogenannten Hüttenpyxiden aus Stein, in Stein oder Ton gefertigte Hausmodelle mit Giebel- oder Tonnendach (s. Abb. Seite 70) und Gefäße in Tiergestalt.

Grabformen

Nach dem Ende der Frühkykladisch II-Zeit und den damit einhergehenden Veränderungen wird auf Melos und auf Thera die Mehrfachbestattung in Felskammergräbern üblich, wobei die Grabkammern eine zusätzliche Nische und eine der Hausarchitektur nachempfundene Giebeldecke aufweisen können. Daneben treten in Siedlungen erstmals Kleinkindbestattungen in Vorratsgefäßen in Erscheinung. Auf Amorgos lebte zudem die traditionelle Bestattung in Steinkistengräbern fort. Die Anzahl der Gräber dieser Stufe ist gering, wobei die meisten zudem nicht gut dokumentiert sind. Im Grabbeigabenrepertoire fehlen nun Marmoridole, „Kykladenpfannen", „Saucieren", Farbsubstanzen, Spatel, Ahlen und Nadeln aus Metall. Gefäße aus Stein sind extrem selten. Zum typischen Formengut dieses Zeitabschnitts zählen henkellose konische Pyxiden, Krüge mit extrem schrägem

Die Häufigkeit der Beigabe von Idolen in frühkykladischen Gräbern ist extrem schwer abzuschätzen

Schnabelausguss, Schalen mit einziehendem Rand mit und ohne Ausguss sowie Kernoi (s. Kat. 120), Kegelhalsgefäße und „Entenkannen" (s. Abb. Seite 91), die jedoch alle typologische Vorläufer in der Periode Frühkykladisch II oder sogar Frühkykladisch I haben. Dies trifft selbst für die „Entenkanne" zu, die mit einem Prototyp bis in die Zeit der Kampos-Gruppe zurückreicht. Einzig die kleinen zylindrischen Henkelbecher sind ohne Beispiel aus früheren Zeiten.

Sozialer Status, soziale Differenzierung

In der Stufe Frühkykladisch I war Einzelbestattung in stark kontrahierter seitlicher Hockerlage üblich, wobei die Toten zumeist auf ihrer rechten Körperseite lagen und wahrscheinlich durch Fesselung in dieser platzsparende Haltung gebracht wurden, um den Toten überhaupt in das enge Kistengrab legen zu können. Im Prinzip waren die trapezförmigen Steinkistengräber der Frühzeit um diese Totenstellung „herumgebaut", wobei der Tote mit dem Rücken an der längsten Seite der Steinkiste lag. Soziale Differenzierung der kykladischen Bevölkerung lässt sich aus den Gräbern der Frühzeit nur schwer ablesen. Die meisten waren eher ärmlich ausgestattet, wobei Beigaben aus vergänglichem Material ursprünglich ein diesbezüglich positiveres Bild bewirkt haben mögen. Erst die Gräber der Plastiras-Gruppe (Frühkykladisch Ia2) mit Marmor-Reibschalen, Stößeln und Kupferahlen sowie Prestigegütern wie „Marmor-Kandilia" und Marmor-Zylindergefäßen vermitteln den Eindruck reicherer Ausstattung. Auf der anderen Seite war in manchen Gräbern dieser Gruppe ein Marmorgefäß die einzige Beigabe. Nach den Befunden aus Friedhöfen zu urteilen, die mit moderneren Methoden ausgegraben wurden und für

Grabfunde von der Insel Syros, 1892 von der Berliner Antikensammlung erworben. Ob es sich um das Inventar eines oder mehrerer Gräber handelt, lässt sich nicht mehr sagen. Zu Teilen dieses Komplexes s. Kat. 67a–g.

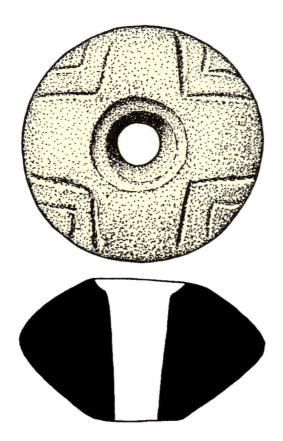

Ritzverzierter Spinnwirtel aus Chalandriani, Grab 452, Syros

(Frühkykladisch IIa) verteilt sich somit zumeist auf mehrere dort bestattete Individuen. Im größten Gräberfeld der Kykladen, Chalandriani auf Syros, mit ca. 540 dort von Tsountas aufgedeckten kleinen Kuppelgräbern mit falschem Gewölbe, Eingang und kurzem Dromos bzw. Zugangskorridor (Frühkykladisch IIa, Frühkykladisch IIb) war dagegen bis auf neun Ausnahmen die Einzelbestattung mit zumeist auf ihrer linken Körperseite in Hockerhaltung niedergelegten Toten die Regel. Chalandriani ist die einzige Nekropole, in der eindeutig soziale Differenzierung erkennbar wird. Nur maximal 10 bis 15 Prozent der Gräber sind als reich ausgestattet einzustufen. Die überwiegende Mehrheit der Beigaben führenden Gräber wies jedoch lediglich eine kleine Kalottenschale oder einen konischen Becher aus Ton bzw. beides auf, d. h. einen Trinkbecher und eine Schale, die beim Essen oder

Grabformen der frühkykladischen Zeit. Oben ein Frühkykladisch I-Kistengrab, darunter ein zweistöckiges Grab und eines mit Kragsteingewölbe aus der Frühkykladisch II-Zeit

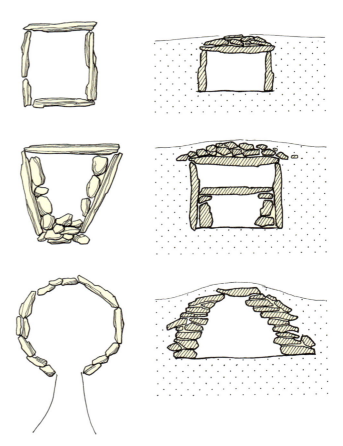

die, wie in Akrotiri auf Naxos oder Ajii Anarjyri auf Naxos, Gräberfeldpläne vorliegen (s. Abb. rechte Seite), nehmen reicher ausgestattete Gräber der Pelos- oder der Plastiras-Gruppe keine irgendwie abgesonderte oder hervorgehobene Position im Gräberfeld ein, und auch die Größe und bauliche Qualität ihrer Steinkisten ist z. T. geringer als diejenige ärmlicher ausgestatteter Gräber. In Ajii Anarjyri hat die räumlich gestaffelte Abfolge von Gräbern der Plastiras-, Kampos- und Aplomata-Gruppe (Frühkykladisch IIa) wenig mit sozialer Differenzierung, sondern eher mit chronologischen Unterschieden zu tun. Von Grabgütern aus Marmor besonders geprägt sind die Gräber der Aplomata-Gruppe. Nur werden die Steinkistengräber nun jedoch häufig mit einem zweiten oder sogar dritten Stockwerk versehen, wobei das untere als eine Art Ossuarium für die Reste früherer Bestattungen diente. Der Reichtum an Beigaben, darunter vielen Marmorgefäßen, im Friedhof von Aplomata auf Naxos

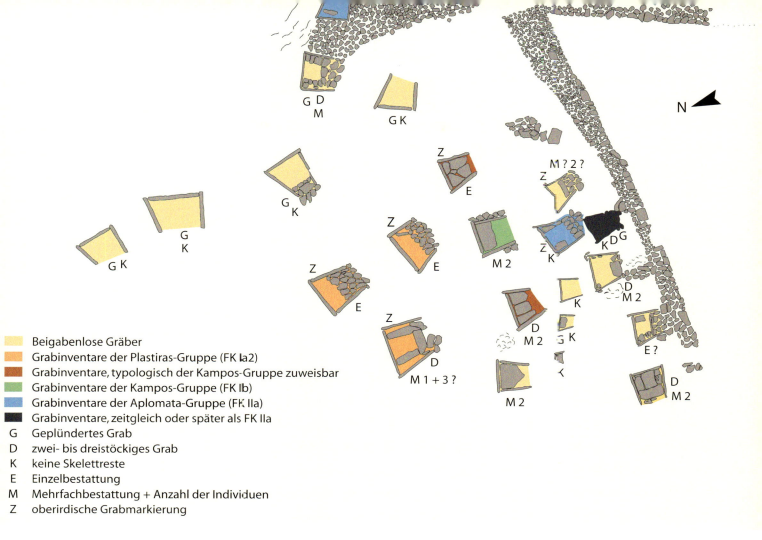

Beigabenlose Gräber
Grabinventare der Plastiras-Gruppe (FK Ia2)
Grabinventare, typologisch der Kampos-Gruppe zuweisbar
Grabinventare der Kampos-Gruppe (FK Ib)
Grabinventare der Aplomata-Gruppe (FK IIa)
Grabinventare, zeitgleich oder später als FK IIa
G Geplündertes Grab
D zwei- bis dreistöckiges Grab
K keine Skelettreste
E Einzelbestattung
M Mehrfachbestattung + Anzahl der Individuen
Z oberirdische Grabmarkierung

Gräberfeldplan von Ajii Anarjyri auf Naxos

Trinken nützlich sein konnten. Die der örtlichen Elite zuzuweisenden reichen Gräber von Chalandriani sind bislang nahezu die einzigen auf den Kykladen, die Pfannen mit eingeritzter Schiffsdarstellung enthielten. Das Unterhalten der Boote und das Abstellen einer größeren Mannschaft, eventuell über Tage und Wochen hin, konnte sich jedoch nur ein größerer Ort, wohl ein Hauptort einer Insel, leisten, mit einer Elite, die dazu die Mittel bereitstellte und von den maritimen Unternehmungen profitierte. In der Stufe Frühkykladisch IIb setzte sich eine Tendenz zur Herausbildung weniger, an wichtigen strategischen Punkten gelegene Hauptorte fort und es konnte somit, wie im Fall von Chalandriani bei Kastri, auch zur Konzentration von vielen Gräbern in einer Nekropole kommen, deren Anzahl dort heute auf mindestens ca. 700 hochzurechnen ist (darunter 23 jüngst von Marisa Marthari neu aufgedeckte).

Zweifellos sind die Gräber ein Spiegel des Lebens. Allerdings fehlt ein großer Teil dieses Spiegels, und selbst in den erhaltenen Teilen gibt es viele matte Stellen oder sogar Brüche, die das Bild stellenweise trüben oder sogar unkenntlich machen.

Lit: Alram-Stern 2004 – Barber 1994 – Brodie/Doo e/Gavalas/Renfrew 2008 – Broodbank 2000 – Doumas 1977 – Karantzali 1996 – Krzyszkowska 2010 – Maran 1998 – Marangou 1990 – Rambach 2000a – Rambach 2000b – Renfrew 1972 – Tsountas 1898 – Tsountas 1899

Zeitstufen und Kulturhorizonte

von Jörg Rambach

Zwischen 1894 und 1898 hatte Christos Tsountas auf den Kykladeninseln Amorgos, Paros, Antiparos, Despotiko, Syros und Siphnos im Auftrag der Griechischen Archäologischen Gesellschaft ca. 850 der sogenannten vorgriechischen Gräber geöffnet und mehrere nach der vorgefundenen Keramik als ungefähr zeitgleich zu wertende Siedlungsplätze wie Kato Akrotiri auf Amorgos, Pyrgos und Avyssos auf Paros sowie Kastri auf Syros teilweise freigelegt. Die dadurch erheblich erweiterte Materialbasis aus Grabbefunden gestattete es Tsountas, auf der Grundlage typologischer Beobachtungen die erste zeitliche Untergliederung der „Kykladischen Kultur" vorzunehmen. Der wesentlich verbesserte Brand der Tongefäße, das Aufkommen von bemalter sowie z. T. mit kompliziert angelegtem Stempeldekor versehener Keramik waren für ihn ausschlaggebend, das Fundgut der Nekropole von Chalandriani auf Syros einer im Vergleich zum Fundmaterial der Gräber der Inseln Paros, Antiparos und Despotiko späteren Entwicklungsstufe der „Kykladischen Kultur" zuzuweisen. Absolutchronologisch fixierte er die Inselkultur auf den Zeitraum „zweite Hälfte des 3. Jahrtausends mit möglicher Fortdauer bis ins beginnende 2. Jahrtausend". Die von Tsountas vorgenommene zeitliche Untergliederung wurde 1898 durch die Schichtenabfolge in einem Tiefschnitt der englischen Grabung in der Siedlung von Phylakopi auf Melos bestätigt. In den untersten Schichten kam hier Keramik zum Vorschein, die mit der aus den frühen Gräbern der Tsountas-Grabungen auf Paros, Antiparos und Despotiko sowie mit der aus dem 1896 von C. C. Edgar an der Stelle Pelos auf Melos entdeckten Gräberfeld zu vergleichen war. In höheren Ablagerungen fand sich im selben Tiefschnitt dagegen Keramik, die der aus Chalandriani ähnelte. Die beiden von Tsountas zeitlich geschiedenen Grabfundgruppen gingen bald als Pelos- und Syros-Gruppe in die Literatur ein. Mit der Adaption des für die Untergliederung der Bronzezeit Kretas herangezogenen Systems der Unterteilung einer Epoche in drei Stufen an gleichzeitige Kulturerscheinungen auf dem süd- und mittelgriechischen Festland sowie den Kykladen durch Alan Wace, Carl Blegen und James P. Harland konnten das frühe Siedlungsmaterial von Phylakopi sowie der Friedhof von Pelos und die von Tsountas aufgedeckten Gräber ab den Zwanzigerjahren des letzten Jahrhunderts als frühbronzezeitlich angesprochen werden, da die zweite Stadt von Phylakopi (Phylakopi II) durch die dort erstmals belegten Importe von kretischer Kamares-Ware bereits sicher mit dem frühen Mittelminoikum zu synchronisieren war. In den Sechzigerjahren definierte Eva-Maria Bossert mit Gräbern aus Kampos auf Paros eine Stufe, die mit ihren frühen „Kykladenpfannen" und den sogenannten Kampos-Flaschen aus typologischen Erwägungen heraus zeitlich zwischen Pelos- und Syros-Gruppe zu setzen war. Colin Renfrew war 1972 bei der Vorstellung seines „Culture System" bemüht, bereits bei der Benennung seiner frühkykladischen Kulturen den Gräbergruppen „Pelos" und „Syros" zeitgleiches Siedlungsmaterial zur Seite zu stellen. Dies führte mithilfe der Siedlungen von Grotta auf Naxos und der Insel Keros mit der Siedlungsstelle Daskalio zu den Bezeichnungen „Grotta-Pelos"- bzw. „Keros-Syros"-Kultur. Die sogenannte Kastri-Gruppe mit ihren z. T. anatolisch anmutenden Tongefäßen und Metallgeräten und die heute verworfene sogenannte Amorgos-Gruppe wies er damals seiner Periode „Aegean Early Bronze 3" zu. Die genannten Kulturgruppen und -phasen finden nicht überall zur gleichen Zeit ihr Ende, sondern können sich auch überschneiden. Der frühbronzezeitlichen Entwicklung geht nach heutigen Erkenntnissen auch auf den Kykladen der Kulturhorizont der Attika-Kephala-Gruppe voran. Dieser chalkolithische Horizont ist von der Westpeloponnes über Attika, die Siedlung von Strophilas auf Andros sowie die Siedlung und den Friedhof von Kephala auf Keos bis in die Zas-Höhle auf Naxos (Zas-Schichten IIa–b) zu verfolgen. In der Ostägäis geht der Beginn der Stufen Frühkykladisch II/Frühhelladisch II ungefähr mit mittlerem bis spätem Troia I einher. Umstritten war und ist jedoch bis heute das Endstadium der Stufen Frühkykladisch II/Frühhelladisch II und der Übergang zu Frühkykladisch III/Frühhelladisch III. Absolutchronologische Daten werden für den Raum der ägäischen Frühbronzezeit zum einen auf traditionelle Weise mithilfe der historischen Datierungsmethode durch schichtdatierte Importe aus dem Vorderen Orient oder Ägypten und deren Korrelierung mit dort vorliegenden historisch belegten Abfolgen von Dynastien und Herrschern oder aber mit kettenartig von Kulturregion zu Kulturregion bis in den Raum von Mesopotamien und Ägypten geführter vergleichender Anbindung der jeweiligen stratigrafisch abgesicherten lokalen Kulturstufenabfolge an diejenige der Nachbarregion erzielt. Über Ägypten, Kilikien und Troia kann man so zu dem Schluss kommen, dass der Beginn der Frühbronzezeit II im kleinasiatisch-ägäischen Raum um 2700/2650 v. Chr. zu suchen ist. Auch die wenigen und zumeist nicht sehr sicheren Daten, die ägyptischen Importen in frühminoischen Fundzusammenhängen abzugewinnen sind, weisen auf die Zeit um 2700/2650 v. Chr. für den Beginn von Frühminoisch IIA hin. Für die vor Frühhelladisch II/Frühkykladisch II/Frühminoisch II liegenden Zeitstufen ist man in erster Linie auf ^{14}C-Datierungen angewiesen, wobei zu betonen ist, dass es für die frühbronzezeitlichen Kykladen noch immer nur vergleichsweise wenige Datenserien gibt. Für die Stufe Frühhelladisch I des griechischen Festlandes liegen drei Daten aus Eutresis III vor, die für einen Beginn von Frühhelladisch I um 3100 v. Chr. sprechen. Kumtepe IB und das frühe Troia I sind nach neueren Messdaten nach 3400 v. Chr. (cal.) bzw. nach 3000 v. Chr. (cal.) anzusetzen. Eine wichtige, auf zwölf Proben basierende Datenserie wurde kürzlich für die Siedlung Markiani auf Amorgos vorgestellt. Die drei Proben aus Markiani II (Kampos-Gruppe, Frühkykladisch Ib), zwei mit hohen und eine mit tieferen Zeitwerten, streuten nach Sturt W. Manning über eine maximale Zeitspanne von 3040 bis 2630 v. Chr. (cal.). Interessant sind die vergleichsweise hohen Zeitwerte (2505 bis 2250 v. Chr. [cal.]) für die „Kastri-Phase", die sich mit drei Proben aus Markiani IV und zwei weiteren aus Zas IV ergaben. Selbst Colin Renfrew tritt nun dafür ein, die Zeit der Kastri-Gruppe dem späten Frühkykladisch II (Frühkykladisch IIb) und nicht Frühkykladisch III zuzuordnen. Das Ende der Stufe Frühhelladisch III des süd- und mittelgriechischen Festlandes dürfte jedoch nach ^{14}C-Daten aus Lerna IV sowie Ägina-Stadt IV und V um 2000 v. Chr. anzusetzen sein.

Lit: Coleman 1992 – Cullen 2001 – Doumas/La Rosa 1997 – Efe 1988 – Manning 1995 – Parzinger 1993 – Şahoğlu 2008 – Warren/Hankey 1988

ΧΡΗΣΤΟΣ ΤΣΟΥΝΤΑΣ
(1857—1934)

Christos Tsountas, der Begründer der wissenschaftlichen Erforschung der kykladischen Vorgeschichte. Die Chronologie der frühkykladischen Zeit fußt noch heute wesentlich auf seinen in den 1890er-Jahren durchgeführten Ausgrabungen.

Zeiten und Formen

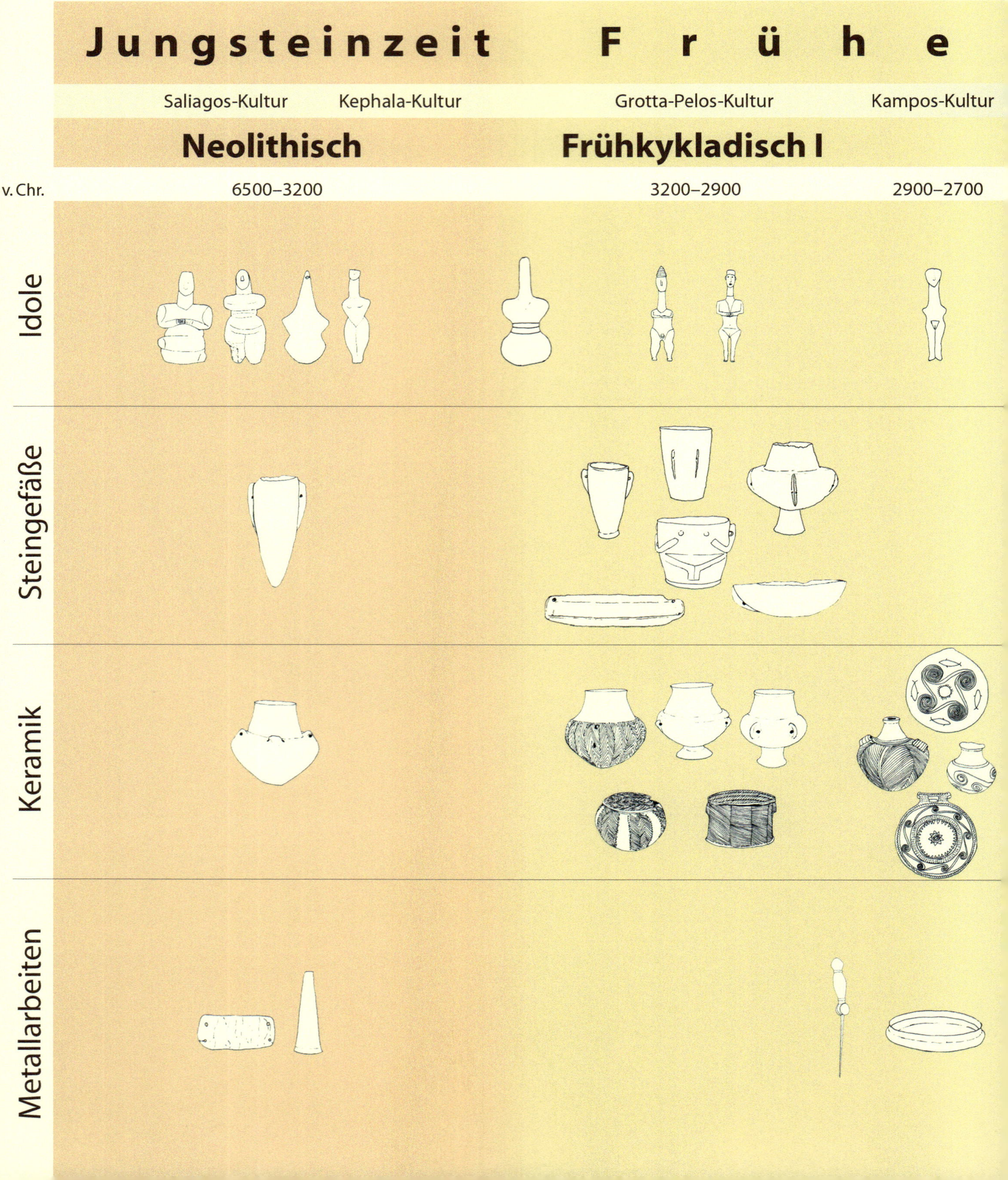

	Jungsteinzeit		Frühe	
	Saliagos-Kultur	Kephala-Kultur	Grotta-Pelos-Kultur	Kampos-Kultur
	Neolithisch		**Frühkykladisch I**	
v. Chr.	6500–3200		3200–2900	2900–2700

- Idole
- Steingefäße
- Keramik
- Metallarbeiten

Bronzezeit

Keros-Syros-Kultur	Kastri-Kultur	Phylakopi I - Kultur
Frühkykladisch II		**Frühkykladisch III**
2700–2400	2400–2250	2250–2000

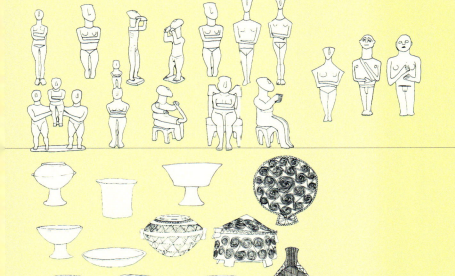

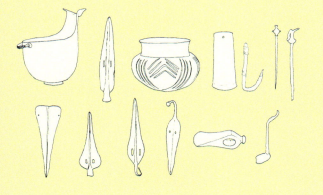

Vor den Palästen
Die Kykladenkultur und das frühminoische Kreta

von **Diamantis Panagiotopoulos**

In ihrer bisherigen Geschichte konnten die Kykladen nur einmal die Vorreiterrolle in der Ägäis übernehmen und zur dominanten Regionalkultur des Archipels aufsteigen, und zwar in der Frühbronzezeit. Lange vor der Entstehung der ersten minoischen Paläste – und somit der frühesten komplexen sozialen Strukturen im ägäischen Raum, die denen der zeitgleichen orientalischen Kulturen vergleichbar waren – bot die Geografie der Kykladeninseln ideale Voraussetzungen für eine rasante kulturelle Entwicklung, die die anderen ägäischen Regionen teilweise in den Schatten stellte.

Kulturhistorischer Hintergrund – Kykladen und ihre Nachbarn

Einerseits hatten die Inseln den Vorteil eines an Rohstoffen reichen Bodens sowie einer extrem günstigen geografischen Lage zwischen dem griechischen Festland, Kleinasien und Kreta. Andererseits zwangen die Enge des eigenen Lebensraumes, die relative Knappheit an agrarischen Produkten und die kurzen Seewege, welche die Inseln voneinander und vom Festland trennten, die Kykladenleute auf das Meer. Für einige Jahrhunderte dominierten die kykladischen Langboote das Ägäische Meer und spielten eine entscheidende Rolle bei der engen wirtschaftlichen und kulturellen Vernetzung mehrerer Regionen zueinander. Diese Zeit intensiver interkultureller Kontakte in der Ägäis ist in der Forschung mit dem Begriff *International Spirit* verknüpft. Die drei regionalen Kulturen der Ägäis, die kykladische, festländische und kretische (minoische) entwickelten trotz ihrer engen Beziehungen ein eigenes Profil, das sowohl in der materiellen Kultur als auch in der sozialen Organisation greifbar wird. Der besondere Charakter der kykladischen Gesellschaft lässt sich an der eindrucksvollen visuellen Prominenz der Langboote in der lokalen Bilderwelt erkennen. Wenn man von ethnologischen Vergleichsbeispielen ausgehen will, dann musste jedes dieser Langboote mit ca. 20 bis 40 kräftigen Männern bemannt werden – eine beträchtliche Investition an *manpower*, die sich nicht die kleinen Dörfer, sondern nur die großen kykladischen Handelssiedlungen leisten konnten. Nicht die Intensivierung der agrarischen Produktion und die effektive Kontrolle des Überschusses, wie auf dem griechischen Festland oder auf Kreta, sondern die maritimen Expeditionen zu nahen und fernen Regionen waren offensichtlich die wichtigste wirtschaftliche Strategie dieser Zentren. Für die Verwaltung ihrer Besitztümer bzw. Ressourcen bedurften sie offensichtlich – im Gegensatz zu ihren benachbarten Kulturen – keines administrativen Kontrollsystems, das man durch die Verwendung von Siegeln als Beglaubigungsmittel hätte aufbauen können. Diese zerbrechliche Grundlage der kykladischen Gesellschaft war das Erfolgsgeheimnis ihrer bemerkenswerten Blüte, aber auch deren Verdammnis.

In dieser Epoche interregionaler Vernetzung scheinen die Kontakte zwischen den Kykladen und Kreta besonders eng gewesen zu sein, auch wenn zwischen beiden Regionen ein offenes und gefährliches Meer klafft. Doch durch die raschen Fortschritte der Seefahrt konnte diese maritime Route schnell und sicher befahren werden. Die Entfernung von ca. 150 km zwischen den südlichen Kykladeninseln und der kretischen Nordküste ließ sich von der Besatzung eines kykladischen Langbootes unter optimalen Wetterbedingungen problemlos innerhalb eines Tages bewältigen.

Kreta ist mit 8300 km² die größte ägäische Insel und mehr als dreimal so groß wie alle Kykladeninseln zusammen. Aus kykladischer Sicht war Kreta weniger eine Insel, sondern ein mediterranes Festland. Mit seiner lang gestreckten Nordküste, seinen gewaltigen Gebirgsketten mit einer Höhe von über 2000 m und seinen zahlreichen fruchtbaren Tälern, die vieles, was auf den Kykladen fehlte, im Überfluss boten, wurde Kreta von fremden

Seefahrern nicht wesentlich anders als das griechische Festland oder Kleinasien wahrgenommen. Kretas zentraler Teil und insbesondere dessen Nordküste, also jene Seite der Insel, die den Kykladen zugewandt ist, lieferten erwartungsgemäß die meisten Spuren der vielseitigen Berührung zwischen beiden Regionen in der Frühbronzezeit. Dieser geografische Raum war zweifellos die wichtigste Interaktionssphäre des kykladisch-kretischen kulturellen Austausches. Ähnlich wie im Fall der Peloponnes, Attikas, Euböas und Kleinasiens werden diese Spuren schwächer, je tiefer man in das Binnenland eindringt. Auf der anderen Seite dieser kulturellen Interaktion, nämlich auf den Kykladen selbst, sind Funde, die die Beziehungen mit Kreta belegen, sehr rar. Dies lässt sich sicherlich nicht nur durch die Fundumstände, sondern – wie wir sehen werden – durch den besonderen Charakter dieser interkulturellen Berührung erklären. Aus diesem Grund sind wir bei jedem Versuch, die Kontakte zwischen beiden Regionen in der Frühbronzezeit zu umreißen, vornehmlich auf kretische Fundorte angewiesen.

Fruchtbare Ebene auf Kreta

Die archäologischen Fakten: Versuch einer Deutung

Die minoische Gesellschaft der Frühbronzezeit ist uns größtenteils durch Grabfunde bekannt. Diese einseitige Quellenlage ist sicherlich ein Problem, denn Grabhäuser, Grabbeigaben und Bestattungsriten stellen oft keinen Spiegel, sondern einen Zerrspiegel sozialer Realitäten dar. Nichtsdestotrotz bieten uns die vorhandenen Zeugnisse interessante Einblicke in die Durchdringung der frühminoischen Gesellschaft mit kykladischen kulturellen Elementen. Diese Zeugnisse tauchen bereits in der ersten Phase der Frühbronzezeit (FBZ I) auf und verschwinden allmählich mit dem Niedergang und dem Ende der frühkykladischen Kultur in der FBZ III-Phase. Aufgrund dieser Evidenz kann man eine konkrete Vorstellung darüber gewinnen, welche unterschiedlichen Formen die kykladische Präsenz auf der Insel in der langen Periode der Formation einer palatialen Gesellschaft annahm.

Den wichtigsten Befund stellen hierbei zwei Nekropolen an der kretischen Nordküste dar, die hauptsächlich in der Frühminoisch I- bzw. dem Beginn der Frühminoisch IIA-Phase belegt waren. In Grabarchitektur, Beigabenausstattung und -praxis zeigen sie einen eher kykladischen als minoischen Charakter. Es handelt sich um Ajia Photia bei Sitia (s. Abb. unten) und das bisher nur durch Vorberichte bekannte Gournes, ca. 12 km öst-

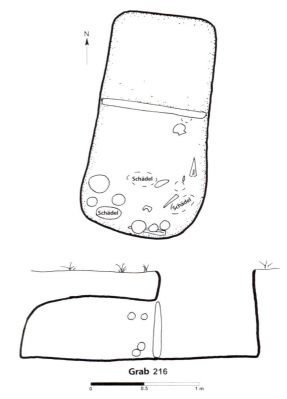

Kammergrab aus der Nekropole von Ajia Photia

Die Nekropole von Ajia Photia bei Sitia

lich von Heraklion. In beiden Fällen wurden die Toten nicht – wie auf der restlichen Insel – in oberirdischen gemeinschaftlichen Gräbern von rundem oder rechteckigem Grundriss, sondern in Gruben oder kleinen unterirdischen Kammergräbern bestattet, die durch eine Platte von einer kleinen Vorkammer getrennt waren. Diese Gräber, die in der Regel einen oder nur wenige Tote beherbergten, zeigen frappante Ähnlichkeiten zu frühkykladischen Grabformen und insbesondere zu den Gräbern der Nekropole von Epano Kouphonisi. Die meisten Beigaben, die die Toten begleiteten, wie Tongefäße, Metallobjekte und Obsidianklingen, bestätigen durch ihre kykladische Provenienz den Eindruck, den man von den Grabformen gewinnt. In Ajia Photia machen das Fehlen von Zweitbestattungen, die in den minoischen Nekropolen dieser Zeit sehr häufig sind, und die Errichtung von Stelen über den Gräbern den kykladischen Charakter dieser Nekropole noch expliziter. Auch wenn die moderne archäologische Forschung die Verknüpfung von archäologischen Befunden mit bestimmten ethnischen Gruppen generell meidet, ist in unserem Fall unver-

Kykladische Funde aus dem Tholosgrab C der Nekropole von Archanes

meidlich zu schlussfolgern, dass beide Nekropolen als Bestattungsplätze für kykladische Bevölkerungsgruppen dienten. Damit wird deutlich, dass sich Kykladenleute in mindestens zwei verschiedenen Regionen der kretischen Nordküste permanent niederließen. Die hohe Anzahl der Gräber, die sich im Fall von Ajia Photia auf 263 beläuft, spricht nicht einfach für Handelsstationen, sondern für echte Siedlungen, die sicherlich eine wichtige Rolle bei den Handelskontakten und dem kulturellen Transfer zwischen Kreta und den Kykladen spielten.

Eine nicht minder wichtige Rolle im Kontext dieser kulturellen Interaktion hatten Zentren wie die knossische Hafensiedlung Poros-Katsambas (unterhalb eines Viertels der modernen Inselhauptstadt Heraklion gelegen). Poros-Katsambas stellt eine willkommene Ausnahme innerhalb der vorhin angesprochenen, einseitigen archäologischen Evidenz dar, die fast ausnahmslos aus Nekropolenfunden besteht. Hier entdeckte man große Mengen von Obsidianklingen zusammen mit Kernen, Knollen und Abschlägen, die klare Zeugnisse für die lokale Verarbeitung dieses in der Frühbronzezeit sehr begehrten Rohstoffes bieten. Darüber hinaus lieferte Poros-Katsambas die ersten Zeugnisse für die Verarbeitung von Kupfer und Silber kykladischer Provenienz auf Kreta. Trotz dieser verdichteten Indizien lässt sich in diesem Fall die Frage nach der physischen Präsenz von Kykladenleuten vor Ort nicht so eindeutig wie in Ajia Photia oder Gournes beantworten.

Im nächsten Zeitabschnitt (FBZ II-Phase) und durch die dynamische wirtschaftliche und soziale Entwicklung der minoischen Gesellschaft scheint die kykladische „Präsenz" auf Kreta andere Erscheinungsformen anzunehmen. Es gibt keine Anzeichen mehr für Zentren, wie Ajia Photia oder Gournes, in denen das kykladische Element die lokale materielle Kultur verdrängte, sondern Spuren einer Verbreitung von kykladischen Importgütern und Ideen sowie ihrer Vermischung mit lokalem Kulturgut. Dieser Prozess lässt sich vor allem – wenn nicht ausschließlich – in Nordzentralkreta feststellen. Hier sind in erster Linie die Nekropolen von Pyrgos, Knossos/Tekes, Phourni bei Archanes, Kyparissi und Krasi zu erwähnen, deren Gräber zahlreiche Idole, Silberdolche mit Mittelrippe, Schmuckstücke und Kosmetikutensilien kykladischer Provenienz oder kykladischen Charakters beherbergten. Die gleichzeitige Verwendung der Begriffe „Provenienz" und „Charakter" ist hier absichtlich, um das Problem der kulturhistorischen Deutung dieser Funde deutlich zu machen. Während in einigen Fällen die kykladische Provenienz unzweifelhaft ist, lassen sich andere Funde als eine lokale Variante von kykladischen Werken erkennen. Die Schwierigkeiten einer ethnischen Zuweisung von Artefakten macht eine Gruppe von Kykladenidolen aus Tekes und Phourni bei Archanes explizit: Obwohl sie stilistisch als echte Kykladenidole angesprochen werden können und zuweilen auch aus kykladischem Marmor herausgearbeitet sind, weisen sie einige Merkmale auf, die auf den Kykladen nicht vorkommen, wie z. B. die plastische Angabe der Lippen, die getrennt modellierten Beine oder die Verwendung von Elfenbein als Herstellungsmaterial. In diesen Fällen wäre es sehr schwierig, wenn nicht vergeblich, die Fragen nach der Lokalisierung ihres Herstellungsortes und der ethnischen Zuweisung der Künstler zu beantworten. Sie könnten sowohl aus den Händen von auf Kreta ansässigen oder weilenden kykladischen Künstlern oder auch das Werk von begnadeten lokalen Meistern gewesen sein, die sich den kykladischen Stil aneignen konnten. Diese hybriden For-

Silberdolch kykladischen Typus mit Mittelrippe aus Tekes

Kykladische (?) Idole mit plastischer Angabe von Nase und Lippen aus der Nekropole von Archanes

men, die man auch in anderen Fundgattungen feststellen kann, zeigen die sehr enge Verflechtung von kykladischen und lokalen Elementen in einer Zeit der intensiven Kontakte zwischen beiden Regionen, die allerdings nur im Bereich von Nordzentralkreta gut greifbar ist.

Außerhalb Nordzentralkretas sind die Spuren der kykladisch-kretischen Berührung deutlich geringer. In den Tholosgräbern der Mesara-Region, der wichtigsten Fundgruppe der kretischen Vorpalastzeit, gibt es nur vereinzelte kykladische Importe. Häufiger sind hier hingegen Idole, die eindeutig von kykladischen Vorbildern beeinflusst waren. In diesem Fall muss man nicht unbedingt eine direkte Beziehung zwischen dieser Region und den Kykladeninseln voraussetzen. Es ist eher anzunehmen, dass die südkretische Bevölkerung nur indirekt, und zwar durch den Kontakt mit nordzentralkretischen Zentren, mit der Kykladenkultur in Berührung kam.

Werfen wir nun einen näheren Blick auf die Grundlage dieser interkulturellen Kontakte, die nichts anderes als die ungebrochene Nachfrage nach Rohstoffen, organischen Produkten und Artefakten war, die im eigenen Lebensraum nicht anstanden oder nicht produziert werden konnten. Welche Handelswaren haben also den engen Kontakt zwischen Kykladen und Kreta veranlasst und ihn für einige Jahrhunderte aufrechterhalten? An erster Stelle muss man hier den allgegenwärtigen Obsidian erwähnen (s. Abb. vorige Seite links). Das harte vulkanische Glas aus Melos, aus dem man Klingen – das Allzweckgerät der Bronzezeit – fertigen konnte, kommt in zahlreichen vorpalastzeitlichen Siedlungs- oder Grabbefunden auf Kreta vor. Obsidian wurde regelmäßig und in großen Mengen auch in Form von Knollen oder vorgeformten Kernen nach Kreta importiert. Relevante Funde aus Poros-Katsambas, Mochlos und anderen Orten belegen, dass das Abschlagen von Klingen aus den Nuklei erst nach dem Import des Rohmaterials auf Kreta stattgefunden hat. Von besonderer Bedeutung ist hier die Tatsache, dass die Obsidianklingen auf Kreta nicht nur einen praktischen, sondern auch einen symbolischen bzw. rituellen Wert genossen. Nur so lässt sich nachvollziehen, warum man häufig unbenutzte Obsidianklingen als Beigabe in kretischen Gräbern deponierte. Weitere kykladische Rohstoffe, wie Kupfer und Silber, lassen sich mithilfe naturwissenschaftlicher Analysen als regelmäßige Importwaren auf Kreta nachweisen. Dies gilt wahrscheinlich auch für den kykladischen Marmor.

Die Funde von Kykladenidolen mit verschränkten Armen auf Kreta und ihre Streuung auf mehrere, vornehmlich nordzentralkretische Fundorte zeigt, dass sie von den Minoern besonders geschätzt wurden. Obwohl auch auf Kreta eine Tradition der Herstellung von Steinstatuetten mit einer sehr abstrakten Körperwiedergabe existierte, konnte keines der lokalen Erzeugnisse die zeitlose Eleganz der kykladischen Werke erreichen. Neben den bereits erwähnten Idolen, die bis auf einige Details den kanonischen Typen der Kykladenidole entsprechen, gibt es weitere Stücke, die sich von ihren kykladischen Vorbildern deutlich entfernen. Es handelt sich um Idole, die wegen ihrer extrem flachen und etwas unbeholfenen Gestaltung zweifellos aus den Händen kretischer Künstler stammen. Wie die konventionelle Bezeichnung dieser Gruppe („Koumasa-Typus") verrät, ist der Hauptfundort – und eventuell eines der wichtigsten Produktionszentren – dieses Typus das südkretische Koumasa. Der häufige Import von Kykladenidolen sowie ihre Nachahmung von einheimischen Künstlern zeigen, dass sie das ästhetische Empfinden der Minoer nicht weniger als das unserer modernen Gesellschaft angesprochen haben. Ihre Fundkontexte auf Kreta geben uns leider keinen Hinweis darauf, welche Funktion sie in ihrem neuen sozialen Milieu erfüllten. Es ist unwahrscheinlich, dass sie nur als „schöne Dinge" geschätzt wurden. Doch welchen konkreten Gebrauch diese Idole in den Händen ihrer kretischen Besitzer erfahren und ob sie eine gewisse Rolle in minoischen Ritualen gespielt haben, ist eine Frage, die man nicht einmal ansatzweise beantworten kann.

Neben den Idolen wurden weitere Erzeugnisse des kykladischen Kunsthandwerks, wie Dolche, Stein- und Tongefäße, Schmuck und Toilettenartikel nach Kreta importiert. Die einheimischen Künstler ließen sich gelegentlich auch von diesen Importen für die Gestaltung der Form oder des Dekors lokaler Produkte inspirieren.

Wenn man auf die andere Seite dieser kulturellen Interaktion schaut, nämlich die Kykladeninseln, sind minoische Importe in dieser Periode, wie bereits erwähnt, sehr rar. Dieses ungleichmäßige Verhältnis bedarf natürlich einer Erklärung. Es ist sehr wahrscheinlich, dass bei diesem regelmäßigen Handelsaustausch in erster Linie Rohstoffe (Holz), organische Produkte (Wein, Olivenöl, Heilkräuter, Wolle) und vielleicht Artefakte (wie z. B. Textilien) von den Kretern angeboten wurden – Produkte, die keine Spuren in der archäologischen Überlieferung hinterlassen haben. Abgesehen davon weist allerdings die schwache Präsenz von minoischen Artefakten auf den Kykladeninseln darauf hin, dass bei dieser kulturellen Interaktion die Kykladen der tonangebende Partner waren.

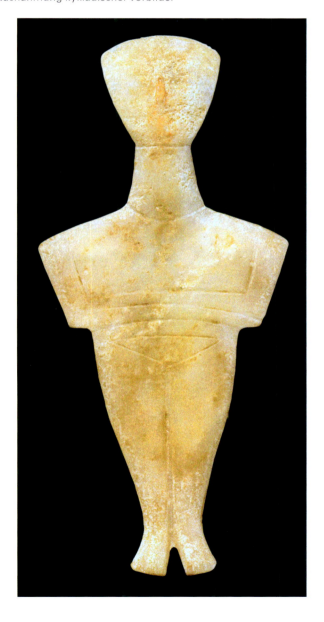

Idol des „Koumasa-Typus" aus Koumasa: eine lokale Nachahmung kykladischer Vorbilder

Die kleine Insel Mochlos, auf der eines der wichtigsten frühminoischen Handelszentren lag, war in der Frühbronzezeit mit dem kretischen Festland verbunden, Aufnahme aus dem Jahr 1908

Minoische Stein- und Tongefäße, ja sogar minoischer Schmuck konnten offensichtlich die Bevölkerung der Kykladeninseln weniger als die Erzeugnisse des lokalen Kunsthandwerks begeistern, in denen sich ein markanter und sehr eigener Stil herauskristallisiert hatte.

Wichtiger als der Austausch von Waren war sicherlich der Austausch von Ideen, Kenntnissen und technischem Know-how. Doch genau dieser entscheidende Aspekt interregionaler Kontakte, der zu den wichtigsten Motoren der kulturellen Entwicklung zählt, lässt sich anhand der stummen archäologischen Zeugnisse sehr schwer rekonstruieren. Eine gewisse Sicherheit ist im Fall der Metallurgie und der Schifffahrt gegeben, die auf den Kykladen mit rascherem Tempo als auf Kreta entwickelt wurden. Die Frage, ob bei diesen regelmäßigen maritimen Kontakten die Kreter genauso aktiv wie die Kykladenleute waren, lässt sich schließlich nicht leicht beantworten. Es ist durchaus möglich, dass der Handelsaustausch zwischen beiden Regionen für den größten Teil dieser Periode kykladischen Seeleuten und Händlern überlassen war.

Synthese

Der Charakter der kykladisch-kretischen Kontakte in der Frühbronzezeit ist sowohl durch einige Konstanten als auch durch Veränderungen gekennzeichnet, die das Ergebnis dynamischer sozialer Prozesse waren. Zu den Konstanten zählt das starke wirtschaftliche Interesse, das beide Seiten durch das ständige Bedürfnis nach begehrten Gütern auch in späteren Perioden miteinander verband. Ferner der – aus kultureller Sicht – einseitige Charakter dieser Kontakte, denn die kretische Gesellschaft zeigte weitaus größeres Interesse am kykladischen Kunsthandwerk als umgekehrt. Die Kykladenleute scheinen in dieser Zeit nicht nur die wichtigsten maritimen Wege kontrolliert zu haben, sondern auch mit ihren feinen Erzeugnissen, allen voran den Kykladenidolen, ästhetische Maßstäbe in der ägäischen kunsthandwerklichen Produktion gesetzt zu haben.

Die dynamischen Veränderungen dieser interkulturellen Berührung sind andererseits im sich allmählich wandelnden Charakter der kykladischen „Präsenz" auf Kreta erkennbar. Die Gründung von kykladischen Siedlungen an der kretischen Nordküste ist ein Phänomen, das sich zeitlich in der anfänglichen Phase dieser Beziehungen in der FBZ I- und vielleicht dem Beginn der FBZ II-Periode beschränkt. Hier haben wir es offensichtlich nicht mit einer zentral gesteuerten kykladischen Kolonisierung Kretas zu tun, sondern mit der Einwanderung einzelner kykladischer Bevölkerungsgruppen, die in eine benachbarte Region umsiedelten, welche wesentlich mehr als ihre Heimat zu bieten hatte. Wie sich das Zusammenleben dieser Einwanderer mit der lokalen Bevölkerung gestaltete, lässt sich anhand des archäologischen Befundes nicht sagen. Nach dem Ende dieser Phase kann man eine Vermischung von Kulturelementen und vielleicht Bevölkerungsgruppen beobachten, die zur Entstehung von hybriden Formen in der materiellen Kultur führte. Bei Letzteren ist jeder Versuch ihrer ethnischen Zuweisung und konkreter ihrer Benennung als „kykladisch" oder „minoisch" ein äußerst schwieriges Unterfangen. Dreh- und Angelpunkt der kykladisch-kretischen Beziehungen in dieser Periode ist Nordzentralkreta. Von dieser Region verbreiteten sich offensichtlich kykladische Güter oder Ideen auch auf den Rest der Insel. Die Kontrolle über die wichtigsten See- und Landeswege Nordkretas blieb offensichtlich in den Händen der Einheimischen. Es ist bezeichnend, dass in einem der wichtigsten nordkretischen Handelszentren der Frühminoisch II-Phase, der Siedlung von Mochlos, das kykladische Element bis auf die unvermeidliche Existenz von großen Mengen an Obsidian sehr schwach ist.

Die Zeit der kulturellen Dominanz der kykladischen Gesellschaft in der Ägäis war ein ephemeres Phänomen. Der Grund, warum diese Dominanz keine Fortsetzung fand, liegt sowohl in den Überfällen fremder Bevölkerungsgruppen am Ende der Frühkykladisch II-Periode, aber auch in der Geografie der Kykladeninseln, die ihrer kulturellen Entwicklung gewisse Grenzen setzte. Die minimale territoriale Ausdehnung der Inseln und ihre knappen agrarischen Ressourcen bremsten jene sozialen Prozesse, die zuerst auf Kreta und viel später auf dem griechischen Festland zur Herausbildung mächtiger Eliten und somit zur Entstehung einer Hochkultur führten. Es war daher unvermeidlich, dass vom Ende der Früh- und bis zum Ende der Spätbronzezeit, d.h. für etwa ein Jahrtausend, die Kykladen – trotz des Florierens einzelner Siedlungen – im Schatten ihrer großen Nachbarn, zunächst der Minoer und später der Mykener, blieben.

Dennoch kann es keinen Zweifel daran geben, dass der frühe Höhepunkt der Kykladenkultur eine entscheidende Rolle in der Formation der palatialen Gesellschaft auf Kreta spielte. Die enge Berührung der Minoer mit einer Kultur, die nicht nur das Meer dominierte, sondern auch in einiger Hinsicht fortschrittlicher als die eigene war, förderte und beschleunigte die sozialen Prozesse, die gegen 2000 v. Chr. in der Entstehung der ersten minoischen Paläste gipfelten.

Lit: Alram-Stern 2004, 487–496 – Broodbank 2000 – Day/Wilson/Kiriatzi 1998 – Carter 1998 – Davaras/Betancourt 2004 – Karantzali 1996 – Legarra Herrero 2009 – Papadatos 2007 – Vavouranakis 2011 – Wilson/Day/Dimopoulou-Rethemiotaki 2008

Das Ägäische Meer vor der nordkretischen Küste

Maß für Maß
Indikatoren für Kulturkontakte im 3. Jahrtausend

von **Lorenz Rahmstorf**

Es ist sicherlich nicht überraschend, dass die Anbindung der Kykladeninseln an das umliegende Festland und an Kreta immer von großer Bedeutung war. Notwendige Kontakte zu Nachbarinseln und zum Festland erforderte in manchen Fällen bereits das geringe landwirtschaftliche Potenzial der Inseln, das eine Selbstversorgung einer größeren Bevölkerung kaum ermöglichte. Dies ist beispielsweise im Fall der frühkykladischen Siedlung auf der winzigen Insel (oder Halbinsel) Daskalio bei Keros anzu-

Die wichtigsten maritimen Routen in der frühbronzezeitlichen Ägäis nach Cyprian Broodbank. Die Grautöne zeigen 10-km- bzw. 20-km-Distanzen vom Land

nehmen. Zudem verdeutlicht die geografische Lage der Kykladen innerhalb der Ägäis ihre verkehrsgünstige Position. Über zahlreiche Zwischenstopps auf ostägäischen und kykladischen Inseln konnte man in Booten von der anatolischen Westküste auf das südgriechische Festland gelangen. Schon bei der ersten Besiedlung und der Neolithisierung der Inseln war dieser Faktor sehr wichtig (s. Seite 32 ff.). Obsidian aus Melos, der sich bereits in mesolithischen Schichten in der Franchthi-Höhle in der Südargolis auf dem Festland findet, zeigt das vorhandene Potenzial der Inseln an gewissen Rohstoffen, das die kykladischen Inselbewohner früh für Tausch- und Handelskontakte nutzen konnten. Die Kykladenbewohner könnten in gewisser Weise „Transportunternehmer" gewesen sein, die Rohstoffe und Waren zwischen den Festlandsküsten hin und her transportierten.

Kontakte und Kulturwandel: ein altes Forschungsproblem

Während der Frühbronzezeit, und insbesondere während der Frühbronzezeit II, können wir intensive Hinweise auf Kulturkontakte zum griechischen Festland, zur anatolischen Westküste und zu Kreta (s. Seite 136 ff.) feststellen. So hat auch die Verbreitung von bestimmten keramischen Formen von Trinkgefäßen wie der sogenannten Sauciere, dann auch des Trichterhalskruges und des Depas Amphikypellon, von Dolchen, Kykladenidolen und anderen Objekten an den Küstenregionen des südlichen griechischen Festlands, auf den griechischen Inseln und an der westanatolischen Küstenregion den Archäologen Colin Renfrew bereits von einem „internationalen Geist" („International Spirit") während der Frühbronzezeit II sprechen lassen (Renfrew 1972, 451–455). International war dieser Geist aber nur, insoweit er fast den gesamten ägäischen Raum einschloss, jedoch nicht weitere Regionen darüber hinaus. Renfrew

Ritzverzierte Knochenhülse aus Naxos (Fundort unbekannt) mit blauen Farbpigmenten im Inneren

sah in seiner grundlegenden Studie von 1972 die Entstehung und Blüte der frühkykladischen Kultur als Ergebnis eines internen Wandlungsprozesses innerhalb der Ägäis an. In den Jahrzehnten davor hatte die ältere Forschung mit bedeutenden Vertretern, wie etwa Vere Gordon Childe, eine Ausbreitung vorderasiatischer Kulturmerkmale nach Anatolien und bis in die Ägäis durch Handel angenommen, wodurch „zivilisierte Ideen west- und nordwärts diffundiert" worden wären (Childe 1941, 148). Viele Vergleiche, die Childe am archäologischen Fundmaterial zwischen diesen Regionen vornahm, waren sicher oberflächlich, nicht chronologisch präzise abgesichert oder können heute als widerlegt angesehen werden, doch wurden auch manche seiner angeführten Belege in der Folgezeit fast vergessen. So verglich er etwa bereits, wie schon Archäologen vor ihm, ritzverzierte Knochenhülsen von frühbronzezeitlichen Fundplätzen auf den ägäischen Inseln mit solchen an zeitgleichen, aber auch älteren Fundplätzen in Syrien und Palästina. Kürzlich konnte Hermann Genz die klaren stilistischen und funktionalen Gemeinsamkeiten dieser Objektgruppe im Großraum zwischen Ägäis, Anatolien, Syrien und Palästina herausarbeiten. Die Behältnisse aus Knochen wurden an einem Ende mit einem Stöpsel verschlossen und zur Aufbewahrung von Farbpigmenten genutzt, die als Schminke und auf den Kykladen wohl auch bei der Bemalung der Kykladenidole Verwendung fanden. Dabei sind ritzverzierte Knochenhülsen in der Levante früher bekannt als in der Ägäis, sodass eine Übernahme aus dem Osten anzunehmen ist. Die alten Ideen von Childe sind heute durch einige Archäologen in der Anwendung der sogenannten Welt-System-Theorie auf die Verhältnisse im 3. Jahrtausend v. Chr. wiederbelebt worden. Die hierbei vorgeschlagenen Erklärungen gehen von einer technologisch höher entwickelten, aber rohstoffarmen vorderasiatischen Kernregion aus, die durch ihre Aktivitäten und ökonomischen Bedürfnisse nach Rohstoffen auch langsam die sogenannte Peripherie der vorderasiatischen Welt, wie etwa die Ägäis, gewandelt hätte. Das Problem dieses Ansatzes ist oft, dass in entsprechenden Studien die Richtigkeit dieser Theorie eher postuliert wird, als dass sie durch ausreichende archäologische Evidenz begründet werden kann. So stellt sich heute mehr denn je die Frage, ob und inwieweit der ägäische Raum durch vorderasiatische Anregungen im 3. Jahrtausend v. Chr. beeinflusst wurde. Der Autor dieses Beitrages hat durch neue Untersuchungen und Interpretationen der Objektgattung der sogenannten spulenförmigen potenziellen Gewichte neue Impulse für diese Frage geliefert, die hier kurz vorgestellt werden sollen. Zunächst sollen aber die bekannten Hinweise angeführt werden, die auf östliche Einflüsse hinweisen könnten.

Ein neues Geschirrset

Zu den typischen Artefakten des „International Spirit" gehört die Gefäßform des Depas Amphikypellon, welches Heinrich Schliemann nach einer Erwähnung bei Homer so benannte, das jedoch nichts mit der „homerischen Zeit" zu tun hat. Die Gefäßform findet sich in der zweiten Hälfte des 3. Jahrtausends v. Chr. von der Peloponnes bis an den syrischen Euphrat, hat ihren Ursprung wahrscheinlich aber in Westanatolien (Rahmstorf 2006, Abb. 3). Dieses Gefäß gehört zusammen mit dem einhenkeligen Trichterhalskrug, der Glockentasse, dem (oft scheibengedrehten) Teller und der Schnabelkanne zu den charakteristischen Keramikformen, die in der südlichen Ägäis als Formen des Typus von Lefkandi 1-Kastri bezeichnet werden. Diese Keramikformen breiten sich ab der zweiten Hälfte der Frühbronzezeit II ab ca. 2550/2500 v. Chr. über die Kykladen und Teile der Küstenregionen des südlichen griechischen Festlands aus. Sie deuten auf eine Neuorientierung in der Keramikherstellung hin, da mit diesen Formen erstmals, wenn auch selten, die Verwendung der Töpferscheibe in der Ägäis dokumentiert werden kann. Nach Ansicht von Joseph Maran und anderen sind neben dem fremdartigen Ess- und Trinkgeschirr möglicherweise auch fremdartige Ess- und Trinksitten in die südliche Ägäis gelangt (Maran 1998, 154). Dieses Geschirrset hat die bisherigen Keramikformen aber nicht komplett ersetzt, da

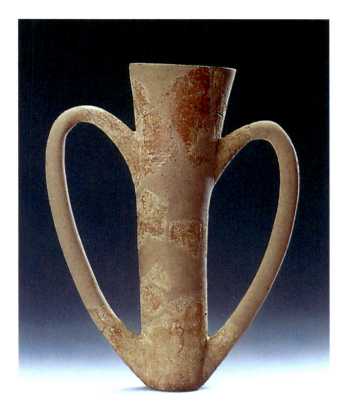

Depas Amphikypellon aus der Siedlung von Palamari auf Skyros

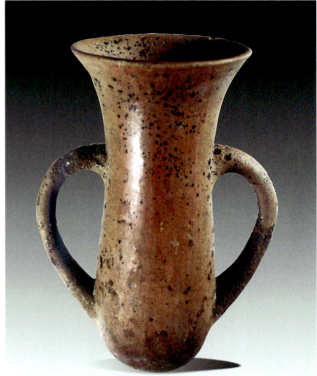

Depas Amphikypellon aus Grab T in Tell Selenkahiye in Syrien

die Anteile der Keramik vom Typus Lefkandi 1-Kastri im Gesamtspektrum der Keramik in Siedlungen der zweiten Hälfte der Frühbronzezeit II nicht besonders hoch sind und die traditionellen Gefäßformen der älteren Frühbronzezeit II daneben weitergeführt wurden. Auf den Kykladen kommt die Keramik vom Typus Lefkandi 1-Kastri in kleinen befestigten Siedlungen auf Bergrücken vor, wie Markiani auf Amorgos, Kynthos auf Delos und Kastri auf Syros, aber auch in Siedlungen, wie Ajia Irini auf Keos und Akrotiri auf Thera, deren Charakter durch starke spätere Überbauung schwer zu fassen ist.

Das Problem der Herkunft des Zinns

In Kastri und neuerdings in Markiani sind in Fundzusammenhängen mit dieser Keramik frühe Bronzeobjekte gefunden worden. Die Ausbreitung der Bronzetechnologie, also der Kenntnis über die Legierung von Kupfer und Zinn, um ein härteres Metall zu gewinnen, wurde deshalb auch bereits als Grund für die Verbreitung dieser Gefäßformen herausgestellt, doch finden sich vereinzelt Bronzeobjekte schon vor dem Auftreten der Gefäßformen des Typus Lefkandi 1-Kastri in der Ägäis. So kann nicht behauptet werden, dass beide Phänomene zeitlich zusammenfallen. Naturwissenschaftliche Beprobungen des legierten Kupfers mit der Bleiisotopenanalyse durch Ernst Pernicka und andere zeigten dennoch, dass in der entwickelten und späten Frühbronzezeit II sogenannte Fremdmetalle auftreten, für die keine entsprechenden Kupferlagerstätten in der Ägäis und Anatolien namhaft gemacht werden können. Die Herkunft des Zinns ist zudem eine offene Forschungsfrage. Mögliche Lagerstätten in Südosteuropa und in Kleinasien sind in ihrer Relevanz für das 3. Jahrtausend v. Chr. stark umstritten. Im Moment kann nicht ausgeschlossen werden, dass dieses Zinn über viele Zwischenstationen über Mesopotamien und Anatolien aus dem iranisch-afghanischen Raum bis in die Ägäis gelangte. Neueste naturwissenschaftliche Untersuchungsergebnisse stimmen zuversichtlich, dass zukünftig auch Zinn isotopisch untersucht und die Frage der Herkunft des Zinns eindeutiger beantwortet werden kann.

Erste Siegelnutzung in Europa

Die administrative Siegelnutzung lässt sich erstmals im 3. Jahrtausend v. Chr. in der Ägäis fassen, während sie bereits Jahrtausende früher im syro-mesopotamischen Raum Anwendung fand. Die ältesten Belege hierfür in der Ägäis sind kürzlich in der Siedlung von Myrina auf Lemnos in Schichten der älteren Frühbronzezeit festgestellt worden. Ab der Mitte des 3. Jahrtausends v. Chr. finden sich gesiegelte Tonplomben, die den Zugang zu Gefäßinhalten und Räumen verschlossen, an immer mehr Fundorten in der südlichen Ägäis, auf den Kykladen in der Zas-Höhle auf Naxos, in Ajia Irini auf Keos und in Markiani auf Amorgos. Eine ägäische Übernahme dieser alten vorderasiatischen Praxis zur Verwaltung von Vorräten kann eigentlich kaum mehr bestritten werden. Auch stempelrollerverzierte Keramik ist in einigen Fundorten der entwickelten und späten Frühbronzezeit II in der

Bandhenkel mit Abrollung eines Stempelrollers aus Vouni (Oberflächenfund) auf Amorgos

Verbreitung des Motivs der Vierfachspirale im 4. und 3. Jt. v. Chr.

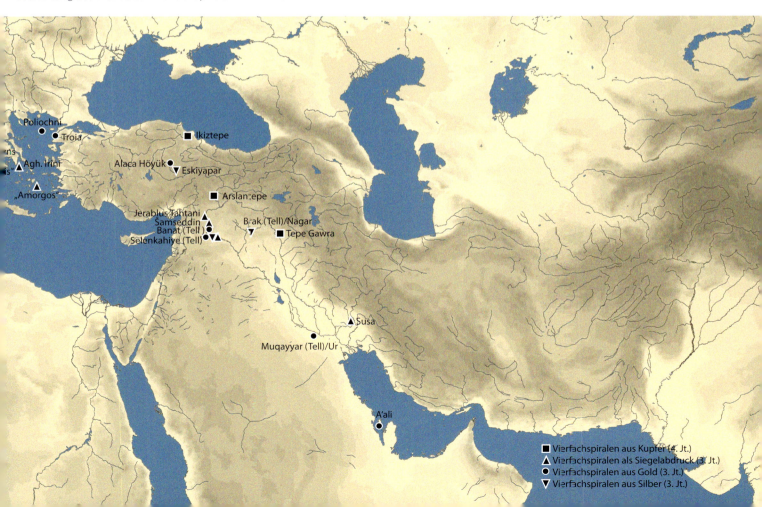

Argolis und in der Ost- und Nordägäis gefunden worden. Hierbei sind zylindersiegelartige Objekte, sogenannte Stempelroller, auf großen Vorratsgefäßen (Pithoi) sowie auf Herdrändern abgerollt worden. Ganz ähnliche Abrollungen finden sich auch im syro-levantinischen Raum auf großen Vorratsgefäßen. Diese Praxis, deren Sinn noch nicht geklärt ist (ist es mehr als Dekoration?), ist in die Ägäis anscheinend ebenfalls aus dem syro-levantinischen Raum übernommen worden. Auf den Kykladen sind bislang nur Herdränder mit Stempelrollerverzierung bekannt geworden, doch gibt es zumindest den Oberflächenfund eines Bandhenkels aus Vouni auf Amorgos mit der Abrollung des Motivs der Vierfachspirale in einer Variation. Dieses Motiv findet sich erstmals im anatolischen Raum im 4. Jahrtausend v. Chr. und ist dann in der zweiten Hälfte des 3. Jahrtausends als Schmuck in Form von Kettenanhängern aus Gold und Silber und als Motiv des Stempelrollers von der Ägäis bis in den nordmesopotamischen Raum, vereinzelt auch bis in den Süd-

Der Hortfund von Kolonna auf Ägina im Nestverband

westiran (in Susa als Abrollung) und den Persischen Golf (in A'ali in Bahrain als Schmuckform aus Gold) verbreitet. Interessant ist in diesem Zusammenhang, dass auch an einem Fundort (Umm an-Nar) in den Vereinigten

Verbreitung geätzter Karneolperlen im 3. Jt. v. Chr.

Verbreitung von Scheibenperlen mit röhrenförmigen Fadenkanal im 4. und 3. Jt. v. Chr.

Arabischen Emiraten eine stempelrollerverzierte Gefäßscherbe ausgegraben wurde, deren Motiv zweifellos aus dem syrischen Raum herzuleiten ist. Ein typisches Motiv der ostmediterranen stempelrollerverzierten Keramik sind konzentrisch angeordnete Kreise und Winkelbänder, wie es uns auch auf dem Rollsiegel aus der Kapros Grab-D-Gruppe entgegentritt (s. Kat. 66 f).

Internationale Schmuckformen

Dass die ägäische Welt an den typischen ostmediterranen und vorderasiatischen Schmuckformen der entwickelten Frühbronzezeit partizipierte, zeigt neben den bekannten Schatzfunden aus Troia und Poliochni ein spektakulärer Neufund aus der Siedlung Kolonna auf der Insel Ägina im Saronischen Golf. Dort wurde vor wenigen Jahren unter dem Fußboden eines Hauses der Stadt V aus der ausgehenden Frühbronzezeit ein Hortfund entdeckt, der in einem Gefäß verborgen war. In einer nestartigen Niederlegung in dem Gefäß befanden sich, neben zahlreichem Gold- und Silberschmuck in Form von Nadeln (Barren?), auch Perlen aus Fayence und Karneol. Eine der Karneolperlen ist in einem speziellen Verfahren durch eine Kalziumkarbonatlösung partiell gebleicht (geätzt) worden und besitzt dadurch dreimal zwei konzentrische Kreise, die auf den Seiten der doppelkonisch abgeflachten Perle aufgebracht sind.

Geätzte Karneolperle aus dem Hortfund von Kolonna auf Ägina

Spulenförmige potenzielle Gewichte aus Stein und Spondylus aus der Siedlung von Tiryns

Claus Reinholdt, der den Hortfund von Kolonna kürzlich publizierte, konnte zeigen, dass es sich bei der Perle um ein Produkt des mesopotamischen Raumes oder gar des Indusgebietes handeln muss. Das bei der Perle angewandte Ornamentierungsverfahren war in der Ägäis und in Anatolien vollkommen unbekannt. Auch in Syrien finden sich keine vergleichbaren Perlen. Stattdessen kamen solche geätzten Karneolperlen bei Ausgrabungen in Siedlungen, in reich ausgestatteten Gräbern (etwa im Königsfriedhof von Ur) und manchmal auch in Hortfunden im südlichen Mesopotamien, am Persischen Golf, im Iran, in Afghanistan und im Indusgebiet zutage. Einzelne Perlen können sicherlich über sehr große Distanzen und viele Zwischenstationen weitergegeben worden sein, doch scheint es kein bloßer Zufall zu sein, dass diese Perle in Kolonna ausgegraben wurde. In dem gleichen Hortfund finden sich nämlich auch drei silberne Scheibenperlen mit röhrenförmigem Fadenkanal, die eine sehr weite Verbreitung von der Ägäis bis in das Indusgebiet aufweisen. Wie der frühbronzezeitliche Gold- und Silberschmuck aus Poliochni und Troia in der Nordägäis, beweist auch der neu entdeckte Hortfund von Kolonna, dass die Ägäis im mittleren und späten 3. Jahrtausend v. Chr. an einem internationalen Repertoire an Schmuckformen partizipierte, das den ostmediterranen und syro-mesopotamischen Raum sowie in einzelnen Fällen auch das Indusgebiet mit einschloss.

Gewichte und Kulturkontakt

Der Autor dieses Beitrages hat in den letzten Jahren weitere Indizien zusammengetragen, die seiner Ansicht nach dafür sprechen, dass der ägäische Raum und insbesondere die Kykladen im mittleren und späten 3. Jahrtausend v. Chr. wesentlich stärker in weitreichende Austauschbeziehungen eingebunden waren, als bislang angenommen. Die Argumentation beruht hierbei auf spulenförmigen bis zylindrischen Objekten aus Stein, teils auch aus Spondylus, selten aus Metall, die bislang als Stößel oder Reibsteine gedeutet worden sind. Ungefähr 500 dieser Objekte können bislang aus der Ägäis, seltener aus Anatolien, in 62 verschiedenen Fundorten in Kontexten vor allem der Frühbronzezeit II nachgewiesen werden. Diese Objekte werden als spulenförmige potenzielle Gewichte bezeichnet, da es Hinweise gibt, dass einige, wenn nicht alle diese Objekte, als Waaggewichte zum Abwiegen verwendet wurden.

Auf knapp zehn dieser Objekte aus Tiryns (Rahmstorf 2010, Abb. 8, 1) und Petri (unpubliziert) in der Nordostpeloponnes und aus Kolonna auf Ägina (Felten u.a. 2008, 74 Abb. 33,15) und Daskalio Kavos (Renfrew u.a. 2007, 124 Abb. 15,12) finden sich Markierungen in Form von kreisförmigen Einbohrungen oder parallelen Ritzungen. Drei der fünf Objekte aus Tiryns mit Kreismarkierung wiegen etwas über 9 g, ein anderes mit vier Anbohrungen 37,6 g und ein weiteres mit sechs Ritzlinien 55,1 g. Diese Werte implizieren eine zugrunde liegende Einheit von etwas über 9 g, als Zielwert wird 9,4 g angenommen. Der Begriff „Zielwert" meint das angestrebte Gewicht, doch sind auch vollständig erhaltene Gewichte durch Abnutzung meist geringfügig leichter. Der Gewichtswert von 9,4 g ist ebenso bei den meisten ellipsoiden schleudersteinförmigen Gewichten aus dunklem Hämatit in Poliochni und Troia nachgewiesen worden. Gewichte in dieser Form und aus diesem Material repräsentieren den vorderasiatischen Gewichtstyp, der von Südmesopotamien und vom Persischen Golf (selten auch im Indusgebiet) bis in die Nordostägäis verbreitet ist. Unsere spulenförmigen potenziellen Gewichte sind im Osten bis nach Kilikien (Tarsus) in Anatolien verbreitet, auf den Kykladen finden sie sich in allen Siedlungen der Frühbronzezeit II, aus denen die Kleinfunde, zumindest teilweise, publiziert worden sind: Ajia Irini, Kastri, Kynthos, Daskalio Kavos, Markiani und Akrotiri. Als Beigaben in Gräbern finden sie sich dagegen sehr selten, was nicht überrascht, wenn man ihre Funktion bedenkt.

In der befestigten Höhensiedlung von Kastri auf Syros waren mehrere spulenförmige potenzielle Gewichte zusammen mit Metallwerkzeugen, vor allem Meißeln, und Obsidianklingen in einem Depot in einer Mauernische in Raum 11 verborgen worden, der sich durch eine Herdstelle, Tiegel- und Schlackefunde als Werkstatt zur Metallverarbeitung zu erkennen gibt. In den frühbronzezeitlichen Siedlungen von Leondari-Provatsa auf Makronissos und Ajia Irini auf Keos wurden spulenförmige

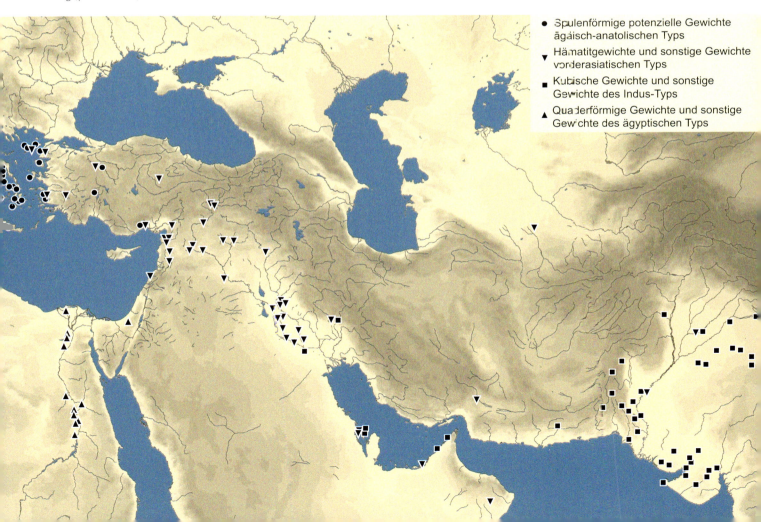

Verbreitung (potenzieller) Gewichte im 3. Jt. v. Chr.
● Spulenförmige potenzielle Gewichte ägäisch-anatolischen Typs
▼ Hämatitgewichte und sonstige Gewichte vorderasiatischen Typs
■ Kubische Gewichte und sonstige Gewichte des Indus-Typs
▲ Quaderförmige Gewichte und sonstige Gewichte des ägyptischen Typs

potenzielle Gewichte mehrfach in Fundzusammenhang mit Bleiglätte ausgegraben. Bleiglätte ist ein Bleioxid, das bei der Gewinnung von Silber aus silberreichem Bleierz durch das sogenannte Abtreiben (Kupellation) gewonnen wird. Naturwissenschaftlich konnte dabei nachgewiesen werden, dass das Erz aus der Bleisilberlagerstätte von Lavrion in Südattika stammt. Somit ist durch die archäologischen Grabungsbefunde eine funktionale Bindung der spulenförmigen potenziellen Gewichte an Orte der Metallgewinnung und Metallverarbeitung, vor allem von Silber, sehr wahrscheinlich. Silberobjekte sind auch nicht besonders selten in der Frühbronzezeit der Kykladen und finden sich in einigen reicher ausgestatteten Gräbern in Gräberfeldern auf Naxos und Amorgos sowie in der Siedlung von Kastri. Fast 87 % der spulenförmigen potenziellen Gewichte wiegen zwischen 2,5 und 100 g, nur 13 % wiegen mehr. Das mit deutlichem Abstand schwerste Objekt stammt aus Ajia Irini und wiegt fast 4 kg. Die Gewichte wurden also in erster Linie zum Abwiegen geringer Mengen verwendet, wahrscheinlich zum genauen Bestimmen der Masse wertvoller Metalle wie Gold und Silber, vielleicht auch zum Abwiegen von Farbpigmenten, die etwa in den ritzverzierten Knochenhülsen gelagert wurden. Es ist auch wahrscheinlich, dass manche Produkte aus Edelmetall, wie etwa Gefäße aus Gold oder Silber, die in wenigen Fällen von den frühbronzezeitlichen ägäischen Inseln überliefert sind, aus einer bestimmten vorgegebenen und abgewogenen Menge von Edelmetall gefertigt wurden. Reste von Waagen in Form von Waagebalken aus Knochen sind aus Poliochni und Troia, aber auch durch ein Fragment aus Naxos, das im Archäologischen Museum in Chora auf Naxos ausgestellt ist und bislang nicht als Waagebalken identifiziert wurde, bekannt.

Neben der oben erwähnten Gewichtseinheit von ca. 9,4 g, die den meisten spulenförmigen potenziellen Gewichten zugrunde liegt, gab es weitere Gewichtseinheiten, die verwendet wurden. Das oben erwähnte markierte Gewicht aus Kolonna wiegt 34,5 g und ist nur sehr geringfügig bestoßen. Es trägt drei parallele Ritzlinien, was eine zugrunde liegende Einheit von 11,5 g ergibt. Es stammt aus einem mykenischen Fundzusammenhang, könnte aber aus einer älteren frühhelladischen Schicht verlagert sein. Aufgrund weiterer potenzieller spulenförmiger Gewichte mit Massen von etwas weniger als 12 g erscheint es möglich, dass eine weitere Einheit von ca. 11,75 g (Zielwert) existierte. Schließlich erscheint eine dritte Einheit von ca. 7,83 g (Zielwert) möglich. Durch mathematisch-statistische Tests, wie der Anwendung der Kendall-Formel, kann grafisch gezeigt werden, dass sich tatsächlich hohe Wahrscheinlichkeiten für die Existenz dieser Einheiten bei den vollständig erhaltenen spulenförmigen potenziellen Gewichten finden (Rahmstorf 2010, Abb. 8.4). Die Verwendung derselben drei Einheiten ist auch für den syrischen Raum in der entwickelten und späten Frühbronzezeit durch markierte Gewichte sehr wahrscheinlich. Besonders gut sind wir darüber durch die ca. 70 frühbronzezeitlichen Gewichte aus dem königlichen Palast von Ebla in Westsyrien informiert (Ascalone/Peyronel 2006). Die drei Einheiten (7,83 g; 9,4 g; 11,75 g) scheinen nur auf den ersten Blick willkürlich gewählt. Tatsächlich stehen sie in einem Verhältnis zueinander, das sich am besten als Brüche mit dem Nenner 60 darstellen lässt, so lässt sich etwa 7,83 g als 60/60, 9,4 g als 72/60 und 11,75 g als 90/60 verstehen. Ähnlich lassen sich auch die Verhältnisse der beiden

Der Hortfund von Kastri auf Syros

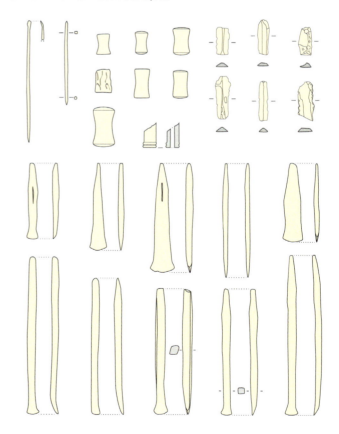

Einheiten	7,83	9,4	11,75	47
7,83:	100% 1 60/60	120% 6/5 72/60	150% 3/2 90/60	600% 6 360/60
9,4:	83,3% 5/6 50/60	100% 1 60/60	125% 5/4 75/60	500% 5 300/60
11,75:	66,6% 2/3 40/60	80% 4/5 48/60	100% 1 60/60	400% 4 240/60
Reale Zahl	10	12	15	60

Die Relationen der drei ostmediterranen Gewichtseinheiten und ihr realer Zahlenwert

schwereren Einheiten zu den anderen ausdrücken. Was mit diesen „Zahlenspielereien" gewonnen wird, ist die wirkliche Masse der Einheiten des 3. Jahrtausends v. Chr., sprich: das „Gramm" dieser Zeit. So wurde natürlich nicht mit gebrochenen Zahlen gerechnet, wie uns die Nennung der Masse der Gewichte in der heutigen Grammeinheit vorgaukelt, sondern mit ganzen (natürlichen) Zahlen. Durch die Zahlenverhältnisse zueinander können wir erkennen, dass 7,83 g in Wirklichkeit die Zahl 10, 9,4 g in Wirklichkeit die Zahl 12 und 11,75 g in Wirklichkeit die Zahl 15 darstellten. Besonders häufig lässt sich bei den Gewichtswerten der spulenförmigen potenziellen Gewichte die Masse von 45 bis 47 g feststellen. 47 ist umgerechnet in das „Gramm" des 3. Jahrtausends v. Chr. die Zahl 60 und damit das erste gemeinsame Vielfache von 10, 12 und 15. Das gesamte Gewichtssystem beruht auf 60, ist also sexagesimal. 60 ist eine ganz besondere Zahl, die eine außerordentlich hohe Zahl von zwölf Teilern aufweist. Dieses Phänomen wurde anscheinend bewusst bei der Erfindung dieses Gewichtssystems, vielleicht im obermesopotamisch-syrischen Raum, ausgenutzt Diese mathematischen Kenntnisse wurden bis in die südliche Ägäis weitergegeben, wo spulenförmige potenzielle Gewichte in fast allen Siedlungen der entwickelten und späten Frühbronzezeit II zu finden sind. Die mathematischen Grundlagen mit gemeinsamen Vielfachen und Bruchteilen der Grundeinheiten besitzen bereits eine gewisse Komplexität und es ist zu vermuten, dass sie nur durch persönliche Vermittlung weitergegeben werden konnten. Diese Mittlerrolle könnten fremde Händler (aus Anatolien?) übernommen haben, die auch die Übernahme oder Imitationen anderer wichtiger Innovationen, wie etwa der administrativen Siegelverwendung, ausgelöst haben könnten. Die Migration von Spezialisten, in diesem Fall von Händlern, also einer sehr kleinen Bevölkerungsgruppe, lässt sich archäologisch kaum nachweisen. Die archäologische und vor allem philologische Überlieferung eines Handelstützpunktes altassyrischer Händler im kleinasiatischen Karum Kaneš/Kültepe mag hierfür als ein ausnahmsweise erhaltenes Beispiel aus dem frühen 2. Jahrtausend v. Chr. gelten. Dort wäre die Präsenz von ausländischen Händlern in einer fremden Umgebung nicht archäologisch erfasst worden, wenn nicht die über 20000 Texte und einige mesopotamische Siegelabrollungen erhalten geblieben wären. Die assyrischen Händler tauschten Zinn und Textilien aus Assur in Mesopotamien gegen Gold und Silber aus Anatolien ein, waren rechtlich durch Gesetze mit den lokalen Herrschern geschützt und heirateten Einheimische. Von der Handelsware hat sich nichts erhalten. Ist es nun zu spekulativ und zu verwegen, in Analogie von der Präsenz (schriftloser) anatolischer Händler in der Ägäis, die maßgeblich an der erfolgreichen Übernahme ostmediterraner Innovationen in der Ägäis beteiligt waren, einige Hundert Jahre früher auszugehen?

Lit: Aruz/Wallenfels 2003 – Ascalone/Peyronel 2006 – Broodbank 2000 – Childe 1941 – Felten u. a. 2008 – Genz 2003 – Maran 1998 – Pernicka 1998 – Rahmstorf 2006 – Rahmstorf 2010 – Reinholdt 2008 – Renfrew 1972 – Renfrew u. a. 2007 – Sherratt 2000

"Globalisierung" vor 5000 Jahren
Die Kykladen und die Welt der Frühbronzezeit

von **Susan Sherratt**

Die Kykladen sind "Trittsteine", die das griechische Festland mit Westanatolien und die nördliche Ägäis mit der südlichen verbinden. Daher überrascht es nicht, dass sie einen gewichtigen Anteil daran hatten, die Fernbeziehungen zwischen der Ägäis und anderen Regionen des frühbronzezeitlichen Ostmittelmeerraums anzubahnen, zu erleichtern oder herbeizuführen. Obsidian aus Melos erreichte die Ostpeloponnes bereits im 11. Jahrtausend v. Chr., zu einer Zeit, als die Kykladen anscheinend unbewohnt waren, und manche der frühen Bauern, die im 7. Jahrtausend über Nordwestanatolien in Thessalien ankamen, könnten wohl auf dem Seeweg über die ägäischen Inseln gekommen sein. Jedenfalls findet sich melischer Obsidian seit dem 7. Jahrtausend in der ganzen Region – von Kreta im Süden bis nach Thessalien und (im 6. Jahrtausend) Makedonien im Norden – was auf ziemlich regelmäßigen Seeverkehr schließen lässt. Dass diese neolithischen interregionalen Kontakte mit weiter gespannten Netzwerken verzahnt waren, ist sehr wahrscheinlich. Funde von karpatenländischem Obsidian im Makedonien des späteren 5. Jahrtausends sowie die weite Verbreitung mediterraner *Spondylus gaederopus*-Muscheln im neolithischen Balkan und in Osteuropa (s. Kat. 66 c und d) scheinen darauf hinzudeuten.

Silber – ein gesuchter Rohstoff

Im Endneolithikum und der Frühbronzezeit I (Ende 5. und 4. Jahrtausend), als die Metallverwendung auf den Kykladen einsetzte, waren die Inseln zweifellos nicht nur zunehmend stark besiedelt und in zunehmend regulärem Kontakt mit Nachbarregionen, sondern auch, insbesondere nach Norden und Osten, in größere Netzwerke eingebunden. Die reichen ägäischen (auch kykladischen) Kupfer- sowie Silbervorkommen spielten dabei wohl eine wachsende Rolle. Es ist wahrscheinlich, dass die ersten ägäischen Schmuckstücke aus Silber, das durch das Verfahren der Kupellation gewonnen worden war, im ausgehenden Endneolithikum als Ausläufer der Welle begriffen werden müssen, die in der Uruk-Zeit in Südmesopotamien durch die Entdeckung der Silberkupellation ausgelöst wurde. Vor der Mitte des 4. Jahrtausends führte dies zur Erschließung weiter entfernter Metallquellen im Kaukasus und zum Auftauchen von Silberschmuck im nördlichen Pontusgebiet. Um die Mitte des 3. Jahrtausends zeugt das Erscheinen von Silbergeschirr auf den Kykladen (s. Kat. 66 e) und die Möglichkeit, dass manches davon auf nahöstliche Gewichtssysteme bezogen werden könnte, davon, dass ägäisches Silber (vielleicht auch im Fertigprodukt) auf anatolischen Handelsrouten in die urbanen Zentren des Ostens importiert worden sein könnte. Lorenz Rahmstorfs Identifikation der seltsamen spulenförmigen Objekte aus Stein, die früher für Stößel gehalten wurden und auf den Kykladen und dem griechischen Festland in der Frühbronzezeit II in Erscheinung treten, als Gewichte, die sich an einem ostmediterranen (insbesondere syrischen) System orientieren (s. Seite 150 ff.), spricht dafür, dass damals ägäisches Silber abgebaut und für den Osthandel über mehrere Stationen in abgewogenen Einheiten eingetauscht wurde.

Probleme der Deutung

Leider hängt die Deutung dieser sich im Endneolithikum sowie der Frühbronzezeit I unscharf abzeichnenden Fernhandelsnetze von der nicht immer einfachen stilistischen Beurteilung von Fundstücken ab – sogar noch in der sogenannten "internationalen Periode" der Frühbronzezeit II. Daher ist die Interpretation notwendigerweise subjektiver Natur, insbesondere auch in Anbetracht unserer lückenhaften Kenntnis vieler Regionen dieser Zeit. Dies betrifft unter anderem auch die Ähnlichkeit zwischen ägäischen Dolchen der Frühbronzezeit I/II und solchen des Usatovo- und Nerušaj-Typs des späten 4. Jahrtausends aus dem westlichen Schwarzmeergebiet. Die Dolchformen legen nicht nur eine Kontinuität einer balkanischen „metallurgischen Provinz" nahe, die für das Neolithikum postuliert worden ist, sondern belegen auch deren Ausweitung in die Ägäis (wahrscheinlich über Land via Südthrakien) und damit eine Verbindung mit dem im 5. Jahrtausend entstandenen westpontischen Interaktionsraum. Andernorts gibt es allgemeine Ähnlichkeiten schematischer „violinförmiger" Marmorfiguren mit denen der anatolischen Frühbronzezeit I und sogar mit solchen der noch weiter entfernten spätchalkolithischen Levante. Diese Ähnlichkeiten sind schwieriger zu erklären, ebenso wie jene zwischen Frühkykladisch I-Ket-

Das „anatolische Handelsnetzwerk" der fortgeschrittenen Frühbronzezeit II und III nach Şahoğlu 2005 Abb. 1. Das Netzwerk (hellgelbe Pfeile) basiert auf charakteristischen archäologischen Befunden, die die Verbindung der einzelnen Orte in einem Netzwerk aus See- und Landrouten nahelegt. Rechts oben in Vergrößerung der Handelsknotenpunkt Liman Tepe, der die entlang des Gediz-Flusstals zum Golf von İzmir führenden Fernstraßen über die Landenge am östlichen Ende der Çeşme-Halbinsel mit den Schifffahrtswegen der südlichen Ägäis verband.

1	Liman Tepe	11	Küllüoba	21	Ulucak	30	Titriş Höyük
2	Panaztepe	12	Karaoğlan Mevkii	22	Karataş – Semayük	31	Kanlıgeçit
3	Bakla Tepe	13	Kaklık Mevkii	23	Tarsus – Gözlükule	32	Protesilas
4	Troia	14	Beycesultan	24	Kestel	33	Imbroz – Yeni Bademli Höyük
5	Kum Tepe	15	Kusura	25	Acemhöyük	34	Lemnos – Poliochni
6	Beşik Tepe	16	Aphrodisias	26	Polatlı	35	Lesbos – Thermi
7	Hanay Tepe	17	Iasos	27	Alişar	36	Chios – Emporio
8	Babaköy	18	Milet	28	Kültepe	37	Samos – Heraion
9	Yortan	19	Ephesos	29	Gedikli – Karahöyük	38	Mykonos
10	Demircihöyük	20	Bayraklı			39	Delos
40	Syros	47	Amorgos	54	Lerna	61	Orchomenos
41	Keos	48	Keros	55	Tiryns	62	Lefkandi
42	Kythnos	49	Ios	56	Ägina	63	Manika
43	Siphnos	50	Thera	57	Thorikos	64	Pevkakia
44	Melos	51	Christiana	58	Raphina	65	Skyros
45	Paros	52	Poros	59	Eutresis		
46	Naxos	53	Knossos	60	Theben		

tenanhängern aus Marmor und den sehr ähnlichen Steinperlen sowie verwandten „Flügelperlen" der italischen Kupferzeit (um 3000 v. Chr.). Vor dem Hintergrund unseres wachsenden Verständnisses früher mediterraner Seefahrt ist es aber nicht unwahrscheinlich, dass die Ägäis bereits seit dem beginnenden 3. Jahrtausend auch indirekt an maritime Netzwerke gekoppelt war, die sich nach Westen bis ins zentrale Mittelmeergebiet ausdehnten.

„International Spirit"

Mit der Entwicklung der frühkykladischen Bronzezeit hin zur „internationalen Periode" Frühkykladisch II nehmen die Anzeichen für diese Interaktionen zu: z. B. die kegelförmigen „Kappen", die geformten Ohren und eingelegten Augen einiger naturalistischer Plastiras-Figurinen oder die Haltung der „folded-arm"-Figurinen, die zuweilen einen recht undefinierbaren Widerhall in Anatolien und Syrien fand, oder die eingeritzten Knochenröhren für Farbpigmente, die identische Gegenstücke in der Frühbronzezeit des syro-palästinischen und anatolischen Raums finden (s. Kat. 41). Gelegentlich treten identifizierbare Importe auf, wie ein syrisches Stempelrollsiegel, das aus einem Grab auf Amorgos stammen soll (s. Kat. 66 f). Die volle Entfaltung der „internationalen Periode" – besonders im späteren Abschnitt der Frühbronzezeit II – bietet uns eine vorzügliche Basis, um die Mechanismen dieser Verbindungen nachzuzeichnen und zu dokumentieren: Dies zeigen sowohl die Ansammlung bedeutender Küstensiedlungen um den Golf von İzmir als auch die wachsenden Nachweise für ein anatolisches Handelsnetzwerk, das sich vom syro-mesopotamischen Raum im Osten bis zur Ägäis im Westen erstreckte. Es verband höchstwahrscheinlich die Fernstraßen durch das Mäander- und das Gediz-Tal mit den Seewegen der Ägäis und des Ostmittelmeerraums. Hier besteht vielleicht ein Zusammenhang mit dem vor Kurzem für die zweite Hälfte des 3. Jahrtausends nachgewiesenen komplexen Netzwerk des Metallhandels über weite Distanzen, das offenbar Zypern, die Ägäis und Anatolien einschloss.

Ungefähr seit der Mitte des 3. Jahrtausends breitete sich allmählich die Segelschifffahrt entlang der südanatolischen Küste nach Westen aus, bis in den letzten Jahrhunderten des Jahrtausends diese neue Technologie in der Ägäis eingeführt wurde. Sie ermöglichte direkte Seeverbindungen zwischen der Südägäis und dem östlichen Mittelmeer, wodurch am Beginn der Mittelbronzezeit allmählich die Bedeutung Kretas wuchs und die Kykladen ihre zentrale Position als wichtigste Mittler zwischen der Ägäis und dem Osten einbüßten. Zuvor jedoch scheinen sich die bereits bestehenden Netzwerke an Land- und Seeverbindungen ausgedehnt und intensiviert zu haben, was sich nun zunehmend auch an den materiellen Zeugnissen ablesen lässt. Wie an anderer Stelle erläutert (s. Seite 145), wurden Trinkgeschirrsets nach anatolischem Vorbild eingeführt. Ein Zusammenhang mit der explosiven Westausbreitung von getriebenen Metallgefäßen, der Übernahme neuer ritualisierter Formen des gemeinsamen Trinkens sowie der Töpferscheibe in einem späteren Abschnitt der kykladischen und griechisch-festländischen Frühbronzezeit II erscheint plausibel. Die Einführung der Zinnbronze erfolgte ebenfalls aus Anatolien und wahrscheinlich zunächst in verarbeiteter Form durch Metallgegenstände. Import und Imitation „syrischer" Flaschen (vielleicht als Behälter für besondere Öle), ebenso wie die durch den Osten angeregte Verwendung von Siegeln für Verwaltungszwecke auf den Ägäisinseln und in Südgriechenland sowie die erwähnte Verbreitung von Gewichten und einem Gewichtssystem, führten zu einer materiellen Kultur, deren besonders hervorstechende archäologische Zeugnisse vom syrisch-mesopotamischen Raum im Osten bis zum Ionischen Meer im Westen gefunden wurden. Grabungskontexte an der West- und Nordwestküste Griechenlands, in denen „kykladische" Objekte wie geritzte Knochenröhren, geschlitzte Speerspitzen und Klingen aus melischem Obsidian zusammen mit Keramiktypen gefunden wurden, die für die Cetina-Kultur typisch sind, lassen ahnen, wie weit das Netz des Seeverkehrs nach Westen und Norden gespannt gewesen sein könnte.

Knoten im Handelsnetz

Die äußerste Spannweite dieser Beziehungsnetzwerke zeigt sich vielleicht am deutlichsten in besonders spektakulären Zeugnissen an zwei Fundorten, die an Verkehrsknotenpunkten auf beiden Seiten der Ägäis sitzen: auf der einen Seite Troia, das an der Schnittstelle liegt, an der die nordwestliche Überlandroute von Zentralanatolien auf die Seehandelswege der Ägäis trifft, und das den Zugang über den Hellespont und Südost-

Axthammer für rituelle Zwecke, aus dunkel blauem Lapislazuli mit brauner Äderung. Gefunden in Troia („Schatzfund L")

thrakien in das westliche Schwarze Meer und die Donauroute nach Zentraleuropa kontrollierte. Einer der hier von Heinrich Schliemann ausgegrabenen Frühbronzezeit II/III-„Schatzfunde" („Schatzfund L") enthielt sowohl einen Zeremonial-Axthammer (s. Abb. oben) aus asiatischem Lapislazuli als auch eine Perle baltischen Bernsteins. Letztere erreichte Troia wohl über die Donauroute aus Zentraleuropa. Auf der anderen Seite die eindrucksvolle Fundstelle von Kolonna auf Ägina mit seiner strategischen Position im Herzen des Saronischen Golfs, wo die Frühbronzezeit III-Schichten die einzige geätzte Karneolperle eines aus der Indus-Kultur bekannten Typus ergeben haben, die bisher westlich des Euphrats gefunden wurde (s. Abb. Seite 149).

Im Verlauf des letzten Jahrhunderts hat sich die Forschungsmeinung zur Wechselwirkung der frühbronzezeitlichen Kykladen mit der übrigen Welt mehrmals radikal geändert. Der Glaube an eine unablässige Verbreitung der „Zivilisation" durch kulturelle Dominanz von Ost nach West (so wurden beispielsweise auch vage kykladische Ähnlichkeiten bei Grabformen, Siedlungen, Figurinen und Kupfermetallurgie im chalkolithischen Südiberien oder im spätneolithischen Malta einst sorglos als Beweis für eine Kolonisation durch Ägäer interpretiert) wurde von einer Betrachtungsweise abgelöst, die die Inselnatur der Kykladen und das autonome, abgeschlossene Wesen ihrer sozialen und kulturellen Entwicklung betonte. Die heutige Auffassung betrachtet die Kykladen in einem weiteren Kontext von (häufig indirekter) Interaktion, deren Motive und Mechanismen im Zusammenhang mit der Entwicklung und Vernetzung von Verkehrswegen sowie der Veränderung von Transporttechnologien zu verstehen sind. Neue methodische Ansätze in der Archäologie, ein besseres Verständnis der Chronologie sowie der seemännischen Fähigkeiten dieser frühen Epochen haben zu dieser Einsicht geführt. Schließlich ist es der Forschung gelungen, ihre jeweiligen fachlich bedingten geografischen Grenzen zu überwinden und ihre Erkenntnisse mit denen der Nachbarfächer abzugleichen (oft mit überraschenden Einsichten).

Die Kykladen in ihrem unbestreitbar maritimen Milieu und mit ihrer blühenden Seefahrerkultur spielten eine wichtige Rolle bei der Etablierung der Seewege und des überregionalen Verkehrs. Ihre natürlichen Ressourcen, vielleicht besonders das Silber, stellten sicher, dass ihnen auch ein Part in dem vernetzten ökonomischen und, bis zu einem gewissen Grad, kulturellen System zukam, das sich im 4. Jahrtausend v. Chr. von Uruk in Mesopotamien schrittweise nach Norden und Westen ausbreitete. Vor allem wurde dieses System durch das wachsende Bedürfnis an Metallen angetrieben, einem seiner hauptsächlichen Motoren. Durch die Bereitstellung technischer Hilfsmittel für früheste Kontakte zwischen den Räumen, die wir heute, mit der Türkei als Zwischenglied, unter den Kategorien „Europa" und „Vorderer Orient" betrachten, stehen sie am Anfang unserer modernen Kultur, in der übrigens Silber immer noch eine wichtige symbolische, psychologische und ökonomische Rolle spielt, genauso wie im gegenwärtigen Vorderasien. Man kann sagen, dass das System eng gekoppelter wechselseitiger Beeinflussung, das sie in der Frühbronzezeit etablieren halfen, seither ununterbrochen gewachsen ist.

Lit: Broodbank 2000 – Kilikoglou u. a. 1996 – Maran 1998 – Rahmstorf 2006 – Şahoğlu 2005

Ende einer Blütezeit
Umbruch und Kulturwandel im späten 3. Jahrtausend

von **Jörg Rambach**

Nach der Vielfalt und dem Reichtum an Grabbeigaben zu urteilen, muss die erste Hälfte der Stufe Frühkykladisch II (Frühkykladisch IIa) als die Blütezeit der frühkykladischen Kultur angesehen werden. Das kykladische Steinmetzhandwerk befindet sich mit seiner umfangreichen Palette verschiedener, z. T. mit Ritzdekor versehener Steingefäßtypen, zahlreichen Formvarianten menschengestaltiger Marmoridole von z. T. erheblicher Größe, Tieridolen und vielleicht zu Kultzwecken benutzten Erzeugnissen wie z. B. weiten flachen Marmorschalen mit das Schalenbecken besetzenden Marmorvögelchen auf dem Höhepunkt seiner Entwicklung und der Verbreitung seiner Produkte. Objekte aus Bronze und auch Silber werden nun ebenfalls häufiger ins Grab mitgegeben, die Grabbauten werden vielgestaltiger, geräumiger, zur sukzessiven Mehrfachbelegung (Steinkistengräber mit zwei oder sogar drei Stockwerken) ausgebaut und sogar mit Imitationen von Elementen aus dem Hausbau versehen (Scheineingang mit Schwellstein, Türgewändesteinen und Dromos-Ansatz sowie Nischenbildung an und in Kuppelgräbern mit falschem Gewölbe in Chalandriani auf Syros). Auch die Keramikproduktion erreicht mit neuen Gefäßformen wie z. B. Saucieren und erstmals zu beobachtender bemalter Keramik, an der auf hellem Grund dunkle Malfarbe in charakteristischen Motiven und Themen aufgetragen ist, einen neuen Höhepunkt. Kykladische bemalte Keramik wird zum Exportartikel und findet sich wohl als Prestigegut u. a. in frühhelladischen Siedlungen des attisch-böotischen Raumes, der Argolis und sogar der Westpeloponnes. Kykladischer Einfluss scheint sich in dieser Zeit nach Westen zu bis auf die Insel Leukas am nordwestlichen Rand des Verbreitungsgebietes der frühhelladischen Kultur erstreckt zu haben. Nach Osten zu sind die Kykladen in Kontakt mit den ostägäischen Inseln und der kleinasiatischen Westküste. Der von Colin Renfrew eingeführte Begriff „International Spirit" umschreibt die Herausbildung eines engen panägäischen Kommunikations- und Handelsgeflechtes, dem als hauptsächliche Triebfeder die Suche nach Metallrohstoffen und Erzen und dabei vor allem die Versorgung mit Kupfer und Zinn zugrunde gelegen haben dürfte.

Anatolisches Intermezzo zur Zeit der Kastri-Gruppe

Gegen Ende der Stufe Frühkykladisch II treten in Siedlungen wie z. B. Ajia Irini auf Keos, Kynthos auf Delos, Kastri auf Syros, Panormos auf Naxos und Markiani auf Amorgos Tongefäße anatolisch anmutender Formgebung in Erscheinung, was manche Forscher dazu führte, Überlegungen zu anatolischen Invasoren im Raum der Kykladen anzustellen. In den wenigen der sogenannten Kastri-Gruppe zuzuordnenden geschlossenen Grabinventaren ist eigentlich nur der „troianische" Becher als Form aus dem anatolischen Raum abzuleiten. Im großen Gräberfeld von Chalandriani entfallen zudem

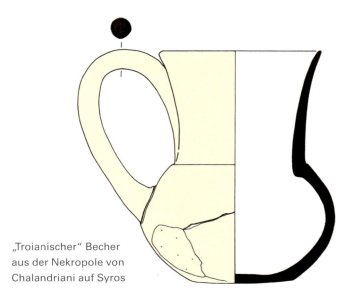

„Troianischer" Becher aus der Nekropole von Chalandriani auf Syros

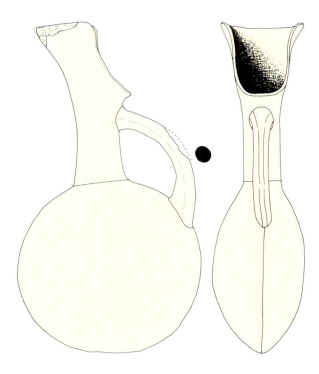

Linsenförmiger Tonkrug mit Trogausguss aus Manika auf Euböa

nur vier Gräber mit mehr als einer Beigabe auf die Kastri-Gruppe und diese zeigen in ihrem restlichen Beigabenbestand, und unter Beibehaltung der althergebrachten Bestattungssitten, ein weitestgehend kykladisches Gepräge mit üblichen Beigaben der Chalandriani-Gruppe (Frühkykladisch IIb). Die nicht besonders reich ausgestatteten Gräber der Kastri-Gruppe vermitteln ferner nicht gerade den Eindruck, als wären in ihnen „neue Gebieter" bestattet. Der Kastri-Gruppe zuzuweisende anatolische Krugformen liegen nun zudem aus dem Grabfund von Rivari auf Melos vor, die auch dort in überwiegend kykladischem, jedoch nicht sicher gleichzeitig deponiertem Fundgutmilieu auftreten. In Frühkykladisch II/Frühhelladisch II-zeitlichen Siedlungen der Kykladen und des östlichen mittelgriechischen Festlandes treten anatolisch-ostägäische Keramikformen in größerer Zahl und Vielfalt auf. Die charakteristischen Gefäße des sogenannten Lefkandi I–Ajia Irini III–Kastri-Horizontes umfassen weite flache Teller mit konisch-gerader Wandung, den „troianischen Henkelbecher" (s. Abb. linke Seite), die Glockentasse, das Depas Amphikypellon, den Krug mit kugeligem Körper, hohem engem Hals und steilem Schrägausguss sowie den Krug mit linsenförmigem Körper, hohem engem Hals und steilem Trogausguss (s. Abb. links). Sie treten in diesen Siedlungen als feinkeramische Teile eines Trink- und Essgeschirrs aus einem fremden, östlichen Trinksittenkreis auf, die neben das lokal übliche Geschirr treten. Die häufig schwarz oder rot polierten, metallisch glänzenden Tongefäße sind dabei als Nachahmungen von metallenen Vorbildern zu sehen. Nach Westen reichte die Verbreitung dieses Horizontes anatolisch-ostägäischen Ess- und Trinkgeschirrs wohl bis in die Argolis (Siedlung von Lerna IIID, Frühhelladisch II spät). In den stratifizierten Siedlungen von Lefkandi I auf Euböa und in Ajia Irini auf Keos (ab Ende Phase II) ist dieser Horizont bereits ab dem entwickelten Frühhelladisch II/Frühkykladisch II zu fassen. Aber auch dort ist er im Wesentlichen eine Erscheinung des späten Frühhelladisch II/Frühkykladisch II (Ajia Irini Phase III mit weitgehender Siedlungskontinuität zu Phase II). Kennzeichnend für den späten Abschnitt von Frühhelladisch II/Frühkykladisch II ist zudem das Aufkommen von Zinnbronzen. Die Umfassung von Siedlungen auf dem Festland (Lerna), auf Skyros und den Kykladen mit Befestigungsmauern anatolischen Charakters mit hufeisenförmigen Bastionen deutet vielleicht auf bereits unruhiger gewordene Zeiten

Das „House of the Tiles" („Haus der Ziegel") in Lerna in der Argolis. In diesem ursprünglich zweistöckigen, ziegelgedeckten Frühhelladisch II-„Korridorhaus" wurden viele Siegelabdrücke gefunden – Hinweis auf ein komplexes Gesellschafts- und Wirtschaftssystem, das an der Schwelle zur „Hochkultur" stand.

Ende einer Blütezeit

hin. Das verstärkte Auftauchen anatolischer Gefäßformen auf den Kykladen im Verlauf der Phase Frühkykladisch IIb, die am Gesamtkeramikaufkommen der jeweiligen Siedlungen aber stets einen geringen Anteil haben, ist am ehesten auf intensivierte Handelsbeziehungen, auf einen letzten Höhepunkt des panägäischen „International Spirit" vor den kulturellen Umwälzungen am Übergang zu Frühhelladisch III/Frühkykladisch III zu sehen.

Die Zeit nach der Wende

Nach den auf vielen Gebieten feststellbaren großen Veränderungen zur Zeit der Wende am Ende der Stufen Frühhelladisch II/Frühkykladisch II folgt auf den Kykladen die sogenannte Phylakopi I ii–iii-Stufe, die weitestgehend mit stratifizierten Siedlungsfunden definiert ist und wohl nicht direkt auf den letzten Abschnitt von Frühhelladisch II/Frühkykladisch II folgt, sondern eher erst in einer bereits etwas fortgeschrittenen Phase der Periode Frühhelladisch III/Frühkykladisch III einsetzt. Die großen kykladischen Gräberfelder werden nicht weiter belegt, viele bedeutende Frühkykladisch IIb-Siedlungen wie Kastri, Ajia Irini III, Kynthos auf Delos, Markiani IV, Zas-Höhle IV werden aufgelassen und in der Phylakopi I ii–iii-Stufe nicht mehr besiedelt. Hauptfundorte dieser Stufe sind nun Phylakopi auf Melos, Akrotiri und Phtellos auf Santorin, Parikia auf Paros, Kavos bei Daskalio. Grabfunde dieser Zeit sind extrem selten und schlecht dokumentiert: ein Steinkistengrab von Arkesine auf Amorgos (s. Kat. 117–119), eine Pyxis aus dem Grabfund von Ajios Loukas auf Syros (Kuppelgrab mit falschem Gewölbe), eventuell Felskammergräber auf Santorin (Akrotiri) und Melos (Spathi, Asprochori). Anatolische Keramikformen spielen keine Rolle mehr, ebenso „Kykladenpfannen", Saucieren, Steingefäße, Marmoridole mit verschränkten Armen und Utensilien zur Körperpflege. Im Gegensatz zum griechischen Festland ist der Bruch in der Keramikentwicklung dennoch nicht so einschneidend, da die meisten in der Phylakopi I ii–iii-Stufe üblichen Keramikformen eindeutig typologische Wurzeln in vorangegangenen Stufen der kykladischen Frühbronzezeit zeigen.

Die Veränderungen im Erscheinungsbild der frühkykladischen Kultur nach der Zeit der Wende am Übergang von Frühkykladisch IIb zu Frühkykladisch III hängen sicher mit dem tief greifenderen kulturellen Einschnitt zusammen, der sich in dieser Zeit auf dem süd- und mittelgriechischen Festland beobachten lässt. Dort folgt auf die Zeit der Korridorhäuser – Großbauten, die als Sitz der politischen und vielleicht auch der religiösen Elite sowie als Verwaltungs- und Redistributionszentren mit Siegelverwendung für das umliegende Herrschaftsgebiet anzusehen sind – an vielen Orten eine völlig verschieden strukturierte Bebauung mit einfachen Apsidenhäusern. Der in Frühhelladisch III spürbar werdende kulturelle Rückschritt nach der Stufe Frühhelladisch II, als sich die frühhelladischen Landschaften Süd- und Mittelgriechenlands nahezu auf die kulturelle Ebene der nahöstlichen Hochkulturen emporgeschwungen hatten, stellt den schwerwiegendsten Einschnitt in der kulturellen Entwicklung des bronzezeitlichen Griechenlands dar. Auch in den zur Frühhelladisch III-Zeit in der Keramikproduktion üblich werdenden Formen, Zierweisen und Dekorthemen lassen sich nur sehr bedingt Anknüpfungen an Früheres erkennen.

Der Zusammenbruch der „Kultur der Korridorhäuser" mag auf ein Zusammenspiel verschiedener Ursa-

Grundmauern eines Frühhelladisch III-Apsidenhauses in Lerna, in unmittelbarer Nähe des am Ende von Frühhelladisch II zerstörten und mit einem Tumulus bedeckten „House of the Tiles"

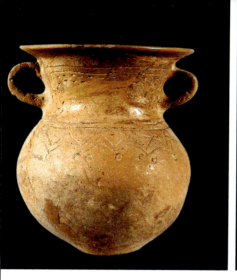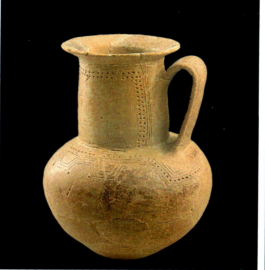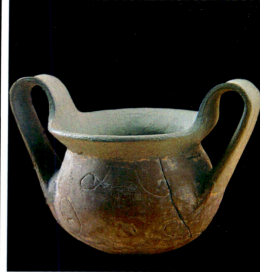

Ritz- und einstichverzierte Gefäße, aus Frühhelladisch III-Kontexten in Olympia

chen zurückgehen. Überintensivierung der Landwirtschaft, zunehmende Bodenerosion, Hungersnöte, starke Erdbeben, kriegerische Auseinandersetzungen zwischen einzelnen Machtzentren, Aufstände gegen lokale Eliten, Unterbrechung von Handelswegen und -beziehungen sowie das Einsickern von neuen Bevölkerungsgruppen aus dem westbalkanischen Raum in den frühhelladischen Kulturraum könnten eine Rolle gespielt haben. Bekannt ist, dass in Frühhelladisch III an Orten wie Olympia, Andravida-Lechaina und mit Abstrichen auch in Lerna IV Feinkeramik mit eingeritzten Ziermustern der Cetina-Kultur Dalmatiens so dominierend bis auffällig häufig auftritt, dass diese Siedlungen auf der Peloponnes als Handelsstützpunkte eines den Raum des ionischen und adriatischen Meeres umspannenden maritimen Handels- und Kommunikationsnetzes des Cetina-Kulturkomplexes zu betrachten sind.

Unter diesen Veränderungen auf dem Festland scheinen die Kykladen, die in Frühkykladisch II einen großen Teil des Handels zwischen Kleinasien und dem süd- bis mittelgriechischen Festland abgewickelt und kontrolliert haben dürften, erheblich gelitten zu haben. Möglicherweise waren sie nun weitestgehend vom Handel mit dem südgriechisch-festländischen sowie ionisch-adriatischen Interaktionsraum abgeschnitten. Dies mag im Verein mit (durch Piraterie?) unsicherer gewordenen Verkehrswegen in der Ägäis zu einem Rückgang von Handel und Gewerbe auf den Kykladen und letztendlich auch der dortigen Bevölkerung geführt haben, die sich nun verstärkt in wenigen Hauptorten der Inseln konzentrierte. Aufstrebende Machtzentren wie z.B. Kolonna auf Ägina, das von den Wirren der Wendezeit offensichtlich weniger einschneidend betroffen war als die Siedlungen auf der benachbarten Peloponnes, sowie Kreta könnten sich nun einen größeren Anteil am Seehandel in der Südägäis und im Argosaronischen Golf erzwungen haben.

Keramik der Cetina-Kultur, die sich durch breite Bandhenkel sowie Ritz- und Einstichverzierung auszeichnet, aus Škarin Samograd (a) und Bajagić (b) in Dalmatien.

Lit: Alram-Stern 2004 – Davis 1992 – Della Casa 1995 – Dörpfeld 1935 – Forsén 1992 – Gauss/Smetana 2004 – Heyd 2007 – Kaiser/Forenbaher 1999 – Maran 1986 – Maran 1998 – Maran 2007 – Nicolis 2005 – Rambach 2000 – Rambach 2001 – Rambach 2004 – Rambach 2007 – Rambach (im Druck) – Rutter 1982 – Futter 1995 – Weege 1911 – Wilson 1999

Ende einer Blütezeit

Geisteswelten

Ein erstes regionales Zentrum
Das frühkykladische Heiligtum von Keros

von **Colin Renfrew** und **Michael Boyd**

Die bemerkenswerte frühbronzezeitliche Kultur der Kykladen kam durch die Entdeckung der frühkykladischen Nekropolen zutage, die 1898 von Christos Tsountas als Erstem systematisch erforscht und veröffentlicht wurden. Seither konnten auf vielen kykladischen Inseln Siedlungen und Friedhöfe entdeckt werden. Aber bis ins Jahr 1963 gab es nur spärliche Hinweise darauf, dass es mit der kleinen, heute vollkommen unbewohnten Insel Keros eine besondere Bewandtnis haben könnte. Sie gehört zu den *Mikres Kyklades* („Kleine Kykladen"), die südlich von Naxos und Amorgos gelegen sind. Immerhin war sie für ein, zwei sehr interessante Funde bekannt: Der erste war ein außergewöhnlicher und großer frühkykladischer Kopf, der 1873 in den Louvre gestiftet wurde (s. Kat. 142). Sodann gibt es zwei schöne Musikantenfiguren, einen Kithara- und einen Flötenspieler, die 1884 entdeckt und nun im Nationalmuseum in Athen aufbewahrt werden. Es dauerte allerdings bis 1963, als deutliche Spuren von Raubgrabungen auf Keros, an einer Stelle namens Kavos gegenüber der kleinen Insel Daskalio, zahlreiche Fragmente von Keramik, Marmorskulpturen und zerbrochenen Marmorgefäßen ans Licht brachten und auf einen Fundort größter Bedeutung schließen ließen. Das Foto auf der rechten Seite wurde bei einem Besuch der Stätte im Zuge einer systematischen Feldbegehung am 24. Juli 1963 von Colin Renfrew aufgenommen.

Die geplünderte Fundstelle bei Kavos und die gegenüberliegende Hügelkuppe von Daskalio waren Gegenstand einer kleinen Ausgrabung, die 1963 von Christos Doumas durchgeführt wurde, der auch die Überreste einer kleinen byzantinischen Kirche in Daskalio dokumentierte. Weitere Forschungen wurden dort 1967 von

Die Insel Keros von Nordwesten gesehen

Photeini Zapheiropoulou vorgenommen. Ein Teil des Fundmaterials, das durch Plünderungen vor 1963 weggeschafft worden war, wurde durch die Sammlung Erlenmeyer erworben und 1976 erstmals in der Ausstellung *Kunst und Kultur der Kykladen* im Badischen Landesmuseum Karlsruhe öffentlich gezeigt. Die Frage, ob es sich bei der Fundstelle von Kavos um einen teilweise zerstörten und ausgeraubten Friedhof oder alternativ dazu vielleicht um die Reste eines frühkykladischen Heiligtums handelt, regte 1987 weitere Ausgrabungen im geplünderten Bereich von Kavos an, der nun „Special Deposit" („besondere Ablagerung") genannt wurde. Weitere Arbeiten wurden in den Jahren 2006 bis 2008 wiederum unter der Leitung von Colin Renfrew mit Unterstützung der British School at Athens und mit der Erlaubnis des Griechischen Archäologischen Dienstes durchgeführt. Gleich zu Beginn dieser Grabungen wurde eine zweite, glücklicherweise ungestörte Fundstelle einer „besonderen Ablagerung" erkannt, die als „Special Deposit South" bezeichnet wurde. Dies gab den Ausschlag zur Beendigung der Diskussion über das Wesen der beiden besonderen Deposite und den Rang dessen, was wir nun zuversichtlich als „Heiligtum" bezeichnen können. Durch sorgfältiges Schlämmen des Aushubs und andere Techniken wurde uns klar, dass es sich nicht um einen Friedhof, sondern vielmehr um einen Ort systematischer und wiederholter Deponierungen handelte, an dem über mehrere Jahrhunderte fragmentierte Tongefäße und Marmorobjekte begraben wurden – jedoch keine menschlichen Überreste. Während der Kampagnen von 2006 bis 2008 wurde auch die Siedlung auf der kleinen Insel Daskalio untersucht: Hier konnte eine umfangreiche frühkykladische Bebauung freigelegt werden.

Bruchstücke von Marmorgefäßen und -figurinen, die von Colin Renfrew am 24. Juli 1963 aufgelesen wurden, jetzt im Museum von Naxos

Kavos, „Special Deposit North" (links im Bild) und „Special Deposit South" (rechts) mit dem Planquadratraster der Ausgrabungsflächen, Blick von Daskalio

Perspektivische Ansicht von Daskalio und Kavos

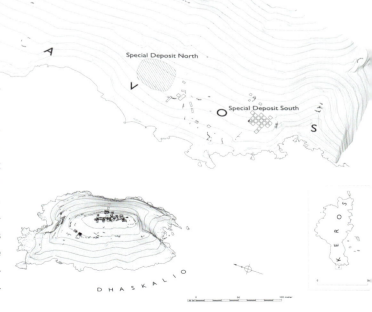

Das „Special Deposit South" in Kavos

Die Beziehung zwischen Daskalio und Kavos zeigt die Abb. rechts. Der Westen von Keros ist rau, überzogen mit einer dichten Vegetationsdecke aus waldartigem Gestrüpp. Dessen Beseitigung brachte ein abschüssiges Gelände zum Vorschein, bei dessen Ausgrabung auf einer Fläche von ca. 400 m², teils nah unter der Oberfläche (in einer Tiefe zwischen 20 cm und 2 m), Schichten mit zerbrochenen Marmorgefäßen und -figurinen gefunden wurden, welche, vermengt mit zerscherbter Keramik, eng beieinander lagen. Die Ausgrabung wurde in Planquadraten von vier Metern durchgeführt, die von jeweils einen Meter breiten Profilstegen getrennt wurden. Die sorgsame Freilegung (auch unter Einsatz des Schlämmens des Abraums) und die darauf folgenden Labor-

Bei der Ausgrabung des „Special Deposit South" zutage getretene Marmorfragmente

Geradlinige Steinsetzung H im „Special Deposit South" von Kavos, von Nordwesten gesehen

untersuchungen zeigten deutlich, dass die meisten Bruchstücke weder an Fragmente aus ihrer nächsten Nachbarschaft noch an Stücke aus anderen Grabungsflächen anzupassen waren. Später stellte sich heraus, dass es auch keine anpassenden Bruchstücke aus den früheren Grabungen im „Special Deposit North" gab. Daraus folgte, dass die Objekte anderswo (d. h. auf anderen Inseln) zerbrochen worden waren, bevor Teile davon nach Keros gebracht wurden. Dies steht im Einklang mit den Ergebnissen petrografischer Studien der Keramik, die von Dr. Jill Hilditch durchgeführt wurden, nach denen der Großteil der gefundenen Töpferwaren auf anderen Inseln hergestellt wurde. Da auf Keros kein qualitätvoller Marmor ansteht, ist es wahrscheinlich, dass die meisten Marmorgefäße und -figurinen ebenfalls andernorts gefertigt worden waren.

Im Westen von Keros, nahe den „Special Deposits" von Kavos

„Special Deposit South" von Kavos, Ansicht von Osten mit Daskalio im Hintergrund

Spuren von Bebauung bzw. Baureste fehlen im „Special Deposit South", obwohl wenige Strukturen – es handelt sich dabei um aneinandergereihte Steine – festgestellt werden konnten (s. Abb. vorige Seite rechts oben). Es sind somit, trotz der dokumentierten systematischen Niederlegung von Objekten, die sehr wahrscheinlich von Ritualen begleitet war und den Begriff „Heiligtum" sowohl hinsichtlich des Wesens dieser Niederlegungen und des Zeitraums, in dem sie erfolgten (mehrere Jahrhunderte), rechtfertigen, keine entsprechenden Einrichtungen oder gebaute Anlagen nachweisbar.

In mancherlei Hinsicht ähneln Keramik- und Marmorfundstücke jenen frühkykladischer Friedhöfe. Doch das Fehlen von Knochen und, trotz gründlichen Schlämmens, insbesondere von Zähnen, schließt die Friedhofshypothese aus. Diese Ansicht wird auch durch die Abwesenheit von Perlen oder Gegenständen des persönlichen Schmucks sowie von Kupfer- oder Bronzeartefakten gestützt. Die zahlreichen, wenngleich fragmentierten Keramikfunde sind von Dr. Panagiota Sotirakopoulou beschrieben worden. Sie beinhalten zahlreiche Saucieren und anderes keramisches Material der Keros-Syros-Kultur (die gelegentlich „Frühkykladisch II" genannt wird). Häufig sind auch Funde der Kastri-Gruppe, die die unmittelbar folgende Periode kennzeichnet. Spätere Funde sind sehr selten. Fragmente von Marmorschalen mit verdickten Rändern, charakteristisch für die Keros-Syros-Kultur, sind ebenfalls sehr zahlreich.

Bruch an Bruch anpassende Fragmente einer Spedos-Skulptur (ursprünglich ca. 1 m hoch)

Die frühkykladischen Skulpturen von Kavos

Das Erstaunlichste am „Special Deposit South" ist die Fülle an stark fragmentierten Marmorfigurinen. Alle waren vorsätzlich zerbrochen worden, nicht nur in zwei oder drei Teile, sondern systematisch in mindestens vier oder fünf Fragmente: Sie wurden buchstäblich in tausend Stücke zerschlagen! Es zeigte sich jedoch, dass diese Bruchstücke nicht Ergebnis eines feindlichen Akts, eines Bildersturms waren. Um dieses Phänomen zu verstehen, ist es nötig, in Kategorien der Nutzungsdauer dieser Skulpturen sowie der Marmorgefäße und Feinkeramik, die mit ihnen vergesellschaftet sind, zu denken. Es besteht Grund zu der Annahme, dass die kunstfertig hergestellten Objekte für den zeremoniellen Gebrauch geschaffen worden waren und auch in verschiedenen Zeremonien und Ritualen in den Siedlungen und Dörfern vieler Kykladeninseln gebraucht worden sind. Elisabeth Hendrix und Gail Hoffman haben festgestellt, dass die gemeinhin noch auf zahlreichen frühkykladischen Skulpturen sichtbare Bemalung gelegentlich Spuren von mehr als nur einer Farbschicht aufweist. Dies könnte ihrer Ansicht nach so erklärt und verstanden werden, dass die Figuren in den jeweiligen Gemeinschaften, in denen sie benutzt wurden, periodisch gezeigt und vielleicht bei Prozessionen umhergetragen worden sein könnten. Falls dem so war, könnte nach einer Nutzungsdauer von vielleicht vielen Jahren die Entscheidung getroffen worden sein, die Bildwerke durch neue zu ersetzen. Hier muss vermutet werden, dass es nicht angemessen war, die überflüssig gewordenen Skulpturen einfach wegzuwerfen. Sie waren in rituellem Gebrauch gewesen und sollten nicht durch eine sekundäre, profane Nutzung entweiht oder missbraucht werden. Folglich kann auf ein Zeremoniell oder Ritual des Zerbrechens zurückgeschlossen werden. Um dieses Ritual zu vollenden, war es offenbar nötig, bei einer angemessenen Gelegenheit ein Fragment oder Fragmente der nun nicht mehr gebrauchten Ritualgegenstände nach Keros zu bringen und dort im Zug eines Rituals zu entsorgen oder niederzulegen.

Die meisten der im „Special Deposit South" entdeckten 553 Figurinenfragmente gehören dem bekannten kanonischen „folded-arm"-Typus an, der eine nackte, meist weibliche Figur zeigt, deren Unterarme, gewöhnlich mit dem linken über dem rechten, über den Bauch gelegt sind. Fast alle der bekannten und definierten Varianten dieser „folded-arm"-Figurinen sind vertreten, mit Ausnahme der frühesten, der Kapsala-Variante. Die Spedos-Variante ist die häufigste in Kavos und überhaupt auf den Kykladen. Auch die schlanke, manchmal elegant geformte Dokathismata-Art ist gut vertreten, ebenso wie die entschieden weniger elegante Chalandriani-Variante. Die Größe der Skulpturen schwankte im unzerbrochenen Zustand zwischen 5 und 116 cm. Ein großes Hüftfragment, das zusammen mit den oben erwähnten geradlinig angeordneten Steinen gefunden wurde, stellte sich als an ein Becken anpassend heraus und zeigt nun den eindrucksvollen mittleren Teil einer Figur, die ursprünglich ca. 1 m hoch war (s. Abb. linke Seite)

Die Siedlung von Daskalio

Die Ausgrabung der Siedlung von Daskalio stellte sich als sehr aufschlussreich heraus. Die Insel ist nur 195 m lang und recht steil, mit einer Höhe bis zu 34 m. Feldbe-

Luftbild der Siedlung von Daskalio

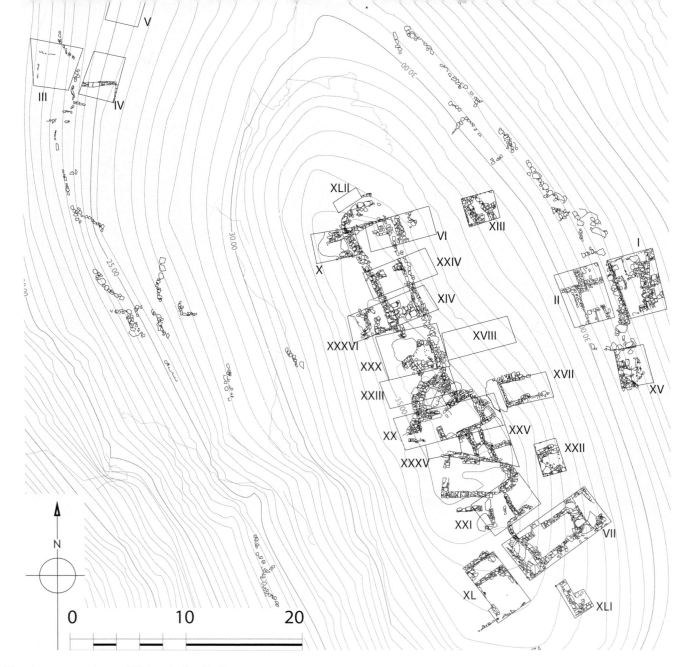

Plan der ausgegrabenen Flächen in der Siedlung von Daskalio bei Keros. Maßstab in Metern

gehungen zeigten, dass ein großer Teil in frühkykladischer Zeit besiedelt war (s. Abb. oben und rechte Seite). Massive Terrassenmauern waren früh in der Zeit der Keros-Syros-Kultur aus lokalem Stein errichtet worden. Die gut nachvollziehbare Stratigrafie erlaubte eine Unterteilung der Schichten in drei Phasen. Die früheste, die Daskalio-Phase A, kann der Zeit der Keros-Syros-Kultur zugerechnet werden und ist gleichzeitig mit der ersten Nutzung des „Special Deposit South" in Kavos, auf der anderen Seite der 80 m breiten Meerenge. Daskalio-Phase B weist Keramik der Kastri-Gruppe auf. Die Besiedlung dauerte, anscheinend ohne Siedlungslücke, bis in die Daskalio-Phase C, eine späte Phase innerhalb der kykladischen Frühbronzezeit, an. Das Forschungslabor für Archäologie und Kunstgeschichte in Oxford datierte Radiokarbonproben aus Daskalio und kam zu dem Ergebnis, dass die Dauer der Siedlung von Daskalio zwischen ca. 2750 v. Chr. und 2300 v. Chr. angesetzt werden kann.

Im Zuge der Grabungskampagnen von 2007 und 2008 wurde der Großteil der Hügelkuppe ausgegraben. Am südlichen Ende hat sich Trockenmauerwerk von Gebäuden gut erhalten, flankiert von einer schmalen Straße oder Gasse, die zum höchsten Punkt hinaufführte. Nahebei lag eine ungefähr runde Einfriedung, in der mehr als 400 weiße, gerundete Kiesel gefunden wurden. Petrologische Untersuchungen zeigten, dass diese nicht von Keros stammen, sondern von der etwa 5 km entfernten Insel Ano Kouphonisi hierhergebracht und ganz gezielt, vielleicht einer nach dem anderen, in der Einfriedung niedergelegt wurden. Nördlich davon liegt die ca. 16 m × 4 m messende „Halle", das größte Gebäude auf der Hügelkuppe. Es gab Unmengen an Keramik, die sich großteils zusammensetzen ließ.

Ein paar kleine schematische Marmorfigurinen wurden gefunden, nicht alle davon beschädigt (s. Abb. folgende Seite). Bemerkenswerterweise wurde nicht ein einziges Fragment der in den besonderen Ablagerungen in Kavos so verbreiteten „folded-arm"-Figuren in Daskalio gefunden. Auch gab es keine Fragmente von Schalen mit dickem, nach innen abgerundetem Rand („rolled rim"), die im „Special Deposit South" in Kavos als häufigstes Marmorobjekt mit ca. 450 Stücken vertreten sind. Eine Besonderheit der Siedlung von Daskalio sind die zumeist aus weißem Marmor guter Qualität errichteten Mauern. Dieses Baumaterial ist in Daskalio nicht vorhanden und auch nicht auf Keros verfügbar. Es musste mit Booten hergeschafft werden, fast sicher von der Süd-

Blick auf die ausgegrabene Hügelkuppe von Daskalio. Ansicht von Norden

Schematische Figurinen aus weißem Marmor aus der Siedlung von Daskalio (Maßstab in cm)

küste von Naxos, aus einer Entfernung von 12 km nach Nordwesten.

Die Siedlung von Daskalio zeigt manch weiteren interessanten Aspekt, eingeschlossen Belege für die Bearbeitung von Obsidian (der von der Kykladeninsel Melos stammt). Außerdem gibt es klare Hinweise auf Metallverarbeitung in der Siedlung. Das Kupfer dafür wurde wahrscheinlich auf Kavos geschmolzen, an einer Stelle, die etwas nördlich des „Special Deposit North" lag. Kup-

fererz ist lokal nicht vorhanden und musste importiert werden. Die Siedlung von Daskalio war groß – auch im Vergleich zu den größten Orten, die aus dieser Zeit auf den Kykladen bekannt sind – und könnte auf der ganzen Fläche bis zu 300 Personen beherbergt haben. Es gibt aber Hinweise darauf, dass die Siedlung möglicherweise nicht das ganze Jahr über bewohnt war, denn die gefundenen Steinwerkzeuge zeigen ein eher eingeschränktes Spektrum, das nur wenige der im Alltag besonders wichtigen Geräteformen, wie z. B. Mahlsteine, aufweist. Andere Faktoren, wie Umweltbedingungen und das Repertoire importierter Artefakte, legen nahe, dass die Siedlung saisonal genutzt wurde.

Jenseits der Plünderungen

Die Befunde aus Keros sind bemerkenswert, insbesondere die große Bandbreite an absichtlich zerbrochenen Marmorgefäßen und -skulpturen, die im „Special Deposit South" gefunden wurden. Durch systematisch durchgeführte Arbeiten im „Special Deposit North", zuerst durch Doumas, dann durch Zapheiropoulou, sind die Schäden durch die Plünderungen der Zeit vor 1963 und das Ausmaß des Verlusts gut dokumentiert. Die Plünderer nahmen alle Figurinenfragmente mit, derer sie habhaft werden konnten, wenngleich noch 317 Stücke bei den anschließenden archäologischen Untersuchungen entdeckt werden konnten. Es handelt sich dabei um eine signifikant geringere Anzahl als die unserer Ausgrabungen im „Special Deposit South", bei denen 553 Figurinenfragmente gefunden wurden. Hier kamen auch etwa 2200 Marmorgefäßfragmente zutage (auch Schalen mit gerolltem Rand). Diese Zahl aber ist drei- bis viermal geringer als die Marmorgefäßbruchstücke aus den verschiedenen archäologischen Untersuchungen seit 1963 im „Special Deposit North". Daraus geht hervor, dass die Raubgräber nicht an Marmorgefäßfragmenten interessiert waren und die, wenngleich ebenfalls fragmentierten, Skulpturen bevorzugten. Dies lässt den Schluss zu, dass die von den Plünderern in den Jahren vor 1963 entfernte Menge an Skulptur alles bisher in Kavos Entdeckte mengenmäßig deutlich überstiegen haben könnte. Einen Eindruck von der Größe dieses Verlusts kann man sich aus dem Buch *The Keros Hoard* von Panagiota Sotirakopoulou verschaffen, in dem viele der Stücke abgebildet sind, die später auf dem Antikenmarkt auftauchten, nachdem sie seinerzeit von Keros weggebracht worden waren. Dies lässt sich aus Aussagen des verstorbenen Nikolaos Koutoulakis schließen, der nachgewiesenermaßen für den rechtswidrigen Verkauf dieser Stücke in Europa und Amerika und mutmaßlich auch für ihre illegale Ausfuhr aus Griechenland verantwortlich zu machen ist.

Der Verlust, den die Raubgrabungen auf Keros verursacht haben, ist für die Wissenschaft immens. Dennoch lässt sich im Licht der seit 1963 durchgeführten systematischen Arbeiten vieles faktisch feststellen. Die recht merkwürdige Insel Keros mit ihren gewaltigen rituell motivierten Ablagerungen von vorsätzlich fragmentierten Artefakten und insbesondere Skulpturen, Marmorgefäßen und Feinkeramik, war ungefähr 400 Jahre lang ein Fokus, ein symbolischer Anziehungspunkt innerhalb der kykladischen Inseln. Tatsächlich scheinen sogar Objekte in zerbrochenem Zustand von so entfernten Orten wie dem festländischen Griechenland nach Keros gebracht worden zu sein – aus Kreta allerdings konnten bisher noch keine nachgewiesen werden. Keramisch-petrologische Untersuchungen lassen sicher auf den rituellen Besuch von Bewohnern einer ganzen Reihe kykladischer Inseln schließen, darunter Naxos, Amorgos und Syros. Die Vielzahl der Formen der ausgegrabenen „folded-arm"-Figurinen weist jedenfalls darauf hin, dass viele oder gar die meisten der kykladischen Inseln mit einbezogen waren.

Mittlerweile ist von Keros mehr kykladische Skulptur überliefert als von allen früheren archäologischen Ausgrabungen auf den Kykladen zusammengenommen. Obwohl in der Vergangenheit oft angenommen worden ist, dass Marmorgefäße und Skulpturen in erster Linie für den Grabbrauch geschaffen worden waren, kann diese Ansicht nun nicht länger aufrechterhalten werden. Sie wurden hergestellt, um verwendet zu werden, vermutlich bei rituellem Gebrauch, in den Siedlungen der Lebenden. Ganz offensichtlich schien es oft angemessen, sie den Verstorbenen ins Grab mitzugeben: eine Praxis, die den Reichtum kykladischer Nekropolen erklärt. Aber genauso viele Marmorgefäße und Figuren, die auf diese Weise verwendet wurden, wahrscheinlich sogar eher mehr, wurden am Ende ihrer Nutzungsdauer Zerstörungsritualen zugeführt. Von diesen wurden dann viele, oder richtiger: Teile von vielen, nach Keros verbracht.

Trockenmauerwerk aus importiertem Marmorstein (wahrscheinlich aus dem Süden von Naxos) in der Siedlung von Daskalio

Der Bund von Keros in der kykladischen Frühbronzezeit

Aus diesen neuen Forschungen entsteht ein klares Bild. Keros war in der Frühbronzezeit Heimstatt eines bedeutenden Heiligtums, eines ersten pankykladischen Heiligtums. Es diente als symbolischer Anziehungspunkt für die ganzen Kykladen und sein Einfluss scheint sich sogar darüber hinaus ausgedehnt zu haben, bis hin zum griechischen Festland. Das Heiligtum selbst war nicht mit eindrucksvollen Bauwerken ausgestattet, wie sie zwei Jahrtausende später im panhellenischen Heiligtum auf der Kykladeninsel Delos entstanden sind. Sein Hauptmerkmal waren die rituellen Opfergaben, die, immer in absichtlich fragmentarischem Zustand, in zwei besonderen Ablagerungen auf der Terrasse unter den zerfurchten Klippen im Westen der Insel Keros deponiert wurden.

Die so dargebrachten Objekte gehörten einem wohldefinierten Repertoire an. Das bevorzugte Medium war Marmor, der zur Herstellung von Marmorgefäßen eines beschränkten Formenspektrums und von kleinen Skulpturen oder „Figurinen" standardisierter Gestalt, gewöhnlich im kanonischen „folded-arm"-Typus, benutzt wurde.

Nun, da wir dieses Heiligtum und seinen unbestreitbaren Stellenwert erkannt haben, sollten wir innehalten und seine Bedeutung in einem größeren Rahmen betrachten. Das Gemeinschaftsgefühl, das in den Teilnehmern der Niederlegungsrituale heranwuchs, muss immens gewesen sein. Die strikte Konformität hinsichtlich Stil und Gestalt der dargebrachten Güter, auch wenn sie in einer ganzen Reihe verschiedener Inseln hergestellt und verwendet wurden, liegt dem „Kykladischen Stil" dieser Skulpturen und Gefäße in Marmor und Ton zugrunde. Eine weitere markante Form ist der „Stößel" von zylindrischer Form und nur einige Zentimeter lang, häufig aus Schalen der zweischaligen Meeresmuschel *Spondylus gaederopus*, die von manchen Forschern für Gewichte gehalten werden. Diese Deutung scheint uns insgesamt etwas zweifelhaft, wenngleich Steine zylindrischer Form gelegentlich so benutzt worden sein könnten. Ihr Vorhandensein im Heiligtum von Kavos könnte auf eine weitreichendere symbolische Bedeutung verweisen.

Es ist nicht völlig korrekt, von „Religion" oder „Kult" auf Keros zu sprechen, insofern dabei an die Verehrung von Gottheiten gedacht wird. Zwar kann dies nicht ausgeschlossen werden, aber was sich uns hier in erster Linie bietet, ist ein Bild wiederholter Reisen oder „Pilgerfahrten" (wenn dieser Begriff statthaft ist) an diesen besonderen Platz, um bestimmte, genau festgelegte Ritualhandlungen durchzuführen. Diese basierten auf der Niederlegung eines engen Formenspektrums symbolischer Objekte, die immer in fragmentarischem Zustand und nach systematischem Zerbrechen, das offenbar andernorts stattfand, abgelegt wurden. Möglicherweise waren es die Gemeinschaftlichkeit der Handlung und die periodischen Zusammenkünfte, die von noch größerer Bedeutung waren als irgendein anzunehmender religiöser Kult. In dieser Hinsicht mag der Vergleich mit Delos angebracht sein, weniger unter Hinweis auf den Delischen Apollon und auf Artemis als auf den Delisch-Attischen Seebund. Der Zusammenschluss verschiedener Gesellschaften des 3. Jahrtausends v. Chr. hatte Keros zum Zentrum und kann so in der Tat als Bündnis von Keros bezeichnet werden. Erstmals wurde im ägäischen Raum eine ganze Region – die Kykladen – in gemeinschaftlichem symbolischem Handeln zusammengefasst. Sie bildete eine untereinander verbundene Gemeinschaft von Teilnehmern, eine *koinē*, die sich, etliche Jahrhunderte vor der Vereinigung der kretischen Paläste in einem einzigen Staat, hier zusammenfand. Sie entstand zwei Jahrtausende bevor sich die einzelnen Poleis des klassischen Griechenland, wiederum durch Vermittlung von Orten mit symbolhaltiger Anziehungskraft (die Olympischen Spiele und andere periodische Rituale eingeschlossen), in einer dauerhaften panhellenischen Einheit verbanden.

Lit: Broodbank 2000 – Doumas 1964 – Getz-Gentle 2008 – Getz-Gentle 2008a – Hendrix 2003 – Hoffman 2002 – Renfrew 2010 – Renfrew/Boyd im Druck – Renfrew u. a. 2007 – Renfrew u. a. 2007a – Renfrew u. a. 2009 – Renfrew u. a. in Vorb. – Sotirakopoulou 2005 – Zapheiropoulou 1967 – Zapheiropoulou 1968 – Zapheiropoulou 1968a

Vielfalt der Idole
Typologie und Formenreichtum kykladischer Idolplastik

von **Bernhard Steinmann**

Kykladenidole unterliegen nicht einem einzigen, standardisierten Aussehen. Je nach zeitlicher Stellung und individuellem Gestaltungswillen des einzelnen Bildhauers kann ihr Aussehen variieren. Zudem ist eine ganze Reihe Sonderformen bekannt, die nicht dem üblichen Schema der nackten weiblichen Figur mit vor den Körper gelegten Armen entspricht. In der Forschung erleichterte man sich den Umgang mit der großen Menge an Idolen, indem sie entsprechend ihres Aussehens oder einzelner Merkmale in verschiedene Gruppen eingeteilt werden. Oft stellte sich dabei heraus, dass diese Gruppen auch in einem zeitlich unterschiedlichen Verhältnis zueinander stehen. Im Folgenden möchte ich lediglich einen allgemeinen Überblick über das reiche Spektrum kykladischer Skulptur geben, ohne näher auf ihre Deutungsmöglichkeiten eingehen zu wollen (zu diesem Thema s. Seite 194 ff.).

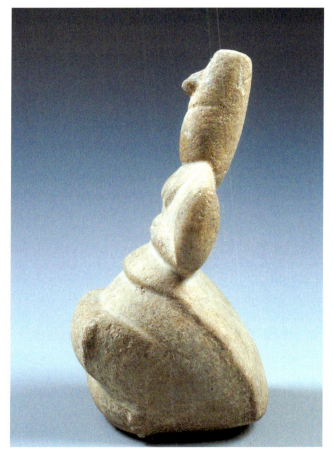

Neolithisches hockendes Idol, Marmor, H. 19 cm. Brüssel, Musées Royaux d'Art et d'Histoire Inv. A 3029

Anfänge im Neolithikum

Der Beginn der kykladischen Idolplastik liegt im Neolithikum. Verbreitet war die dickleibige weibliche Figur, die entweder stehend oder im Schneidersitz dargestellt wurde (s. Abb. vorige Seite). Mit ihren Händen hält sie in einem charakteristischen Gestus ihre Brüste. Diese Figuren sind weitgehend naturalistisch gearbeitet und stellen den menschlichen Körper in organisch gerundeter Form dar. Beispiele dafür sind Idole aus Saliagos und Naxos, die in das späte Neolithikum (5300–4300 v. Chr.) gehören.

Bereits in der neolithischen Phase begann man bei der Darstellung des menschlichen Körpers mit der Abstrahierung und Reduzierung zu experimentieren. Ein Beispiel, ebenfalls aus Saliagos, ist ein flach gearbeitetes Idol aus Marmor mit violinförmigem Körper und gelängtem Hals (s. Abb. Seite 36). Die detaillierte Ausarbeitung des Kopfes fehlt gänzlich, allein eine Kerbe trennt ihn vom Hals. Die Figur ahmt in ihrem äußeren Umriss jedoch jene hockenden, dickleibigen weiblichen Idole nach und übersetzt sie zeichenhaft in eine abstrakte Formensprache. Weitere Möglichkeiten der Abstraktion zeigen die tönernen Idole aus Phtelia auf Mykonos, die mit ihrem nach oben gewandten Gesicht, der markant herausgearbeiteten Nase, dem dreieckigen Kopf und dem vereinfacht dargestellten Torso bereits die klassische Form des Kykladenidols vorwegnehmen.

Die Frühbronzezeit

Die ersten frühbronzezeitlichen Vertreter kykladischer Idolplastik sind die violinförmigen Idole. Sie stehen in direkter Nachfolge des abstrakten neolithischen Idols aus Saliagos und sind typisch für die Phase Frühkykladisch I. Auch sie sind flach gearbeitet und haben einen gelängten Hals ohne Angabe eines Kopfes. Varianten zeigen sich in der Ausarbeitung der Körper, die sowohl gerundet als auch eckig gestaltet sein können. Bei manchen, wie dem Stück aus Karlsruhe (Kat. 5), sind in der Körpermitte Linien angegeben, die die unter den Brüsten liegenden Arme andeuten sollen. Die Violinform ist auch hier, wie bei dem Idol aus Saliagos, eine abgekürzte, zeichenhafte Form der hockenden, dickleibigen weiblichen Figur.

In die gleiche Zeitstufe fällt eine Variante kykladischer Idole, die einem völlig anderen Gestaltungsweg folgt. Diese Figuren sind im Vergleich zu den Violinidolen natu-

Männliche Figur des Plastiras-Typus mit Kopfbedeckung

ralistisch dargestellt, weisen plastisch ausgearbeitete Gesichtsmerkmale wie Mund und Augen auf und tragen auf dem Kopf eine Kopfbedeckung oder aufwendige Frisur (s. Kat. 25). Die Arme sind im üblichen Gestus bereits etwas schematisch unter die Brüste geführt und noch nicht übereinander gelegt, wie dies bei den späteren Figurinen typisch werden sollte. Meist stoßen die Fingerspitzen auch aneinander. Die Beine sind getrennt voneinander gearbeitet. Reparaturstellen zeigen, dass dies eine bruchgefährliche Stelle war. Allgemein bezeichnet man diese Gruppe nach der Nekropole von Plastiras auf Paros als Plastiras-Typus. Die meisten Vertreter dieser Form sind weiblich, doch sind auch einige männliche Idole dieses Typus bekannt (s. Abb. oben). Interessanterweise sind sie im selben Schema dargestellt wie die weiblichen Figurinen.

Bereits an das Ende der Frühkykladisch I-Periode gehört ein weiterer Idoltypus, der sich wiederum von den anderen beiden unterscheidet: der Louros-Typus. Benannt ist er nach einem reichen Fund aus Grab 26 der Nekropole von Louros Athalassiou auf Naxos, in dem insgesamt sieben Louros-Idole, die bekannte „Kykladenpfanne" mit der Darstellung von Spiralen und Fischen, eine Silberkette und zahlreiche Steingefäße gefunden wurden (s. Abb. unten).

Der Kopf dieser Idole ist dreieckig ohne plastische Darstellung einer Nase. Der Körper ist durch Ritzungen gegliedert und kann, wenn auch selten, plastische Details tragen, wie dies an den herausgearbeiteten Brüsten des Idols aus der Skulpturensammlung Dresden zu sehen ist (s. Kat. 28). Der Schambereich ist durch ein eingeritztes Dreieck meist deutlich hervorgehoben. Die Arme wirken stummelartig, doch ist auch hier erneut das Motiv des Haltens der Brüste, an neolithischen Idolen deutlich erkennbar, gemeint und nur schematisch wiedergegeben. Die Beine können sowohl separat als auch zusammen gearbeitet sein.

Die Blütezeit kykladischer Idolplastik

Die Blütezeit der Kykladenidole ist aber die Phase Frühkykladisch II. Die kykladische Bildhauerkunst findet für die plastische Darstellung der weiblichen Figurine und des Menschen überhaupt eine einheitliche Bildsprache.

Es entsteht eine klassische Form, die in ihrer Ausgewogenheit, Eleganz und Perfektion auch heute noch anspricht. Colin Renfrew spricht hier, ein gemeinsames Merkmal aller Idole dieser Zeitstufe als typisch aufgreifend, allgemein von „folded-arm figurines" (FAFs), den

*Die kykladische Bildhauerkunst findet in **Frühkykladisch II** für die plastische Darstellung des Menschen überhaupt eine einheitliche Bildsprache*

„Figurinen mit übereinandergelegten Armen". Gemein ist ihnen nicht nur dieses Motiv. Auch der leicht in den Nacken gelegte Kopf mit der plastisch herausgearbeiteten Nase, die plastisch herausgearbeiteten Brüste, das scheinbare „Stehen" der Figur nur auf Zehenspitzen und die häufig leicht gebeugten Knie. Ritzlinien können verschiedene Details wie Rückenlinie, Schamdreieck oder Körperfalten angeben. Mit Farbe wurden diese Details meist noch hervorgehoben, andere waren nur mit Farbe angegeben, so Augen, Mund und Körperbemalung.

Renfrew unterteilte die FAFs grob in verschiedene Gruppen, die sich im Material immer noch gut ausmachen lassen. Sein 1969 erstelltes, grundsätzliches Schema besitzt daher heute noch Gültigkeit, wenn es sich in Details auch erweitern ließe.

Funde aus dem Grab 26 von Louros Athalassiou, historische Aufnahme

Idol des Kapsala-Typus aus Heidelberg, s. Kat. 77

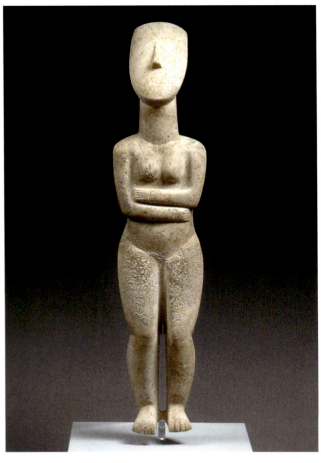

Kykladenidol des Spedos-Typus, Marmor, H. 58,5 cm im Museum zu Allerheiligen, Schaffhausen, Sammlung Ebnöther

Von auffälliger Schönheit ist der Kapsala-Typus, benannt nach einer Nekropole auf der Insel Amorgos. Bemerkenswert ist die schlanke Gestalt. Die Schultern sind schmal und fast alle Körperformen sind gerundet und plastisch wiedergegeben. Die Brüste sind deutlich herausgearbeitet und meist etwas eckig. Unter den FAFs ist dieser Typus wahrscheinlich der früheste, denn sie „stehen" meist noch nicht auf Zehenspitzen wie die übrigen Figurinen. Das sowie die plastische Ausarbeitung vieler Details verbindet sie mit den Frühkykladisch I-Figurinen des Plastiras-Typus.

Die Idole des Spedos-Typus stehen dem Kapsala-Typus sehr nahe. Zahlenmäßig gehört der Spedos-Typus zu den häufigsten und auch bekanntesten unter den Kykladenidolen. Namen gebend war auch hier eine Nekropole auf der Insel Naxos. Allgemein wirken sie kräftiger als die Idole des Kapsala-Typus, ohne jedoch zu sehr von ihrer organischen Durchgestaltung zu verlieren. Der Kopf ist typischerweise lyraförmig, kann aber auch mehr gerundet oder auch leicht dreieckig sein. Deutlich hervorgehoben sind Bauchpartie und Taille, die normalerweise schmaler ist als Hüfte und Oberschenkel. Arme und Knie sind plastisch herausmodelliert, genauso wie die Brüste. Ritzungen werden nicht allzu häufig verwendet, sodass zum Beispiel das Schamdreieck nicht immer deutlich angegeben ist (s. Abb. oben rechts).

Von einer etwas anderen Grundkonzeption sind die beiden folgenden Typen. Hier steht weniger das Organisch-gerundete, sondern vielmehr das Geometrisch-schematisierende bei der Darstellung des menschlichen Körpers im Vordergrund. Dennoch gehören sie in die gleiche Zeitstufe wie die beiden zuvor besprochenen

Typen. Eine durchgängige Entwicklungslinie ist daher nicht anzunehmen.

Der Dokathismata-Typus wurde nach zwei sehr charakteristischen Idolen aus dem Grab 14 der Nekropole Dokathismata auf Amorgos benannt (s. Abb. unten). Die Figurinen sind meist sehr dünn, lang und flach gearbeitet. Auffällig sind der dreieckige Kopf und die breiten, eckigen Schultern. Der übrige Körper verjüngt sich keilförmig zu den Füßen hin, wobei auf Rundungen fast vollständig verzichtet wird. Nur die Taille ist leicht eingezogen. Die Beine stehen eng beieinander und sind nicht durchbrochen, lediglich eine Ritzlinie trennt sie. Details wie das Schamdreieck oder die Rückenlinie sind ebenfalls durch Ritzlinien wiedergegeben. Im Vergleich zu den Idolen des Kapsala- und des Spedos-Typus baut ihre Gestaltung wesentlich mehr auf geometrischen denn auf organischen Formen auf. Sie wirken dadurch in höherem Grade abstrahiert, was mit einer nur durch Ritzlinien angegebenen Binnenzeichnung verstärkt wird. Plastisch hervorgehoben sind, wenn auch sehr verhalten, nur Brüste, Bauch und Glutäen.

Der Chalandriani-Typus trägt seinen Namen nach der Nekropole von Chalandriani auf Syros. Er ähnelt dem Dokathismata-Typus in seiner flachen, kantigen äußeren Form, steigert dieses Stilmittel aber noch weiter: Der Brustkorb ist fast viereckig gearbeitet und durch die Arme gerahmt. Schultern und Hals bilden bei einigen Vertretern sogar fast einen rechten Winkel. Allgemein wirken die Figurinen sehr gedrungen, was durch die sehr breite Schulterpartie und den verkürzten, meist sogar fehlenden Bauchbereich zu erklären ist (s. Kat. 97 und 98).

Gelegentlich ist eine veränderte Armhaltung zu beobachten, bei der das Schema der übereinandergelegten Arme aufgebrochen wird. Liegt der eine Arm noch kanonisch über dem Bauch, ist der andere quer über die Brust geführt. Die Veränderung dieses seit dem Neolithikum tradierten Gestus ist bemerkenswert, doch erschließt sich seine Bedeutung momentan nicht aus dem bekannten Material.

Der Typus weist nicht nur weibliche, sondern auch männliche Vertreter auf. Diese tragen meist eine Art Lendenschurz und können einen Dolch in der Hand halten. Die Kriegerfigurine aus Dresden ist ein Beispiel dafür (s. Kat. 73).

Der Chalandriani-Typus dürfte zeitlich recht spät innerhalb der Gruppe der FAFs sein, wohl in der Kastri-Phase am Übergang von Frühkykladisch II zu III.

Besondere Figuren

Neben den kanonischen weiblichen, aufrecht „stehenden" Idolen sind noch weitere Varianten bekannt, die nicht nur die Vielfalt kykladischer Idolplastik zeigen, sondern auch zur Vorsicht vor allzu allgemeinen Interpretationsansätzen mahnen. Die Sonderfiguren gehören typologisch zu den bereits behandelten Figurengruppen. Häufig sind sie vor allem dem Spedos- und gelegentlich auch dem Dokathismata-Typus zuzuweisen.

Prominentestes Beispiel sind natürlich die Musikanten, welche als Harfenspieler, als Doppelflötenspieler und als Syrinxspieler begegnen (s. Seite 58 f.).

Faszinierend und gleichzeitig rätselhaft sind die Darstellungen von Idolgruppen. Das Badische Landes-

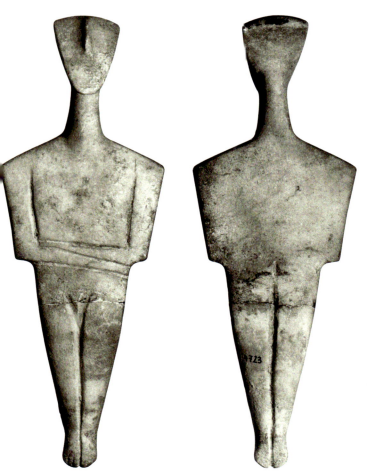

Eines der beiden namengebenden Idole des Dokathismata-Typus

Doppelflötenspieler und thronender Harfenspieler von der Insel Keros, wie sie von Ulrich Köhler 1884 in der Erstpublikation der Figuren abgebildet wurden.

museum bietet mit einer Zweiergruppe, bei der ein kleines Idol auf dem Kopf eines größeren steht, ein eindrucksvolles Beispiel für diese Variante (s. Kat. 93). Beide gehören dem Spedos-Typus an. Das Kykladenmuseum Athen birgt das Fragment eines typgleichen Vergleichsstückes, und im Nationalmuseum von Kopenhagen ist ein weiteres des Dokathismata-Typus vorhanden. Fehlende Fundkontexte und unsere Unkenntnis der Verwendung dieser Sonderfigurinen erschweren eine Deutung, sodass man über spekulative Ansätze wohl nicht hinauskommt.

Zu den Idolgruppen sind auch solche zu zählen, bei denen sich zwei Idole Arm in Arm halten (s. Kat. 91). Dieses Schema ist bereits aus dem Neolithikum bekannt, wie eine Gruppe zweier dickleibiger Tonidole aus Domeniko bei Larissa/Thessalien belegt. Die marmornen Vertreter dieser Gruppe von den Kykladen sind sämtlich in fragmentarischem Zustand aufgefunden worden, keine einzige Figur ist vollständig erhalten oder stammt aus einer modernen wissenschaftlichen Grabung. Ihre Bedeutung erschließt sich daher nicht aus dem Fundmaterial und den Fundkontexten. Gewiss sind sie aber anders zu sehen als die üblichen weiblichen Einzelfiguren. Es waren keine Begleiter des Menschen durch das Leben, die bei wichtigen Anlässen entsprechend neu bemalt wurden, denn die Doppelung des Idols ergäbe sonst keinen Sinn. Hier drücken sich wohl religiöse Vorstellungen aus, die sich uns heute kaum mehr erschließen.

Die Steigerung der Zweiergruppe ist die Dreiergruppe, wie sie in dem wohlerhaltenen Karlsruher Stück vertreten ist (Kat. 90). Zwei männliche Figurinen tragen auf

Die Karlsruher Dreiergruppe

ihren Armen eine sitzende, wahrscheinlich weibliche Gestalt (s. Abb. vorige Seite). Mehrere bekannte Varianten der Kykladenplastik finden hier zusammen: die stehende männliche Figur auf einer Standplatte, wie sie bei Flöten- und Syrinxspielern vorkommt, das Motiv der Zweiergruppe, bei denen sich beide Idole Arm in Arm halten, und die sitzende oder thronende weibliche Gestalt. Versucht man eine Deutung, könnte die Sitzfigur der Ausgangspunkt sein: das Thronen als Würdeformel für eine höherstehende Person (oder Gottheit), die von männlichen Trabanten getragen wird. Ob es sich hier nun um eine göttliche Gruppe, ein mythologisches Thema oder die Darstellung bestimmter Kultaktivitäten handelt, bleibt spekulativ.

Weibliche Sitzfigur aus Grab 13 von Aplomata

Thronende weibliche Figurinen sind nicht allzu häufig. Meist sitzen sie auf einem einfachen vierfüßigen Hocker, ihnen kann aber auch, wie das Beispiel aus Grab 13 von Aplomata von Naxos lehrt, ein prunkvoll gestalteter Thron als Sitzmöbel dienen (s. Abb. links). Dies verbin-

*In den Idolgruppen drücken sich wohl **religiöse Vorstellungen** aus, die sich uns heute kaum mehr erschließen*

det sie mit den Harfenspielern, die sich des gleichen Sitzmobiliars bedienen. Das Thronen ist, wie bereits erwähnt, wohl als Würdeformel zu verstehen. Somit heben sich diese weiblichen Idole aus der Masse der kanonischen Idole hervor, auch wenn sie grundsätzlich vom gleichen Typus sind. Hier ist ebenso wie bei den Gruppen nicht davon auszugehen, dass es sich um gewöhnliche Figurinen handelt, welche als Lebensbegleiter dem Besitzer Schutz spendeten. Sie erfüllten wohl eine andere, vielleicht aber ähnliche Funktion. Die meisten Thronenden stammen aus Grabkontexten, eben aus der besagten Nekropole von Aplomata, und konzentrierten sich dort auf nur wenige, reich ausgestattete Gräber. Allein Grab 13 enthielt drei thronende Figurinen, weitere Idole gewöhnlichen Typus und Marmorgefäße. Vielleicht liegt mit dem Thron nicht das Würdezeichen einer Gottheit, sondern ein Attribut vor, das mehr über den Idolbesitzer und Auftraggeber der Arbeit aussagt. Dadurch, dass „sein" Idol thront, hebt es sich von den übrigen ab. In diesem Fall wäre das Sitzmöbel als Ausdruck von Status zu verstehen.

Dieser Gruppe anzugliedern wären männliche Sitzfiguren. Sie sind außerordentlich selten und nur in einem vollständigen Exemplar aus dem Kykladenmuseum Athen und einem beschädigten aus der Aplomata-Nekropole von Naxos überliefert. Beide strecken ihren rechten Arm nach vorne und haben ihren linken vor die Brust gelegt. In der rechten Hand halten sie Trinkbecher, was aber nur bei der vollständig erhaltenen Figur im Kykladenmuseum zu sehen ist. Sie zu deuten, stellt einen vor die gleichen Probleme wie sie bei den anderen Sitzfiguren vorliegen. Die Würdeformel des Sitzens aber, in Kombination mit dem Trinkgestus, mag auf Trinkrituale hindeuten, die möglicherweise von der männlichen Elite im Rahmen religiöser Zeremonien durchgeführt wur-

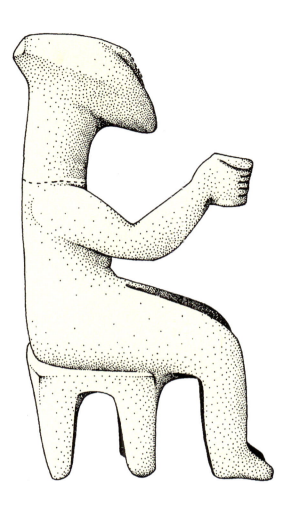

Umzeichnung der Sitzfigur des „Zechers" aus dem Museum für kykladische Kunst in Athen

den. Als Idol gearbeitet, wird hier möglicherweise der Status des Besitzers ausgedrückt.

Nicht allzu häufig ist die Darstellung von schwangeren Idolen. Die Bauchpartie ist deutlich gewölbt herausgearbeitet, sodass diese Deutung sehr naheliegend ist. Idole mit zahlreichen Bauchfalten, die gerne als Schwangerschaftsfalten gesehen werden, können ebenso dieser Gruppe zugerechnet werden. Letztendlich ist auch bei diesen Idolen die Frage nach dem Zweck offen. Hinzu kommt, dass es sich auch um zufällige Variationen handeln könnte, sodass die Interpretation „Schwangerschaft" nicht als gegeben hingenommen werden sollte. Bei der Produktion der Idole mag manch ein Bildhauer die Bauchpartie etwas gewölbter gestaltet haben als sonst üblich, ohne gleich Schwangerschaft darstellen zu wollen (s. Kat. 92).

Als letzte Gruppe der Sonderfiguren wären noch die männlichen Idole zu nennen. Sie finden sich bereits in Frühkykladisch I unter den Idolen des Plastiras-Typus (s. Kat. 27). Sie folgen zwar dem Schema der weiblichen Figuren, doch sind sie durch die Geschlechtsangabe deutlich als Männer gekennzeichnet. Häufig tragen sie auch eine bienenkorbartige Kopfbedeckung (s. Abb. Seite 176).

Unter den typischen Idolen der Stufe Frühkykladisch II sind männliche Figurinen dagegen seltener. Weder im Kapsala- noch im Spedos- oder Dokathismata-Typus finden sich üblicherweise männliche Idole, abgesehen von Musikanten oder den beiden stehenden Idolen der Karlsruher Dreiergruppe. Erst mit dem Chalandriani-Typus ist wieder eine größere Zahl männlicher Idole zu verzeichnen. Typisch ist nun die Darstellung mit einem Schultergurt, gelegentlich einem Dolch und einem Lendenschurz (Kat. 73). Die deutlich dargestellte

Späte, brettartige Idole aus der Siedlung von Phylakopi

Bewaffnung ist bemerkenswert, was in der Forschung auch Anlass war, diese späte Untergruppe der Kykladenidole als Jäger/Krieger-Figuren zu bezeichnen. In den unruhigen Umbruchszeiten an der Wende von Frühkykladisch II zu III waren derartige Idole offenbar gefragt, möglicherweise im Zusammenhang mit einem veränderten Selbstdarstellungsbedürfnis der männlichen Elite.

Inwiefern die männlichen Idole Mittler zwischen menschlicher und spiritueller Welt waren, bleibt allerdings unklar. Grundsätzlich ist eine gleichartige Verwendung wie bei den weiblichen Idolen nicht auszuschließen. Dies berührt aber die Frage, wer welche Idoltypen besaß und zu welchen Anlässen sie jeweils dienten. Die Aussage, dass Frauen nur weibliche Idole benutzten, Männer nur männliche, ist sicher zu einfach gedacht, zumal weibliche Idole aus Gräbern mit Waffenbeigabe deutlich belegen, dass auch Männer weibliche Idole verwendeten. Somit bleibt auch bei der Sondergruppe der männlichen Idole noch vieles unklar.

Das Ende der Idolplastik

In der letzten Phase der Frühen Bronzezeit, Frühkykladisch III, verliert sich die Spur der kykladischen Idole. Offenbar versiegte der Bedarf an Marmorfigurinen nach der Krisenzeit um Frühkykladisch II/III und die Kykladenbewohner suchten nach anderen Ausdrucksformen ihrer religiösen Vorstellungen. Dennoch sind einige Marmorfiguren bekannt, auch wenn sie sich nicht mehr den bereits vorgestellten Typen zuweisen lassen. In der Forschung wird gelegentlich von nachkanonischen Figuren gesprochen, wenn der Begriff auch umstritten ist und auch die Veränderungen in der Idolplastik wohl kaum treffend umschreibt.

Jedenfalls werden Figurinen nun sehr stark abstrahiert, und oft genügt nur ein einfacher Strandkiesel, den man leicht bearbeitet, um ein Idol zu schaffen. Ein Beispiel wäre der Typus Daskalio (s. Abb. Seite 172), der lediglich aus einem Rumpf, einer davon abgesetzten Kopfangabe und einer angedeuteten Nase besteht. Die brettartigen Idole aus Phylakopi zeigen gleichfalls Vereinfachungen, die sie fast schon den Frühkykladisch I-Violinidolen ähneln lassen. Andere wiederum halten sich noch grob an das alte Schema der FAFs, wenn auch eine gewisse Verwilderung der Formen festzustellen ist. Die kykladische Idolplastik in ihrer klassischen Ausprägung findet hier jedenfalls ihr Ende. Inwiefern sich hier auch Veränderungen im religiösen Bereich ausdrücken, ist schwer zu sagen. Das Verschwinden dieser Figuren erscheint als Indikator dafür, dass sich gewisse Riten und Vorstellungen überlebt hatten oder nicht mehr gebraucht wurden. Geht man davon aus, dass die marmornen, sehr aufwendig gearbeiteten Kykladenidole Bestandteil einer frühbronzezeitlichen kykladischen Elitekultur waren und diese Elite während der Krisenzeit am Ende der Kastri-Phase ihre Bedeutung einbüßte, verwundert das doch sehr rasche Verschwinden der Idole nicht.

Lit: Getz-Preziosi 1981 – Marangou 1990, 136 ff. – Papathanassopoulos 1996 – Renfrew 1969 – Renfrew 1976 – Renfrew 1991, 74 ff. – Sherratt 2000, 126 ff.

Farbig gefasst
Die Bemalung der Idole – das Experiment

von **Bernhard Steinmann** und **Andrea Wähning**

Schon in der frühen Forschung des 19. Jahrhunderts beachtete man die wenigen Farbspuren auf kykladischen Objekten und ging von einer farbigen Teilfassung kykladischer Idole wie selbstverständlich aus. Als Zeugnis dafür kann Christian Walz herangezogen werden, der 1853 in seinem Vortrag zur Polychromie antiker Plastik äußerte, dass die plastisch nicht gestalteten Augen, Mund und Haare eines der Karlsruher Harfenspieler zweifellos einst in Farbe angegeben waren. 1891 beschrieb Paul Wolters die deutlichen Farbreste auf dem „abstossend hässlichen Kopf" von Amorgos (Nationalmuseum Athen Inv. 3909, s. Abb. rechts); die Teilfassung besteht aus Strichen auf Stirn, Wangen und Nase in Rot, die Augen sind in Schwarz aufgemalt.

Diese Beobachtungen sowie die Erkenntnis, dass die Idole nie rein „marmorweiß" waren, sondern wohl immer eine Form von Teilbemalung aufwiesen, ist nie verloren gegangen, trat aber im Laufe des 20. Jahrhunderts in den Hintergrund, als der Zeitgeschmack abstrahierende Kunst, eine klare Formensprache und die Reduktion auf Grundformen schätzte und Farbfassung eher als störend empfand. Massiven Reinigungen der Marmoroberflächen für den Kunsthandel fielen wahrscheinlich viele der Bemalungen zum Opfer. So prägte sich das bis heute vorherrschende Bild strahlend weißer, wie moderne Plastik wirkender Kykladenidole ein.

Erst in jüngerer Zeit widmete sich die Forschung erneut der Frage der Farbfassung kykladischer Objekte und führte mit neuesten naturwissenschaftlichen Methoden Untersuchungen durch. Die Ergebnisse bestätigten teilweise alte Beobachtungen, teilweise erbrachten sie aber neue Einblicke in dieses noch wenig erforschte Feld.

Kopf eines monumentalen Kykladenidols mit Resten der Farbfassung im Nationalmuseum Athen Inv. 3909. Erkennbar sind parallele Striche auf den Wangen sowie Reste eines Auges.

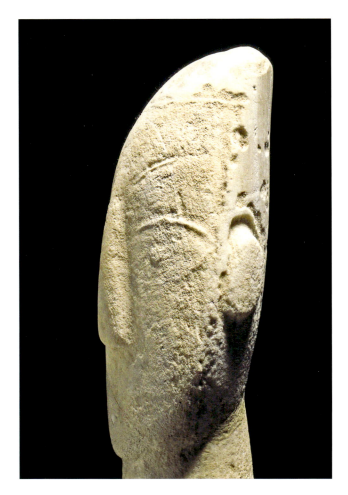

Kopf des großen Idols Kat. 45 mit deutlichen Spuren eines Verwitterungsreliefs

Grundsätzlich haben sich Reste oder Spuren der Bemalung auf kykladischen Objekten auf drei Weisen erhalten:

1. als tatsächliche und deutlich erkennbare Farben. Hier sind Reste oder Spuren des originalen Farbauftrages noch erhalten. Es ist aber zu beachten, dass Pigmente sich über die Jahrtausende verändern können und vielleicht nicht mehr die ursprünglichen Farbtöne zeigen. So kann einst leuchtend roter Zinnober heute bräunlichrot bis schwarz erscheinen. Diese chemische Umwandlung wird durch vielfältige Einflüsse der Umgebung im Laufe der Jahrhunderte verursacht.

2. als erhabenes „Verwitterungsrelief". Einst vom Farbauftrag bedeckte Bereiche der Marmoroberfläche waren bei der Lagerung im Boden geschützter und wurden weniger stark durch Verwitterungsprozesse beeinträchtigt. Die einst durch Farbe angegebenen Linien, Punkte und Flächen blieben so erhaben stehen und wirken heute wie ein herausgearbeitetes Relief, während die unbedeckte Marmoroberfläche durch Abrieb, Verwitterung oder auch Chemikalien reduziert wurde. Leider sind bei Verwitterungsreliefs keine Aussagen mehr möglich, welche Farben einst verwendet wurden. Auch mag das Fassungskonzept unvollständig sein, da weniger resistente Farbaufträge früher verschwunden sein mögen, ohne eine erhabene Oberfläche hinterlassen zu haben.

3. als ganz schwache Spuren, in der angloamerikanischen Fachliteratur als „paint ghosts" bezeichnet, die nur durch extremes Streiflicht oder Speziallampen noch sichtbar gemacht werden können. Im Prinzip handelt es sich hierbei ebenfalls um Verwitterungsreliefs, doch sind diese wesentlich schwächer ausgeprägt.

Beobachtungen an zwei Karlsruher Idolen

Die Karlsruher Sammlung verfügt über zwei Kykladenidole, an denen sich deutliche Reste ihrer einstigen Bemalung zeigen. Diese sind das große Kykladenidol Inv. 75/49 (Kat. 45) und der Idolkopf Inv. 70/550 (Kat. 46).

Das große Kykladenidol zeigt mit bloßem Auge erkennbar auf der linken Gesichtshälfte das Verwitterungsrelief eines großen Auges mit Pupille sowie einer Augenbraue. Außerdem ist eine oben waagerecht über die Stirn verlaufende Linie klar auszumachen. Ferner kann der einstige Verlauf einer Kopfbedeckung nachgewiesen werden, die an der Stirnlinie beginnt, vor den plastisch ausgearbeiteten Ohren kotelettenartig ausläuft und hinter den Ohren auf der Rückseite in Richtung Nacken spitz zuläuft. Am Halsansatz im Nacken endet sie waagerecht. Weitere Spuren der einstigen Bemalung ließen sich trotz eingehender Untersuchung nicht mehr ausmachen.

Am kleinen Idolkopf, der einst zu einer wohl 40 cm hohen Figur des Spedos-Typus gehörte, sind sowohl Farbspuren als auch ein Verwitterungsrelief erkennbar. Seine linke Wange zeigt vier rotbraune Farbpunkte, die rechte trägt derer sieben. Auf dem Kinn sind weitere fünf Punkte deutlich zu sehen. Sie sind in Reihen übereinander angeordnet. Es entspricht dem Typus des mit Punktreihen im Gesicht versehenen Idols, wie er in einigen Beispielen, so aus der Archäologischen Staatssammlung

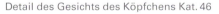

Detail des Gesichts des Köpfchens Kat. 46

Seitenansicht des Kopfes Kat. 46. In hartem Streiflicht ist das durch Verwitterung entstandene Relief der sich nach unten schlängelnden Locken gut zu erkennen.

München (Inv. 1976,235 s. Kat. 68) oder der Privatsammlung Shelby White und Leon Levy (s. Abb. Seite 197 oben), bekannt ist. Die optische Untersuchung mithilfe eines Stereoskops konnte leider nicht klären, ob es sich bei dem rotbräunlichen Pigment um ein Eisenoxid (Hämatit) oder um ehemals roten Zinnober handelt. Die erhaltenen Farbreste sind so fragil, dass selbst eine Röntgenfluoreszenzanalyse nicht gewagt wurde; eine Probenentnahme bei so geringen erhaltenen Mengen an Farbsubstanz verbietet sich. Eine rotbraune Linie ist auch in der Kerbe, die den Hals vom Kopf absetzt, noch gut sichtbar. Das ist nichts Ungewöhnliches, denn es sind hinreichend Beispiele bekannt, die belegen, dass derartige Kerben und andere Hautfalten oft rot oder rotbraun hervorgehoben waren. Die in der Literatur zu unserem Idolköpfchen hin und wieder erwähnten Spuren einer blauen Farbe in der Kerbe, die um die Nase herum angelegt ist, sind nicht antik; bei der makroskopischen Untersuchung erwiesen sie sich als rezente Reste einer Abformmasse.

Das Verwitterungsrelief ist an diesem Kopf besonders schön, und man erkennt wie an kaum einem anderen Kykladenidol Teile der einstigen Frisur: Aus der gut erkennbaren Kappe wachsen an der linken Seite und am Hinterkopf drei lange, gewellte Lockensträhnen heraus, von denen zwei bis zur Bruchkante hinunterreichen.

Der Rekonstruktionsversuch

Bei der Rekonstruktion ist man angesichts der zwar eindrucksvollen, aber durch die lückenhaften Befunde kaum hinreichenden Informationslage vor zahlreiche Fragen gestellt. Es beginnt bereits mit der Wahl der zu verwendenden Farben. Für die Kykladen ist nachgewiesen, dass ihre Bewohner blaues Azurit, rotbraunes Hämatit und aus Zinnober hergestelltes Rot als Pigmente verwendeten. Gelegentlich wird von Spuren schwarzer Farbe und in einem Fall auch eines Grüns (Malachit oder möglicherweise Grünspan?) berichtet. Anzunehmen sind natürlich die Verwendung von fast überall anstehenden Erdfarben (gelbe bis rotbraune Eisenoxide, Jarosite und Hämatit) oder Kohlenstoffschwarz (Beinschwarz, Rebschwarz, Holzkohle). Die Verwendung von pflanzlichen oder tierischen Farbstoffen, wie z. B. Kermes oder Indigo, kann nicht ausgeschlossen werden, es haben sich jedoch bisher keinerlei Spuren nachweisen lassen.

An den beiden Idolen ist nur am Kopf von Inv. 70/550 rotbraune Farbe erhalten, wobei noch unbekannt ist, aus welchem Mineral das Pigment gewonnen wurde. Die wenigen bisher publizierten naturwissenschaftlichen Untersuchungen von Farbresten an Kykladenidolen ergaben für rote Farbe die Verwendung von Zinnober oder Hämatit.

Es ist außerdem nicht näher bekannt, in welcher Korngröße und in welchem Reinheitsgrad die Kykladenbewohner ihre Farbmittel verwendeten. Die größten Farbunterschiede ergeben sich bei der Zubereitung von Azurit: das grob zerstoßene blaue Mineral ergibt einen mittelblauen Farbton. Durch einfache Sedimentation in Wasser lassen sich große, strahlend blaue Körner bis hin zu feinsten, nur noch graublau wirkenden Teilchen voneinander trennen. Verunreinigungen durch Malachit und anderes Gestein mindern die Farbintensität.

Als Nächstes stellt sich die Frage nach den Bindemitteln, mit denen aus den Pigmenten dauerhafte – und vielleicht auch weniger stabile – Farben hergestellt werden konnten. Welche Bindemittel vor 5000 Jahren auf den Kykladen in Gebrauch waren, ist noch völlig unbekannt. Wir können lediglich Vermutungen anstellen und vorsichtig Analogieschlüsse aus späteren Zeiten ziehen. Die Herstellung von Bindemitteln war prinzipiell möglich aus Ei (Eiklar oder Vollei), Kasein (Kalkkasein), trocknendem Öl (Leinöl, Mohnöl), Harz (Mastix) oder Gummen (Tragant). Vermischt, z. B. zu einer Eikasein-Tempera, ergeben sich weitere Kombinationen. Bindemittel beeinflussen stark die optischen wie auch die technischen Eigenschaften einer Farbe. So kann Azurit in einem öligen Bindemittel fast schwarz wirken, Zinnober dagegen besonders leuchtend rot. Später wasserunlösliche Bindemittel wie Öle, Ei, Kalk oder Kasein sind dauerhafter als Leime und Gummen.

Bei den Rekonstruktionsversuchen mit verschieden gebundenen Pigmenten ergaben sich weitere Aspekte

Azurit, Institut für Geowissenschaften der Universität Heidelberg

wie möglicherweise mehrschichtiger Farbauftrag, um die Deckkraft zu erhöhen, die Wahl zwischen wässrig dünnem oder reliefhaft pastosem Farbauftrag, die hinderlichen Trocknungszeiten von Ölen usw. Die glatte, dichte Beschaffenheit der Marmoroberfläche erwies sich manchmal als ungünstig. Wie glatt geschliffen die Kykladenidole im Altertum waren, ist wohl kaum noch nachzuvollziehen. Wie weit maltechnische Kenntnisse auf den Kykladen schon vorhanden waren, ob Dauerhaftigkeit und Leuchtkraft der Farben eine Rolle spielten oder ob Zinnober, der importiert werden musste, als Luxus galt, auch darüber kann nur spekuliert werden.

Mit diesen wenigen Informationen und der Vielzahl an möglichen Varianten kann jegliche Rekonstruktion nur ein Versuch der Annäherung sein, der sicherlich Diskussion und Widerspruch anregen wird und auch soll. Denn nur auf diese Weise kann ein Erkenntnisgewinn erzeugt werden. Zukünftige Versuche können so auf diesen Erkenntnissen – seien sie nun negativer oder positiver Natur – aufbauen und müssen nicht neu beginnen, sondern schöpfen aus einem Fundus an Erfahrungen, Anregungen und Diskussionsbeiträgen. Wichtig ist auch, alte Sehgewohnheiten aufzubrechen und dem Betrachter neue Möglichkeiten aufzuzeigen. Denn auch die Menschen der ägäischen Frühzeit liebten nicht unbedingt das abstrakt Weiße, sondern schätzten mehr das Farbenfroh-lebendige, was der religiös-symbolischen, vielleicht auch prestigeträchtigen Bedeutung ihrer Idole durchaus zuträglich war.

Die Rekonstruktionen

Als Erstes wurden sowohl vom Kykladenköpfchen Inv. 70/550 und vom Idol Inv. 75/49 Repliken angefertigt, die später bemalt werden sollten. Bei dem Köpfchen entschieden wir uns für zwei freie Nachbildungen aus parischem Marmor. Bildhauerische Nachbildungen deshalb, weil uns eine Abformung zu riskant für die antiken Farbspuren erschien. Die Köpfe treffen daher das Vorbild nicht exakt. Das große Idol wurde zweimal in Kunststein nachgegossen und anschließend die Oberfläche geglättet, um die Verwitterungsspuren zu beseitigen und einen glatten Malgrund zu erzeugen. Auch hier verlor sich etwas von der originalen Oberfläche des Abgusses, sodass die Nachbildungen etwas verschliffen wirken. Da es uns aber nicht um die Rekonstruktion eines ohnehin kaum

Platte aus naxischem Marmor mit den für die Bemalungsrekonstruktionsversuche angemischten Farben

mehr vorhandenen Originalbestandes, sondern vielmehr um das Veranschaulichen der Farbigkeit kykladischer Plastik allgemein ging, nahmen wir dies in Kauf.

Für die Farbfassung wurde zunächst eine Platte aus naxischem Marmor in Probefelder unterteilt und darin die verschiedenen, den Kykladenbewohnern vermutlich zur Verfügung stehenden Farben aufgetragen. Die gewählten Pigmente wurden in verschiedenen Bindemitteln angemischt, um deren unterschiedliche optische Effekte darzustellen. Wir konnten uns in der Ausführung der Rekonstruktionen natürlich nur für einige der Optionen entscheiden. Als Bindemittel für die Fassung der Idolkopien wurde eine Eikasein-Tempera gewählt.

Der kleine Kopf 70/550

Den ersten der beiden Marmorköpfe bemalten wir analog zu dem tatsächlich vorhandenen Bestand an Farbspuren und Verwitterungsrelief, wie es am Original zu beobachten ist. In der Ausstellung soll die Teilrekonstruktion dem Besucher helfen, die Bemalungsspuren am Original besser ausmachen zu können (s. Abb. folgende Seite).

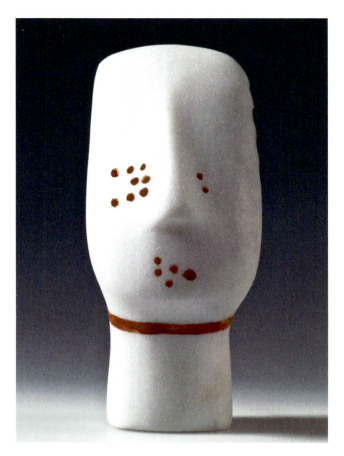 

Angabe der erhaltenen Farbreste auf dem Köpfchen Kat. 46

Rekonstruierte Vervollständigung der Bemalung von Kat. 46

Der zweite Kopf diente einer vollständigen Ergänzung des Bestandes. Wir ergänzten die Punktreihen und die Halslinie, die Locken und die Kopfbedeckung auf der jeweils anderen Kopfhälfte. Wir fügten Augen, Augenbrauen und den Mund hinzu. Als Vorbilder für die Gestaltung der Ergänzungen wie Augen und Mund dienten Befunde anderer Kykladenidole der Zeit. Für die Gesichtsbemalung und die Halslinie verwendeten wir einen den erhaltenen Farbresten ähnlichen roten Ocker. Der Mund ist nur bei sehr wenigen Idolen überhaupt erhalten geblieben. Dies mag darauf hindeuten, dass dieser Bereich des Idols im Laufe seiner „Lebenszeit" stark abgenutzt wurde (küssen des Mundes bei Ritualen?), oder es wurde eine Farbe verwendet, die weit weniger haltbar als die anderen war. Wir verwendeten versuchsweise Zinnoberrot.

Augen, Augenbrauen und Haare fassten wir in Beinschwarz. Dies taten wir entgegen der in der Literatur, vor allem von Elizabeth Hendrix, vertretenen Meinung, dass diese mit Azurit blau bemalt waren. Sie nahm an, dass sich ein erhabenes Verwitterungsrelief am besten bilden kann, wenn eine besonders haltbare Farbe diese Stellen bedeckt und die Oberflächenverwitterung des Steins aufhält. Azurit hielt sie für den besten Kandidaten, da dessen grob zerstoßene Körnchen eine dickere Farbschicht bilden und angeblich besonders gut haltbar sein sollen. Unserer Ansicht nach ist aber eher das Gegenteil der Fall. Um mit grobkörnigem Azurit einen deckenden Farbauftrag zu erreichen, muss die Farbe in einer sehr dicken oder besser mehreren Schichten aufgestrichen werden; dicke Farbschichten neigen jedoch zum Abplatzen. Bisher haben sich keine Azuritspuren an Verwitterungsreliefs finden lassen, ein weiterer Hinweis auf die technisch bedingte, geringere Haltbarkeit dieser Farbe. Andere Pigmente wie fein geriebener Zinnober oder Hämatit dagegen haben sich gut erhalten, sie bildeten aber nie Verwitterungsreliefs. Diese feinkörnigen Farben haften offenbar besser auf der Marmoroberfläche und bleiben dort selbst nach Jahrtausenden erhalten.

Daher kamen wir zu dem Schluss, dass ein anderes Pigment für die Verwitterungsreliefs von Augen und Locken verantwortlich sein musste. Kohlenstoffschwarz gehört zu den feinteiligsten Pigmenten und hat daher einen hohen Bindemittelbedarf. Mit schwarzer Farbe lassen sich die zeichnerischen Details wie Brauenbögen oder Haarlocken weitaus besser durchführen als mit einem grobkörnigen Pigment. Wir wählten Beinschwarz.

Azuritblau in zweischichtigem Auftrag verwendeten wir für die Angabe einer Kopfbedeckung. Bislang wurde in der Literatur die Ansicht vertreten, dass es sich bei der oft durch eine glatte Oberfläche erkennbaren Zone auf dem Kopf einiger Idole um die Angabe einer Haarkalotte handelt, die gleichfalls im Verwitterungsrelief stehen geblieben ist. Gerade bei dem Kopf Inv. 70/550 ist diese aber nicht derart deutlich hervortretend wie beispiels-

Seitenansicht der Farbrekonstruktion von Kat. 46 mit schwarz gemalten Haarlocken

Original und Rekonstruktion

 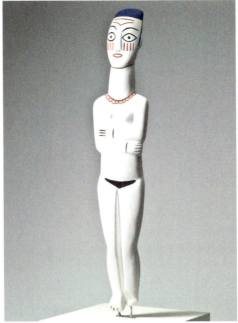 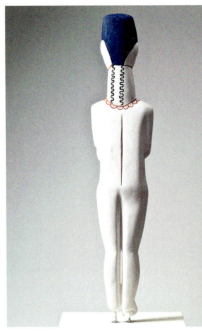

Nachweisbare Bemalung am großen Idol Kat. 45   Vorschlag für die mögliche Bemalung der Figur, Vorder- und Rückseite

weise die Haarlocken. An der Stirn des großen Idols wird dieser Kalottenbereich durch ein schmales, als Verwitterungsrelief verbliebenes Band abgetrennt. Falls dies ein Diadem andeuten soll, wäre zu fragen, in welcher Farbe es einst gefasst war. Rot entfällt, denn das hätte sich wahrscheinlich erhalten. Blau ist gleichfalls unwahrscheinlich, denn Azurit kann nicht, wie oben dargelegt, für derart deutliche Verwitterungsreliefs verantwortlich sein. Es bleibt also Schwarz, das durchaus die Eigenschaft hat, längere Zeit erhalten zu bleiben, und dieses Band somit mit den in ebenso deutlichem Verwitterungsrelief erhalten gebliebenen Haarlocken von Inv. 70/550 in Verbindung bringt; wir interpretierten das Band als schwarzen Haaransatz. Die Kalotte war mit anderer Farbe von diesem Band abgesetzt, was dafür spräche, dass ein Kleidungsstück, in diesem Fall ein Kopftuch oder eine Haube, eigentlich gemeint war. Die waagerechten, fast zweizipfligen oberen Enden unserer beiden Idole lassen ebenfalls an eine Art Mütze denken. Kopfbedeckungen und andere Kleidungsstücke sind für die sonst nackten Idole nicht gänzlich ungewöhnlich. Bereits Figurinen des Frühkykladisch I-zeitlichen Plastiras-Typus tragen hohe, wulstartige Kopfbedeckungen und Kappen, Frühkykladisch II/III-zeitliche Kriegerfigurinen zeigen gelegentlich die Angabe eines Schultergurtes sowie eines Lendenschurzes.

Das große Idol

In gleicher Weise wie bei dem kleinen Kopf dient die erste Rekonstruktion zur Verdeutlichung des tatsächlichen Bestandes, die zweite hingegen wagt eine vollständige Rekonstruktion, angelehnt an Befunde von besser erhaltenen Idolen. Sie kann nicht zeigen, wie Inv. 75/49 einst ausgesehen hat, sondern wie ein beliebiges Idol aus dieser Zeit ausgesehen haben könnte.

Große Idole tragen häufig aufgemalte Striche im Gesicht und auf der Stirn, die von Gail Hoffman als Zeichen von Trauer gedeutet werden. Der Kopf aus Kopenhagen oder der Kopf aus dem Athener Nationalmuseum wären als gut erhaltene Beispiele anzuführen. Da wir bereits den kleinen Kopf mit Punktreihen versehen haben, entschlossen wir uns hier für ein Idol im Typus der „Trauernden". Für die Striemen wählten wir Zinnoberrot, auch den Mund und die Schmuckkette gaben wir mit dieser Farbe an.

Trennlinien zwischen Kopf und Hals, die Kerbschnitte von Rückenlinie, den Handgelenken und zwischen den

Fingern und Fußzehen legten wir mit rotbraunem Hämatit aus, wie dies an anderen Idolen häufiger beobachtet wurde.

Wie bei dem Kopf Inv. 70/550 wurden die Augen, Augenbrauen, Haaransatz an der Stirn und die Haarlocken mit Schwarz angegeben, Azuritblau wählten wir für die Kopfhaube. Zusätzlich fassten wir den Schambereich in schwarz, denn auch dort wurden bei wenigen Idolen Spuren einstiger Bemalung festgestellt.

Das Ergebnis

Wie bei vielen derartigen Rekonstruktionsversuchen, ist man am Ende seiner ersten Versuchsreihe nicht völlig zufrieden mit dem Ergebnis und würde bei erneuten Versuchen vieles anders angehen. Denn im Laufe des Projektes und mit dem wachsenden Wissens- und Erfahrungsschatz sieht man vieles in anderem Licht als zu Beginn des Vorhabens. Intensivere Studien an den Originalen, weitere Untersuchungen der Farbspuren und Verwitterungsreliefs an anderen Idolen sowie der interdisziplinäre Wissensaustausch würden gewiss den Horizont des theoretischen Wissens erheblich erweitern. Ferner wären weitere Studien zu den damals zur Verfügung stehenden Farbmitteln wünschenswert. Es wäre daher vermessen, zu sagen, dass die hier vorgestellten Versuche der Weisheit letzter Schluss sind. Sie sind nur als erste Umsetzung der Beobachtungen an unseren und anderen Kykladenidolen, als Vorstudien zu sehen, die den Besuchern der Ausstellung, dem Fachpublikum und uns selbst, den Kuratoren und Restauratoren, die Augen für ein noch kaum erforschtes Gebiet öffnen und mit alten Sehgewohnheiten brechen sollen. Wenn unser Beitrag die Diskussion über die einstige Bemalung der Kykladenidole anregt und dies in der Folge neue Forschungen anstößt, dann war unser Experiment erfolgreich.

Lit: Brinkmann 2006 – Brinkmann 2008 – Getz-Preziosi 1970 – Hendrix 1997/98 – Hendrix 2003 – Hendrix 2003a – Hoffman 2002 – Wolters 1891 – Rehm 1993, 67 f. – von Bothmer 1990, 18 f. – Walz 1853

Restaurierungswerkstatt im Badischen Landesmuseum. Hier entstanden die Rekonstruktionsversuche.

Farbe auf Marmoridolen
Bemalte Götter, Uschebti oder Voodoo-Puppen?

von **Katarina Horst**

Farbe auf Marmoridolen? Das erstaunt so manchen Betrachter, ist ihm doch in den letzten Jahren eingeprägt worden, die schlichte Reinheit und Klarheit der Kykladenidole, die mit den wenigsten Detailangaben auskommen, sei zu bewundern. Die Fachwelt erstaunt es nicht, dass die Marmoridole Farbe trugen. Schließlich haben schon die ersten Entdecker der Figuren die Farbreste beobachtet und beschrieben (s. Seite 185). Doch noch immer ist das Rätsel ungelöst, was es mit dieser Bemalung auf sich hat. Wozu diente sie? Was bedeutete sie? Was machte sie aus der Figur? Eine Gottheit? Die Wiedergabe eines Menschen? Eine Dienerin für das Jenseits – ähnlich den ägyptischen Uschebti? Oder – wegen ihres erotischen Aspekts – eine Konkubine? Vielleicht eine Mittlerin zwischen Mensch und Gottheit – ähnlich den byzantinischen Ikonen? Oder ein Medium – ähnlich den afrikanischen Voodoo-Figuren?

Fehlende oder bescheidene Fundumstände haben dazu geführt, dass deutliche Hinweise für Gebrauch und Bedeutung der Idole fehlen. Und fehlende Evidenz lässt bekanntlich Raum für Interpretationen, die teilweise zu den abenteuerlichsten Deutungen führten. Jüngstes Beispiel ist der Vorschlag von Gérard Seiterle, der aufgrund der nach oben gerichteten Gesichter, der leicht gebeugten Knie und der schräg gestellten Füße meinte, die Figuren hätten nicht stehen können, waren daher als liegend zu verstehende Figuren gedacht und seien auf Sand abgelegt worden. Die „jugendlichen Brüste" ließen auf die Wiedergabe von jungen Mädchen schließen, die rote Bemalung symbolisiere Blut und die vor dem Bauch gehaltenen Arme zeigten Schmerz an, den „Schmerz bei ihrer ersten Blutung". Und „zur völligen Reinheit und Entblößung gehörte das Scheren der Haare": So erklärte er die angeblich fehlende Angabe von Haaren auf den Marmoridolen. Seiterles Überzeugung ist, dass die Figuren eine Nachempfindung eines Initiationsritus zur Erlangung der weiblichen Geschlechtsreife seien: Der Vollmond nahe der Sommersonnenwende „war als Befruchter und Wiedererwecker der toten Natur und mit der größten Potenz ausgestattet". Bei dem rituellen Akt hätten sich die jungen Frauen des 3. Jahrtausends entweder an den Strand gelegt oder wären dort, wo kein Sandstrand vorhanden war, auf Tragetüchern

Uschebti des Schreibers Neb-Sumanu, der statt Ackerbaugerätschaften Symbole des Osiris-Kults in Händen hält, Kalzitalabaster, ramessidisch, 1860 aus der Sammlung von Friedrich Thiersch ins Badische Landesmuseum gekommen.

(nachgebildet in den kleinen Marmorpaletten) bzw. festgebunden auf einer Trage in das Meer getaucht worden, das „nicht nur reinigende Wirkung hatte, sondern auch fruchtbarkeitsspendende Kraft" besaß. Schließlich: „Die Statuette wurde dem Mädchen zur Erinnerung geschenkt." Eine mutige Interpretation.

Die Fakten

Um dem Zweck der Figuren auf die Spur zu kommen, müssen alle Indizien berücksichtigt werden. Daher fassen wir zunächst zusammen, welche Fakten bis jetzt auf dem Tisch liegen: Von den ca. 1600 gefundenen Figuren oder Figurenfragmenten gehören 80 % dem Typus der weiblichen Figur mit untergeschlagenen Armen an, für die sich der von Colin Renfrew vorgeschlagene Begriff FAF (folded-arm figurine) durchgesetzt hat, und die in der deutschsprachigen Fachliteratur konventionell als „Kykladenidol" bezeichnet wird, ohne tatsächlich zwangsläufig die Deutung der Skulpturen als Götterbilder vorauszusetzen. Alle Figuren – auch die, die nicht dem FAF-Typus angehören – sind unbekleidet. Die meisten Figuren sind ohne Fundortangabe bzw. Fundkontext. Das liegt zum einen daran, dass im 19. Jahrhundert, als die ersten Figuren gesammelt wurden, die systematische Grabung noch nicht die standardisierte Methode der Altertumsforschung war. Sie waren also Zufallsfunde, von Bauern gefundene Artefakte. Zum anderen lag es an den intensiven Raubgrabungen, die in den 50er-Jahren des 20. Jahrhunderts einsetzten und eine große Menge Idole ohne Kontext auf den Markt brachten (s. Seite 213 f.). Der prozentual geringe Anteil an Figuren, die aus beobachteten Grabungen stammen, kommt größtenteils aus Gräbern: Konkret sind das 145 FAFs. Das liegt daran, dass Grabinventare sich besser erhalten haben, alleine schon dadurch, dass sie absichtlich unter die Erde kamen und dadurch geschützt waren. Einige wenige Figuren stammen aus Siedlungen. Und eine weitere Gruppe von Idolfragmenten stammt von einem „heiligen" Ort auf der Insel Keros, der bisher noch gar keine Architektur zeigt.

Seit wann gibt es Bemalung auf Idolen?

Bereits in neolithischer Zeit (bis ca. 3200 v. Chr.) wurden auf den Kykladeninseln kleine Figuren aus Marmor hergestellt. Neben den weiblichen – mit sehr üppigen For-

Frisch gebrochener, leuchtend weißer parischer Marmor

men ausgestatteten – „Idolen" die an östliche Muttergottheiten erinnern – erscheinen die ersten Figuren in reduziert schematischer Form, die an eine Violine erinnert. Und genau an diesen schematischen Figuren sind bereits Farbspuren erkennbar, z. B. an den beiden Idolen aus Gräbern in Akrotiri auf Naxos. Am Hals sind vertikale Striche in Rot sichtbar. Mit anderen Worten: Seit man Idole aus Marmor gefertigt hat, wurden sie bemalt.

Wie lange braucht man, um ein Idol herzustellen?

Das besondere an den Kykladenidolen ist ihr Material: weißer, kristalliner, durchscheinender Marmor (s. Abb. oben). Auf den Inseln steht Marmor auch in anderen Farben an, die Farbskala reicht von rötlich-orange bis grau und fast schwarz. Doch ausschließlich weißer Marmor von den Inseln Naxos und Paros wurde zum Herstellen von Idolen ausgewählt. Auch wenn das Material dort reichlich zur Verfügung stand, bedeutet das nicht, dass man es aus Bequemlichkeit auswählte, im Gegenteil. Wenn man bedenkt, dass zu allen Zeiten und in allen Kulturen Unmengen von Tonfiguren überliefert sind, ist allein schon die Wahl des Werkstoffs Marmor beachtenswert und muss eine Bedeutung haben. Das Herstellen eines Idols aus Ton von 10 cm Größe dauert zehn Minuten – das eines vergleichbaren Stückes aus Marmor fünf bis sechs Stunden bei einem Violinidol und 60

Seit man Idole aus Marmor gefertigt hat, wurden sie bemalt

Stunden bei einem FAF-Idol. Dies hat Elisabeth Oustinoff 1983 bei einem Versuch herausgefunden. Nun gibt es Marmoridole in verschiedenen Größen, von unter 10 cm bis 1,50 m Höhe. Es ist also auch für uns, die wir keine Steinmetze sind, klar begreifbar, dass es „günstige" Exemplare gibt, „teure" und sehr, sehr „teure" Figuren. Auf die Ausarbeitung der Figuren wurde höchste Sorgfalt gelegt, die Oberfläche geglättet. Damit war die „Malgrundlage" fertig. Eine Bemerkung am Rande: Auch wenn die vielen Kopffragmente etwas anderes vermuten lassen – es wurden immer nur ganze Figuren hergestellt, keine Köpfe, Hermen, Büsten etc., wie im historischen Griechenland und vor allem in römischer Zeit. Es gibt nicht nur in der Größe Unterschiede, sondern auch in der Sorgfalt der Ausarbeitung und im Stil. Gerade über die verschiedenen Stile wurden erschöpfende Abhandlungen geschrieben, sodass ich hier nur zusammenfassen möchte: Es gab verschiedene Handwerker, die sich auf die Herstellung von solchen Marmoridolen spezialisiert hatten, welche einen reißenden Absatz gefunden haben.

Welche Farben, welche Stellen, welche Muster?

Die erhaltenen Farben sind Rot, Blau, selten Grün, ganz selten Schwarz. Es ist natürlich möglich, dass auch andere Farben zum Einsatz kamen, aber dafür hat sich bisher kein Beleg gefunden. Am häufigsten erscheint die Farbe Rot. Kiki Birtacha hat chemische Analysen an einer Figur aus dem Goulandris-Museum in Athen durchführen lassen. Es handelt sich bei dem roten Farbauftrag um Eisenoxid (FeO). Auch die Untersuchung einer Figur aus

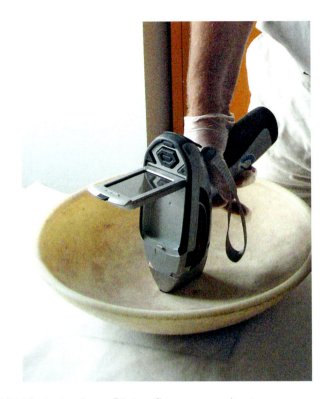

Mithilfe des tragbaren Röntgenfluoreszenzanalysators lässt sich die Zusammensetzung der rötlichen Substanz auf der Innenseite der Marmorschale Kat. 42 bestimmen

dem Metropolitan Museum of Art in New York mit dem Röntgenspektrometer sowie jüngste Messungen mit dem Röntgenfluoreszenzanalysator an einer Marmorschale im Landesmuseum (s. Abb. oben) brachten Hinweise auf farbige Fassung. Das Ergebnis: Die rote Farbe ist das Mineral Cinnabarit (HgS), im Volksmund Zinnober. Zinnober musste aus Kleinasien importiert werden, es ist nicht auf den Kykladen vorhanden. Es wurde auch Spuren von Hämatit („Blutstein") gefunden. Rot wurde benutzt um die Trennlinien zwischen Korpus und Armen, Gelenkfalten und Schamdreieck zu verstärken, aber auch um senkrechte parallele „Striemen" auf den Wangen darzustellen. Schmuck, wie Diademe, Halsketten und Armspangen, waren rot angegeben. Und Punkte. Punkte, viele Punkte, die geometrisch angeordnet auf Gesichtern erscheinen: an Wangen, Kinn und Stirn (s. Abb. rechte Seite oben).

Die blaue Farbe ist Azurit ($Cu_3(CO_3)_2(OH)_2$). Der Nachweis auf den Figuren ist nur indirekt möglich: Knochenröhren, Tonfläschchen und kleine Marmornäpfe bewahrten dieses Farbpigment auf und sind als Beigaben mit ins Grab gelegt worden. (s. Abb. rechts unten) Azurit bildet ein grobkörniges Pigment und ist dadurch sehr deckend. Es wird angenommen, dass es in Temperatechnik aufgetragen oder mit Öl angemischt wurde. Gerade bei erhabenen Spuren, die auf den Figuren erhalten sind, vermutet man die pastose und dadurch vor Erosion schützende Azuritfarbe. Das gilt für Augen, Brauen und Haare.

Grüne Farbe gewann man ebenfalls aus einem Mineral, Malachit, der mit Azurit vergesellschaftet auf einigen Kykladeninseln vorkommt. An einer Figur im Museum von Chora auf Naxos hat man ein Auge auf dem Hals nachweisen können, das in grüner Farbe aufgetragen wurde. Nicht nur die Farbe ist außergewöhnlich, sondern auch die Position. Schwarz hat sich in Kombination mit Blau, Rot und Grün auf einigen Schalen gefunden, die wohl als Farbpaletten dienten.

Die Malmotive sind interessant: Neben anatomischen Details, wie Augen, Brauen, Mund, Haaren, sind Punkte im Gesicht und teilweise auf dem Oberkörper angeordnet. Dann findet man noch Schmuckdarstellungen, wie oben schon erwähnt. Besonders interessant sind die vielen Zickzacklinien, die mal auf dem Oberkörper,

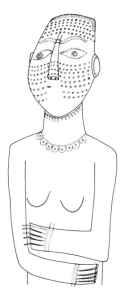

Diese Kykladenfigur in Privatbesitz weist die umfangreichsten bisher bekannten Bemalungsreste auf und zeigt ein an Tätowierung erinnerndes Punktemuster im Gesicht (s. Zeichnung)

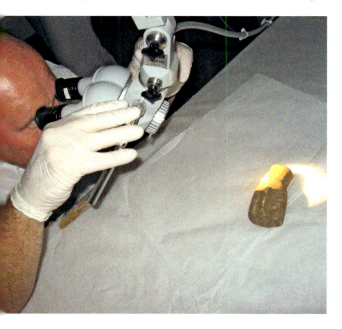

Stereoskopische Untersuchung kykladischer Skulptur auf Bemalungsreste durch Professor Altherr aus Heidelberg

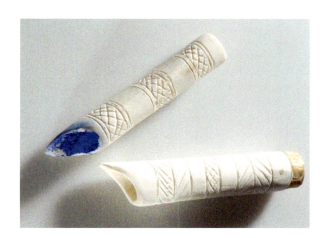

Nachbildung ritzverzierter Knochenröhren, die in der Frühbronzezeit als Behälter für Farbstoffe dienten, vgl. Kat. 41

mal im Bauchbereich, auf den Armen oder Oberschenkeln auftreten können, oder die parallelen Striemen auf den Wangen oder dem Dekolleté. Und nun kommt das Entscheidende: Die anatomischen Details, der Schmuck als auch die Punkte, sind mit größter Sorgfalt und Genauigkeit in der Strichführung aufgemalt, dagegen sind die anderen Zickzacklinien und Striemen eher ungenau und nachlässig aufgetragen worden.

Farbe auf Marmoridolen 197

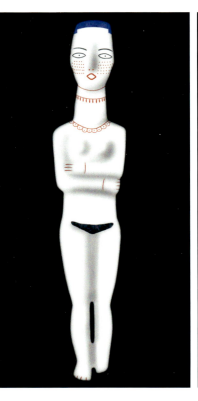 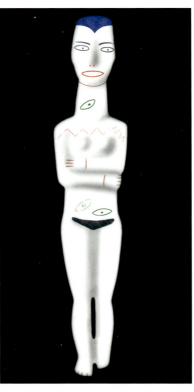 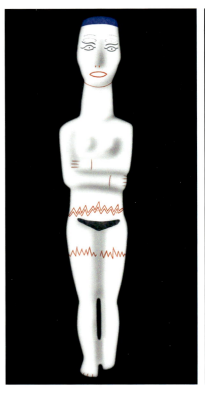 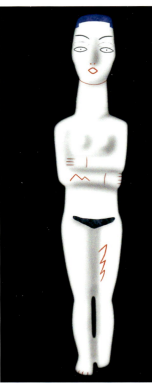

Nachempfindung der verschiedenen Möglichkeiten, wie ein „Idol" bemalt werden konnte, entworfen für eine visuelle Inszenierung in der Ausstellungsgestaltung. Teilweise basiert die Projektion auf Spuren von Bemalung, die auf Kykladenfigurinen tatsächlich nachgewiesen werden konnten.

Benutzung und Bedeutung der Figuren – ein neuer Vorschlag

Meines Erachtens wurde eine Figur zu einem gewissen wichtigen Anlass erworben. Der Anlass konnte verschieden sein: Geburt, Übergang zum Erwachsenwerden, Krankheit, Genesung, Hochzeit, Verabschiedung, Wiederkehr, Krieg, Frieden, Tod. Die Figuren wurden nach Fertigstellung vom Handwerker oder bei einer ersten Zeremonie durch das Aufmalen von Augen, Brauen und Haar quasi „zum Leben erweckt". Sie wurden dann bei jedem weiteren Anlass wieder benutzt. Während des Ritus wurde die Figur vermutlich durch einen Vermittler, vielleicht einen Priester, mit weiteren Symbolen bemalt. Die Bemalung spiegelt wider, was dem Familienmitglied widerfahren war: Hatte die Person Schmerzen, so wurde die Figur dort bemalt, wo die Schmerzen saßen, um Heilung zu erbitten. Es ist anzunehmen, dass sogar der Mensch selber an der schmerzenden Stelle bemalt worden sein könnte. Bei anderen Anlässen wurden vielleicht andere Körperteile angemalt. Somit könnte der unpräzise Farbauftrag erklärt werden, denn er wurde möglicherweise während der heiligen Handlung vollzogen. Sehr sorgfältig sind dagegen die Punkte auf den Idolen wiedergegeben, vielleicht aus einem anderen Grund: Wurde ein Familienmitglied z. B. durch Heirat in eine herausragende gesellschaftliche Position gehoben, so wurden Punkte in das Gesicht der betreffenden Person tätowiert, damit der soziale Status dauerhaft sichtbar war. Die Figurine erhielt dieselbe „Tätowierung" als Punktbemalung. Das sorgfältige Stechen der Haut spiegelt sich wider im sorgfältigen Farbauftrag des Idols. Reichtum wurde durch Schmuck dargestellt.

Nun klärt sich auch die Frage, warum die Idole nicht stehen können, denn das brauchten sie nämlich nicht. Die Figuren wurden bei der Zeremonie nicht wie hehre Götterbilder aufgestellt, sondern in den Händen gehalten. Nach dem Ritus nahm man sie mit nach Hause und deponierte sie bis zum nächsten Anlass, bis schließlich ein Familienangehöriger starb und das Idol als Beigabe mit ins Grab gelegt wurde.

Dann ist noch der Armgestus zu klären, der vielen Forschern bisher Rätsel aufgab. Die Armhaltung und die Wiedergabe der Figur sind aber im Ganzen zu betrachten, und zwar unter einem anderen Aspekt. Die Gleichförmigkeit der Darstellung der FAF, quasi eine kanonische Figur, ist eine Hieroglyphe: weibliche Figur. Der Typus der „Nackten Göttin" mit dem Gestus des Brüstehaltens ist seit dem Neolithikum im Vorderen Orient und östlichen Mittelmeerraum weitverbreitet und kann auf eine Konstante von 7000 Jahren zurückblicken, sodass man von einer Traditionskette sprechen kann. Natürlich ist damit nicht gesagt, dass es über die Jahrtausende keinen religiösen Vorstellungswandel gegeben hat. Aber es ist eine traditionelle Darstellung, die Wiedergabe einer Frau. Mehr nicht. Svend Hansen, der sich eingehend mit der Darstellung von Menschenfiguren von der Steinzeit bis in die historische Zeit befasst hat, beobachtet die Interpretationen der zahlreichen Frauenstatuetten mit Skepsis: „Dabei wird die Frage gestellt, welche Eigenschaften der Frau so hoch bewertet werden, dass sie offensichtlich in rituellem Kontext oder als Göttin so große Bedeutung erlangen konnte. Die allgemeine Formel ist im Begriff ‚Fruchtbarkeit' gefunden worden." Aber: „Es gibt gerade im Vorderen Orient eine andere Verwendung für die Wertschätzung, nämlich die zentrale Rolle der Frauen bei der Kultivierung der Pflanzen." Hansen warnt davor, jede nackte weibliche Figur gleich als Abbild der Großen Göttin zu interpretieren, denn wie er richtig bemerkt: „Die Verwendung kleiner Menschenfiguren ist im Einzelnen so vielfältig wie die Gesellschaften, aus denen sie stammen." Bei der Beobachtung von historischen als auch rezenten Gesellschaften ist ihm aufgefallen, dass die verwendenden Personengruppen nicht identisch sein müssen, also z. B. vergrabene schwangere Figuren müssen keine Geburtsdemonstrationsfiguren sein, die verstorbenen Schwangeren ins Grab gelegt wurden. Und männlich dominierte Tätigkeiten stehen nicht im Widerspruch zur Verwendung weiblicher Symbole. Zurück zu den Kykladenidolen: Den gleichen Armgestus zeigen im Übrigen auch einige männliche Statuetten oder Figuren, deren Geschlecht nicht angegeben ist. Die Menschen auf den Kykladen benutzen also einen altbekannten Darstellungstyp, um eine Figur zu schaffen, die sich für die Durchführung ihrer Rituale eignete.

In der Siedlung Markiani auf Amorgos und auch an anderen Fundorten, wie z. B. im Deposit von Keros, wurden Steine gefunden, die mit wenigen Bearbeitungen einen Kopf oder eine Nase darstellen und somit aus dem Stein bereits eine Figur gemacht haben. Dies Wenige hat scheinbar gereicht, um ein „funktionsfähiges"

„Die Verwendung kleiner Menschenfiguren ist im Einzelnen so vielfältig, wie die Gesellschaften aus denen sie stammen." Svend Hansen

Idol zu schaffen. Dass die Menschen fähig waren, komplexe Figuren mit den unterschiedlichsten Handhaltungen herzustellen, zeigen die Musikantenfiguren. Das war bei den FAFs und den einfachen Idolen nicht notwendig.

Die verschiedenen Interpretationen zum Problem der Benutzung und Bedeutung der Kykladenidole hat Nikolaos Stampolidis in dem jüngst erschienenen Ausstellungskatalog *Across – The Cyclades and Western Anatolia During the 3rd Millenium BC* zusammengefasst und sich letztendlich für die Erklärung eingesetzt, die Colin Renfrew und Gail Hoffman vorschlugen. Sie waren m. E. der Lösung schon sehr nahegekommen. Auch sie kamen zum Resultat, dass die Figuren mehrfach zu verschiedenen Anlässen und Ritualen benutzt wurden, bis sie schließlich als „Garant für weitere gute Dienste im Jenseits" (Renfrew) den Toten ins Grab gegeben wurden oder beim Ahnenkult eine große Rolle spielten (Hoffman). Hier muss man noch einen Schritt weitergehen und die Figuren als das bezeichnen, was sie waren: Sie waren ein Mittler und Vermittler zwischen den Menschen und der göttlichen Welt, also ein Medium.

Gibt es Parallelen zu anderen Zeiten und zu anderen Völkern?

Das Bemalen von aufwendig produzierten Figuren haben Walter Melion und Susanne Küchler bei den Naturvölkern im Pazifik in Papua-Neuguinea beobachtet. Melion und Küchler interpretieren die unterschiedlichsten Bemalungen durch die Wiedergabe der unterschiedlichen Biografien der Besitzer der Statuen. Sie behaupten, dass in vorschriftlichen Kulturen diese Malereien als „social memory" funktionierten. Auch ein Kykladenidol kann ein soziales Gedächtnis widerspiegeln, wenn sich mehrere Malereien infolge mehrerer Anlässe häufen und quasi den Lebenslauf einer Person aufzeigen.

Das Tätowieren als Zeichen eines öffentlichen Amtes oder Rangs innerhalb einer Gemeinschaft ist ein bei vielen Völkern häufig anzutreffendes Phänomen, z. B. bei den Skythen (nachgewiesen an durch Permafrost konservierten Leichnamen aus dem 5. bis 3. Jahrhundert v. Chr. im Gräberfeld von Pazyryk im Altai) oder bei den Maori Neuseelands und in einigen Gesellschaften Polynesiens bis in die Gegenwart. Bekanntestes Beispiel aus der Zeit der Kykladenkultur, aber sowohl kultu-

Tawaiho, ein König der Maori mit Gesichtstätowierung, aufgenommen in Neuseeland um 1870

Religiöse Feierlichkeit vor der Kirche Ajios Christodoulos auf Santorin. Der Priester bezieht das Heiligenbild als Adressat der Kulthandlung in die Zeremonie mit ein.

rell als auch räumlich weit entfernt, ist die Mumie des Mannes vom Hauslabjoch in Tirol, besser bekannt als „Ötzi". Auch er trägt zahlreiche Tätowierungen, vor allem punktförmige.

Darf man Kulturen späterer Zeit und räumlich weit voneinander entfernte überhaupt zum Vergleich heranziehen? Ich glaube schon, da Grundbedürfnisse der Menschen in einer Gruppe, also einer Gesellschaft, sich in ähnlichen Phänomenen ausdrücken. So auch in der spirituellen Welt. Denn dass Menschen einen Vermittler brauchten, um Kontakt mit den Göttern aufzunehmen, scheint kein vereinzeltes Phänomen zu sein, sondern ist zu vielen Zeiten in den unterschiedlichen Kulturen zu beobachten.

In der griechisch-orthodoxen Kirche, die sich streng auf die Traditionen der spätantik-byzantinischen Riten beruft, spielt die Ikone als Vermittler eine zentrale Rolle im Kult (s. Abb. linke Seite unten). Das Bild von Jesus Christus oder das eines Heiligen – auf Holzplatten gemalt – artikuliert das Wesen des Abgebildeten. Die Ikonen sind kirchlich geweihte Bilder und bieten eine existenzielle Verbindung zwischen dem Betrachter und dem Dargestellten und damit zu Gott. Ikonen sind somit ebenfalls keine dekorativen Kunstgegenstände, sondern bieten als Medium, indem die Gestalt mit den Händen oder, noch intimer, mit den Lippen berührt wird, die direkte Kontaktaufnahme mit dem dargestellten Heiligen.

Die in Westafrika beheimateten und dann mit den Sklaventransporten nach Amerika transferierten Kulte des Voodoo benutzen Figuren – aus Holz oder Stroh gefertigte Puppen – als Mittler zwischen den Menschen und Göttern (s. Abb. rechts). Sie wurden ursprünglich bei Krankheiten herangezogen und sollten durch die Hilfe von Priestern zum Heilen der Krankheiten verhelfen. Vor allem die Praxis der schwarzen Magie und die Verwendung von Voodoo-Puppen, um mit üblen Verwünschungen einer bestimmten Zielperson zu schaden, haben die ansonsten anerkannte Religion in Verruf gebracht. Dessen ungeachtet ist aber klar, dass Figuren im Voodoo als Vermittler von göttlicher Macht auftreten.

Die Menschen der prähistorischen Kykladenkultur hatten also ein Bedürfnis, das sie mit vielen Kulturen der Weltgeschichte teilten, sie suchten in den unterschiedlichsten Lebenssituationen göttlichen Beistand und Hilfe. Und die Marmoricole waren die Bindeglieder zwischen Mensch und göttlicher Sphäre.

Lit: Birtacha 2003 – Hansen 2007, bes. S. 321ff. – Hendrix 2003 – Hoffman 2002 – İstanbul 2011, 64–84 – Küchler/Melion 1991 – Oustinoff 1983 – Renfrew 1983 – Seiterle 2010

Immer schon haben Menschen versucht, durch Objekte als Medien Einfluss auf ihr Geschick zu nehmen. Voodoo-Puppen und „Nagelfetische" treten in den magisch-religiösen Vorstellungen Westafrikas und der Karibik als Instrumente des Schutz- und Schadenzaubers auf.

„Alles ist ja nur symbolisch zu nehmen…"

von **Susanne Erbelding**

„Phi-Idol" (links) bzw. „Psi-Idol" (rechts), bemalter Ton, Griechenland, mykenisch-späthelladisch, 14.–13. Jh. v. Chr., Badisches Landesmuseum. Der Figurenumriss gemahnt an griechische Großbuchstaben.

„… und überall steckt noch etwas anderes dahinter" – so lautet ein Diktum Goethes, das man auch auf die antiken Idole in ihrer Bedeutung als Abbilder und Zeichen beziehen könnte.
Das griechische Wort *eidōlon*, als *idolum* ins Lateinische transferiert, lässt sich mit „Abbild" „Schatten-", „Traum-" oder „Trugbild" übersetzen. Die ins Deutsche eingegangene Bezeichnung „Idol" erhielt vom Humanismus bis in die Gegenwart unterschiedliche Bedeutungen. Seit Martin Luther, der die Übersetzung „Götze" bzw. „Abgott" einführte, wurde der Begriff auf nichtchristliche Gottheiten bezogen. In ihm schwang, im Gegensatz zu den sprachlichen Übertragungen von *imago* (lat. „Bild", „Abbild"), *simulacrum* (lat. „Bild", „Bildnis", „Götterbild"), *agalma* (griech. „Weihebild", „Kultbild") oder *eikōn* bzw. *icon* (griech./lat. „Bild", „Abbild"), eine pejorative Belegung mit, die sich ab dem 19. Jahrhundert verlor. Damals übernahm auch die im Entstehen begriffene wissenschaftliche Altertumsforschung den Terminus und implizierte weniger ein moralisches als ein ästhetisches Werturteil. Der Archäologe Friedrich Thiersch (1784–1860) benutzte ihn für „altheilige Kultmale", deren Gestaltung sich durch „Einfachheit" und „Roheit" auszeichnete. Auch der Altertumswissenschaftler Karl Otfried Müller (1797–1840) beurteilte „aelteste Idole" als „von großer Simplicitaet und Rohheit" sowie von „unförmlicher Machart".
In der zeitgenössischen Wissenschaft stellt der Begriff „Idol" eine neutral gebrauchte, inhaltlich eher unscharfe Konvention dar. Diese dient der Ansprache meist in die Frühzeit verschiedener Kulturen datierender, kleinformatiger, als Einzelgestalten konzipierter Plastiken oder Skulpturen von anthropomorphem Charakter. Monumentalisierungen, Gruppendarstellungen sowie theriomorph bzw. als Mischwesen gebildete Figuren stellen Ausnahmen dar. Eine solche allgemeine, auf der Phänomenologie basierende Definition, lässt sich im Hinblick auf einige gemeinsame Grundideen der formalen Gestaltung präzisieren: Erstens fällt ein hoher Grad an Reduktion (in der Forschung oft als „Abstraktion" angesprochen) und Vereinfachung der Form auf, eine signifikante Konzentration auf das Wesentliche, die sich einerseits in der gezielten Selektion der wiedergegebenen körperlichen Merkmale äußert, andererseits – auch wenn Details oft durch Ritzung oder nicht immer erhaltene Bemalung angegeben waren – in einer oft summarischen, wenig detailorientierten Wiedergabe des Körpers und seiner Einzelheiten. Komplementär dazu erfolgt eine übersteigerte Akzentuierung bzw. pointierte Hervorhebung einzelner Elemente. So wird das Idol zu einem Kondensat von formaler Prägnanz und markanter Ästhetik. Als zweite charakteristische Formeigenschaft kann gelten, dass Idole weder individuelle Kennzeichnungen noch situative und nur selten aktionshafte Bezüge, z. B. eine Gestik, aufweisen. Drittens: Zudem ist eine regel- und dauerhafte Gleichartigkeit der Figurenmotive bis hin zu kopienartig-identischen Wiederholungen auffällig. Dies erklärt sich aus der Gültigkeit der einmal gefundenen künstlerischen Form für die zu repräsentierenden Inhalte. Die daher von der archäologischen Forschung gebildeten kunsthistorischen Typenreihen mit Leit- und Untertypen vermögen formal-stilistische Entwicklungen mit ihren Abhängigkeiten ebenso wie chronologische Folgen oder örtliche Zuordnungen und Einflüsse herauszuarbeiten. Da Idole weitgehend aus prähistorischen Epochen stammen, liegt keine schriftliche Überlieferung für die Interpretation dieser Bildzeugnisse vor. Rückschlüsse auf Funktion und konkrete Bedeutung dieser Denkmälergattung innerhalb ihrer jeweiligen Kultur und Gesellschaft basieren daher in erster Linie auf dem archäologischen Kontext, auf Beobachtungen und Vergleichen von Fundort und Fundumständen, von Fundvergesellschaftungen und Beifunden sowie nachrangig auf einer Analyse der kunsthistorischen Form. Da Idole sowohl in Gräbern und Heiligtümern als auch in Wohnhäusern, d. h. ebenso in kultisch-sakralen wie in profanen Zusammenhängen, entdeckt wurden, reicht die Palette möglicher Deutungen von Gottheiten bzw. göttlichen Wesen (wie Genien, Schutzgeistern, Personifikationen abstrakter oder numinoser Mächte) bis hin zum Menschen, so etwa zum/zur

Weibliches Tonidol, Nordsyrien,
1. Drittel 2. Jt. v. Chr., Badisches Landesmuseum

Priester/in oder zum/zur betenden, die Epiphanie einer Gottheit heraufbeschwörenden oder Opfer- oder Weihegaben darbringenden Adoranten/Adorantin. Jüngste Deutungsansätze postulieren für Idolgruppen mancher Kulturkreise spezifischere Lösungen, z. B. als eine Wesenheit im göttlich-menschlichen Grenzbereich, etwa als eine Art „Alter Ego". Dieses könnte als Substitut für seinen Besitzer – im Leben wie im Tod – als Begleiter, Helfer, Fürsprecher oder auch als Mittler, etwa zwischen Verstorbenem und Hinterbliebenen oder zwischen menschlicher und göttlicher Existenz, fungiert haben. Entsprechend dienten Idole als – epiphanie- oder symbolhaftes – Kult-, „Andachts-" oder „Erinnerungs-"bild, Opfer- oder Weihegabe, Bitt- oder Dankgeschenk, Amulett oder Talisman. Von Fall zu Fall wird auch über eine Rolle bei weiteren kultischen Ritualen spekuliert. In zahlreichen Kulturen ist eine Doppel- oder Mehrfachverwendung nachgewiesen, z. B. eine Aufstellung im Haus ebenso wie der Gebrauch als Grabbeigabe. Es scheint in jedem Falle plausibel, dass Idole wohl keine profanen Objekte sind, sondern generell mit einer spirituellen Implikation gestaltet wurden und in eine Sphäre des Transzendenten oder „Sakralen" verweisen. Abschließend ist zu fragen, ob nicht die künstlerische Form dieser Denkmälergruppe eine weitere, allgemein-semantische Dimension beinhaltet. Zum einen ist es ein Urbedürfnis des Menschen, ein Abbild seiner selbst, und zwar in seiner Relation zur ihn umgebenden Welt, zu fertigen. Zum anderen ist in jedem Kunstwerk, bewusst oder unbewusst, nicht nur eine Wiedergabe der sichtbaren Erscheinungen der Welt enthalten, sondern auch eine erlebte und denkende, eine deutende und ordnende Bezugnahme auf dieselben. Daher könnte vermutet werden: Das Idol – ob Gott oder Mensch ist unmaßgeblich, da aufgrund des Anthropomorphismus in jedem Fall Aufschlüsse über das Menschenbild zu gewinnen sind – verkörpert nicht ausschließlich eine menschliche Gestalt, sondern versinnbildlicht das Thema des Menschseins an sich (*conditio humana*), definiert zeichen- oder symbolhaft das Verhältnis des Menschen zur und seine Position in der Welt, insbesondere seine Relativierung an etwas Übergeordnetem (etwa Natur, Gottheit, Schicksal u. Ä.) als existenzielle Erfahrung und elementare Daseinsbedingung, die es zu akzeptieren und zu bewältigen gilt. All dies kann die künstlerische Gestaltung reflektieren, z. B. *motivisch*, etwa im Gestus erhobener Arme, der einen Außenbezug im Verhältnis zur Welt andeutet, in der Herausarbeitung von Geschlechtsspezifika, die auf Fruchtbarkeit als Leben spendendes Prinzip anspielen, in der Betonung der Augen, die auf eine wahrnehmungs- und erkenntnisbestimmte Ausrichtung des Menschen hinweisen, oder *stilistisch*, indem z. B. herausgearbeitete Gliedmaßen für Dynamik und Beweglichkeit, eine akzentuierte Vertikale für vitale Präsenz stehen und beides die Lebensenergie des Menschen versinnbildlicht.

Zusammenfassend lässt sich festhalten, dass Idole ein universelles Phänomen sind, das in den verschiedensten Kulturen des Altertums den Beginn bildnerischen und künstlerischen Schaffens markiert. Als transkulturelle Konstanten lassen sich – trotz eines äußerst breiten Erscheinungsspektrums – die reduzierende, aber gleichzeitig pointierende und somit markante Formensprache benennen, inhaltlich-funktional der spirituell-transzendente Gehalt sowie letztlich der Umstand, dass Idole nicht nur Abbilder, sondern auch bedeutungskonnotierte Zeichen sind von dem, was antikes Menschsein bedeutete.

Lit: Maier 2000 – Müller 1830 – München 1985 – Stendal 2010 – Thiersch 1816 – Zahlhaas 1993

Weibliches Idol, sog. Venus vom Hohle Fels (Schwäbische Alb), Mammutelfenbein, Jungpaläolithikum, vor ca. 35 000–40 000 Jahren

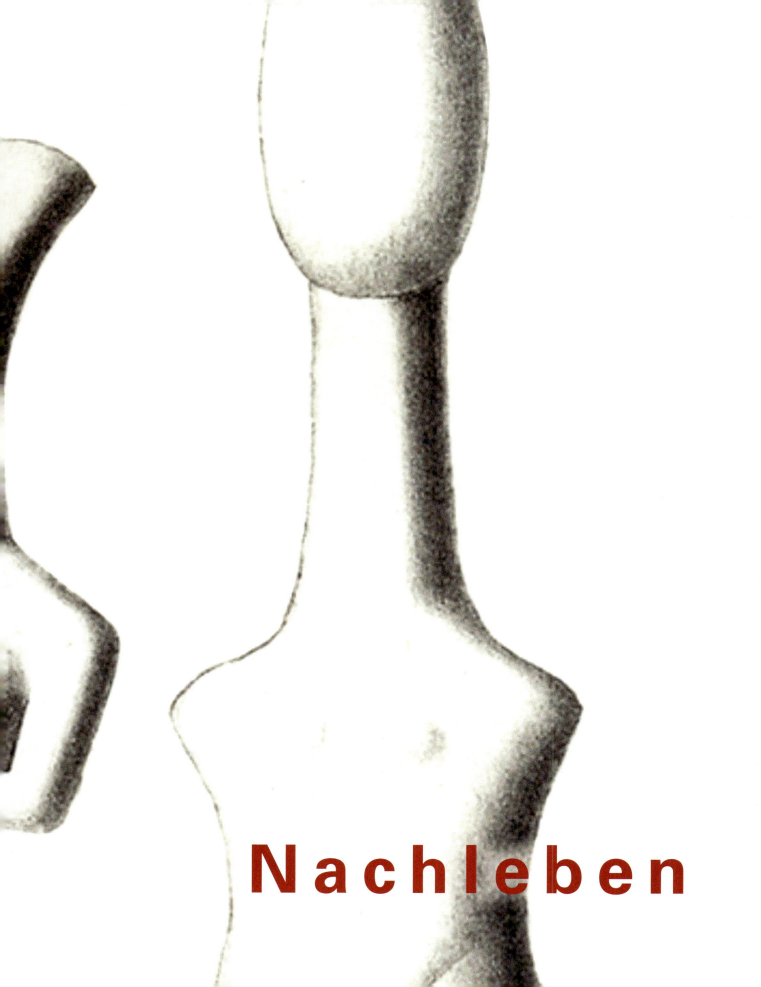

Nachleben

Vom Sammeln von Kykladenidolen
„Kykladenkunst" zwischen Markt und Museum

von **Katarina Horst**

Die Entdeckungsgeschichte des vorgriechischen Hellas ist die Geschichte von der Suche nach der realen Herkunft und dem „Stamm" der Menschen, die in den Homerischen Epen so glorreich besungen werden. Die Geschichten der *Ilias* und *Odyssee* waren Bestandteil einer jeden höheren schulischen Ausbildung und somit genau wie die Helden Hektor und Odysseus dem gebildeten Bürgertum geläufig. So berichtete Ulrich Köhler 1877 in einer Vorlesung, dass ihn auf der Suche nach den Überresten der Atriden (also den Brüdern Agamemnon und Menelaos) im sagenhaften goldreichen Mykene die entdeckten Funde enttäuscht hätten: „Mit Erstaunen und nicht ohne ein gewisses Missbehagen erkannte man, dass die an das Licht gezogenen Schmucksachen und Geräthschaften sowohl im Stil und Technik als auch in Bezug auf den Inhalt der bildlichen Darstellungen (…) ein ungriechisches, barbarisches Gepräge trugen." Und über die Kykladen stellte er fest: „Dass die Inseln des Aegeischen Meeres vor den Griechen von einer anderen Race [Rasse] bewohnt gewesen sind, gehört zu den bestbeglaubten Thatsachen der vorhistorischen Zeit." Dass „seine" Griechen solche barbarischen Artefakte hergestellt haben sollten, stellte für Köhler ein Problem dar. Er fand dann aber eine für ihn akzeptable Lösung: „Es hat den Anschein, als ob jene Klippeneilande die letzten Refugien einer aus Asien stammenden Völkerschaft gewesen wären, bevor dieselbe von dem griechischen Element aufgesogen wurde."

Mit der Erforschung ging auch der Erwerb und die Ausfuhr der Antiken aus Griechenland einher – aus unterschiedlichen Beweggründen. Für die Gelehrten galten sie als Unterpfand der getätigten Beobachtungen, jedenfalls traf das auf die Kykladenobjekte zu. Für andere Objekte gab es andere, eher ästhetische Gründe.

„Es ist ohne weiteres klar, dass dieser abstossend hässliche Kopf von einem besonders grossen Exemplar jener primitiven Marmorfiguren stammt, die vor allem von den Kykladen bekannt sind."
Paul Wolters 1891

Parthenon und Philhellenentum

Schon im 17. und 18. Jahrhundert begannen einzelne Reisende, Griechenland und die Ägäis zu bereisen, vorwiegend vornehme Engländer und Franzosen, doch von ihnen erfährt man nur wenig, denn ihre Berichte sind eher knapp. Diese Reisen dienten hauptsächlich dazu, prestigeträchtige Antiken für die eigenen Sammlungen zu erwerben. Die mitgebrachten Antiken füllten aber nicht nur die Privathäuser der Adeligen, sondern auch die Hallen des 1751 gegründeten British Museum in London. 1801 nutzte Lord Elgin seine Position als Gesandter des Sultans von Konstantinopel über Gebühr aus und „verbrachte" die Parthenonskulpturen nach England, wo er sie 1816 an das British Museum verkaufte (s. Abb. rechte Seite). Die öffentlich zur Schau gestellten Skulpturen führten zu einer Beachtung des antiken Griechenlands weit über die Reihen der Gelehrten hinaus. Mit dieser Veröffentlichung der Parthenonskulpturen erfuhr die Bewegung der „Philhellenen" große Unterstützung. Die Philhellenen waren eine Gruppe von Männern humanistisch-klassischer Bildung und zumeist adeliger Herkunft, die sich aus ganz Europa und Nordamerika zusammengetan hatten, um die Nachkommen der antiken

Hellenen im Kampf um die Unabhängigkeit gegen das Osmanische Reich aktiv zu unterstützen.

Zu den Mitgliedern der Philhellenen zählte der Philologe und Erzieher der bayerischen Prinzessinnen Friedrich Wilhelm von Thiersch (s. Abb. folgende Seite). Er befürwortete die Gründung einer „Deutschen Legion" zur Unterstützung der Griechen, und so wurde 1821 ein erster Verein in Stuttgart mit 100 Mitgliedern gegründet. Thiersch meinte es ernst mit seiner Griechenlandliebe: 1829 verfasste er einen Lehrplan für den bayerischen Schuldienst, der beinhaltete, dass der Unterricht an den Gymnasien fast vollständig auf die antiken Sprachen reduziert wurde. Er wirkte dahin, dass der Sohn des bayerischen Königs Ludwig I. als Otto I. zum ersten König von Griechenland erhoben wurde. Thiersch reiste 1831/32 in Griechenland und hielt nach seiner Rückkehr nach München am 4. Mai 1834 einen Vortrag in der Akademie der Wissenschaften über Paros und die parischen Inschriften. Dieser – wie auch viele weitere Vorträge – wurde abgedruckt in den *Abhandlungen der philosophisch-historischen Classe der Königlich Bayerischen Akademie der Wissenschaften Band 1*. Wie viele seiner Gelehrtenkollegen, war auch er auf der Suche nach den „hehren Hellenen" und fand dabei Spuren einer vorhellenischen Besiedlung: „Gleich den übrigen Cycladen war sie [Paros] ursprünglich von Kariern besetzt (…) Karische Gräber fanden sich noch zur Zeit des Thucydides auf Delos und die auf Paros sind noch keineswegs erschöpft. Ich erwarb bei meinem Aufenthalte daselbst zwei Bilder aus parischen Gräbern von ganz eigenthümlicher, barbarischer Gestalt (…). Sie sind von dem in Paros einheimischen Marmor, und gehören offenbar jener vorhellenischen Zeit an." Eine Gestalt mit einer kleinen Figur auf dem Kopf und noch eine weitere Kykladenfigur im bekannten Schema der „folded-arm figurine" aquarellierte er und

Reliefplatte von der Nordseite des Cellafrieses des Parthenon in Athen in einer Zeichnung von Feodor Iwanowitsch Kalmück im British Museum zu London. Kalmück hatte am Hof in Karlsruhe seine Ausbildung zum Künstler erhalten. Lord Elgin engagierte den begabten Zeichner für seine Unternehmungen in Griechenland. 1801 begleitete er die Überführung der Parthenonskulpturen von Athen nach London und zeichnete sie dort im Auftrag Elgins. Zurück in Karlsruhe wurde er 1806 zum Großherzoglich-badischen Hofmaler ernannt.

Friedrich Wilhelm von Thiersch (1784–1860), als „Praeceptor Bavariae" besitzt er für die humanistische Bildung in Bayern einen ähnlichen Stellenwert wie Wilhelm von Humboldt in Preussen.

Ludwig Ross (1806–1859), ab 1837 Professor für Archäologie in Athen, seit 1845 an der Universität von Halle, Lithografie von Maurin, 1842

legte diese Illustrationen als Beilage der Veröffentlichung bei (s. Abb. rechte Seite). Diese beiden Figuren gelangten nach dem Tod Thierschs in die Großherzogliche Sammlung Badischer Altertümer in Karlsruhe, wo sie 1860 im Inventar erscheinen – zusammen mit weiteren 194 Objekten aus der Sammlung Thiersch.

Im Auftrag Seiner Majestät

Nach der gelungenen Vertreibung der türkischen Besatzung wurde 1830 der griechische Staat gegründet, und mit Otto I. bekam Griechenland seinen ersten König. Im Zuge seiner Einsetzung folgten ihm viele Deutsche nach Griechenland, die dort offizielle Ämter bekleideten. Ein besonders prominentes Beispiel ist der Gelehrte Ludwig Ross, der zum ersten königlichen Beauftragten für die griechischen Antiken, also zum ersten Denkmalpfleger (griech.: Ephoros) Griechenlands ernannt wurde, damals noch in der Hauptstadt Nafplion auf der Peloponnes. Von ihm stammt der erste umfassende Reisebericht der griechischen Inseln, in dem sich auch Hinweise auf die frühe Kykladenkultur finden. Ludwig Ross bereiste in den Jahren 1835 bis 1844 die Ägäis in neun Reisen und gab seine Reiseberichte in vier Bänden heraus, die so ausführlich die geografischen, kulturellen, antiken als auch neuzeitlichen Gegebenheiten darstellten, dass sofort nach ihrer Publikation 1840–52 alle nachfolgenden Ägäis-Reisenden diese als Reiseführer benutzten. Gab er sich als Alleinreisender manchmal auf abenteuerliche Weise in die Hände von Einheimischen mit gemieteten Booten oder von Fischern, konnte er die zweite Reise komfortabel auf dem englischen Dampfschiff MEDEA des Königs Otto erleben, den er als Reiseführer begleitete.

Vom historischen Erkenntnisgewinn durch Ross profitierte nicht nur die deutsche und mitteleuropäische Gelehrtenschaft, sondern auch der neue griechische Staat. Ross erwarb auf den Inselreisen einige Statuen und Kleinfunde für das neue Museum, das noch in Nafplion

Marmorfigurine von der Insel Paros mit einer kleinen Figur auf dem Kopf (s. Kat. 93), Aquarell von Fr. Thiersch

stand, aber schon bald in Athen eingerichtet wurde, darunter auch einige Kykladenidole. Ross schreibt (*Archäologische Aufsätze* 1855, 53): „Thiersch hat alterthümliche Marmorfiguren aus parischen Gräbern beschrieben und abgebildet, die er für vorhellenisch und zwar für karisch hält (…) Sie sind mir aus Marmor, einige auch aus Blei, auf den griechischen Inseln öfter vorgekommen. Als häufige Fundorte kann ich mit Sicherheit Rhenäa, Paros, Naxos, die kleinen Eilande südlich von dieser Insel (ta Eremonisia), ferner Ios, Amorgos, Thera und Therasia bezeichnen. Nach Erkundigungen, welche ich darüber bei den Bauern, die sie ausgraben, wie bei einsichtigen Einwohnern vielfach eingezogen habe, finden sie sich in allen Gräbern in geringer Tiefe unter dem Boden."

Ross besaß sogar selbst ein Idol, das er (noch) nicht für die griechische Gesellschaft für Altertumskunde erworben hatte, welche später ins griechische Nationalmuseum einmündete; Ross (*Archäologische Aufsätze* 1855, 54): „Ich selbst besitze eine Figur dieser Art von Paros von neun Zoll Länge, die zu den größten und am meisten ausgeführten gehört, welche mir vorgekommen sind."

Ross besaß noch ein weiteres interessantes Marmoridol, das er 1838 – durch den dänischen Generalkonsul Christian Tuxen Falbe als Mittler – dem dänischen Kronprinzen Christian Frederik, dem späteren König Christian VIII., zukommen ließ, da er die Leidenschaft des Prinzen für Altertümer kannte. Dieses Idol, das heute im Kopenhagener Nationalmuseum aufbewahrt wird, ist von besonderem Interesse, da diese Figur die Reste einer zweiten Figur auf dem Kopf zeigt. Sie ist also mit dem Karlsruher Stück vergleichbar, das ehemals Thiersch gehörte.

Gefährdete Monumente

Die erste Inselreise führte Ludwig Ross auch zur heiligen Insel Delos, die seit der klassischen Antike als die zentrale Insel der Kykladen bezeichnet wurde, um die sich die Eilande wie im Kreis (*kýklos*) anordnen. Als offizieller oberster Bewahrer der griechischen Altertümer beklagte er hier die Zerstörungen der antiken Reste: „Die zahlreichen und ausgedehnten Ruinen der heiligen Delos finden sich durch die vor der Ankunft des Königs seit länger als einem Jahrtausend geübte Sitte der Bewohner der benachbarten Inseln (…) hier ihr Baumaterial zu holen und zu ihren Bauten den nöthigen Kalk zu bereiten, so wie durch den Frevel raubgieriger Lords und anderer Reisender, in einem traurigen Zustand gewaltsamer Zerstörung" (*Beilage zum 3. Brief*). Das Wiederverwenden von antiken Steinblöcken war seit der byzantinischen Zeit im ganzen Mittelmeerraum Sitte. So findet man diese Spolien noch heute in alten Mauern wieder. Für die Antiken gänzlich zerstörerisch war aber der Brauch, antike Marmorstücke, auch Skulpturen, im Ofen zu Kalk zu brennen, um daraus Material für den Anstrich der Häuser herzustellen. Ross konnte das kaum verhindern. Ihm war seit der Lektüre der Reiseberichte des Grafen Pasch van Krienen von 1771 bekannt, dass vor allem englische, französische und russische Adelige ihre „Gesandten" in die Ägäis geschickt hatten, um den Einheimischen vornehmlich antike Skulpturen abzukaufen oder sie selbst auszugraben und mitzunehmen. Ein Beispiel ist der Verkauf der berühmten Venus von Milo (Melos), deren Entdeckungs- und Verkaufsgeschichte sich wie ein spannender Krimi liest. Doch das ist eine andere Geschichte, die an anderer Stelle erzählt werden kann.

Es wurde Zeit, zumindest der Sammelleidenschaft ausländischer Adeliger Einhalt zu gebieten, und so wurde schon um 1834 ein erstes Antikengesetz verabschiedet,

Georg Ludwig Konrad von Maurer (1790–1872). Der Heidelberger Jurist begründete das Rechtssystem des modernen Griechenland. Lithografie aus dem Jahr 1836

das der Heidelberger Jurist Georg Ludwig von Maurer entworfen hatte. Es deklarierte alle Antiken innerhalb der griechischen Grenzen zum nationalen Erbe. Dabei machte das Gesetz noch den Unterschied, ob sich die Antiken auf staatlichem oder privatem Grund befanden. Im zweiten Falle gehörten sie nur zur Hälfte dem Staat. 1899 erfolgte die Ratifizierung eines neuen Gesetzes: Alle Antiken sind nun Besitz des griechischen Staats und können daher keiner Privatperson gehören. Die Ausfuhr ist verboten, bis auf sogenannte Dubletten, deren Export genehmigt werden muss. Ein Abkommen von 1874, das den ältesten deutsch-griechischen Staatsvertrag überhaupt darstellt, bildete eine Ausnahme: Es war die Vereinbarung mit dem Deutschen Archäologischen Institut, in der auf zehn Jahre dem Deutschen Reich das ausschließliche Recht zugestanden wurde, Ausgrabungen in Olympia vorzunehmen, die Ernst Curtius durchführte. Die Funde sollten größtenteils Eigentum Griechenlands bleiben, ein Teil aber ging nach Berlin.

Erforschung der Kykladenkultur

Zur Entdeckungsgeschichte der Kykladenkultur hat im großen Maße der Historiker und erste Direktor des Deutschen Archäologischen Instituts in Athen, Ulrich Köhler, beigetragen, der oben schon zu Wort kam. Er beschrieb zum ersten Mal die Fundumstände, unter denen die Objekte vorgefunden wurden. Er gab die Lage von zwei berühmten Kykladenidolen bekannt, zwei Musikantenfiguren: einem Harfen- und einem Flötenspieler (mit Doppelaulos). Sie wurden auf der kleinen und heute unbewohnten Insel Keros gefunden, die somit erstmals in den Fokus des Interesses geriet. Zu Recht: Heute wissen wir, dass von den bisher ca. 1400 bekannten Kykladenidolen die meisten von Keros stammen. Köhler wagte sich sogar an eine Interpretation der weiblichen Idole, die heute noch aktuell ist. Er wollte in der „idolartigen weiblichen Bildung mit untergeschlagenen Armen die babylonische-assyrische Göttin Ištar, die phönikische Astarte" erkennen, jedenfalls eine Fruchtbarkeitsgöttin, die viele Aspekte des Lebens abdeckte. Die Musikantenfiguren sind nach Köhler „Diener der Göttin: aufregende und betäubende Musik hat immer einen Hauptbestandtheil der orientalischen Culte gebildet".

Die systematische archäologische Feldforschung begann 1884 mit James Theodore Bent, der auf Antiparos grub, ihm folgte zwei Jahre später Ferdinand Dümmler auf Amorgos, und 1894 beschloss die Archäologische Gesellschaft in Athen, den Ephoren Christos Tsountas mit der Ausgrabung der prähistorischen Funde der Kykladen zu betrauen. Durch die Forschungen dieses griechischen Archäologen, der zu Recht als „Vater der Kykladenforschung" bezeichnet wird, erlangte man zum ersten Mal beachtliche Erkenntnisse über diese frühe und einzigartige Zivilisation. Er war es auch, der die Bezeichnung „Kykladenkultur" prägte.

Der Wandel

Neben Archäologen, Historikern und Philologen gab es aber immer auch eine weitere Gruppe von Menschen, die sich für die archäologischen Zeugnisse der antiken Griechen interessierte: die freischaffenden Künstler. Ulrich Köhler schrieb 1875 über die vorhellenischen Altertümer: „Männer, deren Interesse an den Überresten des Alterthums vorwiegend ästhetischer Natur ist, wie Künstler, fühlten sich von dieser rohen Kunst abgestossen." Köhler sollte nicht lange recht behalten. Schon seine Zeitgenossen und Kollegen in Athen erkannten, dass diese „hässlichen" Artefakte durchaus einen ästhetischen Wert hatten und es sich lohnte, sie zu erwerben und weiterzuverkaufen, auch wenn man damit gegen Gesetze verstieß. Der berühmteste Vertreter dieser Kenner, Sammler und Händler war Athanasios Rhousopoulos, an sich ein hoch ehrenwertes Mitglied der griechischen Universität – seit 1855 als Professor für Archäologie –, bis er plötzlich ohne Angabe von Gründen am 10. Oktober 1884 unehrenhaft aus seinem Dienst entlassen wurde. Unbekannt ist, ob seine Entlassung in Zusammenhang mit seiner „Nebentätigkeit" als Antikensammler stand. Man sagte, dass seine Sammlung nahezu alle Zimmer seines Hauses in der Lykabettos-Straße in Athen füllte. Bei Rhousopoulos verkehrten viele Archäologen aus dem In- und Ausland, darunter auch Arthur Evans, der spätere Entdecker und Ausgräber des minoischen Palastes in Knossos. Doch bevor Evans nach Kreta ging, vermerkte er in seinem Tagebuch im Februar 1893 den Namen Rhousopoulos im Zusammenhang mit einer Liste von Münzen und antiken Objekten. Lange glaubte man, dass unter den hier verzeichneten Objekten auch einige der kykladischen Kultur zugehörige befinden, nämlich die Grabinhalte des sogenannten Kistengrabs E aus Amorgos (s. Kat. 118 und 119) und eventuell des Kistengrabs D aus Kapros (s. Kat. 66).

Die Zurschaustellung kykladischer Objekte in den Museen außerhalb Griechenlands bedeutete für diese, dass sie weit über die archäologischen Kreise hinaus bekannt wurden. Seit Beginn des 20. Jahrhunderts hatten der Louvre, das British Museum und das Albertinum in Dresden ihre Kykladensammlungen ausgestellt. Es dauerte nicht lange, da hatten die berühmtesten Künstler der Moderne diese Kultur entdeckt. Pablo Picasso bezeichnete sich als fleißigen Museumsgänger und so wurde er bei seinem Gang durch den Louvre in Paris mit den Kykladenobjekten, und vor allem dem großen Kopf (s. Kat. 142), konfrontiert. Die simple Form mit der sparsamen Angabe von Details inspirierte seine Arbeit. Picasso erwarb sogar ein Kykladenidol und verkündete, dieses sei „better than Brancusi. Nobody ever made an object stripped that bare" (André Malraux 1976 in sei-

*Aus den hässlichen und primitiven Figuren wurden urplötzlich **begehrenswerte Meisterwerke***

nen Erinnerungen an Picasso auf S. 136). Auch Henry Moore kaufte Objekte der Kykladenkultur und stelle sie in seiner kleinen Sammlung von allerhand Artefakten aus. Er selber gab zu, dass es einige Affinität seiner Arbeiten zu den kykladischen Figuren gab.

Die Künstler der Moderne hatten einen fleißigen Helfer, der sie mit Artefakten und Informationen zur Kykladenkultur versorgte: Christian Zervos. Kind von griechischen Auswanderern nach Frankreich, war Zervos einer der bedeutendsten Kunstsammler, Kritiker und Verleger der Zwischenkriegszeit des 20. Jahrhunderts. Als einer der Ersten schrieb er über Pablo Picasso. In seiner von ihm seit 1926 verlegten Kunstzeitschrift *Cahiers d'Art* veröffentlichte er neben den Werken von Picasso auch die Kykladenidole des Louvre und Objekte afrikanischer und ozeanischer Naturvölker. Hier trat nun eine Wende in Deutung und Bedeutung ein, die für die Zukunft der Kykladenobjekte folgenschwer wurde. Er und die Künstler der Moderne machten aus den Artefakten einer prähistorischen Gesellschaft Kunstgegenstände. Aus den hässlichen und primitiven Figuren wurden urplötzlich begehrenswerte, hochästhetische Meisterwerke. Dabei kam allen das vermeintlich „Ungriechische"

als Bruch mit der klassischen Antike sehr entgegen. Zervos: „Unsere zeitgenössische Auffassung von Ästhetik erlaubt uns die Schönheit der Kykladenskulpturen anzuerkennen, da doch ihre Abstraktheit unsere Empfindsamkeit erwidert." Diese antiklassizistische Ansicht teilte er mit der modernen Avantgarde. Es war ein Trend, „große Kunst" als überzeitlich und damit „zeitlos" zu sehen. Unter diesem Aspekt fanden sich auch die Kykladenidole subsumiert. Abstrakte Kunst wurde als Weltsprache angesehen, mit Autonomie des Ästhetischen, gewissermaßen eine Ideologie: Abkehr von „Blut und Boden". Kunst hat Allgemeingültigkeit.

Ein neuer Blick auf die Vorgeschichte

Die antiklassizistische Haltung durchzog aber noch ganz andere Bereiche, als man zunächst vermuten würde: In Griechenland selber vollzog sich nun eine Veränderung der Einstellung gegenüber der antiken Vergangenheit: Gebeutelt von so vielen Fremdherrschaften, versuchte Griechenland kulturell an seine antike Vergangenheit anzuknüpfen, aber in den 30er-Jahren des 20. Jahrhunderts waren die von der westlichen Welt beschworenen klassischen Vorbilder nicht eigenständig genug. Man brauchte für die Konsolidierung des Neuen Hellas ande-

Henry Moore im British Museum, versunken in die Betrachtung eines Kykladenidols

Christian Zervos (1889–1970) und Pablo Picasso, fotografiert von David Douglas Duncan am 10. September 1960

re, noch unbesetzte Artefakte. Die nun als urgriechisch und modern angesehenen Kykladenskulpturen trafen genau den Nerv der neuen intellektuellen Bewegung Griechenlands: Zeitlos und neu zur gleichen Zeit. Griechische Poeten, Maler und Künstler aller Disziplinen ließen sich stark von den Kykladenartefakten beeinflussen. Die Archäologie in Griechenland diente den Griechen schon lange als ein Mittel der Identifikation, die Kykladenkultur aber spiegelte quasi das Neue Hellas wider. Daher ist die besondere Sensibilität der Griechen beim Thema „Kykladen" verständlicherweise auch heute noch sehr groß.

Diese politische Dimension war den Kulturschaffenden und -liebhabern der restlichen westlichen Welt nicht zugänglich. Sie erfreute sich in der Nachkriegszeit an neuen, „frischen" und ideologiefreien Objekten. Und dass sie von so berühmten Künstlern wie Picasso und Moore zu hoher Kunst deklariert wurden, kam ihnen sehr zupass. Vor diesem Hintergrund wurde 1976 im Badischen Landesmuseum in Karlsruhe durch den Kurator Jürgen Thimme die erste große Ausstellung zur Kykladenkultur veranstaltet. Späte Figuren mit klar definierten Gesichtselementen von der Insel Amorgos hatten Thimme dazu veranlasst, diese Insel als Werkstatt, ja sogar als „Schule von Amorgos" zu bezeichnen (im Ausstellungskatalog von 1976 auf S. 490). Thimme als Archäologe bediente sich also, da die Fundzusammenhänge fehlten, einer Methode der Kunstgeschichte, nämlich der Stilkunde. Diese Methode, die man an den großen Werken der antiken Kunst, wie z. B. den Parthenonskulpturen, angewandt hatte, übertrug er nun auf die prähistorischen Figuren. Das „Werkzeug" der Stilkunde ist sicherlich dienlich, um eine Gliederung nach Zeit und Stilveränderungen vorzunehmen. Es setzt aber voraus, dass alle Hersteller von Kykladenfiguren an dieser Stil-Koiné teilnahmen. Zudem muss klar gesagt werden, dass wir von den Bestrebungen der historischen Künstler erst seit der archaischen Zeit, sei es in der Töpferkunst, der Malerei, Architektur oder Skulptur, wissen, dass sie ihre Werke im Bewusstsein gestaltet haben, eben als Künstler zu agieren. Über das Selbstverständnis der prähistorischen Kykladen-„Künstler" wissen wir nichts, auch nicht über ihre gesellschaftliche Anerkennung und Stellung. Wahrscheinlich ist aber, dass ihre Produkte einen realen Gebrauch im täglichen Leben hatten. Daher sind ihre „Werke" sicherlich keine Kunsterzeugnisse und sollten folglich nicht – jedenfalls nicht ausschließlich – als solche beurteilt werden.

Raubgrabungen

Zwei historisch-gesellschaftliche Komponenten führten zu den exorbitanten Absatzmöglichkeiten von antiker „Kunst" und den daraus resultierenden Raubgrabungen in den Böden der vormals antiken griechisch-römischen Welt: die Demokratie und der Wirtschaftsboom nach dem Zweiten Weltkrieg. War es bis zum Ersten Weltkrieg einer kleinen Gruppe von Adeligen, Gelehrten und im Antikendienst Tätigen vorbehalten, ihre gesellschaftliche Stellung und vermeintliche geistige Überlegenheit durch den Besitz und die Zurschaustellung antiker Artefakte auszudrücken, wurde es in der neu gegründeten Bundesrepublik Deutschland im Prinzip jedermann möglich. Viele „Neureiche" ahmten das Verhalten der Elite nach und sammelten Antiken. Überlebende des Krieges, Verlierer und Gewinner, Emigranten nach Übersee oder in die Schweiz, der deutsche Staat, alle verhielten sich gleich: Ausdruck ihres (wieder-)gewonnenen Erfolges und Selbstbewusstseins wurde eine Sammlung von Kunst und Antiken. Das Badische Landesmuseum versuchte in dieser Zeit besonders intensiv, seinen bereits vorhandenen bedeutenden Bestand für die Öffentlichkeit durch den Ankauf von hochkarätigen „Spitzenwerken" zu erweitern. Die Nachfrage bewirkte einen wachsenden

In der 1976 gezeigten Ausstellung „Kunst und Kultur der Kykladen" waren viele Zeugnisse der Kykladenkultur erstmals öffentlich zu sehen. Viele dieser Stücke stammten vom Kunstmarkt – ihre Herkunft und ihr kulturgeschichtlicher Kontext spielten für die Käufer nur eine untergeordnete Rolle.

Markt für antike Objekte, die nun verstärkt auch aus illegalen Grabungen stammten und oft nicht immer legal die Landesgrenzen überschritten. In diesen Nacht-und-Nebel-Aktionen verloren die Antiken das Wichtigste, was sie hatten – ihre Informationen: Beifunde, Zusammenhänge, Kontext, kurz: Alle Erkenntnis, die wir über das Objekt hinaus zu Gesellschaft und Kultur der Menschen des 3. vorchristlichen Jahrtausends hätten erlangen können, ist somit unwiederbringlich verloren. Zurück bleibt durchwühlte Erde und Ratlosigkeit bei den Archäologen.

Das Resultat des Sammelbooms der 50er- bis 80er-Jahre des 20. Jahrhunderts ist, dass 80 % aller uns bekannten Kykladenidole ohne klare oder nur vage Angabe ihrer Provenienz sind.

Fragen an Gegenwart und Zukunft

Zum Schutze der Altertümer hat die UNESCO 1970 eine Konvention herausgegeben, die das Handeln, Erwerben und Ausstellen von Objekten ohne legale Herkunft untersagt. Diese Konvention hat 2007 auch die Bundesrepublik Deutschland unterschrieben. Die Zeit des Erwerbs von Antiken ist damit für die Museen weitgehend vorbei und so endet auch die Geschichte vom Sammeln von Kykladenidolen. Doch es bleiben einige Fragen offen:

Wie geht man mit den „alten" Erwerbungen um? Was geschieht mit den Tausenden von Objekten, die im Laufe der letzten Jahrhunderte und Jahrzehnte aus den Ursprungsländern ausgeführt wurden, als es bereits verboten war? Rückführen? Wohin? Wohin man auch die Objekte bringen würde, so würden sie doch ihren Kontext nicht zurückerhalten. Der Schaden, den Raubgrabungen anrichten, kann kaum wiedergutgemacht werden, sodass eine Rückgabe ausgewählter Stücke nur den Sinn eines – wenngleich wichtigen – symbolischen Akts haben kann. Die Prävention der Plünderung archäologischer Fundstätten ist von höherer Bedeutung. Vom Kultusminister Griechenlands kam ein pragmatischer Vorschlag, geäußert 2008 in einer Rede im Athener Nationalmuseum, die er anlässlich der Rückgabe einiger Objekte aus dem J. Paul Getty Museum hielt. Er sagte, dass Griechenland auf die Rückführung von weiteren Antiken aus anderen Museen verzichte, mit Ausnahme der Parthenonskulpturen, die Lord Elgin Anfang des 19. Jahrhunderts nach England gebracht hatte (s.o.). Neben der herausgehobenen Bedeutung des Parthenon schon während seiner Erbauungszeit im 5. vorchristlichen Jahrhundert symbolisieren die Skulpturen im 19. Jahrhundert den Beginn des aktiven Philhellenismus Europas und gaben damit der griechischen Freiheitsbewegung die entscheidende tatkräftige Unterstützung, sich vom Joch der türkischen Okkupation zu befreien. Damit sind die Parthenonskulpturen Symbole der Freiheit Griechenlands, so wie sie es schon in der Antike waren: damals standen sie für den Sieg über die Perser und damit der Abwendung einer persischen Besetzung. Und was ist mit den Objekten, die den Weg in eine öffentliche Sammlung nicht gefunden haben? Die sich noch im Kunsthandel befinden oder in privaten Sammlungen? Wird weiterhin der Boden in den Ursprungsländern seiner Vergangenheit „beraubt", jetzt, da sich ein Sinneswandel in Zentraleuropa ankündigt? Gibt es neue Märkte?

Eine grundsätzliche Frage ist: Gehört das Erwerben von Objekten nicht zu den Kernaufgaben der Museen? Und was bringt die Zukunft, jetzt, wo man nicht mehr Antiken kaufen sollte und auch nicht mehr darf? Die Problematik, wie mit der eigenen und fremden Vergangenheit und deren materiellen Überresten umzugehen ist, ist sehr komplex. Daher sind schnelle und einfache Lösungen nicht zu erwarten. Voraussetzung für die Bewältigung der anstehenden Aufgaben ist die Zusammenarbeit zwischen den archäologischen Institutionen – und zwar weltweit.

Ein Lösungsvorschlag

Was die „Beschaffung" von Objekten, also den Zeitzeugen der Vergangenheit, für die Museen angeht, so existiert bereits eine gut funktionierende Praxis: Objekte müssen nicht zwangsweise den Besitzer, sondern für einen gewissen Zeitraum nur den „Aufenthaltsort" wechseln, nämlich für Sonderausstellungen. Diese Praxis könnte noch ausgeweitet werden, indem man auf längere Zeit Objekte ausleiht und in den Schausammlungen präsentiert. Der zwielichtige Antikenhandel bliebe jedenfalls außen vor und es würde sich die Möglichkeit eröffnen, bedeutende und auch nach 1970 getätigte Funde aus wissenschaftlich dokumentierten Ausgrabungen einem breiten Publikum außerhalb des Herkunftslandes zugänglich zu machen. Und die klassischen Geberländer können dadurch mehr und mehr auch zu Nehmerländern werden.

Denn das Zusammenbringen von Objekten dient ja hauptsächlich dem kulturellen Erkenntnisgewinn. Die Motivation ist also noch die alte, nämlich Lernen aus der Vergangenheit und die Öffentlichkeit an den Ergebnissen teilhaben lassen.

Lit: Fittschen 1999 – Gill / Chippindale 1993 – Köhler 1878 – Malraux 1976 – Michon 1929 – Plantzos 2006 – Renfrew 2000 – Ross 1840/43 – Sacchini 1984 – Sporn 2005 – Vasilikou 2006 – Wolters 1891 – Zervos 1929

Der „Keros Hort", eine Sammlung von über 350 Kykladenfigurinenbruchstücke. Durch Raubgrabungen auf Keros (s. Seite 172 f.) gelangten die Fragmente in den Antikenhandel.

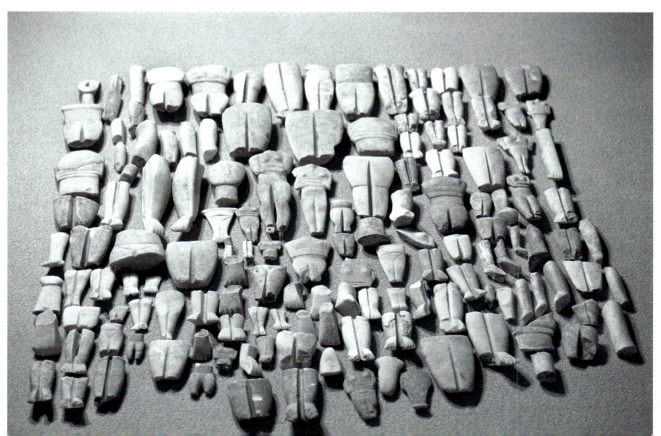

Meister und Künstler?

von **John F. Cherry**

Wer schuf die Kykladenfiguren? Es ist offenkundig, dass wir die Namen einzelner Handwerker eines Zeitalters vor Einführung der Schrift nicht kennen und niemals werden kennen können. Ist es aber dennoch denkbar, eine unverwechselbare Handschrift spezifischer Bildhauer oder Marmorbildner auszumachen? Über die Klassifizierung in breite stilistische Gruppen („Plastiras", „Louros" usw.), die sowohl chronologische als auch geografische Räume widerspiegeln, besteht ein allgemeiner Konsens. Einige Forscher jedoch – insbesondere die amerikanische Wissenschaftlerin Pat Getz-Preziosi in ihrem Buch *Sculptors of the Cyclades* von 1987 – behaupten, es sei möglich, noch weiter zu gehen und das charakteristische Werk einzelner „Künstler" oder „Meister" zu erkennen; und da diese für uns namenlos sind, verschaffte man ihnen Namen, gewöhnlich in Bezug auf den Besitzer eines kanonischen, d. h. ein den Maßstab für die Produktion eines vermeintlich bestimmbaren Bildhauers setzenden Exemplars. So entstanden Bezeichnungen wie „Bastis-Meister" oder „Goulandris-Meister". Der Ansatz solcher Zuschreibungen beruht auf Methoden der „Connaisseure", die ihre Kennerschaft dem intensiven Studium und Vergleich der Originale verdankten. Sie wurden erstmals im 19. Jahrhundert durch den Kunstkritiker Giovanni Morelli an den Gemälden italienischer Meister angewandt und später von John D. Beazley zur Bestimmung attischer Vasenmaler herangezogen. Dabei hängt alles ab von der genauen Untersuchung winziger, unbewusster, aber zugleich diagnostischer, also bezeichnender Details der Art und Weise, wie z. B. Ohren oder Zehen wiedergegeben sind. Funktioniert das auch bei kykladischen Figurinen? Die meisten der feinen Details, die ursprünglich in Form von aufgemalten Augen, Haaren oder Körpermodifikationen vorhanden waren, sind an den überlieferten Exemplaren nicht erhalten. In der Tat ist es so, dass ein Großteil der heutigen Wertschätzung der Kykladenfiguren von ihren vordergründigen Charakteristika ausgeht: ihrer pauschalen Reinheit und Einfachheit und ihrer schlichten und stilisierten Form. Morelli und Beazley konnten bei der Erforschung der italienischen und antiken attischen Malerei von einem Kernbestand authentischer Stücke ausgehen, von denen manche Künstlersignaturen trugen, und sich schrittweise vorarbeiten; aber dies ist in der Welt der kykladischen Archäologie nicht möglich, in der so viele Figuren auf dem Kunstmarkt ohne jede Herkunftsangabe auftauchten, oft als Ergebnis von Raubgrabungen, und in der sicherlich auch moderne Fälschungen in Umlauf sind. Über ein Drittel der identifizierten „Meister" ist einzig und allein durch Figuren definiert, denen jeglicher archäologische Kontext fehlt, sodass wir gar nicht sicher sein können, ob es sich tatsächlich um Werke vorgeschichtlicher Bildhauer handelt.

Es kann gut sein, dass Figuren gleichartigen Stils oder Ausdrucks, die auch enge Vergleiche in Bezug auf technische Details und Anwendung kanonischer Proportionen zulassen, die Schöpfungen eines einzigen Bildhauers darstellen. Die Gefahr liegt in der Weise, in der von diesen gesprochen wird: „Meister" und ihre „Schüler", die für ihre „Auftraggeber" „künstlerische Meisterwerke" in ihren „Werkstätten" produzieren etc. Diese Begrifflichkeit ist der Kunstwelt des urbanen Europa der Renaissance und folgender Zeiten entliehen und besitzt daher wenig Relevanz für die kleinen Gesellschaften, die in winzigen Weilern auf den griechischen Inseln des 3. Jahrtausends v. Chr. lebten – ohne Märkte, von einem *Kunst*markt ganz zu schweigen.

Forschungen zur Zuschreibung sind untrennbar verbunden mit dem Sammeln, dem Markt und mit Besitz. Ein Werk, das sicher einem benannten Künstler zugeschrieben wird, besitzt einen höheren Wert (und verhilft seinem Inhaber zu mehr Geltung) als eines, das anonym bleiben muss: Ein Gemälde von Rembrandt z. B. ist sehr viel höher angese-

Großformatige Kykladenfigur, Badisches Landesmuseum (s. Kat. 45), Detailaufnahmen des Kopfes.
Nach stilistischen Kriterien wurde die Skulptur dem sog. Karlsruhe-Woodner-Bildhauer zugeschrieben, einem „Meister", der nach diesem Stück und einem weiteren ähnlichen in der Sammlung Woodner benannt ist. Drei großformatige Werke sollen von ihm stammen. Auffälliges charakteristisches Merkmal aller drei Figuren ist die Tatsache, dass bei ihnen das rechte Ohr jeweils deutlich tiefer sitzt als das linke. Die Figur war vom Badischen Landesmuseum im Vorfeld der großen Kykladenausstellung von 1976 im Kunsthandel erworben worden. Dass es nicht aus einer regulären Grabung stammt, ist bei einem so außerordentlichen Stück besonders zu bedauern.
Die zahlreichen Exponate aus Privatbesitz machten die Karlsruher Ausstellung, die in der Geschichte der Erforschung der Kykladenkultur zweifellos einen Meilenstein darstellt, in jüngerer Zeit auch zu einem Stein des Anstoßes.

hen als eines lediglich „in der Art Rembrandts". Es ist kein Zufall, dass das Interesse, kykladische Figurinen den Händen benennbarer Schöpfer zuzuschreiben, in den 1960er-Jahren aufkam, zu einer Zeit, als ihre Verkaufspreise in den Auktionshäusern rasant in die Höhe stiegen.

Die Anziehungskraft, die diese Objekte auf die modernistische Ästhetik ausüben, führt dazu, dass sie als „Kunst" behandelt werden – eine Idee, die für den frühkykladischen Bildhauer wohl völlig gegenstandslos war. Weil so viele Fundstellen wegen dieser Figuren ausgeraubt worden sind, ist nur sehr wenig über ihre Herstellung und Verwendung bekannt oder über die Bedeutung, die sie für ihre Benutzer besaßen. Neue archäologische Befunde offenbaren ihre Wichtigkeit für die Religion, die das rituelle Zerbrechen der Figuren am Ende ihrer Nutzungsdauer und die Deponierung einiger Bruchstücke an einem besonderen Ort auf der kleinen Insel Keros einschloss. Es mag daher sein, dass die Figuren in der Tat mit Ehrfurcht betrachtet worden sind – aber als rituell machtvolle Objekte, nicht als „große Kunst" geschaffen von „Meistern".

Lit: Beard 1991 – Cherry 1992 – Cherry 1999 – Getz-Gentle 2001 – Getz-Preziosi 1987 – Morris 1993 – Renfrew 1991, bes. Kap. IX

Zurück zu den Anfängen
Mythos und Geschichte, Reisende und Forscher

von **Claus Hattler**

Das 19. Jahrhundert war das große Zeitalter der archäologischen Entdeckungen – auch in Griechenland, auch auf den Kykladen. Reisende und Forscher brachten Kunde aus Geschichte und Gegenwart der Inselwelt. Was die Zeugnisse der frühkykladischen Bronzezeit anging, stießen diese in Bezug auf die aufgefundene figürliche Marmorplastik auf Ratlosigkeit, wenn nicht auf brüske Ablehnung (siehe Seite 206). Werfen wir einen Blick zurück, betrachten wir die Kykladen mit den Augen Durchreisender und richten aus dieser Perspektive auch ein Streiflicht auf die Erforschung ihrer Vorgeschichte. Sehen wir zunächst, welche Überlieferungen für die Griechen selbst zur ältesten Geschichte der Kykladen gehört haben.

Kein Platz für Helden

Wenig über die Inseln erfahren wir aus den Heldensagen der frühesten europäischen Dichtung. Der Archipel fand kaum Beachtung in den Gesängen über die Heroenzeit. Der Schiffskatalog der homerischen *Ilias*, der die gesamte Streitmacht der Griechen gegen Troia detailliert aufzählt, erwähnt die kykladischen Inseln mit keinem Wort. Auch in den Reihen der Verbündeten der Troianer sind sie nicht sicher zu identifizieren – höchstens als „Karer" (s. unten). Ein dezidierter Hinweis auf die Bewohner der kykladischen Inselwelt unterbleibt in diesem Zusammenhang jedoch. In der *Odyssee* hingegen werden wenigstens zwei der Kykladeninseln explizit erwähnt: Odysseus vergleicht Nausikaa, die anmutige Tochter des Phäakenkönigs Alkinoos, mit dem Palmbaum am Apollonaltar auf der heiligen Insel Delos, den er persönlich gesehen habe (*Odyssee* 6, 160 ff.). An anderer Stelle (*Odyssee* 15, 403 ff.) berichtet der „göttliche Sauhirt" Eumaios dem mittlerweile nach Ithaka zurückgekehrten Odysseus von seiner eigenen Heimat, der Insel Syra (Syros), auf der er als Kind und Sohn des lokalen Königs durch Phönizier entführt worden sei. In seiner Erinnerung ist es ein wahrhaft zu preisender Ort: „Gut für Schafe und Rinder, mit Wein und Weizen gesegnet. Nie naht Hunger dem Volke dort und keine der anderen schlimmen Plagen …"

Aias der Lokrer (der „kleine Aias") wurde nach der Zerstörung Troias zusammen mit seiner Flotte (vielleicht) zwischen Mykonos und Naxos durch die Göttin Athena, deren Hass er sich zugezogen hatte, versenkt (*Odyssee* 4, 499 ff.). Poseidon soll den Helden zwar kurzfristig auf den „gyräischen Felsen" gehoben und so gerettet haben, durch Prahlen und Lästern der Götter verspielte der Errettete aber das Wohlwollen des Meeresgottes und wurde endgültig den Fluten überantwortet. So starb Aias, „ersäuft von der salzigen Welle".

Späte Überlieferung kennt die Kykladeninsel Ios als Geburtsort der Mutter des Dichters Homer, dem *Ilias* und *Odyssee* zugeschrieben werden (*Anthologia Graeca* XIV 65. XVI 296). Er selbst soll auf Ios gestorben sein, im verzweifelten Versuch, ein Rätsel zu lösen, das Kinder der Insel ihm gestellt hatten.

Die erst im 3. Jahrhundert v. Chr. von Apollonios aus Rhodos niedergeschriebene Argonautensage, die eine Generation vor dem Troianischen Krieg spielt und die abenteuerliche Expedition griechischer Helden um ihren Anführer Jason nach Kolchis schildert, kommt trotz verschlungener Irrfahrten in Ägäis, übrigem Mittelmeer und Schwarzem Meer, auf die es die Abenteurer auf der Suche nach dem „Goldenen Vlies" verschlägt, ohne Nennung der Kykladen aus. Lediglich auf der Rückfahrt der ARGO nach Griechenland kommt der Archipel auf der Etappe zwischen Kreta und Ägina implizit vor. Eine Erdscholle, die der Gott Triton in Libyen den Helden als Gastgeschenk mitgegeben hatte, wird ins Meer geworfen (*Argonautika* IV 1749–1764). Aus ihr entsteht die Insel Kalliste (Thera).

Auch im Mythos spielt von den Kykladen eigentlich nur Delos als Geburtsort des göttlichen Geschwisterpaars Artemis und Apollon eine wichtigere Rolle. Den stärksten Nachhall mythischen Erzählens um die Kykladen erfuhr aber die Geschichte um die Kreterin Ariadne. Ihre Klugheit half dem athenischen Helden Theseus, nach seinem Sieg über ihren Halbbruder Minotauros, den Weg aus dem Labyrinth des Minos zu finden. Gemeinsam ließen sie Kreta hinter sich und machten auf der Insel Naxos Station. Dort schmählich von Theseus schlafend am Strand zurückgelassen, wurde Ariadne schließlich vom Weingott Dionysos aufgefunden, der mit ihr Hochzeit feierte (s. Abb unten).

Spielbälle der Mächtigen

In historischer Zeit scheinen die Kykladen keine gemeinsame Identität entwickelt zu haben, die sich auf eine gemeinsame Vergangenheit bezogen hätte, was nicht wunder nimmt, da sie in der frühen Eisenzeit so-

Dionysos/Bacchus erwählt die von Theseus verlassene Ariadne auf Naxos zur Braut, Gemälde von Étienne Allegrain (1644–1736) in der Staatlichen Kunsthalle Karlsruhe. Das Thema „Ariadne" wurde seit der Antike immer wieder von der Bildkunst aufgegriffen, von Tizian bis Giorgio de Chirico und darüber hinaus, in der Musik von Monteverdi bis Wolfgang Rihm.

wohl von dorischen als auch von ionischen Griechen besiedelt worden waren. Analog zu den im Vergleich zueinander sehr verschiedenen natürlichen Voraussetzungen der Inseln in Bezug auf Größe, Landesnatur und Bodenschätze, nahm ihre Geschichte jeweils einen sehr unterschiedlichen Verlauf: So gab es wohlhabende Inseln wie das silberreiche Siphnos (zumindest bis 525 v. Chr.) und Paros, das u. a. von seinem qualitativ hochwertigen Marmor profitierte, der zum begehrtesten Stein für die Bildhauerei der griechischen und römischen Antike wurde, als auch arme, wie Andros (Herodot, *Historien* VIII 111), und sprichwörtlich arme, wie Mykonos. Eines hatten die Inseln jedoch gemein: Sie waren vom Zugriff mächtiger Nachbarn bedroht, in deren Interessensphäre sie lagen – sei es der Samier, der Athener oder anderer.

In den Perserkriegen des frühen 5. Jahrhunderts v. Chr. waren die kykladischen Inseln in besonderer Weise zu Spielbällen zwischen Ost und West geworden. Es war der Chronist dieser historischen Auseinandersetzung zwischen Hellenen und „Barbaren", Herodot von Halikarnassos (um 490–um 425 v. Chr.), der als Erster Ideen zur vorgriechischen Geschichte und zu einer homogenen „Urbevölkerung" des kykladischen Archipels entwickelte. Nach seiner Erkundung waren die Karer, ansässig in der Landschaft Karien im Hinterland seiner Heimat, der südwestanatolischen Küstenstadt Halikarnassos (heute Bodrum), Nachfahren der ursprünglichen Bewohner des Archipels.

Karer und Leleger

„Die Karer sind von den Inseln her auf das Festland gekommen. Vor Zeiten waren sie dem König Minos untertan; sie hießen Leleger und wohnten auf den Inseln. Zins haben sie ihm bis in die älteste Vergangenheit hinauf, soviel ich habe erfragen können, nicht gezahlt. Nur Mannschaften für die Flotte mussten sie stellen, wenn Minos welche brauchte. Weil nämlich Minos viele Länder unterwarf und glückliche Kriege führte, war das Volk der Karer zu eben jener Zeit bei Weitem das geachtetste in der ganzen Welt. (…) Geraume Zeit später kamen die Dorer und Ioner und vertrieben die Karer, die nun auf das Festland übersiedelten, von den Inseln" (*Historien* I 171). Herodot nennt für diese Information eine kretische Quelle und verschweigt nicht, dass die Karer seiner eigenen Zeit dieser Geschichtsversion widersprachen.

Der Historiker Thukydides aus Athen (um 460 – nach 400 v. Chr.) variiert diese Erzählung: „Der älteste Hellene, der eine Flotte geschaffen hat, war, soweit unsere Kunde reicht, Minos. Er gewann die Herrschaft über den größten Teil des heutigen Ägäischen Meeres, eroberte die Kykladen und besiedelte zum ersten Mal die meisten dieser Inseln, indem er die Karer verjagte und seinen Söhnen die Leitung der Kolonien übertrug" (*Der Peloponnesische Krieg* I 4). Zur Untermauerung dieser These konnte er sogar einen „archäologischen Befund" ins Feld führen. Im Jahr 426/425 v. Chr. führten die Athener eine „Reinigung" der Insel Delos durch, was bedeutete, dass sämtliche Bestattungen, die man dort ausfindig machen konnte, beseitigt und ihr Inhalt – menschliche Überreste und Beigaben – weggeschafft wurden. Künftig sollte auf Delos weder ein Mensch geboren werden noch sterben (und dort sein Grab finden). Nach Öffnung der Gräber „stellte sich heraus, dass über die Hälfte der Verstorbenen Karer waren, was man an der Waffenrüstung sah, die ins Grab beigegeben war, und an der Bestattungsweise, die heute noch bei den Karern üblich ist" (*Der Peloponnesische Krieg* I 8). Man gewinnt fast den Eindruck, der Autor wäre bei der Ausgrabung dabei gewesen und hätte auch über Kenntnis der zeitgenössischen karischen Bestattungssitten verfügt. Thukydides zieht aus Analyse und Vergleich der Bodenfunde historische Schlussfolgerungen, eine Methode, die dieser große Historiker – unter Einbezug ihrer Fallstricke – in anderem Zusammenhang sogar theoretisch reflektiert (*Der Peloponnesische Krieg* I 10). Was genau die Athener gesehen haben, berichtet er allerdings nicht. Dass sich die genannten Funde, wie gelegentlich vermutet wurde, auf materielle Zeugnisse der frühkykladischen Bronzezeit beziehen könnten, ist zwar möglich, scheint aber eher zweifelhaft: Es ist unwahrscheinlich, dass sich Grabsitten und Form der beigegebenen Waffen über 2000 Jahre, also bis auf die Zeit der anatolischen Karer des 5. Jahrhunderts v. Chr., praktisch nicht verändert haben sollten.

Im Jahr 1898 ist auf der Delos unmittelbar benachbarten Insel Rheneia ein mit einer Mauer eingefriedeter Bezirk mit einer Fläche von über 20 m² entdeckt worden, in dem offenbar die in der Zeit des Peloponnesischen Krieges umgebetteten Bestattungen (oder ein Teil davon) deponiert worden waren (s. Abb. rechte Seite). Entdeckt wurden Knochen, Keramik und – Waffen, Letztere allerdings ausnahmslos aus Eisen. Die Keramik gehört

Im 5. Jh. v. Chr. mit einer Mauer eingefriedeter Bezirk, Fundstelle der im Zuge der „Reinigung" der Insel Delos nach Rheneia umgebetteten Grabinventare, historische Aufnahme

Sichelförmige Klingen aus Eisen von Rheneia, gefunden 1898 bei der Freilegung des „Reinigungsgrabens" durch Dimitrios Stavropoulos. Möglicherweise wurden solche Gerätschaften im 5. Jh. v. Chr. von den Athenern für karische Waffen gehalten

sämtlich in die Zeit vor 425 v. Chr. und zum Teil in die sogenannte geometrische Epoche des ersten Drittels des 1. Jahrtausends v. Chr. Wurden waffenführende griechisch-geometrische Gräber der Eisenzeit von Thukydides für karisch gehalten?

Auch ein späterer Historiker äußert sich zur Frage karischer Präsenz auf den Kykladen, vertritt jedoch eine andere Position. Diodor von Sizilien (1. Jh. v. Chr.) schreibt: „Die Kykladen waren in der Vorzeit unbewohnt, doch Minos, der Sohn des Zeus und der Europa, (…) herrschte über das Meer und sandte von Kreta zahlreiche Kolonien aus. Dabei besiedelte er die Mehrzahl der Kykladen und verteilte sie durch Los unter seine Völker (…) Nach der Einnahme Troias gewannen die Karer mehr und mehr an Macht und sicherten sich die Seeherrschaft. Sie bemächtigten sich der Kykladen (. .) Späterhin, als die Griechen hochkamen, geschah es, dass die Mehrzahl der

„*Trümmer von Ländern, ihr Inseln umher, verlassen und öde.*" Antipatros von Thessalonike

Kykladeninseln von diesen besiedelt wurde, während die Karer, die Barbaren waren, von dort weichen mussten" (*Griechische Weltgeschichte* V 84).

Zur Zeit Diodors war Griechenland bereits römische Provinz. Die brutale Zerstörung des Handelszentrums Korinth 146 v. Chr. (im gleichen Jahr wie die ebenso rücksichtslose Beseitigung Karthagos) sorgte für einen kurzlebigen wirtschaftlichen Aufschwung auf Delos, das, schon seit 166 v. Chr. von den Römern privilegiert und zum Handelsplatz geworden, nun auch vom Verschwinden der mächtigen Konkurrentin Korinth profitierte. Ansonsten eigneten sich die Kykladeninseln aus römischer Perspektive offenbar auch als Verbannungsorte für missliebige Personen.

Kykladenreisende des Mittelalters und der Osmanenzeit

Im Jahr 1204 wurden die Kykladen nach dem Vierten Kreuzzug, der sich gegen Konstantinopel richtete, aus dem Byzantinischen Reich herausgelöst. Sie fielen an Venedig, und das katholische Christentum etablierte sich neben dem orthodoxen auf der Inseln. Marco Sanudo, ein Neffe des venezianischen Dogen Enrico Dandolo, errichtete auf Naxos das Herzogtum Archipelagos (ital. *arcipelago*, aus griech. *Aigaion pelagos*; der Begriff „Archipel" bezeichnet also ursprünglich nur das ägäische Inselreich) und kontrollierte von dort die umliegenden Inseln. Die venezianische Vorherrschaft führte in der ersten Hälfte des 15. Jahrhunderts italienische Reisende mit antiquarischen Interessen auf die Kykladen: den Kaufmann und Humanisten Cyriacus von Ancona sowie den florentinischen Mönch Cristoforo Buondelmonti, die Zeichnungen und Beschreibungen der Überreste antiker Monumente anfertigten.

Die auf die venezianische folgende osmanische Oberhoheit unterwarf den Archipel einer vergleichsweise

Die Insel Delos, gemalt von Carl Rottmann 1847 (Öl auf Pappe) in der Staatlichen Kunsthalle Karlsruhe. Rottmann war 1834/35 im Auftrag Ludwigs I. von Bayern in Griechenland unterwegs, um Landschaftsimpressionen einzufangen – „Delos ist eine völlig wüste Insel, ein großes trauriges Trümmermeer." (Ludwig Ross)

milden Herrschaft, dagegen erwies sich die Ägäis zunehmend als piratenverseucht und war nur schwer zu bereisen. 1771 befuhr Pasch van Krienen im Auftrag Katharinas der Großen die Ägäis mit der Mission, Matrosen für die zaristische Flotte zu rekrutieren. Neben anderen dubiosen antiquarischen Betätigungen sorgte seine „Entdeckung" des Grabes Homers auf Ios für Aufsehen.

Noch war Hellas wenig von europäischen Kunstinteressierten besucht – man bildete seinen Geschmack an römischer und griechischer Kunst in Italien und Sizilien. Fahrten wie die des hessischen Barons Johann Hermann von Riedesel, der 1768, im Todesjahr seines Mentors Johann Joachim Winckelmann, nach Griechenland fuhr und dort auch intensiv die kykladischen Inseln bereiste, blieben die Ausnahme.

Im Jahr 1784 installierte der französische Botschafter an der Hohen Pforte in İstanbul, Comte de Choiseul-Gouffier, den Kunstmaler Louis François Sébastien Fauvel (1753–1838) als Handelsagenten in Athen, um ausgewählte Antiken für seine Sammlung zu erwerben. Nach der Französischen Revolution und der Demissionierung des Comte dazu gezwungen, sich für seinen Lebensunterhalt auf eigene Rechnung als Kunsthändler zu betätigen, gelang es ihm bald, den Antikenmarkt dort zu dominieren. 1791 besuchte er Ios und führte im Bereich des angeblichen Homergrabes Sondagen durch, die Funde von Marmorfigurinen erbrachten (Beschi 1991, 392). Wir verdanken Fauvel die womöglich erste Beschreibung frühkykladischer Skulpturen, die er bereits „Idole" nennt: „… Idole aus Marmor, die von den Kindertagen der Kunst künden; sie sind sechs oder acht Zoll lang, flach, der Kopf ist ein ebenfalls abgeflachtes, nach hinten geneigtes Dreieck, in dem es nur die Nase gibt. Die Arme sind vor der Brust verschränkt und die Beine geschlossen. Es handelt sich um Frauen; es fanden sich sechs ähnliche auf einer Fläche von drei Fuß im Geviert, zusammen mit einer Tasse aus Marmor und einer aus Alabaster, acht Vasen und umhergestreuten Knochen."

Die Napoleonischen Kriege führten um die Wende zum 19. Jahrhundert dazu, dass den reisefreudigen und kunstsinnigen englischen „Milordi" nach Napoleons Italienfeldzug die Apenninhalbinsel verwehrt war, wodurch Griechenland in der Hierarchie der Bildungsreiseziele der „Grand Tour" aufrückte. So mancher von idealistischen Freiheitsgedanken angesteckte junge Europäer mag hier seine philhellenische Ader entdeckt haben. Lord Byron soll von der Insel Naxos so angetan gewesen sein, dass er sogar plante, sich dort dauerhaft niederzulassen. Und noch vor der Unabhängigkeit wurden auf den Kykladen die ersten größeren, erkenntnisgeleiteten Ausgrabungen durchgeführt: Der griechenlandbegeisterte bayerische König Ludwig I. ließ 1816 durch Carl Haller von Hallerstein das Theater von Melos ausgraben. Als denkmalpflegerische Maßnahme zum Schutz der freigelegten Anlage vor Steinräubern veranlasste dieser den Bau einer Kapelle in der antike Ruine.

Unabhängigkeit und „Bavarokratie"

Ende März 1821 brach in Griechenland der Befreiungskrieg gegen die osmanische Herrschaft los. Nach dessen Ende und der Ermordung des ersten gewählten griechischen Präsidenten Ioannis Kapodistrias (1828–31) wurde den Griechen, die für die Selbstbestimmung zu den Waffen gegriffen hatten, von den europäischen Mächten mit Otto I. (reg. 1832–62) ein junger Wittelsbacher als Monarch präsentiert. Gelehrte, die nach seiner Krönung die Kykladen aufsuchten, berichten von prähistorischen Funden, die nun auch gesammelt wurden (s. Seite 207 ff.), z. B.

Älteste bekannte Abbildung eines der beiden für Karlsruhe in Italien erworbenen Harfenspieler von Santorin durch Ernst Christian Walz 1853

Zurück zu den Anfängen 223

auch durch George Finlay, der 1837 in Begleitung von Ludwig Ross auf Ios Objekte erwarb.

Die Insel Syros erlebte im Zeichen der jungen Nation den Aufstieg zum Verwaltungszentrum der Kykladen und die Inselhauptstadt Ermoupolis mit ihrem hervorragenden natürlichen Hafen erfuhr einen gewaltigen Aufschwung, der erst durch die Zunahme der Dampfschifffahrt und den Durchstich des Kanals von Korinth (1893 vollendet) gebremst wurde. Es war der Bau einer anderen Schifffahrtsstraße, der das Interesse auf die Kykladeninsel Santorin (Thera) und mittelbar auch auf die Vorgeschichte des Archipels lenkte. 1859 wurde der Bau des Suezkanals in Ägypten begonnen. Große Mengen von Puzzolanerde, d. h. vulkanischer Bimsasche, wurden benötigt, um wasserbeständigen Mörtel herzustellen. Auf Santorin in nahezu unerschöpflicher Menge vorhanden, wurde sie dort von der Compagnie de Suez abgebaut, wobei auch vorgeschichtliche Reste zum Vorschein kamen, die der Ascheregen beim großen Theraausbruch zu Beginn der Spätbronzezeit verschüttet hatte. Vulkanische Erscheinungen hatten schon zuvor das Augenmerk der Wissenschaft auf Santorin gelenkt (Alexander v. Humboldt, *Kosmos* I 252. IV 274. 371) und ein erneuter Ausbruch des Vulkans im Jahr 1866 brachte den französischen Geologen Ferdinand Fouqué auf die Insel, der auch archäologische Beobachtungen machte. Die umfangreichste Grabungstätigkeit auf den Kykladen überhaupt wurde seit 1873 von Frankreich durchgeführt. Es handelt sich um die Erforschung der Insel Delos, die später auch frühkykladische Funde auf dem Kynthos-Berg erbrachte.

Unter Inselgriechen

Im Jahr 1883 kam mit dem Engländer James Theodore Bent (1852–1897) und seiner irischen Frau Mabel ein Paar auf die Kykladen, das, wissbegierig, unter einfachsten Umständen und auf abenteuerliche Weise den Archipel intensiv bereiste und erforschte. Bent hat uns mit seinem Buch *The Cyclades or Life Among the Insular Greeks* einen ausführlichen Bericht über die Inseln hinterlassen, der, gut beobachtet und mit feinem Humor gewürzt, auch heute noch äußerst lesenswert ist. Wie der Titel verrät, handelt es sich in erster Linie um ein ethnografisches Werk, eine Beschreibung des zeitgenössischen Insellebens mit seinen Sitten und Gebräuchen.

Dennoch war Bent auch als Altertumsforscher tätig, der seine prähistorischen Funde aufzeichnete und, wie die auf der Insel Antiparos getätigten, in wissenschaftlichen Fachorganen veröffentlichte. Er vermutete umfangreiche Reste eines „gewaltigen, prähistorischen Reiches" auf den Inseln. Allerdings fehlte ihm selbst die Geduld zu gründlichen archäologischen Forschungen, denn er fühlte sich eigentlich nicht zum Ausgräber berufen. Insgesamt blieben die Kykladen lediglich eine Episode im rastlosen und kurzen Leben Bents, das den Abenteurer später mit historischen Fragestellungen nach Zimbabwe und Südarabien führte. Auch in Kleinasien forschte er. Funde von frühkykladischen Marmorfigurinen (darunter ein sitzender Harfenspieler) in Gräbern aus der Umgegend von Knidos in Karien schienen ihm 1888 Thukydides' Bericht von den Karern als ursprünglichen Bewohnern der Kykladen zu bestätigen. Auch wenn wir diese Deutung heute nicht mehr als selbstverständlich hinnehmen wollen, stellen die Funde doch ein interessantes Zeugnis kykladisch-südwestanatolischer Beziehungen dar.

Der Vater der Kykladenarchäologie

Kann Bent zusammen mit Ulrich Köhler und Georg Ferdinand Dümmler auch als wichtiger Wegbereiter der Erforschung des frühbronzezeitlichen Archipels gelten, gebührt der Ruhm eines wirklichen Begründers der Kykladenarchäologie dem in Thrakien geborenen griechischen Archäologen Christos Tsountas (1857–1934). Dieser forschte, nachdem er sich bereits mit bedeutenden Entdeckungen auf der Zitadelle von Mykene einen Namen gemacht und 1893 mit einem grundlegenden Buch eine wegweisende Synthese der mykenischen Zeit entworfen hatte, von 1894 bis 1898 auf den Kykladen – zunächst auf Amorgos (wo schon 1867 von Inselhonoratioren Kykladenobjekte gesammelt worden waren), sodann auf Paros und Antiparos, und schließlich auf Syros. Hier gelang ihm die Entdeckung zweier Nekropolen bei Chalandriani, deren über 500 Gräber er systematisch ausgrub. Tsountas ist der Erste, der den Begriff der Kykladenkultur verwendet. Da sich Siedlungen in exponierter Lage u.a. wegen starker Winderosion auf den Kykladen schlecht erhalten, stützte sich seine Kenntnis dieser Kultur in erster Linie auf die Auswertung von Grabinventaren. Bedeutende Reste der Ar-

James Theodore Bent

Christos Tsountas. Das Porträt zeigt den Forscher als jungen Mann während seiner Studienzeit in Berlin, 1879

chitektur der frühkykladischen Blütezeit konnten von Tsountas in der mit hufeisenförmigen Bastionen bewehrten Siedlung von Kastri auf Syros unweit der Gräberfelder von Chalandriani bestimmt, ausgegraben und 1898/99 publiziert werden. Obwohl seither einige Siedlungen der frühkykladischen Zeit bekannt geworden sind, spielt die Gräberfeldarchäologie anders als auf dem frühbronzezeitlichen Festland seit damals eine besondere Rolle.

Spätere Entwicklung

Neben Tsountas' systematischer und im Hinblick auf die vielen Stellen, an denen er gegraben hat, geradezu flächendeckender Forschung, sind die Untersuchungen der British School of Athens bedeutend, die 1896–99 in Phylakopi auf Melos durchgeführt wurden und die ägäische Epoche in der Tiefe ihrer zeitlichen Erstreckung erfassten. Es handelt sich um die erste stratigrafisch erforschte Fundstätte im Ostmittelmeerraum seit der Ausgrabung des Siedlungshügels von Hisarlık („Troia") durch Heinrich Schliemann und Wilhelm Dörpfeld. Duncan Mackenzie und David G. Hogarth, die an der Phylakopi-Grabung teilnahmen, sammelten hier wertvolle Erfahrungen für ihre spätere Tätigkeit als Mitarbeiter von Arthur J. Evans bei der Freilegung des Palastes von Knossos auf Kreta. Die Siedlungsbefunde von Phylakopi sind im Wesentlichen jünger als die von Kastri.

Einen besonderen Aufschwung nahm die archäologische Feldforschung zur Frühbronzezeit auf den Kykladen in der zweiten Hälfte des 20. Jahrhunderts. Neben griechischen Archäologen waren es vor allem englische

Hort frühkykladischer Marmorskulptur *in situ*, gefunden in der spätkykladischen Siedlung von Akrotiri

und amerikanische Gelehrte, deren Grabungen neue Fragen und Antworten zum Frühkykladikum erbrachten – von Ausnahmen wie Eva-Maria Fischer-Bossert einmal abgesehen. Stellvertretend mag hier die Nennung der wichtigsten Vertreter der Kykladenarchäologie genügen: John L. Caskey, Christos G. Doumas und Colin Renfrew.

Caskeys und Doumas' Grabungen in den mittel- und spätbronzezeitlichen Schichten von Ajia Irini auf Keos (Caskey 1971) und in Akrotiri auf Thera (Doumas 1993a) förderten erstaunlicherweise auch Kykladenfigurinen zutage, die von den vorgeschichtlichen Bewohnern jener Siedlungen Jahrhunderte nach dem Ende der frühkykladischen Kultur aufgesammelt und z. T. für uns unbekannte Zwecke gehortet worden waren. Die Anfänge einer geistigen Auseinandersetzung mit diesen faszinierenden Zeugnissen aus dem Leben der frühbronzezeitlichen Kyklader – welcher Art auch immer sie gewesen sein mag – liegen also weit zurück, noch in der vorgriechischen Zeit selbst.

Lit: Bent 1885 – Bent 1888 – Beschi 1991 – Caskey 1971 – Cook 1955 – Doumas 1976 – Doumas 1993a – Evans 1979 – Fitton 1995 – Fotiadis 2002 – Polychronopoulou 1999 – Rhomaios 1929 – Vasilikou 2006

„Kleine Scheusale"
Die Kykladenidole und die moderne Kunst

von **Anna zu Stolberg**

Die Geschichte der Kykladenidole in der Neuzeit beginnt mit Funden, die Reisende in der ersten Hälfte des 19. Jahrhunderts nach Europa brachten. Weit davon entfernt, Interesse für die vollendete künstlerische Ausdrucksform einer frühen Kultur zu wecken, wurden die Idole vielmehr als Kuriositäten betrachtet und mit wenig schmeichelhaften Attributen wie „grob", „grotesk" und „abstoßend hässlich" bedacht. Selbst in den damaligen Fachpublikationen wurde ihnen keine Wertschätzung entgegengebracht. In der ersten Veröffentlichung von Johannes Overbecks *Geschichte der griechischen Plastik für Künstler und Kunstfreunde* von 1857 wollte sie der Autor am liebsten nicht einmal erwähnen: „Wir mögen nicht jene kleinen Scheusale aus Marmorsplittern anführen, die an verschiedenen Orten, namentlich auf den Inseln, gefunden worden sind." Auch 1883 hatte sich das Bild noch nicht gewandelt. In seiner Publikation *Die Anfänge der Kunst in Griechenland* nannte Arthur Milchhoefer sie „unbeholfene Erstlingswerke der Rundplastik in Stein".

Diese Einschätzung hat sich inzwischen grundlegend geändert. Neben den Archäologen erkannten vor allem die Künstler der Moderne und später die der zeitgenössischen Kunst mit dem Aufkommen des Primitivismus und der Abstraktion den hohen künstlerischen Wert der Kykladenidole.

Primitivismus

Zu Beginn des 20. Jahrhunderts entwickelte sich der Primitivismus als eine neue Strömung in der europäischen Kunstgeschichte. Er beeinflusste entscheidend Künstler wie Paul Gauguin (1848–1903), Amedeo Modigliani (1848–1920), Constantin Brâncuși (1876–1957), Pablo Picasso (1881–1973) oder Alberto Giacometti (1901–1966). „Primitive Kunst" stellte eine künstlerische Welt dar, in der die Werte der Erfahrung von Natur, Kosmos und geistiger Welt noch bewusst waren und die damit eine Möglichkeit bot, das eigene künstlerische Bewusstsein zu erweitern. Ihre Inspiration erhielten die Künstler von ganz unterschiedlichen Kulturen, die sie jeweils als „primitiv" oder „wild" bezeichneten. Zu Beginn lag der Fokus der europäischen Künstler auf den sogenannten „Frühen Hochkulturen" und umfasste den Mittelmeer-

> „Wir mögen nicht *jene kleinen Scheusale aus Marmorsplittern* anführen, die an verschiedenen Orten, namentlich auf den Inseln gefunden worden sind." Johannes Overbeck 1857

raum, Persien, Kambodscha und das vorkolumbianische Amerika. Im weiteren Verlauf der Entwicklung wurde auch die Stammeskunst Afrikas als bedeutende Anregung betrachtet. Nicht alle hatten die Möglichkeit oder den Wunsch, wie etwa Gauguin, das „Primitive" gleich vor Ort zu studieren. Die meisten begnügten sich mit Bildungsreisen im Mittelmeerraum und mit ausgedehnten Entdeckungstouren in den ethnologischen und archäologischen Sammlungen in Europa. Mit dem Primitivismus und dem Aufkommen der abstrakten Kunst im 20. Jahrhundert wurden die Kykladenidole „wiederentdeckt". Neben dem „Primitiven" rückte nun auch das „Archaische", die prähistorischen Kulturen Europas, verstärkt in den Blickpunkt, und insbesondere die kykladische Kultur gelangte zu ihrer längst überfälligen Wertschätzung. So schrieb Karl Schefold in seiner Publikation *Meisterwerke griechischer Kunst* von 1960: „Technisch und stilistisch überraschen die kykladischen Werke durch die Wahl des edlen Materials und die Sicherheit seiner Bearbeitung, die raffinierte und meisterhafte Gliederung räumlicher Gebilde" und durch den „eminent plastischen Charakter".

Paris

Im ersten Jahrzehnt des 20. Jahrhunderts trafen sich in Paris die einflussreichsten Künstler der Moderne, deren Werke von der kykladischen Kunst inspiriert wurden: Pablo Picasso, Constantin Brâncuși, Hans Arp, Alexander Archipenko, etwas später auch Henry Moore, William Turnbull und Wilhelm Loth. In einer Zeit, in der es an neuen Einflüssen und einer Avantgarde in der etablierten Kunstszene Europas mangelte, machten junge aufstrebende Künstler Paris zum innovativen Zentrum Europas. Viele von ihnen suchten sich vom Zwang einer tradierten und weitgehend vorbestimmten Bildsprache zu lösen. Enttäuscht vom Lehrbetrieb an den konservativen Kunstakademien, schlugen sie in Paris neue Wege zu einem künstlerischen Selbstverständnis ein. Das künstlerische Diktat der klassischen Antike und das „Revival" der italienischen Kunstepochen lehnten sie ab und wandten sich neuen Gestaltungsprinzipien zu. Henry Moore macht die Haltung jener Zeit deutlich: „Es gab eine Zeit, da vermied ich es, mir irgendwelche griechische oder Renaissanceplastiken anzusehen. Damals glaubte ich, die griechische und die Renaissancekunst seien ‚der Feind', man müsse das alles über Bord werfen und wieder vom Anfang der primitiven Kunst an beginnen." Moore forderte nicht weniger als „das Entfernen der griechischen Brille von den Augen der modernen Bildhauer".

Die Kunstszene in Paris brachte Werke aller Gattungen hervor, von konservativ bis radikal, von abstrakt bis traditionell und völlig frei von Vorgaben. Die künstlerische Freiheit erlaubte es, unbeeindruckt von Traditionen, Moden oder Strömungen Kunstwerke jenseits etablierter Praktiken und Konventionen auszuführen, eigene Stilelemente und Formensprachen zu erforschen. Zahlreiche Künstler, die sich der aufstrebenden Moderne verpflichtet fühlten, entdeckten als Quelle neuer Inspiration die prähistorischen, antiken und außereuropäischen Kulturen und studierten auch die Kykladenkunst.

Was die modernen und zeitgenössischen Künstler an der archaischen und primitiven Kunst faszinierte, war die Idee einer universal vergleichbaren, sich durch Jahrtausende ziehenden, Kontinente und Kulturen übergreifenden und immer wiederkehrenden Formensprache, wie Henry Moore es formulierte: „Hinter diesen individuellen Merkmalen, diesen jeweiligen Eigenheiten der primitiven Traditionen, lässt sich doch bei ihnen allen eine gemeinsame Weltsprache der Formen erkennen; in völlig verschiedenen Orten und Epochen werden durch den Einfluss instinktiver bildhauerischer Sensibilität die gleichen Gestaltungs- und Formenbeziehungen für den Ausdruck gleicher Vorstellungen gebraucht, sodass man in einer Neger- und in einer Wikingerplastik, einer Steinfigur von den Kykladen und einer Holzstatue von Nukuoro die gleiche Formvorstellung erkennen kann (…). Gerade die primitive Kunst lehrt uns, die Kunst zu sehen als etwas Universales, Kontinuierliches, in dem es keine Trennung gibt zwischen Vergangenheit und Gegenwart."

Idole

Die hohe Wertschätzung, die der Kunst der Kykladen nun entgegengebracht wurde und noch immer wird, ist nicht überraschend. Wirkt so ein jahrtausendealtes Idol bei näherer Betrachtung doch selbst wie ein in unserer Zeit erschaffenes abstraktes Kunstwerk. Die reduzierten Formen, die flach gearbeiteten, stilisierten Körperpartien mit konkaven und konvexen Konturen und die extrem abstrahierten Gesichter entsprechen einem Kunstverständnis, das dem 20. Jahrhundert weit näher zu stehen scheint als der Zeit um 2500 v. Chr. Die Figuren sind meist achsensymmetrisch, auf Vorderansicht gearbeitet und haben einen streng geometrischen Aufbau mit einer Betonung der vertikalen und horizontalen Linien. Aus heutiger Sicht zeigen sie die zeitlose Darstellung der Figur in einer künstlerisch überzeugenden Kombination der Formen. Denn trotz aller Reduzierung und Abstrahierung bleibt die menschliche Gestalt, selbst bei den Violinidolen, immer klar im Vordergrund. Dennoch brauchte es erst die Aufmerksamkeit der führenden Vertreter der aufkommenden Moderne, bevor die kykladischen Artefakte im 20. Jahrhundert als „Kunst" akzeptiert wurden. Pablo Picasso, Constantin Brâncuși, Henri Matisse oder Alberto Giacometti fanden in der Formensprache der Idole das Abstrakte, Klare und Wesentliche, wonach sie in der afrikanischen und ozeanischen Stammeskunst und im „Primitiven" schon gesucht hatten.

Ein Kopf – viele Künstler

Eine kykladische „*Mona Lisa*" sorgte bereits zu Beginn des 20. Jahrhunderts in Paris in der künstlerischen Avantgarde für Aufregung. Der berühmte Kopf eines Kykladenidols von der Insel Keros (s. Abb. unten), der sich bereits seit 1873 im Louvre befand, wurde Anregung und Inspiration zahlreicher Künstler jener Zeit. Der griechische Kunstsammler und spätere Picasso-Verleger Christian Zervos (1889–1970), dessen besonderes Interesse neben der Moderne auch der kykladischen und prähistorischen Kunst galt, war Herausgeber der *Cahiers d'Art*, einer Zeitschrift, die unter Künstlern weitverbreitet war. 1929 wurde darin der Kopf aus Keros mit weiteren Kykladenidolen vorgestellt und auf diesem Wege einem breiten Publikum bekannt.

Henry Moore

Einer der Künstler, dessen Suche nach einer innovativen Formensprache bereits sehr früh zur Kunst der Kykladen führte, war Henry Moore (1889–1986). Schon während seines Bildhauerstudiums machte sich der junge Künstler in der Bibliothek mit antiken und prähistorischen Skulpturen vertraut und eignete sich ein fundiertes kunsthistorisches Fachwissen an. Bereits in den Jahren 1922–24 erschienen die ersten Kopien kykladischer Idole in Moores Skizzenbüchern. Er hielt darin ein stehendes weibliches Idol fest, den Kopf eines Idols und einen stehenden Doppelaulos-Spieler aus dem Nationalmuseum in Athen (s. Seite 180, Abb. links). Bei regelmäßigen Besuchen im British Museum setzte er sich intensiv mit den Originalen auseinander. Die prähistorischen Kunstwerke beeindruckten Moore so sehr, dass er kurz davorstand, seine akademische Ausbildung aufzugeben: „Nach meiner Entdeckung archaischer Bildwerke im Britischen Museum führte ich einen schweren inneren Kampf zwischen der Notwendigkeit, meinen Kurs im College fortzusetzen, um das Lehrdiplom zu erhalten, und dem Wunsch, frei an dem zu arbeiten, was mich in der Bildhauerei am meisten lockte."

Moore machte in Paris die Bekanntschaft von Pablo Picasso, Alexander Archipenko und traf auch Constantin Brâncuși wieder, die sich ebenfalls von der Kunst der Kykladen inspirieren ließen. Sein Studium der kykladischen Kunst setzte Moore im Louvre fort und war von dem berühmten Kopf des Idols von Keros tief beeindruckt.

Kopf einer Kykladenfigurine, gefunden auf der Insel Keros, wie er in *L'art des Cyclades* von Christian Zervos (1957) abgebildet ist. Das eindrucksvolle Werk ist im Musée du Louvre in Paris ausgestellt (s. Kat. 142)

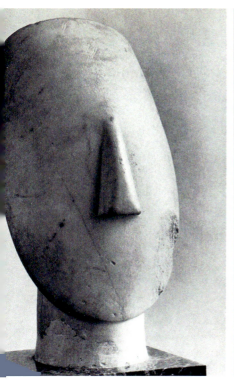

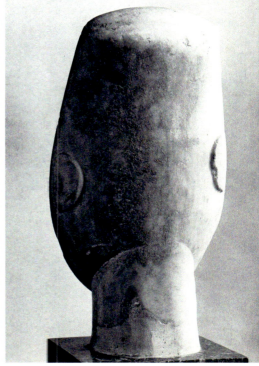

Gleichzeitig stellte er fest: „Ich bin sicher, daß der bekannte Kykladenkopf im Louvre Brancusi beeinflußte und bei seiner einfachen ovalen Eiform, die er ‚Ursprung der Welt' nannte, Pate gestanden hat."

1969 erhielt Moore, anlässlich der Eröffnung der neu eingerichteten griechischen Säle des British Museum, zum ersten Mal die Gelegenheit, eine seiner Arbeiten der kykladischen Sammlung gegenüberzustellen. Seine Wahl fiel auf die Skulptur *Mondkopf* von 1964 (s. Abb. unten). Moore war begeistert, sein Werk und dessen Inspirationsquelle zu vereinigen: „Wenn man einige meiner Skulpturen neben dem Wandschrank aufstellte, in dem Sie mir die wunderschönen Skulpturen von den Kykladen zeigten, würden sie wohl einiges Verwandtes zeigen. Ich liebe und bewundere die kykladischen Skulpturen, sie sind von so elementarer Einfachheit."

Moore selbst besaß vier kykladische Artefakte: ein stehendes Idol, den Kopf eines Idols, einen weiblichen Torso und ein kykladisches Marmorgefäß, eine „Kandila". Noch 1982 berichtete Moore, dass er seine kykladi-

Henry Moore, *Moonhead* 1964, Keramik

Henry Moores kykladische Sammlung mit dem Kopf eines Idols, einem stehenden Idol, einem weiblichen Torso und einer Kandila

Blick in Henry Moores Wohnhaus Hoglands mit seiner Sammlung an Antiken

schen Skulpturen jeden Tag aufs Neue betrachten würde. In ihnen fand er die Einfachheit, die Sensitivität, das Gefühl und die Geschlossenheit der Form, die er so sehr bewunderte und die er in seinen eigenen Arbeiten ebenfalls zum Ausdruck brachte.

Alexander Archipenko

Alexander Archipenko (1887–1964) brach nach nur zwei Jahren das Studium an der École des Beaux-Arts in Paris ab und setzte seine künstlerischen Studien lieber selbstständig im Louvre fort. Dort beschäftigte er sich eingehend mit den Kunstwerken der Kykladen und dem berühmten Keros-Kopf. 1912 eröffnete Archipenko in Paris eine eigene Kunstschule und gehörte zu den Mitbegründern der „Section d'Or", einer Künstlergruppierung, deren Ziel es war, den Kubismus, die revolutionärste Neuerung in der Kunst des 20. Jahrhunderts, mit neuen Ideen zu beleben. Archipenko gilt in der Bildhauerei des 20. Jahrhunderts als einer der bedeutendsten Entwickler neuer Stile, und so war er neben Picasso der erste Bildhauer, der 1910 den Kubismus in die dritte Dimension übertrug. Seine Figuren zeigen nun geometrische Formen, einen blockhaften Aufbau und scharfe Kanten, wie sie seine 1911 entstandene Plastik *Sitzende Frau mit Tuch* in ihrer blockhaften und unplastischen Darstellungsweise widerspiegelt. Archipenko behielt das Prinzip der Figurativität bei, vereinfachte und reduzierte die Körperformen jedoch extrem, was zu geometrisch betonten Körpern führte. Damit greift das künstlerische Prinzip Archipenkos die Formensprache der kykladischen Idole auf.

Alexander Archipenko, *Sitzende Frau mit Tuch* 1911, Bronze

Wilhelm Loth, *Kopfstudie (Hammerkopf)* 1955, Gips

Wilhelm Loth

Der 1920 in Darmstadt geborene Wilhelm Loth (1920–1993) zählt zu den bedeutendsten deutschen Bildhauern der Nachkriegszeit. Während des Zweiten Weltkriegs geriet er in englische Kriegsgefangenschaft und beschäftigte sich in dieser Zeit ausschließlich mit der einzigen Publikation, die ihm zur Verfügung stand, einem Band mit den frühen Zeichnungen von Henry Moore. Loth lehnte die klassische Darstellungsweise ab und stellte historisierende Formen und Motive ebenso infrage wie den Naturalismus. Auf seiner Suche nach der letztendlichen Abstraktion, nach den zeitlos gültigen „Emblemen des Weiblichen" wurde Loth bei den Kykladenidolen fündig, was zu einer lebenslang andauernden Inspiration führte.

Wie Henry Moore und William Turnbull stand auch Loth tief beeindruckt vor dem berühmten Kykladenidol im Louvre: „[eine Plastik], die mich damals sehr fasziniert hatte: das cykladische Idol im Louvre. Ich erlebte an ihm, dass man einem Stein, dem man eine Form des Erhabenen gegeben hatte, durch Hinzufügen eines Keils, der den Platz, an dem er angebracht wurde, an eine Nase erinnert, als Kopf definieren kann."

Für Loth stand die kykladische Kunst für ein kulturübergreifendes, alle Zeiten durchdringendes, zeitloses Abbild der Weiblichkeit in einer völlig eigenständigen künstlerischen Form. Er erkannte in den Idolen eine Reduzierung auf das Wesentliche, das scheinbar Moderne in der kykladischen Kunst. Dies entsprach seiner eigenen Formensprache, nach welcher er zeitlose und allgemeingültige Darstellungen des Weiblichen verfolgte. In seinen Figuren wird die Orientierung an dem reduzierten Formenrepertoire der Kykladenköpfe noch deutlicher, ovale bis eckige Formen werden durch ein einfaches Dreieck und mit wenigen horizontalen Linien eindeutig als Gesicht bestimmt.

William Turnbull

William Turnbull (geb. 1922) zeigte sich bereits als Kind begeistert von der Kunst alter Kulturen und beschloss daher, Künstler zu werden. Während seiner Ausbildung in

Wilhelm Loth, *Sitzender Akt* 1956, Aquarell

William Turnbull, *Head* 1985, Bronze

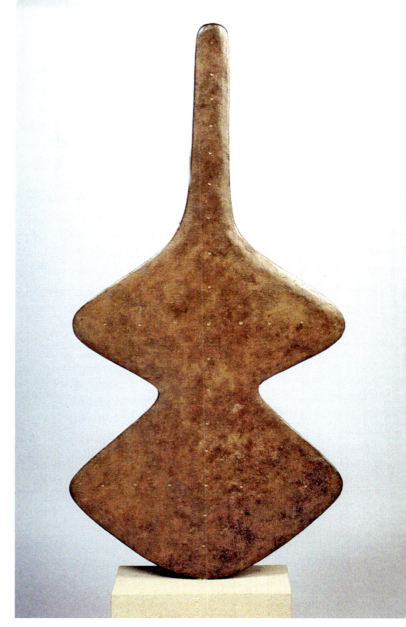

William Turnbull, *Siren* 1986, Bronze

London besuchte William Turnbull regelmäßig das British Museum, wo ihn die antiken Kunstwerke weit mehr beeindruckten, als die neoklassizistischen Bildwerke oder die naturalistischen Renaissancegemälde, die er in der National Gallery studierte. 1948 ließ sich Turnbull in Paris nieder und traf neben zahlreichen Künstlern wie Brâncuși und Giacometti, die ihn tief beeindruckten, in der völkerkundlichen Sammlung des Louvre auf die Idole der Kykladen. Dort inspirierte ihn der Kopf von der Insel Keros nicht nur zu seiner späteren Arbeit *Head* (s. Abb. oben links), die kykladische Kunst gab Anregung für eine ganzen Reihe archetypischer Masken, Köpfe und Idole. Für William Turnbull waren sie bedeutender und moderner als Werke zeitgenössischer Künstler: „Etwas, das 3000 Jahre alt ist, kann moderner aussehen als etwas, das gestern hergestellt wurde. (...) Wie konnte etwas so einfach sein und einem Kopf mehr gleichen, als ein Porträt es je könnte." Die prähistorischen Kunstwerke galten Turnbull als Ausdruck der Zeitlosigkeit. Er entdeckte sie in den verschiedensten prähistorischen Epochen und Kulturen immer wieder und ihre Formensprache erfüllte sein Verlangen nach zeitlos gültigen Metaphern in der Kunst. So beeindrucken Turnbulls Werke trotz ihrer Modernität durch die archaisch anmutende Vereinfachung. Durch

„Kleine Scheusale"

diese radikale Reduzierung und Abstrahierung werden Turnbulls Werke nun selbst zu Zeichen und erinnern an die archaischen Idole. Er vereinfacht die menschliche Form auf geometrische Körper, wie dies die kykladischen Idole bereits vor Tausenden von Jahren vorwegnahmen. Eng an das kykladische Prinzip hielt sich Turn-

„Etwas, das 3000 Jahre alt ist, kann moderner aussehen als etwas, das gestern hergestellt wurde."

William Turnbull

bull z. B. in *Large Siren* von 1986, die fast als Hommage an ein Violinidol aufzufassen ist, wenn auch in sehr viel größerem Maßstab (s. Abb. vorige Seite rechts).

Hans (Jean) Arp

Auch der Maler, Grafiker, Bildhauer und Dichter Hans Arp (1886–1966) kam sehr wahrscheinlich bereits in seiner Pariser Zeit mit der kykladischen Sammlung des Louvre in Kontakt. Sein Interesse an der prähistorischen Kunst verstärkte sich aber vor allem in den 1950er-Jahren durch zwei Reisen nach Griechenland, wo er die Kykladenkultur vor Ort studierte. Für Arp war der menschliche Gehalt der Idole „kräftiger" als die Darstellungen der klassischen Skulpturen und Plastiken. Nach einem Besuch der Kathedrale von Chartres schrieb er in einem Gedicht: „(…) So zog ich von da an / Primitivere Formen vor / Teilweise geradlinige Formen / Die es mir ermöglichten, Bewegungen zu beschwören, einzufangen, einzubeziehen / Und Annäherungen an / Die Figur des Menschen."

Die kykladische Formensprache – symmetrischer Aufbau, Vorderansichtigkeit, Reduzierung der Formen und der räumlichen Tiefe – übertrug Arp vor allem auf seine späteren Arbeiten, behielt aber gleichzeitig seine eigenen biomorphen Formen weiter bei. Arbeiten wie *Idol* von 1950 oder die *Knospenfigur* von 1959 bezeugen deutlich die von den kykladischen Idolen ausgehende Inspiration und Faszination des Künstlers.

Hans Arp, *Idol* 1950, Bronze

Lothar Fischer

Lothar Fischer (1933–2004) zählt ebenfalls zu den wichtigsten deutschen Bildhauern nach dem Zweiten Weltkrieg. Das beherrschende Thema im Gesamtwerk des Bildhauers war die Darstellung des weiblichen Körpers. Dabei blieb Fischer aber nie dem Naturalismus verhaftet, den er ganz entschieden ablehnte, sein Ziel war die Darstellung des menschlichen Körpers in einer „Natürlichkeit ohne Bemühung der Natur selbst".

Die frühen Phasen der Hochkulturen und die kykladischen Idole wurden für Fischer essenziell: „Der Anfang der Kunst beziehungsweise der Skulptur war also das Archaische, das zeichenhaft Abstrakte, das Geometrische, Lapidare."

Fischers Interesse an der nicht klassischen und außereuropäischen Kunst war weit gespannt. Neben der romanischen Kunst des Mittelalters und der Kunst der Etrusker zählten auch die „primitive" präkolumbianische Kunst und die afrikanische Stammeskunst zu seiner Inspiration. Sein besonderes Interesse an der kykladischen Kultur zeigt sich in einer Vielzahl von Werken, die während seiner „Idol-Phase" von 1975–1984 entstanden. In Fischers stark abstrahierten menschlichen Formen wird die Auseinandersetzung mit den kykladischen Vorbildern besonders deutlich. Seine Arbeiten gewannen an Frontalität, die Körper wurden durch horizontale und vertikale Linien und Dreiecke definiert. Sie erscheinen streng und geschlossen mit auf Linien reduzierten Umrissen, sind symmetrisch und flächig aufgebaut und verlieren an Tiefe. Die Gestalten geben eine zeitlos-archaische Form wieder und zeigen, welche Inspiration Fischer durch die prähistorischen Vorbilder entdeckte und wie er sie in seinen eigenen Arbeiten umsetzte.

In seinen Werken schuf er, gemäß seinem Motto „Bilden heißt nicht Abbilden", eine zeitgenössische Umsetzung der kykladischen Formensprache, welche er aufgriff und eigenständig wiedergab.

Pablo Picasso

Bereits ab 1903 beschäftigte sich Picasso im Louvre nachweisbar mit der altägyptischen Kunst, aber auch die kykladischen Werke waren ihm dort sicher bereits begegnet. Der immer für neue Inspirationen offene Picasso setzte sich eingehend mit der archaischen und primitiven Kunst auseinander. Der Primitivismus bedeutete für Picasso eine antibürgerliche, gegenkulturelle Bewegung, die zu einer Erweiterung des künstlerischen Ausdrucks des Westens führte. Für sein privates Studium hatte Picasso etwas wahllos eine Sammlung von etwa 100 „primitiven" und archaischen Objekten in seinen Ateliers zusammengestellt, die er zum Teil von Händlern, zum größeren Teil aber beim sonntäglichen Bummel über den Flohmarkt erwarb. Dabei unterlief ihm ein schwerwiegendes Missgeschick: Im März 1907 kaufte Picasso zwei iberische Köpfe, die zuvor aus dem

Lothar Fischer, *Flacher weiblicher Torso* 1981, Gips

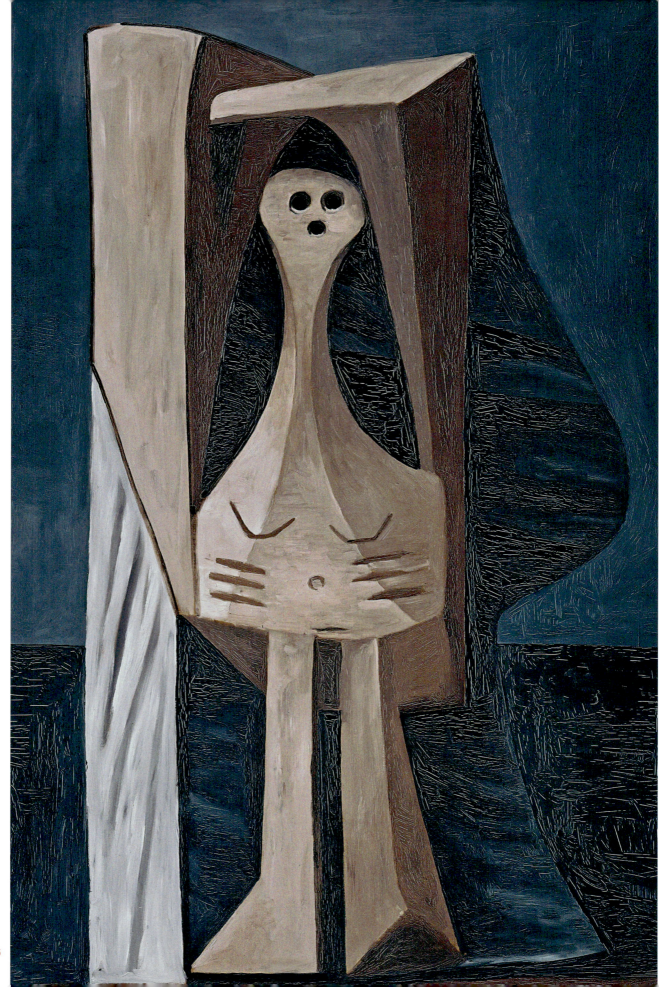

Louvre gestohlen worden waren. 1911 geriet Picasso kurzzeitig in den Verdacht, am Diebstahl der *Mona Lisa* beteiligt gewesen zu sein, und im Zuge der Ermittlungen wurden die beiden Köpfe entdeckt und zurückgefordert. Picasso besaß in seiner Sammlung neben zwei Kopien der *Venus von Lespugue* auch ein kykladisches Violinidol, das er sehr schätzte: „Ich habe alle möglichen Arten von großen Lebensgöttinnen, Fruchtbarkeitsidolen gesehen (…). Nur die Bildhauer der Inseln [der Kykladen] haben einen Weg gefunden, sie zu Symbolen zu wandeln. Im Allgemeinen sind diese Idole fantastisch. Oder symbolhaft. Wie die ‚Venus von Lespugue': Formen des mütterlichen Körpers. Ich mag mein [Kykladen-]Idol (…) weil ich die Idee der Violine liebe. Auf anderen Inseln verliert sich das wieder. So dass sie mehr wie mütterliche Körper sind. Dieses hier ist wirklich die Göttin, (…) das magische Objekt und nicht länger eine Fruchtbarkeitsgöttin. Was bleibt, sind kleine Brüste ohne Volumen, eingeritzte Linien für die Arme (…). Besser als Brancusi. Seither wurde nichts geschaffen, das so sehr einfach nur bloße Form war."

Picassos kykladisches Violinidol kann in seinen Arbeiten mehrfach in einer zur Gitarre gewandelten Form wiederentdeckt werden. Zwar hat der Künstler die Gestalt verfremdet, der Aspekt des Weiblichen blieb aber erhalten, was der aussagekräftige Titel *Guitare: j'aime Eva* von 1920 zeigt, ein Werk, in dem Picasso seine Lebensgefährtin Eva Gouel „porträtiert" hat. Später griff Picasso kykladische Anregungen vor allem in einer Reihe von Werken mit dem Titel *Badende* wieder auf. Picasso verwies nun auf die stehenden Kykladenidole, wie die flächige Gestaltung der aus geometrischen Formen aufgebauten Körper und ihre strenge Frontalität zeigen, wie etwa bei den *Badenden am Strand von La Garoupe* von 1957 oder bei *Der Sturz des Ikarus* (*La chute d'Icare*), dem Wandgemälde im Foyer des UNESCO-Gebäudes in Cannes von 1958. Hier zitierte Picasso z. T. auch die Haltung der Kykladenidole, ihre vor dem Körper zusammengeführten Arme und die parallele Darstellung der Beine. Bereits früher, in der Arbeit *Große Badende* von 1929, übernahm Picasso aus der kykladischen For-

mensprache nicht nur die reduzierten Umrisslinien, den flächigen Aufbau und die fehlende Tiefe des Körpers, auch die zu parallelen Strichen reduzierten Arme und das nur durch drei Kreise bestimmte Gesicht zeigen die Nähe zu den kykladischen Vorbildern (s. Abb. linke Seite). Bis in sein Spätwerk setzte sich diese Inspiration fort, *Monolithischer Akt* aus dem Jahr 1958 zeigt zwar eine völlig andere Körpergestaltung, die geschlossene, blockhafte Form mit der strengen Frontalität und die Haltung verweisen aber dennoch auf die Nähe zu einem weiblichen Kykladenidol.

Lit: Bach 2006 – Davidson 2005 – Dering 2000 – Karlsruhe 2001 – Lichtenstern 1994 – Moore 1982 – Nürnberg 1994 – Rodiek 1995

Pablo Picasso, *Grande Baigneuse (Große Badende)* 1929, Öl auf Leinwand

Pablo Picasso, *Die Badenden* 1956, Detail, Holz

Die

Welt der Dinge

1 Spitzbodiger Becher
Angeblich aus Naxos
5./4. Jt. v. Chr., Chalkolithisch
Marmor, H. 11,3 cm, Dm. 3,45 cm
Kopenhagen, Nationalmuseum, Antikensammlung Inv. 4762

Spitzbodige Becher werden als Vorläufer der frühkykladischen konisch-flachbodigen Becher angesehen. Eine Gemeinsamkeit sind die paarweise angelegten, charakteristischen lang gezogenen Ösenrippen. Bei einem anthropomorphen flachbodigen konischen Becher aus dem Museum Oxford (s. Kat. 37) markieren die Ösenrippen die Oberarme. Ob Ösenrippenpaare jedoch grundsätzlich Arme darstellen, sei dahingestellt: zum Vergleich besitzen z. B. die Kegelhalsgefäße stets vier Ösenrippen.

Die zeitliche Einordnung des aus dem Kunsthandel bereits im späten 19. Jh. erworbenen Bechers in das Chalkolithikum stützt sich auf ein Vergleichsstück aus Grab 20 des chalkolithischen Friedhofs in Kephala auf Keos (siehe S. 38 f.). Des Gefäß lag hier vor dem Gesicht des Verstorbenen, eine Position, die auch bei den jüngeren konisch-flachbodigen Bechern beobachtet wurde. Ein weiteres Vergleichsstück stammt aus dem kupferzeitlichen Gräberfeld von Varna an der bulgarischen Schwarzmeerküste, das der Mitte des 5. Jt.s v. Chr. angehört. Funde aus Westanatolien zeigen die Verbreitung dieses Typs im Umfeld der Ägäis. Mit der Fundstelle Kulaksızlar bei Manisa (Provinz İzmir, Türkei) ist schließlich auch eine Produktionsstätte solcher Gefäßtypen lokalisiert. Der Gefäßtyp wurde also nicht nur auf den Kykladen hergestellt und belegt die enge Verflechtung der Kykladen mit den umliegenden Regionen.

Lit: Getz-Gentle 1996, 52 ff. Abb. 29a Taf. 22a. – Weiterführende Literatur: Coleman 1977. – Takaoğlu 2005.

C. L.

2 Kleiner Kern
Melos
Neolithisch/Chalkolithisch
Melischer Obsidian, L. 5,3 cm, B. 2,4 cm
Karlsruhe, Badisches Landesmuseum
Inv. F 1897

Neben fertigen Geräten, Klingen und Präparationsabschlägen sind Kerne für die Rekonstruktion der Steingeräteproduktion von besonderem Interesse. Der kleine monopolare, pyramidale Kern wurde nahezu vollständig ausgebeutet. Er zeigt neun bis zu 6 mm breite Negative. Eine weitere Nutzung des Stücks hätte nur noch wenige kurze und sehr schmale Klingen hervorgebracht, sodass auf die erneute Präparation der Arbeitsfläche verzichtet und der Kern aufgegeben wurde. Er gehört zum Typ der sog. „bullet cores" und ist damit Endprodukt einer weitverbreiteten steinzeitlichen Technologie zur Gewinnung von Klingen. Das Stück ist vollständig erhalten.

Lit: Unveröffentlicht. C. L.

3 Kleines Restkernbruchstück
Insel Pseira, Golf von Mirabello (Ostkreta)
Neolithisch/Chalkolithisch
Melischer Obsidian, L. 2,2 cm, B. 1,5 cm
Karlsruhe, Badisches Landesmuseum
Inv. 79/3

Restkerne sind Abfallendprodukt der Klingenherstellung. Bei dem vorliegenden Bruchstück fehlt die Schlagfläche. Neun Abbaunegative mit einer Lamellenbreite von höchstens 6 mm Breite markieren das Endstadium des Abbaus. Hinsichtlich des Rohmaterials, der Klingenabbautechnologie sowie der Form des Restkerns ist das Stück mit Kat. 2 vergleichbar. Obsidian von der Kykladeninsel Melos gelangte spätestens seit dem 7. Jt. v. Chr. auch bis nach Kreta.

Lit: Rehm 1997, 98 Nr. K 51 Abb. 183. C. L.

4 Schematisierte Figurine
Angeblich aus Naxos
3200–2900 v. Chr., Frühkykladisch I
Marmor, H. 7,0 cm
Bonn, Akademisches Kunstmuseum der Universität Inv. B 44

Der Typ dieser zweigeteilten, im Umriss achtförmigen Figurinen wurde im wissenschaftlichen Schrifttum schon einmal despektierlich als „Garnwickler" bezeichnet. Sie stehen typologisch den nordwestanatolischen, u. a. aus Troia bekannten Formen nahe und sind auf den Kykladen eher selten.

Lit: Höckmann 1968 Taf. 3,3. – Karlsruhe 1976, 432 Nr. 50. C. L.

5 Idol

Fundort unbekannt
3200–2900 v. Chr., Frühkykladisch I
Marmor, H. 11,7 cm, B. 5,0 cm, T. 1,0 cm
Karlsruhe, Badisches Landesmuseum
Inv. 65/48

Violinförmiges Marmoridol mit angedeuteten verschränkten Armen. Die den menschlichen Körper stark abstrahierende Form findet sich bereits bei einem spätneolithischen Marmoridol aus Kephala (Keos) und kann als Vereinfachung des Schemas der im Schneidersitz hockenden Frauenfigur verstanden werden. Violinidole gehören zu den früh in der Kykladenkultur auftretenden Erscheinungen, denn bereits in der Zeitstufe Frühkykladisch II sind sie nicht mehr im Fundmaterial vertreten. Dennoch dürfte sich ihre Funktion nicht von der der anderen Idole unterschieden haben, auch fanden sich bei einigen Exemplaren Reste von Bemalung.

Lit: Karlsruhe 1976, 429 Nr. 36. – Rehm 1997, 74 Nr. K 1.

B. S.

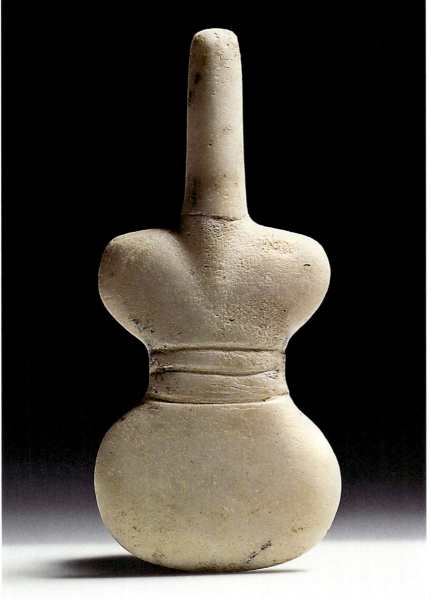

6 Violinförmige Figurine

Fundort unbekannt
3200–2900 v. Chr., Frühkykladisch I
Marmor, H. 10,4 cm
Würzburg, Martin von Wagner Museum
der Universität Inv. H 5052

Das Stück unterscheidet sich durch seine verhältnismäßig eckige Kontur von den anderen Figurinen dieses Typs. Der kurze, sich leicht verjüngende Hals schließt glatt ab. Charakteristisch sind die beiden Kerben am Halsansatz, die vermutlich den Textilausschnitt markieren, und die drei Rillen an der Taille, die möglicherweise einen Gürtel wiedergeben. Die Darstellung solcher Details ist für Figurinen dieses Typs eher selten; die wesentliche Aussage wurde mit der Wiedergabe der Kontur gemacht. Ein Bedeutungsunterschied dieses Typs, etwa zu den stehenden Typen, lässt sich jedoch nicht erkennen.

Lit: Höckmann 1968 Taf. 4,8. – Getz-Gentle 2001 Taf. 7f. – Simon 1975, 8.

C. L.

8 Becher
Angeblich von Paros
3200–2900 v. Chr., Frühkykladisch I
Marmor, H. 19,2 cm, Dm. (Mündung) 13,8 cm
Karlsruhe, Badisches Landesmuseum
Inv. 63/48

Der Marmorbecher mit seitlichen Schnurösen gehört zu den Leitformen der Stufe Frühkykladisch I. Das Karlsruher Stück weist als Besonderheit vier statt der sonst üblichen zwei Schnurösen auf und ist daher ein aufwendiger gearbeiteter Vertreter seiner Gattung. Die Form entwickelte sich aus neolithischen Marmorgefäßen mit spitzem Boden, wie sie in Beispielen aus dem Nationalmuseum Kopenhagen (s. Kat. 1) und von Keos (Kephala) bekannt sind. Wahrscheinlich handelt es sich bei den Marmorbechern um Trinkgefäße, die jedoch speziell für den Grabgebrauch angefertigt wurden, da sie für den alltäglichen Bedarf zu unhandlich wären. Zudem gibt es bislang keinen archäologischen Hinweis für eine Verwendung im Alltag oder Kult.

Lit: Karlsruhe 1976, 500 Nr. 282. – Getz-Gentle 1996, 41 ff. – Rehm 1997, 91 Nr. K 32. B. S.

7 Violinförmige Figurine
Fundort unbekannt
3200–2900 v. Chr., Frühkykladisch I
Marmor, H. 11,2 cm
Würzburg, Martin von Wagner Museum der Universität Inv. H 5054

Die violinförmige Figurine besitzt eine gerundete Kontur. Hals, Brust und Hüften werden durch leichte Kerben betont, der Kopf ist abgebrochen.

Lit: Höckmann 1968 Taf. 4,10. – Simon 1975, 7 f. C. L.

9 Ösenschale
Fundort unbekannt
3200–2900 v. Chr., Frühkykladisch I
Marmor, H. 4,1 cm, Dm. 12,1 cm
Karlsruhe, Badisches Landesmuseum
Inv. 66/52

Die einfache Ösenschale aus Marmor gehört zu den Leitformen der Stufe Frühkykladisch I. Die Öse erlaubt es, das Gefäß mithilfe einer Schnur aufzuhängen. In einigen Exemplaren fanden sich Farbspuren, was den Schluss zulässt, dass die Form gerne für die Bereitung von Farbmitteln verwendet wurde.

Lit: Getz-Gentle 1996, 65ff. 259 Nr. D 13. – Karlsruhe 1976, 501f. Nr. 288. – Rehm 1997, 90 Nr. K 28.   B. S.

jekts ist rätselhaft. Es handelt sich vielleicht um einen marmornen Knauf eines Gerätes. Darauf deuten die beiden gegenüberliegenden kleinen Durchbohrungen hin, die das Durchführen eines Stiftes ermöglichen und damit die Befestigung eines hölzernen Stabes oder Griffes erlaubten.
Gute Vergleichsstücke, die in das Frühneolithikum datieren, sind aus Thessalien bekannt.

Lit: Karlsruhe 1976, 502 Nr. 293. – Papathanassopoulos 1996, 287 Nr. 172. – Rehm 1997, 97f. Nr. K 48.   B. S.

11 Doppelpyxis
Fundort unbekannt
3200–2900 v. Chr., Frühkykladisch I
Ton, H. 9,5 cm, B. 20,9 cm
Heidelberg, Antikenmuseum des Archäologischen Instituts der Universität Inv. 80/1

Zwei aneinandergesetzte zylindrische Pyxiden aus körnigem, mit Kalksteinpartikeln durchsetztem Ton mit feinem Glimmer. Gewölbter Deckel in Form einer Acht. Standfläche uneben glatt. Das Gefäß ist zwischen den Behältern gebrochen, der Deckel an einer Seite stark ergänzt. An den Schmalseiten der Doppelpyxis befindet sich je eine röhrenförmige vertikale Öse, die auch durch den Deckel führt.
Gefäßwandung und Deckel sind mit einem Fischgrätmuster versehen, das vielleicht auf Korbgeflechtstrukturen anspielt. Möglicherweise nahmen sich die Töpfer zylinderförmige Binsenkörbchen zum Vorbild, wie sie noch heute auf den Kykladen verwendet werden. In Gräbern auf Paros und Naxos gefundene Tonpyxiden mit Fischgrätmotiv enthielten Schmuck.

Lit: Gropengießer 2001. – Karlsruhe 1976, 523 Nr. 387.   C. H.

10 Knauf
Fundort unbekannt
Neolithisch oder Frühkykladisch I
Marmor, H. 2,8 cm, Dm. 4,6 cm
Karlsruhe, Badisches Landesmuseum
Inv. 75/1

Der Zweck dieses bislang als Miniaturgefäß mit zwei Ösen bezeichneten Ob-

12 Pyxis
Fundort unbekannt, in Korinth erworben
3200–2500 v. Chr., Frühkykladisch I/II (?)
Steatit, H. 4,9 cm, B. 6,2 cm, Dm. (Boden)
1,9 cm
Würzburg, Martin von Wagner Museum
der Universität Inv. H 5382

Das kleine bauchige Gefäßchen besitzt eine nur kleine, wenig abgesetzte Standfläche und einen niedrigen Mündungsrand. Charakteristisch sind die am größten Bauchdurchmesser angebrachten, senkrecht gelochten Doppelschnurösen. Schulter- und Bauchbereich sind mit Einritzungen im Fischgrätmuster verziert, das untere Viertel bleibt unverziert.
Solche Gefäßformen wurden häufig in Ton hergestellt. Steingefäße dieser Form sind zweifellos für den Grabbrauch hergestellte Nachahmungen keramischer Vorbilder.

Lit: Getz-Gentle 1996 Taf. 108b. – Simon 1975, 7.

C. L.

13 Dreifachpyxis
Fundort unbekannt
2700–2400 v. Chr., Frühkykladisch II
Steatit, H. 6,0 cm, Dm. 11,7 cm
Karlsruhe, Badisches Landesmuseum
Inv. 74/104

Drei kugelige Pyxiden aus Steatit, die zu einem Gefäß vereint und untereinander mit Öffnungen verbunden sind. Anhand von drei Doppelösen und drei einfachen Ösen war eine Aufhängung oder ein Verschluss mit Deckeln möglich. Die Wandungen sind mit drei feinen, eingeritzten Bändern, die aus einem Fischgrätmuster gebildet werden, verziert. Die Böden der Gefäße wurden genau wie die mittlere Standfläche herausgeschlagen, womöglich um sie unbrauchbar zu machen. Dies könnte darauf hindeuten, dass das Gefäß aus einem Grabkontext stammt und die Beschädigung möglicherweise mit dem Totenkult in Zusammenhang steht.

Lit: Getz-Gentle 1996, 351 Taf. 109 a. – Karlsruhe 1976, 513f. Nr. 353.

B. S.

Die Welt der Dinge 245

15

15 Kegelhalsgefäß
Herkunft unbekannt, in Athen erworben
3200–2900 v. Chr., Frühkykladisch I
Marmor, H. 11,4 cm
Heidelberg, Antikenmuseum des
Archäologischen Instituts der Universität
Inv. St 46

„Kandila" mit relativ flachem, ausladendem Körper, 6 cm tief ausgehöhlt.
Eine der vier waagerecht durchbohrten Ösenrippen ist ausgebrochen. Auf der Seite, die dieser Beschädigung gegenüberliegt, befanden sich ursprünglich starke Sinterablagerungen.
Früheste Kegelhalsgefäße stammen aus dem kleinen Gräberfeld von Plastiras auf Paros und gehören in die Zeit, die auch die ersten vollplastischen Marmorfigurinen hervorbrachte. Marmorne Kegelhalsgefäße, die vergleichsweise zahlreich überliefert sind, können als Leitform der Plastiras-Gruppe bezeichnet werden.
Den in der Forschung eingebürgerten Namen „Kandila" verdanken sie ihrer zufälligen Ähnlichkeit mit den hängenden Öllampen griechischer Kirchen.
In Ausnahmefällen wurden sie sekundär sogar als solche verwendet: Bis in die späten 1940er-Jahre hingen drei Marmorkandilia in der Panajia Katapoliani, der Hauptkirche der Insel Paros.

Lit: Getz-Gentle 1996, 17 Abb. 9b. 239 Nr. A 14 Taf. 14 c.
C. H.

14 Kegelhalsgefäß
Angeblich aus Naxos
3200–2900 v. Chr., Frühkykladisch I
Marmor, H. 14,0 cm
Bonn, Akademisches Kunstmuseum
der Universität Inv. B 38

Von dem halbkugeligen Gefäßkörper sind der konische Fuß und der sich nach oben hin verjüngende Hals deutlich abgesetzt. Am größten Durchmesser liegen vier senkrechte, mittig gelochte Leisten, weshalb dieser Typ auch als Schnurösengefäß bezeichnet wird.
Die für das Werkmaterial ungeeignete bauchige Form geht auf keramische Vorbilder zurück. Die Höhlung ist nur bis zum unteren Ende der Schnurösenleisten ausgeführt und deren Umfang übersteigt nicht die Breite des Halses; die Unterseite des Gefäßes ist ebenfalls nur muldenartig ausgehöhlt. Diese Aushöhlungen scheinen mit einer Art Drehbank durchgeführt worden zu sein. Das Stück war als Behältnis nur bedingt verwendbar: Es handelt sich also nicht um einen Gebrauchsgegenstand, sondern wurde vermutlich zur Verwendung im Grabbrauch hergestellt.

Lit: Bonn 1969, 13 Nr. 5 Abb. 1. – Getz-Gentle 1996, 247 Nr. B 12. – Karlsruhe 1976, 497 Nr. 266.
C. L.

16 Kegelhalsgefäß
Angeblich aus Iraklia
3200–2900 v. Chr., Frühkykladisch I
Marmor, H. 31,0 cm, Dm. 31,5 cm, Dm.
(Mündung) 13,0 cm
Karlsruhe, Badisches Landesmuseum
Inv. 63/103

Dieses marmorne Kegelhalsgefäß ist einer der größten Vertreter seiner Gattung. Mit einem Gewicht von 13 kg ist es zu schwer, um es im Alltag vernünftig handhaben zu können, sodass es sich hierbei um ein reines, wohl für ein Grab gemachtes Schaugefäß handelt. Dafür spräche weiterhin die unvollständige Aushöhlung des Gefäßkörpers, sodass es, gemessen an seiner Größe, nur wenig Inhalt aufnehmen kann.

Lit: Getz-Gentle 1996, 5ff. 245 Nr. A 71. – Karlsruhe 1976, 497 Nr. 263. – Rehm 1997, 90 Nr. K 29.   B. S.

17 Kegelhalsgefäß
Fundort unbekannt
3200–2900 v. Chr., Frühkykladisch I
Marmor, H. 8,7 cm, Dm. 8,0 cm
Karlsruhe, Badisches Landesmuseum
Inv. 81/127

Dieses sehr kleine Miniaturkegelhalsgefäß aus Marmor dürfte kaum einen praktischen Zweck erfüllt haben. Als Grabbeigabe, möglicherweise gefüllt mit irgendeiner Substanz, wäre es jedoch eine bescheidene und dennoch etwas aufwendigere Mitgabe für den Verstorbenen. Die verschobenen Proportionen und die Neigung des Gefäßes zur Seite sprechen dafür, dass hier kein geübter Steinschneider am Werk war.

Lit: Rehm 1997, 91 Nr. K 31.   B. S.

17

16

18 Kegelhalsgefäß
Angeblich aus Naxos
3200–2900 v. Chr., Frühkykladisch I
Ton, H. 16 cm, Dm. 15,5 cm
Karlsruhe, Badisches Landesmuseum
Inv. 77/25

Das Kegelhalsgefäß gehört zu den Leitformen der frühen Kykladenkultur und kommt sowohl in Ton als auch in Marmor außerordentlich häufig vor. Im täglichen Leben der Kykladenbewohner spielte diese Gefäßform wohl eine wichtige Rolle, sonst wäre sie kaum in Marmor kopiert und als Steingefäß eine prunkvolle Grabbeigabe geworden. Verwendbar als Behältnis für Vorräte – ob flüssig oder fest ist unbekannt – scheint sich die Form durchaus zu eignen, auch wenn das Fassungsvermögen eines durchschnittlichen Kegelhalsgefäßes nicht sehr groß ist. Mithilfe der vier Ösen könnte ein Verschluss aus Stoff oder Leder auf der Mündung befestigt worden sein. Alternativ können sie auch zur Aufhängung an Schnüren gedient haben.

Lit: Karlsruhe 1976, 521 Nr. 382. – Rehm 1997, 88 Nr. K 23.   B. S.

20 Kegelhalsgefäß
Paros
3200–2900 v. Chr., Frühkykladisch I
Marmor, H. 17,8 cm
Hamburg, Museum für Kunst und Gewerbe
Inv. 1928,44

Von der Insel Paros stammt das Marmorgefäß, das sich aus einem schlanken konischen Standfuß, einem halbkugeligen Gefäßkörper mit deutlich abgeflachter Schulter und einem hohen, leicht eingezogenen Hals zusammensetzt. Diese typische Form der Kegelhalsgefäße erfreute sich in der frühen Grotta-Pelos-Phase größter Beliebtheit. Während die ältere Tonvariante als Behältnis im alltäglichen Gebrauch Verwendung fand, waren die wertvollen Exemplare aus Marmor hauptsächlich als Grabbeigaben bestimmt. Die vier diametral angeordneten vertikalen Ösenrippen der Bauchzone blieben als dekoratives Schmuckelement erhalten und dienten ursprünglich zum Einfädeln einer Schnur, mit deren Hilfe die Vasen aufgehängt oder getragen werden konnten.

Lit: von Merklin 1928, 274f. Abb. 3.   St. H.

19 Kegelhalsgefäß
Angeblich aus Paros
3200–2900 v. Chr., Frühkykladisch I
Marmor, H. 17,6 cm, Dm. 17,2 cm,
Dm. (Mündung) 10,2 cm
Karlsruhe, Badisches Landesmuseum
Inv. 63/49

Das Kegelhalsgefäß, auch Kandila genannt, gehört zu den bekanntesten kykladischen Marmorgefäßformen und ist gleichzeitig eines der typischen Gefäße für die frühe Kykladenkultur. Die Form wurde auch in Ton hergestellt und belegt, dass dies eine Gefäßart ist, die auch im Alltag der Kykladenbewohner eine Rolle spielte. Die seitlich angebrachten Ösen, meist sind es vier, dienten wahrscheinlich der Aufhängung. Der Verwendungszweck ist nicht ganz klar, doch erscheint ein Gebrauch als Vorratsgefäß plausibel.
Die marmornen Beispiele sind aufgrund des Materials und damit verbunden des wesentlich höheren Gewichts und der ungleich aufwendigeren Herstellung wohl nicht für die Lebenden bestimmt und waren als wertvolle Beigabe allein dem Grabgebrauch vorbehalten.

Lit: Getz-Gentle 1996, 5ff. – Karlsruhe 1976, 498 Nr. 271.
– Rehm 1997, 90f. Nr. K 30.   B. S.

22

22 Schmuckkette
Fundort unbekannt
3200–2900 v. Chr., Frühkykladisch I
Muschelschale,
L. der einzelnen Glieder 2,3–3,6 cm
Karlsruhe, Badisches Landesmuseum
Inv. 67/75

Die aus 20 Anhängern bestehende Kette wurde aus Muschelschalen gefertigt. Durch die mehrfache Gliederung der einzelnen Anhänger wirkt das Schmuckstück kleinteiliger, als es eigentlich ist.

Lit: Karlsruhe 1976, 535 Nr. 442. – Rehm 1997, 87 Nr. K 19.

B. S.

21 Kegelhalsgefäß
Angeblich aus Paros
3200–2900 v. Chr., Frühkykladisch I
Ton, H. 15,2 cm
Hamburg, Museum für Kunst und Gewerbe
Inv. 1928,45

Dieses vollständig erhaltene Kegelhalsgefäß wurde aus einem grob gemagerten, das heißt einem nicht aufbereiteten und mit körnigen Zusätzen versehenen bräunlichen Ton gebrannt. Es setzt sich aus zwei Grundformen zusammen, einem bauchigen, nach unten spitz zulaufenden Gefäßkörper, und einer konkav einziehenden Halspartie mit offener Mündung. Der bauchige Teil ist mit senkrecht angeordneten Reihen aus zahlreichen Winkeln, einem „Fischgrätmuster", verziert. Die Halspartie hingegen wirkt glatt und poliert. An den Seiten sind zwei Doppeldurchbohrungen zu sehen, durch welche Schnüre, die als Tragehilfe dienten, gezogen wurden. Diese Bohrungen sind auf der Innenseite mit Ton verschlossen worden. Vermutlich stammt das Objekt aus einem Grab.

Lit: von Mercklin 1928, 275f. Abb. 4. – Karlsruhe 1976, 519 Nr. 370.

R. N.

21

Die Welt der Dinge 249

23 Rechteckige Schale
Angeblich aus Attika
3200–2900 v. Chr., Frühkykladisch I
Marmor, H. 1,2 cm, L. 16,8 cm
Karlsruhe, Badisches Landesmuseum
Inv. 71/28

Rechteckige Marmorschalen sind auf den Kykladen eine häufig belegte Gattung. Wahrscheinlich dienten sie als Schminkpaletten, wie es deutlich erkennbare Farbspuren an manchen Exemplaren nahelegen.

Lit: Getz-Gentle 1996, 270 Nr. E 54. – Karlsruhe 1976, 510 Nr. 335. – Rehm 1997, 89 Nr. K 26.   B. S.

24 Rechteckige Marmorschale
Fundort unbekannt
3200–2900 v. Chr., Frühkykladisch I
Marmor, H. 3,1 cm, L. 33,2 cm
Karlsruhe, Badisches Landesmuseum
Inv. 63/107

Die Marmorschale hat an jeder Ecke eine Durchbohrung, durch die wohl Schnüre zur Aufhängung geführt wurden. Die Gattung wurde wahrscheinlich als Reibschalen genutzt, wobei unter anderem die Grundstoffe für Farbherstellung zerkleinert wurden. Möglicherweise waren sie auch als Schminkpaletten in Gebrauch.

Lit: Karlsruhe 1976, 510 Nr. 337. – Getz-Gentle 1996, 81 ff. 267 Nr. E 24. – Rehm 1997, 89 Nr. K 25.   B. S.

25 Weibliche Figurine

Angeblich aus einem Grab auf Delos
2900–2700 v. Chr., Frühkykladisch I/II
Marmor, H. 23,5 cm, B. 6,7 cm
Berlin, Staatliche Museen zu Berlin,
Antikensammlung Inv. 8429

Die Figurine gehört zum sog. Plastiras-Typ. Die im Verhältnis zum Oberkörper kurzen Arme sind angewinkelt, die Hände liegen oberhalb des Bauches und stoßen an den Fingerspitzen fast aneinander, eine Arm- und Handhaltung, die offenbar noch in neolithischer Tradition steht und kennzeichnend für den Plastiras-Typ ist. Charakteristisch sind auch die ovale Kopfform, die nicht nach hinten auslädt, ein überlanger Hals sowie plastisch ausgearbeitete Gesichtszüge, die Augen, Nase, Mund und Ohren deutlich zu erkennen geben. Den Kopf ziert bei diesem Stück eine zylindrische Bedeckung. Bemerkenswert ist auch die Angabe weiterer Details, wie z. B. Bauchnabel und Knie. Die Brüste sind nur schwach ausgearbeitet, Schamdreieck und das ausladende Becken lassen jedoch keinen Zweifel am Geschlecht der Figur aufkommen. Wirbelsäule und Brustbein sind durch eine Rille markiert. Die Wiedergabe anatomischer Details ist ein besonderes Kennzeichen des Typs Plastiras und unterscheidet diesen deutlich von der schematisierten Figuralplastik der späteren Kykladenkultur. Damit nehmen diese Figurinen eine Mittlerstellung zwischen der jungsteinzeitlichen und der klassisch kykladischen Figuralplastik ein.

Das Stück weist zwei eingebohrte Stiftlöcher an der Rückseite auf, die wahrscheinlich in neuerer Zeit angebracht wurden und zur Befestigung dienten.

Lit: Getz-Gentle 2001, 17 mit Abb. 30 u. 152. – Getz-Preziosi 1987 Taf. 16f. Nr. 3. – Karlsruhe 1976, 439 Nr. 67. – Renfrew 1969, 6. – Rohde 1975, 150 Taf. 6,1. – Stendal 2010, 163f. Nr. 5.2.

C. L.

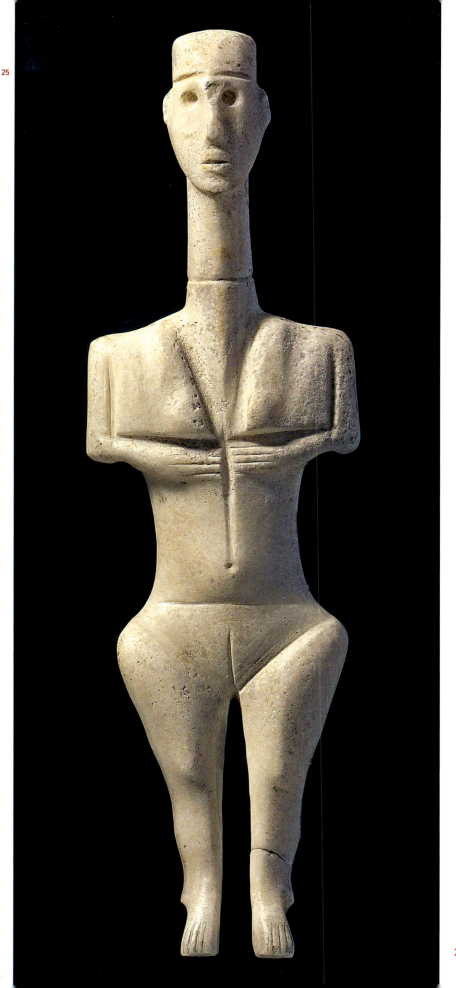

26 Torso einer Figurine
Angeblich aus Naxos
3200–2900 v. Chr., Frühkykladisch I
Marmor, H. 4,8 cm
Bonn, Akademisches Kunstmuseum der Universität Inv. B 46

Die vor dem Leib, oberhalb des Bauches, beieinander liegenden Hände weisen den Torso dem sog. Plastiras-Typ zu. Hals und der Bereich unterhalb des Beckens sind alt gebrochen.

Lit: Karlsruhe 1976, 439 Nr. 75. C. L.

27 Kykladenidol
Fundort unbekannt
3200–2900 v. Chr., Frühkykladisch I
Marmor, H. 12,4 cm
Dresden, Staatliche Kunstsammlungen,
Skulpturensammlung Inv. ZV 1991

Das naturalistisch anmutende marmorne Kykladenidol des Plastiras-Typus gehört zu den seltenen männlichen Kykladenidolen. In seiner schematischen Ausbildung – stehend und mit verschränkten Armen – gleicht es jedoch seinen weiblichen Gegenstücken. Auffällig sind zwei auf dem Bauch angegebene parallele Linien, die entweder als Bauchfalten oder aber als Gürtel gedeutet werden können. Analog zu den anderen, zum Teil mit Dolch bewaffneten männlichen Idolen, die gleichfalls einen als Waffengurt zu deutenden Gürtel tragen, ist letztere Deutung wohl die zutreffende.

Lit: Getz-Preziosi 1981, 6f. 31 Nr. 3. – Karlsruhe 1976, 439 Nr. 74. – Müller 1925, 153 Nr. 91. B. S.

28 Kykladenidol
Trymalia auf Naxos
2900–2700 v. Chr., Frühkykladisch I/II
Marmor, H. 28,6 cm
Dresden, Staatliche Kunstsammlungen,
Skulpturensammlung Inv. H 4 43/446

Marmornes Kykladenidol des Louros-Typus. Karl Gustav Fiedler beschrieb sie in seinem Reisebericht bereits 1841 und ordnete sie als Produkt „aus den ersten Zeiten der Kunst" ein.

Lit: Fiedler 1841, 314f. Taf. 5 Nr. 1. – Karlsruhe 1976, 442 Nr. 87. B. S

29 Kykladenidol

Trymalia auf Naxos
2900–2700 v. Chr., Frühkykladisch I/II
Marmor, H. 12,1 cm
Dresden, Staatliche Kunstsammlungen,
Skulpturensammlung Inv. H 4 43/447

Marmornes Kykladenidol des Louros-Typus. Auffällig ist die sparsame Verwendung von plastischen Details sowie von Ritzungen. Nur das Schamdreieck ist hervorgehoben.

Lit: Fiedler 1841, 315 Nr. 2. Taf. 5. – Karlsruhe 1976, 442 Nr. 86. B. S.

30 Kykladenidol

Fundort unbekannt
3100/3000–2650 v. Chr., Frühkykladisch I (späte Grotta-Pelos-Kultur)
Marmor, H. 21,6 cm, B. 6,9 cm
Marburg, Geoarchäologisches Labor und Lehrsammlung des Vorgeschichtlichen Seminars der Philipps-Universität Marburg Inv. 17699

Das Marburger Kykladenidol gehört zum Louros-Typ und damit zu den eher frühen bronzezeitlichen Marmorfigurinen der Kykladen. Vertreter dieses Typs sind durch die Gesichtsform, lediglich durch Stümpfe angegebene Arme sowie voneinander getrennte und im Schnitt gerundete Beine gekennzeichnet und nicht zahlreich belegt. Einmal mehr sind die Fundumstände nicht überliefert, doch darf wohl davon ausgegangen werden, dass auch das Marburger Exemplar aus einem Grab stammt. Das Idol ist weiblichen Geschlechts, die Erhaltung außerordentlich gut.
Die Rückseite ist interessanterweise fast vollständig hellbraun versintert, was dafür spricht, dass das Idol einst auf dem Rücken gelegen hat, denn die stilisierten Füße bieten keine ausreichende Standfläche.

Lit: Matthäus 1980. – Renfrew 1969, 7f. mit Abb. 2,III Taf. 2f. T. M.

31 Idolfragment
Fundort unbekannt
2900–2700 v. Chr., Frühkykladisch I/II
Muschelschale, H. 5,6 cm, B. 1,8 cm,
T. 1,1 cm
Karlsruhe, Badisches Landesmuseum
Inv. 70/519

Gelegentlich werden Idole auch aus Muschelschalen hergestellt. Jedoch ist die Verwendung dieses Materials in der figürlichen Plastik bislang nur selten belegt und dürfte als Experimentieren mit anderen Materialien als Marmor zu werten sein. Ein Bedeutungsunterschied zu den sonst üblichen Marmoridolen dürfte nicht existiert haben.

Lit: Karlsruhe 1976, 433f. Nr. 58. – Rehm 1997, 86 Nr. K 17.   B. S.

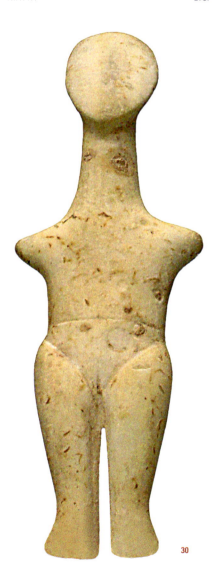

32 Gehäuse einer Meeresschnecke
Angeblich aus einem Frühkykladisch I-Kontext von Naxos
Muschelschale, H. 5,2 cm, L. 8,4 cm
Karlsruhe, Badisches Landesmuseum
Inv. 78/80

Dieses Gehäuse einer Meeresschnecke, *Eudolium crosseanum*, wurde angeblich in einem Kegelhalsgefäß gefunden. Gelegentlich scheinen Meeresschnecken tatsächlich Bestandteil von Grabausstattungen gewesen zu sein, doch ist die Bedeutung dieses Brauches unklar. Um Reste von Nahrungsmitteln dürfte es sich nicht handeln, da sich diese Schneckenart nicht für den Verzehr eignet. Es könnte sich also entweder um eine symbolische Beigabe uns unbekannter Bedeutung handeln oder das Gehäuse wurde aufgrund seines attraktiven Äußeren am Strand aufgelesen und gelangte irgendwann in einen Grabkontext. Hin und wieder kommen auch Gehäuse von Landschnecken in Gräbern vor, doch könnten diese auch auf natürliche Weise unter die Erde gelangt sein.

Lit: Bent 1884, 52. – Doumas 1977, 78 Taf. 25 d. – Rehm 1997, 95 Nr. K 52.   B. S.

Die Welt der Dinge

33

33

33

34

33 Palette
Fundort unbekannt
3200–2700 v. Chr., Frühkykladisch I/II
Marmor, L. 9,7 cm
München, Staatliche Antikensammlungen und Glyptothek Inv. 10.160

Die rechteckige Palette besitzt an den Längsseiten einen auffällig breiten Rand, während die Schmalseiten flach und leicht konkav ausgebildet sind. Dieses Charakteristikum spricht dafür, dass die Form möglicherweise auf beinerne Vorbilder zurückgeht. Das Stück zeigt rote Farbspuren, was die Deutung als Farbpalette stützt.

Lit: Getz-Gentle 1996, 269 E 43 mit Abb. 47b. – Karlsruhe 1976, 509 Nr. 328.
C. L.

34 Eckige Schale
Fundort unbekannt
1. Hälfte 3. Jt. v. Chr., Frühkykladisch
Marmor, B. 10,3 cm
Würzburg, Martin von Wagner Museum der Universität Inv. H 5331

Die flache, annähernd quadratische Schale besitzt gerundete Kanten. Vergleichbare Schalen sind von den Kykladen häufiger belegt. Ob diese tatsächlich, wie häufig beschrieben, als Reibschalen gedient haben, ist vorläufig allerdings nicht belegt.

Lit: Simon 1975, 8.
C. L.

34

36 Fragment eines Tiergefäßes
Angeblich Naxos
3200–2900 v. Chr., Frühkykladisch I/II
Marmor, H. 8,8 cm, B. 8,3 cm
Karlsruhe, Badisches Landesmuseum
Inv. 76/166

Steingefäße in Tiergestalt sind nicht allzu häufig in der Kykladenkultur belegt, kommen aber auch als Tongefäß gelegentlich vor. Dieses Fragment eines wohl einst runden, pyxisartigen Gefäßes stellt vermutlich einen Igel dar, dessen Stacheln und Geschick im Kampf gegen Schlangen in der Antike als Übel abwehrend galt. Als Behältnis für besondere Substanzen erscheint das Thema des Igels daher durchaus treffend, wobei ein kultisch-religiöser Aspekt nicht völlig auszuschließen ist.

Lit: Getz-Gentle 1996, 136 ff. – Karlsruhe 1976, 518 Nr. 368. – Rehm 1997, 97 Nr. K 46.   B. S.

35

35 Tiergefäß
Fundort unbekannt
3200–2900 v. Chr., Frühkykladisch I/II
Marmor, L. 14,6 cm, H. 6,5 cm
Karlsruhe, Badisches Landesmuseum
Inv. 80/97

Das Gefäß in Form eines zweiköpfigen Vogels ist in seiner Gestaltung für die Kykladenkultur einzigartig. Als Schmuckperle und Nadelaufsatz werden Vogelfigürchen aber gelegentlich verwendet, somit ist das Motiv nicht singulär in der kykladischen Kunst. Tongefäße in Vogelform, die möglicherweise als Vergleich herangezogen werden können, existieren auch auf Kreta. Ob dieses Gefäß, das wohl allgemein zu der Gruppe der Tierpyxiden gezählt werden darf, zu profanen oder religiösen Anlässen verwendet wurde, kann nicht sicher gesagt werden. Die Seltenheit der Gefäßform und die gelegentlich bezeugte Verwendung des Vogels als Schmuckanhänger könnten jedoch auf einen religiösen Aspekt hindeuten, der hier ausgedrückt wird.

Lit: Getz-Gentle 1996, 141. – Karlsruhe 1982, 126 f. – Rehm 1997, 97 Nr. K 47.   B. S.

36

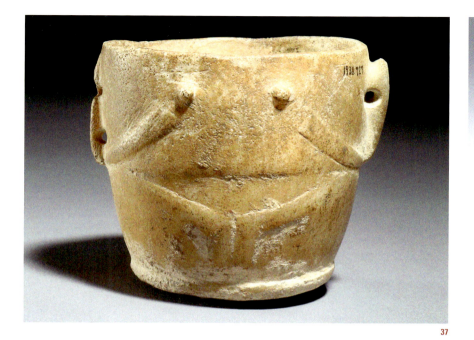

37 Anthropomorphes Behältnis
Herkunft unbekannt
2900–2700 v. Chr., Frühkykladisch I/II
Marmor, H. 7,3 cm
Oxford, Ashmolean Museum der Universität Oxford Inv. AN1938.727

Das ungewöhnliche Marmorgefäß zeigt auf einer Seite eine menschenähnliche Erscheinung, die dem Körper mancher marmorner Frauenfiguren ähnlich ist. Es handelt sich um das bessere zweier erhaltener Exemplare. Die Durchbohrungen an der Seite legen nahe, dass dieses Objekt zum Aufhängen gedacht war und wohl in irgendeiner Weise als Behälter genutzt wurde. Die Durchbohrung am oberen Ende des linken Arms war bereits antik ausgebrochen, weshalb ein zweites Loch gebohrt worden war. Über einen möglichen Deckel kann nur spekuliert werden.

Lit: Sherratt 2000, 115f. III.6.10. – Exakte Parallele s. Karlsruhe 1976, 314. 477 Nr. 214. Y. G.

38 Stößel
Angeblich Drios auf Paros
3200–2900 v. Chr., Frühkykladisch I
Marmor, H. 12,8 cm, Dm. (unten) 7,4 cm
Karlsruhe, Badisches Landesmuseum
Inv. 64/128

Marmorne Stößel wurden zum Zerkleinern verschiedener Stoffe verwendet. Exemplare, die zusammen mit Marmorschalen gefunden wurden und anhaftende Farbreste aufweisen, deuten darauf hin, dass sie auch bei der Zubereitung von Farbstoffen eine Rolle spielten. Gelegentlich finden sich Stößel aus Gesteinen, die sich nicht für die dem Gerät zugedachte Funktion eignen, beispielsweise dem weichen Steatit. Hierbei ist an speziell für das Grab hergestellte Objekte zu denken, die nie genutzt werden sollten.

Lit: Karlsruhe 1976, 542 Nr. 471. – Rehm 1997, 98 Nr. K 49. B. S.

39 Ösenschale
Fundort unbekannt
3200–2900 v. Chr., Frühkykladisch I
H. 2,5 cm, Dm. 9,5 cm
Karlsruhe, Badisches Landesmuseum
Inv. 77/30a

Runde Ösenschale aus Marmor, unregelmäßig gearbeitet. Wurde angeblich zusammen mit einem Stößel (Kat. 40) gefunden. Auf der Innenseite des Gefäßes sind noch Spuren roter Farbe zu erkennen, was auf eine Verwendung als Reibschale für Farben hindeutet.

Lit: Getz-Gentle 1996, 259 Nr. D 4. – Rehm 1997, 89f. Nr. K 27. B. S.

40 Stößel

Fundort unbekannt
3200–2900 v. Chr., Frühkykladisch I
H. 4,4 cm, Dm. 2,7 cm
Karlsruhe, Badisches Landesmuseum
Inv. 77/30b

Einfacher Stößel aus Marmor, der angeblich zusammen mit einer Ösenschale (Kat. 39) gefunden wurde. Deutlich sind auf der Reibfläche des Stößels rote Farbreste auszumachen, ein Hinweis auf den Gebrauch dieses Geräts zur Farbbereitung.

Lit: Rehm 1997, 98 Nr. K 50.   B. S.

41 Vier ritzverzierte Knochenhülsen

Ägäis, unbekannter Fundort
2700–2400 v. Chr., Frühkykladisch II
Knochen, L. 11,0 cm, 7,5 cm, 6,6 cm und 7,2 cm
Paris, Musée du Louvre, Département des antiquités grecques, étrusques et romaines
Inv. MND 2092a–d

Mit eng gesetzten, parallelen Linien, Fischgrätmustern und aus Strichgruppen erzeugten Winkelbändern sind die vier aus Röhrenknochen hergestellten Hülsen ganz unterschiedlich verziert. Vergleichbare Exemplare sind von verschiedenen Fundplätzen aus der Ägäis, aber auch der Levante und dem syrischen Euphratgebiet überliefert. Solche Knochenhülsen dienten wahrscheinlich als Kosmetikbehälter, denn in einigen fanden sich Rückstände von Farbpulver. Vermutlich handelte es sich um Augenschminke. Die Knochenhülsen sind im östlichen Mittelmeerraum stets beidseitig gerade abgeschnitten, jene aus der Ägäis – zu denen auch die vorliegenden Stücke zu zählen sind – weisen immer eine gerade und eine schräg abgeschnittene Seite auf. Vermutlich waren die Enden jeweils mit einem Verschluss versehen, wobei die gegenständig gebohrten Löcher zu dessen Befestigung gedient hatten. Ein Unterschied zeigt sich auch bei den überlieferten Pigmenten: Während bei den ägäischen Exemplaren ausschließlich blaue Farbe nachgewiesen wurde – bei den hier besprochenen Stücken, wurde Azurit festgestellt –, enthielten die syrischen schwarze Substanzen. Schminkbehältnisse waren zweifellos ein Luxusgut, da sie nur in reicher ausgestatteten Gräbern zum Vorschein kamen. Sie unterstreichen einmal mehr die internationalen Beziehungen, die man in der Ägäis in der Frühbronzezeit unterhielt.

Lit: Genz 2003 Abb. 18, 0.4–0.7. – Karlsruhe 1976, 536 Kat. 448a–d. – Zervos 1957, 198 Nr. 262.   C. L.

41

42

42 Schale
Fundort unbekannt
2700–2400 v. Chr., Frühkykladisch II
Marmor, H. 10,3 cm, Dm. 40,3 cm
Karlsruhe, Badisches Landesmuseum
Inv. 72/72

Große, runde Marmorschale, deren Innenseite vollständig mit roter Farbe ausgemalt ist. Untersuchungen ergaben, dass es sich dabei um Zinnober handelt. Hierbei dürfte es sich weniger um Reste verriebener und in der Schale angemischter Farbe handeln, denn dazu ist die Färbung zu gleichmäßig. Vielmehr liegt hier eine intentionelle Bemalung des Steingefäßes vor. Zinnober musste importiert werden, daher ist diese bemerkenswert große, mit einem Importgut ausgemalte Schale als Prestigeobjekt zu werten.

Lit: Getz-Gentle 1996, 99ff. – Karlsruhe 1976, 503f. Nr. 300. – Rehm 1997, 92 Nr. K 34.   B. S.

43 Schale
Fundort unbekannt
2700–2400 v. Chr., Frühkykladisch II
Marmor, H. 3,7 cm, Dm. 14,7 cm
Karlsruhe, Badisches Landesmuseum
Inv. 76/28

Flache runde Schale aus Marmor, deren Innenseite mit einer dunklen Substanz ausgemalt ist. Bei diesen handelt es sich wahrscheinlich um ein Mangan-Eisen-Titan-Oxid (Mn-Fe-Ti-Oxid) mit Schwefel. Unklar ist inwieweit die dunkle Färbung Ergebnis neuzeitlicher Restaurierung oder antiker Bemalung ist.

Lit: Karlsruhe 1976, 503 Nr. 298. – Rehm 1997, 92 Nr. K 35.   B. S.

43

44 Kykladenidol
Amorgos
2700–2400 v. Chr., Frühkykladisch II
Marmor, H. 24,6 cm
Kopenhagen, Nationalmuseum, Antikensammlung Inv. 4697

Dieser Kopf des Spedos-Typus ist außerordentlich groß und gehörte einst zu einer beinahe lebensgroßen Figur. Bis auf Bestoßungen am Kinn sowie an der markant gearbeiteten Nase ist er sehr gut erhalten.

Das Gesicht zeigt eine polierte Oberfläche mit auffälliger Bemalung. An Stirn-, Wangen-, Nasen- und Halspartie fallen mehrere rote Linien auf. Jeweils vier vertikale, parallele Striche zieren die Wangen. Möglicherweise handelt es sich um die Darstellung einer Tätowierung, einer Körperbemalung oder auch um blutige Kratzspuren, die auf einen Trauer- oder Klagegestus hinweisen. Für die runden Augen wurde dunkle Farbe gewählt. Der Umriss des linken Auges ist besser erhalten. Vom rechten Auge sind heute lediglich dunkle Schatten sichtbar. Oberhalb der Augen sind weitere rote Linien angegeben, die Brauen sowie den Rand einer Art Kopfbedeckung, eines Diadems oder der Frisur andeuten. Farbspuren im linken Halsbereich weisen womöglich auch auf eine Art Körperbemalung hin.

Lit: Getz-Gentle 2001, 84 ff. 163. – Getz-Preziosi 1987, 99 ff. Taf. VII D. – Hendrix 2003, 405 ff. – Hoffman 2002, 525 ff. – Karlsruhe 1976 Taf. V. – Renfrew 1991, 117. 118 Abb. 71. B. St.

45 Idol
Fundort unbekannt
2700–2400 v. Chr., Frühkykladisch II
Marmor, H. 88,8 cm, B. 17,8 cm
Karlsruhe, Badisches Landesmuseum
Inv. 75/49

Dieses Idol des Spedos-Typus ist nicht nur aufgrund seiner enormen Größe, sondern auch wegen der verschiedenen Spuren einstiger Bemalung bemerkenswert. Sowohl das linke Auge mit Augenbraue als auch das Haupthaar sind noch als erhabenes Relief erhalten, da die einst aufgetragene Farbe den Marmor vor Verwitterung schützte.

Lit: Getz-Gentle 2001, 74 ff. – Karlsruhe 1976, 462 Nr. 151. – Rehm 1997, 74 ff. Nr. K 2. B. S.

gebenen Haartracht erhalten, auch Teile des Haupthaares oder einer Kopfbedeckung sind noch auszumachen. Die Farbe ist hier zwar verschwunden, doch sind die Frisurreste dank der langsameren Verwitterung der farblich gefassten Stellen heute als erhabenes Relief nachvollziehbar.

Lit: Karlsruhe 1976, 467 Nr. 171. – Rehm 1997, 86 Nr. K 15. – Sotirakopoulou 2005, 212 Nr. 202.   B. S.

47 Bleifigürchen eines Widders
Fundort unbekannt
2700–2400 v. Chr., Frühkykladisch II
Blei, H. 1,4 cm, B. 1,4 cm, L. 3,2 cm
Karlsruhe, Badisches Landesmuseum
Inv. 76/42

Die Figur wurde angeblich zusammen mit kanonischen Kykladenidolen gefunden und gehört mit zwei weiteren Figuren zu den wenigen kleinformatigen, aus Metall gefertigten Tierdarstellungen der Kykladenkultur. Ihr Zweck ist nicht deutlich ersichtlich, zumal keines aus einer dokumentierten Ausgrabung stammt.

Lit: Karlsruhe 1976, 533 Nr. 431. – Rehm 1997, 87 Nr. K 18.   B. S.

46

46 Kopf eines Idols
Angeblich Keros
2700–2400 v. Chr., Frühkykladisch II
Marmor, H. 10,2 cm, B. 4,3 cm
Karlsruhe, Badisches Landesmuseum
Inv. 70/550

Sehr qualitätvoller Kopf eines ursprünglich ca. 40 cm hohen Marmoridols des Spedos-Typus. Auf den Wangen und auf dem Kinn sind mit roter Farbe aufgetragene Punkte zu erkennen, die ein Rest der einstigen Bemalung sind. Ferner haben sich an der linken Kopfseite drei Locken der ebenfalls in Bemalung ange-

47

50

48/49 Zwei silberne Armreifen
Fundort unbekannt
2700–2400 v. Chr., Frühkykladisch II
Dm. 7,2–8,4 cm, D. 0,3 bzw. 0,5 cm
Karlsruhe, Badisches Landesmuseum
Inv. 82/361a und b

Die beiden offenen Armreifen wurden massiv aus Silber gegossen. Silberschmuck ist für die Kykladen mehrfach belegt und tritt in Form von Armreifen, Ringen, Nadeln, Schmuckperlen oder Diademen auf. Das Rohmaterial war für diese Schmuckstücke wohl aufgrund der lokalen Silbervorkommen auf Siphnos und in Südattika beliebter als das schwerer erhältliche Gold.

Lit: Rehm 1997, Nr. K 20.

B. S.

50 Hüttenpyxis
Aus Grab A der Nekropole von Dokathismata auf Amorgos, 1889 vom Ausgräber F. Dümmler erworben
2700–2400 v. Chr., Frühkykladisch II
Chloritschiefer, H. 9,4 cm, B. 12,0 cm
Berlin, Staatliche Museen zu Berlin, Antikensammlung Inv. Misc. 8102

Runde Pyxis mit konischem Deckel und zwei kleinen durchbohrten Doppelhenkeln. Sie steht auf vier Füßen, die auf der Unterseite durch ein in Relief gearbeitetes Kreuz miteinander verbunden sind. Den Bauch der Pyxis schmückt eine Doppelreihe aus ineinandergreifenden Laufspiralen. Der konische Deckel ist gleichfalls mit einer doppelten Spiralreihe verziert, die sich aus einer zentralen großen Spirale herausentwickelt. Zusätzlich ziert ein Kerbschnittmuster seinen Rand. Das Innere des Gefäßes wird durch eine Wand getrennt. Das Muster der Reliefspiralen tritt bereits seit der späten Grotta-Pelos-Gruppe auf und wird bei Gefäßen aus Chloritschiefer gern verwendet. Im Allgemeinen dienten Pyxiden zum Aufbewahren von Schmuck oder Kosmetik.
Diese Pyxis wurde zusammen mit einer marmornen Fußschale, die blaue Farbreste enthielt, einem Obsidiankern und einem Keramikfragment in einem mit Steinplatten ausgelegten Grab gefunden.

Lit: Åberg 1933, 73 Abb. 132. – Dümmler, 1886, 16 ff. Beil. 1 A 4. – Getz-Gentle 1996, 194 Abb. 108 Taf. 110 c. – Karlsruhe 1976, 516 Nr. 361. – Renfrew 2007a.

B. S.

49

48

51 Becher

Aus der Nekropole von Chalandriani auf Syros
2700–2400 v. Chr., Frühkykladisch II
Ton, H. 6,8 cm, Dm. 12,0 cm
Kopenhagen, Nationalmuseum, Antikensammlung Inv. 6958

Diese Becherform mit gerader, sich zur Mündung hin weitender Wandung war, wohl auch wegen ihrer einfachen Herstellung, vom Neolithikum bis zur mittelkykladischen Zeit sehr beliebt. Während

der Gefäßkörper selbst unverziert ist, finden sich am Boden oft Abdrücke verschiedener Gewebe, etwa von Blättern, Stoffen oder geflochtenen Matten – ein Merkmal, das auch andere Gefäßgattungen einfacher Machart teilen. Anscheinend wurden diese Materialien als Unterlagen bei der Fertigung eingesetzt, um die Arbeitsfläche zu schonen und das fertige Gefäß leichter von dieser zu trennen. Anstatt das noch feuchte, formbare Werkstück vorsichtig ablösen zu müssen, konnte man es mit seiner Unterlage einfach abheben und diese dann abziehen.

Lit:: Blinkenberg/Friis Johansen 1925, 31 Taf. 37,7. – Zu den Abdrücken siehe: Sherratt 2000, 352–359.

A. M.

52 Gefäßmündung

Syros
2700–2400 v. Chr., Frühkykladisch II
Ton, H. 3,1 cm, Dm. (Mündung) 7,5 cm
Heidelberg, Antikenmuseum des Archäologischen Instituts der Universität Inv. K 4

Das Fragment, das zu einem Fußgefäß mit pokalartigem Körper wie Kat. 53 gehört haben muss, besteht aus dunkelbraunem, stark glimmerhaltigem Ton. Silbrig schimmernder Glimmer ist, be-

dingt durch schieferhaltige Tonlagerstätten, die in frühkykladischer Zeit ausgebeutet wurden, ein charakteristisches Merkmal dieser Art von Keramik.
Die Scherbe besitzt ein um den kurzen Hals geritztes Grätenmuster zwischen zwei waagerecht umlaufenden Ritzlinien. Darunter der Rest einer horizontalen Reihe konzentrischer, durch eingeritzte Tangenten verbundener Kreise.

Lit: Canciani 1966 Taf. 90,4.

C. H.

53 Fußgefäß

Syros
2700–2400 v. Chr., Frühkykladisch II
Ton, H. 13,6 cm, Dm. (Fuß) 8,4 cm
Heidelberg, Antikenmuseum des Archäologischen Instituts der Universität Inv. K 1

Handgemachtes Gefäß aus fast schwarzem Ton auf konkav geschwungenem Hohlfuß. Gefäßschulter und oberer Abschluss fehlen. Letzterer ist als kegelstumpfförmig eingezogener Hals mit kreisrunder Mündung wie Kat. 52 zu denken. Horizontaler Griff in Höhe des Schulterknicks, darunter eine um den Gefäßkörper laufende Reihe eingestempelter konzentrischer Kreise, die durch eingeritzte Linien verbunden sind („Tangentenspiralen"). Darunter, zwischen zwei Ritzlinien, zwei durch dreieckigen „Kerbschnitt" gebildete Zickzackbänder. Die durch Stempel eingetieften Muster waren ursprünglich mit einem weißen, kalkhaltigen Stoff inkrustiert, von dem keine Spuren mehr vorhanden sind. Die hellen Motive müssen sich einst gut von der dunklen, polierten Oberfläche abgehoben haben. Spiralen waren im Mittelmeerraum ein beliebtes, in verschiedenen Variationen von verschiedenen Epochen und Kulturen immer wieder aufgegriffenes Zierelement.

Lit: Canciani 1966 Taf. 90,1.

C. H.

55 Fußschale
Fundort unbekannt
2700–2400 v. Chr., Frühkykladisch II
Marmor, H. 10,5 cm, Dm. 16,5 cm
Karlsruhe, Badisches Landesmuseum
Inv. 73/110

Die halbkugelige Schale auf trompetenförmigem Fuß gehört zu einer Form frühkykladischer Kelche, die sich häufiger, sowohl in Marmor als auch in Ton, findet. Eine Verwendung als Trinkgefäß ist naheliegend, doch mag man bei den marmornen Varianten davon ausgehen, dass diese allein dem Grab vorbehalten waren und nicht von den Lebenden verwendet wurden.

Lit: Getz-Gentle 1996, 160 ff. 288 Nr. K 8. – Karlsruhe 1976, Nr. 311. – Rehm 1997, 93 Nr. K 38.   B. S.

54 Pyxis auf hohem Fuß
Fundort unbekannt
2700–2400 v. Chr., Frühkykladisch II
Marmor, H. 11,5 cm, Dm. (mit Ösen) 12,1 cm
Karlsruhe, Badisches Landesmuseum
Inv. 63/50

Dieses Marmorgefäß auf hohem, massivem Fuß ist eine seltenere Variante der kugeligen Pyxis. Nur 18 % aller kugeligen Pyxiden weisen einen Fuß auf. Ursprünglich konnte dieses Stück mit einem Deckel verschlossen werden, der aber bei dem vorliegenden Gefäß nicht mehr erhalten ist. Die Existenz der Form in Keramik belegt, dass sie durchaus auch im Alltag verwendet wurde, auch wenn die marmorne Variante wohl am ehesten ein reines Grabgefäß war.

Lit: Getz-Gentle 1996, 167 f. 296 Nr. M 9. – Rehm 1997, 94 Nr. K 41.   B. S.

Die Welt der Dinge

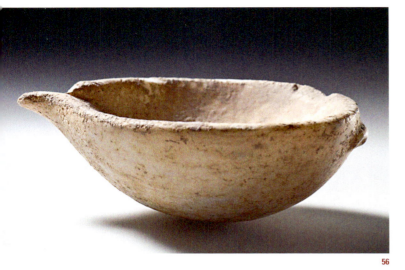

56

57

56 Ausgussschale
Attika
2700–2400 v. Chr., Frühkykladisch II
H. 3,2 cm, Dm. 7,4 cm
Karlsruhe, Badisches Landesmuseum
Inv. 70/18a

Dieses Marmorgefäß mit Ausgusstülle ist eine weitere Variante der frühkykladischen Marmorschalen. Exemplare, die deutliche Farbspuren aufweisen, deuten darauf hin, dass die Gattung auch für Farbanmischung verwendet wurde, doch sind auch andere Funktionen, die ein Hantieren mit Flüssigkeiten erfordern, denkbar.

Lit: Getz-Gentle 1996, 109ff. 273 Nr. F 4. – Karlsruhe 1976, 507 Nr. 320. – Rehm 1997, 93 Nr. K 37.   B. S.

57 Ausgussschale
Amorgos
2700–2400 v. Chr., Frühkykladisch II
Marmor, H. 7,3 cm, B. 20,0 cm
Kopenhagen, Nationalmuseum, Antikensammlung Inv. 4692

Typisch für diesen Gefäßtyp der Kykladenkultur scheint sich der Ausguss organisch aus der Kugelform der Schale zu entwickeln, wobei der schmale, schmucklose Rand dabei der Schnauze folgt und am Übergang zwischen Ausguss und Körper einen Einzug bildet. Gegenüber dem Ausguss ragt ein Steg aus der Außenwand, welcher wohl als Griff gedient hat.

Die Herstellungsweise der Marmorschalen kann nicht vollständig geklärt werden. Anzunehmen ist jedoch, dass man nach dem Ausbrechen eines passenden Marmorblocks zunächst die Außenseite grob in Form gebracht hat, bevor das Innere ausgehöhlt wurde und man sich an die mühevolle Schleifarbeit mit Schmirgel und Sand machte, der die Gefäße ihre elegante Form und dünne Wandung verdanken.

Lit: Getz-Gentle 1996, 274 Taf. 58 c Nr. F 22. – Lund/Rasmussen 1994, 11 mit Abb.   A. M.

58 Becher
Amorgos
2700–2400 v. Chr., Frühkykladisch II
Marmor, H. 5,3 cm, D. 10,4 cm
Kopenhagen, Nationalmuseum, Antikensammlung Inv. 4691

Ein aus Marmor gefertigter Becher, dessen gelblich-beige erscheinende Oberfläche glatt poliert und undekoriert ist. Das Gefäß ist dünnwandig ausgearbeitet und der obere Rand deutlich nach außen gewölbt. Seine Unterseite wurde ebenflächig ohne Standfuß gestaltet. Die konkav geschwungene Becherform gilt als typisch für die Zeit der Keros-Syros-Kultur. Da die Herstellung eines gerundeten Steingefäßes sehr viel aufwendiger als die eines Tongefäßes ist, darf für diese Epoche ein Bedarf an qualitativ hochwertigen und luxuriösen Objekten angenommen werden. Bis auf kleinere Abplatzungen am oberen Rand präsentiert sich der Becher in einem sehr guten Erhaltungszustand.

Lit: Getz-Gentle 1996, 120ff. Taf. 70e H 6. – Lund/Rasmussen 1994, 8ff. Abb. S. 11. – Rasmussen 1989, 78ff. Abb. 18.   B. St.

58

59 Marmorschale
Naxos
2700–2400 v. Chr., Frühkykladisch II
Marmor, Dm. 15,2 cm
Bonn, Akademisches Kunstmuseum der
Universität Inv. B 42

Marmorne Schale mit vier Randleisten.

Lit: Karlsruhe 1976, 505 Nr. 307.   B. S.

60 Schälchen
Angeblich Porto Raphti/Attika
2700–2400 v. Chr., Frühkykladisch II
Chloritschiefer, H. 2,0 cm, Dm. 5,5 cm
Karlsruhe, Badisches Landesmuseum
Inv. 72/143

Kleines Schälchen aus Chloritschiefer mit durchgebrochenem Boden. Möglicherweise besaß es ursprünglich einen trompetenförmigen Fuß.

Lit: Karlsruhe 1976, 501 Nr. 285.   B. S.

61 Marmorschale
Angeblich Paros
2700–2400 v. Chr., Frühkykladisch II
H. 5,5 cm, Dm. 26,4 cm
Karlsruhe, Badisches Landesmuseum
Inv. 63/51

Flache Marmorschalen gehören zu den häufigsten Produkten frühkykladischer Steinschneidekunst und nahmen sich wie die meisten anderen Steingefäße Produkte aus Ton zum Vorbild. Farbspuren, die sich an manchen der marmornen Exemplare beobachten lassen, deuten gleich wie darin gefundene Stößel darauf hin, dass sie als Reibschalen dienten oder zum Anmischen von Farben verwendet wurden. Allerdings sind auch andere Verwendungsmöglichkeiten denkbar, beispielsweise als Schalen für Speisen.

Das kostbare Material sowie die aufwendige Fertigung deuten darauf hin, dass es sich hier um Gefäße handelt, die dem Grab vorbehalten waren.

Lit: Getz-Gentle 1996, 99 ff. – Rehm 1997, 91 f. Nr. K 33.

B. S.

Die Welt der Dinge

62 Fußschale

Thera
2700–2400 v. Chr., Frühkykladisch II
Marmor, H. 5,4 cm, Dm. 8,6 cm
Karlsruhe, Badisches Landesmuseum
Inv. B 865

Kelchartiges Marmorgefäß, bestehend aus einer halbkugeligen Schale auf trompetenförmigem Fuß. Die Gefäßform wurde sowohl für Marmor- als auch für Steingefäße verwendet. Über den Verwendungszweck kann nur spekuliert werden, doch böte sich an, diese Form als Trinkgefäß zu sehen. Die kostbare Ausführung in Marmor mag einen alltäglichen Gebrauch ausschließen, sodass es sich hier um ein Prunkgefäß handelt, welches wohl primär als Grabbeigabe gedacht war.

Lit: Karlsruhe 1976, 506 Nr. 314. – Rehm 1997, 93 Nr. K 39. B. S.

63 Fußschale

Thera
2700–2400 v. Chr., Frühkykladisch II
Marmor, H. 5,6 cm, Dm. 8,4 cm
Karlsruhe, Badisches Landesmuseum
Inv. B 866

Halbkugelige Marmorschale auf trompetenförmigem Fuß. Das Gefäß stammt angeblich aus dem gleichen Fundzusammenhang wie die beiden Harfenspieler B 863 und B 864 (Kat. 101 und 102), die marmorne Fußschale B 865 (Kat. 62) und die Marmorschale B 867 (Kat. 64) und gehört mit zu den frühesten kykladischen Objekten des Badischen Landesmuseums. Womöglich wurde die Gefäßform in der Antike als Trinkschale benutzt, doch wäre bei der kostbaren Ausführung in Marmor eher an eine Funktion als Grabbeigabe denn als Gebrauchsstück zu denken.

Lit: Karlsruhe 1976, 506 Nr. 313. – Rehm 1997, 93f. Nr. K 40. B. S.

64 Schale

Thera
2700–2400 v. Chr., Frühkykladisch II
Marmor, H. 6,8 cm, Dm. 20,7 cm
Karlsruhe, Badisches Landesmuseum
Inv. B 867

Einfache runde Schalen aus Marmor bilden unter den kykladischen Steingefäßen eine der größten Gruppen. Gelegentlich sind auf der Innenseite Farbspuren zu beobachten, was auf eine Verwendung dieser Schalen im Bereich der Farbmischung hindeutet. Allgemein sind Schalen jedoch für die verschiedensten Zwecke brauchbar, sodass dies nur einer der zahlreichen möglichen Verwendungszwecke ist.

Lit: Karlsruhe 1976, 503 Nr. 299. – Rehm 1997, 92 Nr. K 36. B. S.

62/63

65 Pyxis

Angeblich Naxos
2700–2400 v. Chr., Frühkykladisch II
Marmor, H. 8,2 cm, Dm. (Boden) 12,9 cm,
Karlsruhe, Badisches Landesmuseum
Inv. 64/117

Spulenförmige Marmorpyxis mit Riefenverzierung und Deckel. Löcher in der Bodenplatte und im Deckel des dosenartigen Gefäßes ermöglichen einen Verschluss mithilfe einer Verschnürung. Das Gefäß selbst ist sehr dünnwandig gearbeitet und stellt daher an den Steinschneider eine hohe Herausforderung. Die Gattung der spulenförmigen Pyxiden ist auch als Tongefäß belegt, somit gehört die Gefäßform zu den im Alltag der Kykladenbewohner genutzten Gefäßen. Als Aufbewahrungsgefäß für Schminke oder Pasten dürfte es sich bezüglich der Verwendungsweise nicht wesentlich von den Vertretern der klassischen Antike unterschieden haben.

Lit: Getz-Gentle 1996, 142 ff. 286 Nr. J 19. – Karlsruhe 1976, 511 Nr. 339. – Rehm 1997, 95 Nr. K 44.   B. S.

Die Welt der Dinge

66 a–k Fundkomplex
Herkunft unbekannt, angeblich aus
„Kapros Grab D, Amorgos"
Oxford, Ashmolean Museum der Universität
Oxford

Sammlung von Objekten, die als „Kapros Grab D"-Gruppe bekannt und vorgeblich auf der Insel Amorgos gefunden worden ist. Im Jahr 1893 wurde sie an Arthur Evans, seinerzeit Kurator des Ashmolean Museum, verkauft. Obwohl die Stücke früher als zusammengehöriges Ensemble aus einem einzigen kykladischen Grab publiziert worden sind, enthält die „Gruppe" wahrscheinlich Beigaben aus verschiedenen Gräbern. An der behaupteten Zusammengehörigkeit ergaben sich erhebliche Zweifel – zum einen durch Unstimmigkeiten im Verhältnis der einzelnen Objekte zueinander, die in frühen Berichten von 1886 von Dümmler und 1891 von Wolters festgestellt wurden, zum anderen aus deren in diesem Zusammenhang problematischen Datierung. Beispielsweise können von den hier gezeigten Objekten lediglich Kat. 66 e, f, g (nur AE.160), h, i und k mit Sicherheit in Dümmlers erstem Bericht identifiziert werden. Unter den von Dümmler illustrierten Objekten befinden sich auch ein beinerner Gegenstand mit Einritzungen (ebenfalls im Ashmolean Museum, nicht hier ausgestellt) und eine kissenförmige Perle (Verbleib unbekannt). Fast sicher wurden einige Objekte später hinzugefügt (wie Kat. 66 g – AE.160 – und Kat. 66 j, s. unten – und vielleicht einige der Figurinen). Zudem scheint Evans' Identifikation der „Gruppe" mit der von Dümmler beschriebenen nachträglich vorgenommen, nach dem Kauf der Objekte. Auch wenn nicht ausgeschlossen werden kann, dass einige Teile zusammen gefunden worden sein könnten, bestärken die oben angeführten Unstimmigkeiten die Auffassung, dass die schließliche Zusammenstellung wohl künstlich herbeigeführt worden ist. Sie kann daher nicht als Baustein für die frühkykladische Chronologie verwendet werden.

Lit: Dümmler 1886, 20–21. – Dümmler 1901, 52–54. – Wolters 1891, 49. – Renfrew 1967, 6–7, 18 Nr. 17–29. – Renfrew 1984, 48 und 54. – Karlsruhe 1976, 570–573. – Sherratt 2000, 25–31. – Galanakis in Vorb.   Y. G.

a) Kykladenidol
2900–2700 v. Chr., Frühkykladisch I/II
Marmor, H. 17,0 cm
Oxford, Ashmolean Museum der Universität
Oxford Inv. AE 154 (AN1893.47)

Beispiel für eine teilweise „naturalistische" Figur. Auf der Höhe der übereinander liegenden Arme in zwei Teile zerbrochen. Die Figur besitzt einen langen, relativ kräftigen Hals sowie einen leicht gewölbten Kopf. Ihre Nase, wenngleich abgenutzt, ist noch sichtbar, ebenso die kleinen Brüste und vorspringenden Knie. Der Bauch ist gerundet, die Beine sind im Vergleich zum restlichen Körper verhältnismäßig kurz und stämmig und enden in flachen Füßen, die ein aufrechtes Stehen ermöglichen. Mögliche Farbpigmentspuren konnten oben am Kopf und auf der Rückseite der rechten Wade beobachtet werden.

Lit: Sherratt 2000, 32f. III.a.1.   Y. G.

b) Figur
3200–2900 v. Chr., Frühkykladisch I
Marmor, H. 9,5 cm
Oxford, Ashmolean Museum der Universität
Oxford Inv. AE 155 (AN1893.48)

Figur mit langovalem Gesicht, gewölbter „Kappe", stummelartigen Armen und gegabelten Beinen.

Lit: Sherratt 2000, 33f. III.a.2.   Y. G.

c) Figur
3200–2900 v. Chr., Frühkykladisch I
Muschelschale (wohl *Spondylus gaederopus*), H. 5,3 cm
Oxford, Ashmolean Museum der Universität
Oxford Inv. AE 156 (AN1893.50)

Stark polierte „naturalistische" Figur mit Stummelarmen.

Lit: Sherratt 2000, 34f. III.a.3.   Y. G.

d) Figur
3200–2900 v. Chr., Frühkykladisch I
Muschelschale (wohl *Spondylus gaederopus*), H. 4,6 cm
Oxford, Ashmolean Museum der Universität
Oxford Inv. AE 157 (AN1893.49)

Violinförmige Figur mit sehr langem Hals und ausgeprägter Biegung nach hinten.

Lit: Sherratt 2000, 35f. III.a.4.   Y. G.

e) Schale
3200–2300 v. Chr., Frühkykladisch I oder II
Silber, H. 1,6 cm, Dm. 8,5 cm
Oxford, Ashmolean Museum der Universität
Oxford Inv. AE 158 (AN1893.46)

Die flache Silberschale mit auskragendem Rand stellt eines der wenigen bekannten Silbergefäße frühkykladischer Zeit dar. Unglücklicherweise stammen die meisten außerdem überlieferten Stücke aus unbekannten oder unsicheren Kontexten. Analysen des Silbers dieser Schale sprechen mit Vorbehalt entweder für eine Mischung des Metalls aus Silber von Lavrion und von der Insel Siphnos oder für seine Herkunft aus dem nord- oder nordostägäischen Raum. Es wurde die These aufgestellt, die Benutzung von Silbergeschirr sei auf den Kykladen mit der Einführung des Weingenusses einhergegangen. Silber war für Gefäße, die mit Weintrinkritualen der Eliten in Beziehung standen, im Ostmittelmeergebiet bereits ab 3000 v. Chr. das Material der Wahl.

Lit: Sherratt 2000, 36ff. III.a.5.   Y. G.

f) Rollsiegel
2900–2700 v. Chr. oder 2900–2400 v. Chr.,
Frühkykladisch I/II oder Frühkykladisch II
Grüner, weicher Stein, vielleicht Alabaster,
H. 4,6 cm, Dm. 1,9 cm
Oxford, Ashmolean Museum der Universität
Oxford Inv. AE 159 (AN1889.307)

Dieses schöne Siegel wurde 1889 von Reverend Greville John Chester in Athen erworben. 1893 wurde es zusammen mit dem „Kapros Grab D"-Ensemble aufgelistet, gestützt auf die Angabe, dass es vom selben Athener Kunsthändler stammte und dass es ein Bestandteil dieser „Gruppe" gewesen sein soll. Das Rollsiegel ist sowohl an der Langseite als auch auf der Basis graviert. Die Unterseite zeigt ein Kreuzmuster, mit dem ein Stempelmotiv von vier mit Winkeln gefüllten Zonen erzeugt werden konnte. Der Zylinder ist mit zwei vertikal angeordneten Paaren konzentrischer Kreise mit einem Punkt in der Mitte und Linien dekoriert, die einen Spiralenabdruck bei der Abrollung erzeugten. Winkel und unregelmäßige dreieckige Füllmotive vervollständigen die Dekoration des Siegelkörpers. Manche Forscher halten dieses Siegel für einen möglichen vorderasiatischen Import, wohingegen an-

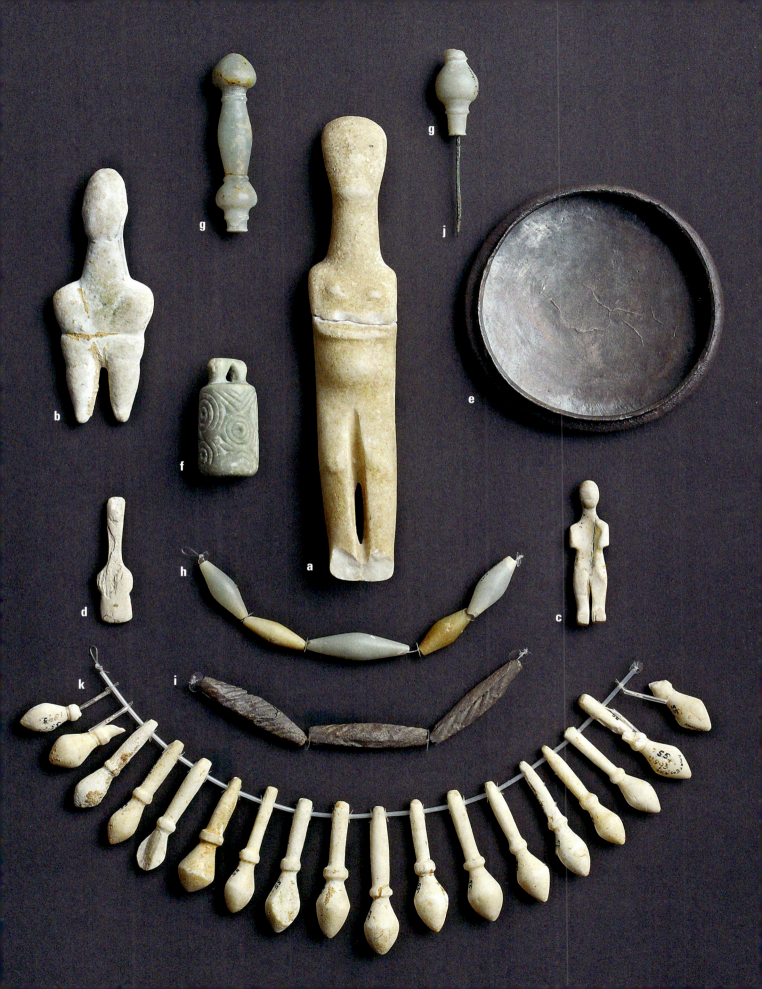

dere die Meinung vertreten, es sei entweder als Ganzes in der Ägäis geschnitten oder dort stark überarbeitet worden. Obwohl seine Herkunft (ägäisch oder nordsyrisch) besonders hinsichtlich Datierung und Gestaltung sehr umstritten ist, lassen Zylinderabdrücke aus Lerna, Tiryns und von anderen Orten möglicherweise auf eine lokale Anpassung nahöstlicher Siegelzylinder an ägäische Praktiken und Bedürfnisse schließen.

Lit: Sherratt 2000, 38 ff. III.a.6. – Hughes-Brock/Boardman 2009, 54 f. Nr. 1.   Y. G.

g) Zwei Griffe (s. Abb. vorige Seite)
3200–2900 v. Chr., Frühkykladisch I
Grüner Stein (Steatit), L. 6,6 cm AE.160 (AN1893.53); L. 3,2 cm AE.161 (AN1893.51)
Oxford, Ashmolean Museum der Universität Oxford Inv. AE.160 (AN1893.53), AE.161 (AN1893.51)

Die Griffe waren wohl mit Kupfernadeln verbunden. Nur Inv. AE.161 ist durchbohrt. Gewöhnlich als Tätowiernadeln interpretiert, wurden solche Gegenstände in Gräbern gefunden. Sie legen nahe, dass die Körper von Lebenden wie Toten ausgiebig mit Hautschmuck versehen waren. Diese Annahme stützt sich außerdem auf die linearen Muster und Punkte auf Gesicht und Körper etlicher frühkykladischer Figurinen. Lediglich AE.160 wurde von Dümmler in seinem Bericht von 1886 beschrieben. AE.161 wurde erst 1893 an die Gruppe angegliedert – und zwar vom Kunsthändler, der Dümmlers Bericht sehr gut kannte. Der große Tätowiernadelgriff, der bei Dümmler zusammen mit einer Nadel abgebildet und als Teil der „Kapros Grab D"- Gruppe bezeichnet ist, befindet sich in Kopenhagen (Inv. 3263).

Lit: Sherratt 2000, 42 f. III.a.7–III.a.8. – Galanakis in Vorb.   Y. G.

h) Fünf Perlen

2900–2700 v. Chr., Frühkykladisch I/II
Stein, L. 2,7 bis 3,7 cm
Oxford, Ashmolean Museum der Universität
Oxford Inv. AE.162 (AN1893.52)

Fünf grüne und gelbbraune Steinperlen mit Längsdurchbohrung. Sie könnten sowohl als Armbänder getragen worden als auch Teile einer Halskette gewesen sein.

Lit: Sherratt 2000, 43 f. III.a.9.   Y. G.

i) Drei Perlen

2900–2700 v. Chr., Frühkykladisch I/II
Silber, L. 4,3 bis 4,45 cm
Oxford, Ashmolean Museum der Universität
Oxford Inv. AE.163 (AN1893.54)

Die drei Silberperlen wurden durch das Einrollen von Silberfolie mit diagonaler Kannelur hergestellt. Sie könnten zu einem Armband oder einer Halskette gehört haben. Eingerollte Perlen mit Riefenschmuck sind aus dem Vorderen Orient schon seit dem späten 4. und frühen 3. Jt. v. Chr. bekannt.

Lit: Sherratt 2000, 44 III.a.10.   Y. G.

j) Nadel

2900–2700 v. Chr., Frühkykladisch I
Kupferlegierung, L. 4,5 cm
Oxford, Ashmolean Museum der Universität
Oxford Inv. AE.164 (AN1893.57)

Sehr wahrscheinlich eine Tätowiernadel, könnte dieses Objekt mit einem der beiden oben genannten grünen Griffe aus Stein (s. Kat. 66 g – AE.161) in Beziehung stehen. Auch wenn die Zusammenstellung der beiden Stücke (Griff und Nadel) modern ist, sind ähnliche Griffe und Kupfernadeln aus der Nekropole von Ajii Anarjyri auf Naxos bekannt. Sie könnten mit der Praxis des Tätowierens im Rahmen persönlicher Verzierung und Verschönerung in Zusammenhang gebracht werden. Die Nadel wurde 1893 durch den mit Dümmlers Bericht gut bekannten Kunsthändler hinzugefügt. AE.161 und AE.164 wurden dem Komplex als Ersatzstücke für den großen Tätowiernadelgriff und die Nadel einverleibt, die von Dümmler 1886 als zu „Kapros Grab D" zugehörig beschrieben wurden und sich nun in Kopenhagen befinden (s. oben).

Lit: Sherratt 2000, 44 f. III.a.11. – Galanakis in Vorb.   Y. G.

k) Vierzehn Anhänger und fünf Fragmente

2900–2700 v. Chr., Frühkykladisch I/II
Marmor, L. 4,2 bis 5,4 cm
Oxford, Ashmolean Museum der Universität
Oxford Inv. AE.166 (AN1893.55)

Vierzehn Marmoranhänger und fünf Fragmente davon, die auf der flachen Seite durchbohrt sind. Ihre Tränenform ist aus etlichen frühkykladischen Gräbern überliefert. Ursprünglich könnten sie zu einer Halskette gehört haben.

Lit: Sherratt 2000, 46 f. III.a.13.   Y. G.

67 a–g Teile eines Grabkomplexes von Syros (s. Abb. linke Seite)

Berlin, Staatliche Museen zu Berlin, Antikensammlung

Die Insel Syros nahm geografisch und ökonomisch eine zentrale Stellung innerhalb der Kykladen ein und gab der sog. Keros-Syros-Kultur (2700–2300 v. Chr.) ihren Namen. Die Nekropole von Chalandriani im Nordosten ist der größte bekannte Friedhof der frühkykladischen Zeit. Die über 600 Gräber, die zum größten Teil von Christos Tsountas im Jahr 1898 ausgegraben wurden, sind aus mit Bruchplatten aufgeschichtetem Trockenmauerwerk und kuppelartigen Abdeckungen aufgebaut, während die Böden in den Felsen geschlagen sind. In der Regel fanden Einzelbestattungen in Hocklage statt und den Beigesetzten wurden vielfältige Beigaben in die Gräber gelegt. Im 19. Jh. wurden auf Syros zahlreiche unkontrollierte und wenige dokumentierte Grabungen durchgeführt. 1892 kaufte die Berliner Antikensammlung 13 Objekte mit der Herkunftsangabe Syros an: drei Idole, eine Ausgussschale, zwei Kelche, drei einfache Schalen, zwei Pyxiden, das Randfragment einer „Kykladenpfanne" und eine Spatula. Vermutlich stammen diese Objekte aus der Nekropole von Chalandriani, doch können auch andere Fundplätze auf der Insel infrage kommen. Unklar ist auch, ob die Objekte aus einem oder aus mehreren Gräbern stammen.

Lit: Hekman 1991. – Knittlmayer 2001. – Rambach 2000.   K. F.

67a

a) Weibliches Kykladenidol
(s. Abb. vorige Seite)

2700–2300 v. Chr., Frühkykladisch II
Marmor, H. 25,5 cm, B. 6,0 cm, T. 2,0–2,5 cm
Berlin, Staatliche Museen zu Berlin,
Antikensammlung Inv. Misc. 8267,1

Die recht plastisch gearbeitete Frauenfigur steht aufrecht mit vor dem Körper verschränkten Armen. Die Schultern sind leicht fallend, die Brüste sind angedeutet. Die Beine sind auf Höhe der Oberschenkel durch eine Einkerbung voneinander getrennt und ab den Knien frei gearbeitet. Am Rücken verläuft eine feine, gerade Rückenlinie vom Schulterbereich bis zum Gesäß. An der Vorderseite bilden Ritzlinien ein langes, schmales Schamdreieck. Durch Plastizität und Kopfform kann das Idol der Spedos-Art zugeordnet werden. Die Figur ist fast vollständig erhalten, allerdings sind beide Beine in den Knien gebrochen. Zwei weitere Frauenidole, die in Größe und Beingestaltung variieren, gehören ebenfalls der Berliner Fundgruppe an.

Lit: Karlsruhe 1976, 465 Nr. 165. 574f. Abb. S. 268 Nr. 165. – Knittlmayer 2001, 39f. Abb. 1.   K. F.

b) Marmorkelch

2700–2300 v. Chr., Frühkykladisch II
Marmor, H. 5,8 cm, T. des Beckens 2,8 cm,
Dm. außen 8,5 cm
Berlin, Staatliche Museen zu Berlin,
Antikensammlung Inv. Misc. 8267,5

Der massive, nach unten ausschwingende Fuß steht auf einer geraden Standfläche. Der Gefäßbauch ist an seiner Unterseite horizontal, an seiner Wandung konkav gestaltet. Nach oben hin schließt der Kelch mit einer glatten Lippe ab. Diese Gefäßform war die am weitesten verbreitete Form der Fußgefäße in der Frühkykladisch II-Periode und eine typische Form der Keros-Syros-Kultur. Auch in den Gräbern von Chalandriani sind diese Kelche unter den Marmorgefäßen die häufigsten. Andere derartige Kelche aus weißem und dunklem Marmor stammen von den Inseln Amorgos, Paros, Naxos und Euböa. Einige der erhaltenen Gefäße weisen im Inneren Reste einer roten, einer dunklen (blau?) oder einer grünen Bemalung auf.

Lit: Knittlmayer 2001, 42f. Abb. 5 links.   K. F.

c) Runde Schale

2700–2300 v. Chr., Frühkykladisch II
Marmor, H. 3,6–4,0 cm, Dm. 10,5 cm
Berlin, Staatliche Museen zu Berlin,
Antikensammlung Inv. Misc. 8267,7

Die Schale steht auf einer kleinen Standfläche, die Wandung ist leicht gewölbt. Die Lippe ist gerade. Etwa ein Fünftel des Gefäßes ist weggebrochen.
In der Keros-Syros-Kultur waren derartige einfache Marmorschalen, die unterschiedliche Größen und Formen aufweisen können, eine beliebte Grabbeigabe und in den Gräbern der Kykladeninseln weitverbreitet.

Lit: Knittlmayer 2001, 43f. Abb. 6 rechts.   K. F.

d) Pyxis

2700–2300 v. Chr., Frühkykladisch II
Ton, H. mit Deckel 10,5 cm, größter Dm. des Gefäßes 16,5 cm, Dm. des Deckels 10,0 cm
Berlin, Staatliche Museen zu Berlin,
Antikensammlung Inv. Misc. 8267,9

Die Pyxis, die mehrfach gebrochen und stellenweise ergänzt ist, steht auf einer kleinen, leicht vertieften Standfläche. Jeweils zwei zylinderförmige, vertikal durchbohrte Ösen liegen sich am breit ausladenden Gefäßbauch gegenüber. Die Gefäßlippe kragt nach außen. Der Deckel ist über den Mündungsrand gestülpt. Verziert ist die Pyxis mit dreieckigen Kerbschnitten, durch Tangenten verbundene Spiralen und Zickzacklinien. Die Mitte des Deckels ist mit fünf konzentrischen Ringen dekoriert, um die vier Löcher angeordnet sind. Durch diese Löcher wurden Schnüre gezogen, die ein Verschließen des Gefäßes ermöglichten.

Lit: Karlsruhe 1976, 525 Nr. 399. 574f., Abb. S. 351 Nr. 399. – Knittlmayer 2001, 44ff. Abb. 7f.   K. F.

e) Schale

2700–2300 v. Chr., Frühkykladisch II
Ton, H. 2,5–3,0 cm
Berlin, Staatliche Museen zu Berlin,
Antikensammlung Inv. Misc. 8267,10

Die vom Gefäßkörper abgesetzte Standfläche weist an der Unterseite eine leichte Vertiefung auf. Die niedrige Wandung ist leicht konvex geschwungen, der Rand neigt sich etwas nach innen. Derartige einfache Tonschälchen waren in unterschiedlichen Formen gestaltet und in den Gräbern von Chalandriani die häufigste Beigabe.

Lit: Knittlmayer 2001, 46 Abb. 9.   K. F.

f) Hüttenpyxis

2700–2300 v. Chr., Frühkykladisch II
Steatit, H. mit Deckel 6,1 cm, H. ohne Deckel 5,0 cm, Dm. 7,0 cm, T. 3,0 cm
Berlin, Staatliche Museen zu Berlin,
Antikensammlung Inv. Misc. 8267,12

Die Pyxis steht auf drei Füßen, die durch flache Bänder miteinander verbunden sind. Der konische Gefäßkörper verbreitet sich nach unten hin. Ein kegelförmiger Deckel verschließt das Gefäß. Jeweils zwei Doppelösen, die an Gefäßwand und Deckel befestigt und senkrecht durchbohrt sind, liegen sich gegenüber. Verziert ist das Gefäß mit Bändern aus geritzten Dreiecken, die stehenden Dreiecke sind von links unten nach rechts oben schraffiert. In gleicher Weise ist der Deckel dekoriert, doch sind hier die stehenden Dreiecke auch von rechts unten nach links oben schraffiert. Eine Dekoration aus Dreiecken ziert ebenfalls die Unterseite des Gefäßes. Vermutlich ahmten Pyxiden dieser Form architektonische Strukturen (Häuser, Schreine, Getreidespeicher) nach.

Lit: Getz-Gentle 1996, 190ff. Taf. 108d. – Karlsruhe 1976, 516 Nr. 362. 574f. Abb. S. 337 Nr. 362. – Knittlmayer 2001, 47f. Abb. 10.   K. F.

g) Bronzene Spatula

2700–2300 v. Chr., Frühkykladisch II
Bronze, vermutlich mit hohem Kupferanteil,
H. 2,3 cm, B. unten 1,6 cm, D. 0,02–0,1 cm
Berlin, Staatliche Museen zu Berlin,
Antikensammlung Inv. Misc. 8267,13

Das trapezförmige Plättchen weist eine dünne, leicht geschwungene Unterkante und eine gerade Oberkante auf, an der allerdings eine größere Ecke abgebrochen ist. Ein Loch mit einem Durchmesser von ungefähr 0,2 cm ist mittig im oberen Drittel durch das Plättchen gebohrt. Möglicherweise diente das Loch der Befestigung eines Griffes. Zwar wurden Bronzegegenstände in der Keros-Syros-Kultur mit in die Gräber gelegt, so auch in die Gräber auf Syros, doch ist die geringe Größe des Berliner Plättchens ungewöhnlich. Aus der Nekropole Chalandriani stammt jedoch eine kleine Bronzespatula, die ebenfalls durchlocht ist.

Lit: Knittlmayer 2001, 48 Abb. 11.   K. F.

68 Grabkomplex
(s. Abb. rechts und folgende Seite)
Iraklia bei Naxos
1. Hälfte 3. Jt. v. Chr.
Marmoridol H. 25,4 cm; Marmorschalen
Dm. 31,5 und 23,1 cm; Tonkanne H. 15,6 cm.
Kupferwerkzeuge L. 18,0 cm, 12,0 cm, 11,1 cm
München, Archäologische Staatssammlung Inv. 1968,608, 1976,234–239

Der vorliegende Fundkomplex führt das Inventar eines frühkykladischen Grabes von der kleinen Insel Iraklia bei Naxos vor Augen: ein Marmoridol, zwei Marmorschalen unterschiedlicher Größe, ein bemalter Krug und drei Kupferwerkzeuge.

Das Idol ist von hoher Qualität. Seine Formschönheit zeigt sich trotz des Fehlens der unteren Beinpartie in der lang gestreckten gerundeten Körperkontur. Man betrachte, wie die Rundung der Schulterpartie in den langen konischen Hals übergeht, auf dem ein ebenfalls lang gestreckter lyraförmiger Kopf sitzt. Die Qualität des Idols zeigt sich auch in den Details der Ausführung: so etwa in der ockerfarben gefärbten Rückenlinie, die in die gleichfalls ockerfarbenen Halslinien überleitet. In Ocker ausgeführt sind auch die Punktreihen auf der Stirn und den Wangen, die als Stirndiadem und magische Körperornamente interpretiert werden. Die ehemals mit schwarzer Farbe angelegten Augen und Brauen sind auf der rechten Gesichtsseite noch in Verwitterungskontur zu erkennen. Reste von Kupferoxid am rechten Beinansatz resultieren zweifellos aus dem Kontakt mit den Kupferwerkzeugen im Boden. Die Position dieser Kupferoxidreste und der Sinter auf der Bruchfläche zeigen, dass das Idol bereits in gebrochenem Zustand in das Grab gelangte; ein aufschlussreicher Befund hinsichtlich der Wertschätzung der Idole!

Ebenso qualitätvoll wie das Idol sind auch die beiden eleganten Marmorschalen, deren Wandungen so dünn gearbeitet sind, dass sie in erheblichem Maß lichtdurchlässig sind. Ungewöhnlich sind bei der großen Marmorschale die gegenständlich gearbeiteten Griffleisten. Die kleinere Schale ist tiefer und hat einen abgesetzten Boden. Sie ist innen vollständig mit Ockerfarbe ausgemalt. Die Schnabelkanne aus gelbbraunem Ton ist mit dunkelbraunen Ornamenten verziert: Bänder, Bö-

68

gen und Kreisaugen. Vervollständigt wird das Inventar durch drei Kupferwerkzeuge. Ein größeres Kupferbeil ist von länglicher Form, ein kürzeres gedrungenes weist ein gezacktes Ende für eine Schäftung auf. Ein drittes Werkzeug, bei dem ein Ende abgebrochen ist, könnte aufgrund seiner schmalen, lang gestreckten Form als Meißel angesehen werden.

Das für den Grabkult zusammengestellte Ensemble lässt sich aufgrund der beigegebenen Kupferwerkzeuge wohl als Grabinventar für die Bestattung eines Mannes interpretieren. Das Grab von Iraklia gehört damit zu den selteneren Fällen, in denen eine geschlechtsspezifische Zuordnung wahrscheinlich gemacht werden kann. Die prestigeträchtigen Kupfergeräte, die aufwendig gearbeiteten Marmorschalen und das relativ große, qualitätvolle Idol lassen zudem darauf schließen, dass der Bestattete einen hohen sozialen Rang innehatte.

Lit: Karlsruhe 1976, 575f. – Schulze 2010, 220f. – Uenze 1968

H. S.

69 a–d Metallwerkzeuge
zum „Kythnos-Hort" gehörig
Kopenhagen, Nationalmuseum, Antikensammlung

Im Jahr 1866 registrierte das British Museum in London den Erwerb von zehn Bronzewerkzeugen mit der Insel Kythnos als Herkunftsangabe, fortan bekannt als „Kythnos-Hort". Laut einer später angefertigten Notiz jedoch stammen acht der Objekte – drei Meißel, drei flache Äxte und zwei Schaftlochäxte – aus einer Höhle auf Naxos; weitere Artefakte dieser Fundgruppe sollen sich in Kopenhagen befinden. 1873 kaufte das Nationalmuseum in Kopenhagen Bronzen an, von denen einige angeblich auf Naxos gefunden wurden. Vier dieser Objekte – ein Meißel, zwei flache Beile und eine Schaftlochaxt – haben in ihrer Formgebung deutliche Parallelen zu den acht Werkzeugen aus Naxos im British Museum. Möglicherweise gehören diese vier Artefakte aus Kopenhagen und die acht aus London demselben Hortfund an, der in die Frühkykladisch II-Periode datiert werden kann und dessen Ursprung nicht auf Kythnos, sondern auf Naxos zu lokalisieren ist.

Lit: Fitton 1989. – Renfrew 1967, bes. 7–9.

K. F.

a) Beil
2700–2200 v. Chr., Frühkykladisch II
Bronze, L. 19,7 cm, Gew. 720 g
Kopenhagen, Nationalmuseum, Antikensammlung Inv. 3143

Das flache Beil, dessen Seiten leicht konkav gebogen sind, verbreitert sich zur Schneide hin. Die konvex gebogene Schneide ist von beiden Seiten gehämmert. Am Keilende weist das Beil eine viereckige Durchlochung zur Befestigung an einem Griff auf. Das Beil aus dem sog. Kythnos-Hort im British Museum, Inv. 1969,1231.1, ist dem Kopenhagener Stück sehr ähnlich.

Lit: Branigan 1974, 66 Nr. 616 Taf. 13. – Fitton 1989, 36. 35 Abb. 2.

K. F.

a

b

c

d

b) Beil

2700–2200 v. Chr., Frühkykladisch II
Bronze, L. 17,3 cm, Gew. 600 g
Kopenhagen, Nationalmuseum, Antikensammlung Inv. 3144

Ähnlich wie bei Beil Kat. 69 a ist auch bei diesem Werkzeug die Schneide leicht konvex gebogen, jedoch ist der Übergang zu den Beilseiten stärker eingezogen. Die von beiden Seiten gehämmerte Schneide weist Abnutzungsspuren auf. Das flache Beil besitzt eine rechteckige Durchlochung zur Anbringung eines Griffes. Verglichen werden kann das Werkzeug mit dem Beil aus dem sog. Kythnos-Hort im British Museum, Inv. 1969,1231.2.

Lit: Branigan 1974, 166 Nr. 615 Taf. 13. – Fitton 1989, 36. 35 Abb. 2.   K. F.

70

c) Meißel

2700–2200 v. Chr., Frühkykladisch II
Bronze, L. 18,0 cm, Gew. 220 g
Kopenhagen, Nationalmuseum, Antikensammlung Inv. 3145

Die konkaven Seiten des Meißels werden zur Schneide hin breiter. Die konvex gebogene Schneide ist nur von einer Seite gehämmert. Das Ende dieses Meißels, der einen rechteckigen Querschnitt aufweist, ist abgebrochen, ebenso eine Ecke der Schneide. Vergleichbar ist das Kopenhagener Werkzeug mit dem Meißel aus dem sog. Kythnos-Hort im British Museum, Inv. 1969,1231.6.

Lit: Branigan 169 Nr. 790 Taf. 15. – Fitton 1989, 36. 35 Abb. 2.   K. F.

71

d) Schaftlochaxt

2700–2200 v. Chr., Frühkykladisch II
Bronze, L. 17,2 cm, Gew. 1700 g
Kopenhagen, Nationalmuseum, Antikensammlung Inv. 3153

Diese Axt ist in der Form eines Drachenvierecks gefertigt, wobei die längere Spitze in die Schneide übergeht und die ihr gegenüberliegende Spitze als Knopf geformt ist. Ein großes rundes Loch diente der Befestigung an einem Schaft. Eine sehr ähnliche Axt ist das Werkzeug aus dem sog. Kythnos-Hort im British Museum, Inv. 1969,1231.8.

Lit: Branigan 1974, 166 Nr. 585 Taf. 13. – Fitton 1989, 36. 35 Abb. 2.   K. F.

72

70 Dolchklinge
Amorgos
2700–2400 v. Chr., Frühkykladisch II
Bronze, L. 23,3 cm
Mainz, Römisch-Germanisches Zentralmuseum Inv. 0.2034

Dreieckige, spitz in die Länge gezogene Dolchklinge, an deren Schaftende vier Nietlöcher zu sehen sind, in denen sich zwei Originalnieten erhalten haben. Mithilfe der Nieten verband man den Griff aus vergänglichem Material wie Bein oder Holz mit der Klinge. Zum Zweck der Stabilisierung ist das Dolchblatt durch einen kräftigen Mittelgrat verstärkt. Diese typische Form frühkykladischer Dolchklingen erfreute sich einer großen Beliebtheit, die in der weiträumigen Verbreitung zum Ausdruck kommt. Ähnliche Dolchklingen fanden sich auf Kreta, dem griechischen Festland und der westgriechischen Insel Leukas und zeugen von dem Einfluss der Kykladenkultur auf die umliegenden Gebiete. Das vorliegende Stück stammt vermutlich aus einem Waffengrab.

Lit: Karlsruhe 1976, 539. 370 Nr. 456. – Matthäus 1978. – Reinecke 1907, 48 Abb. 11. – Renfrew 1967. R. N.

71 Dolch
Amorgos
2700–2400 v. Chr., Frühkykladisch II
Arsenbronze, L. 21,4 cm, B. 7,6 cm
Karlsruhe, Badisches Landesmuseum Inv. F 1893

Trianguläre Dolchklinge mit zwei Schulternieten und Mittelrippe. Dolche dieser Art waren im frühbronzezeitlichen Griechenland weitverbreitet und fanden sich auf dem Festland, auf Kreta und auf den Kykladen. Als Nahkampfwaffe konnten sie neben dem Speer zur Ausrüstung eines Kriegers gehören, zeigen aber gleichzeitig den hohen sozialen Status des Trägers innerhalb der Gemeinschaft, denn nicht jeder konnte sich eine Waffe aus dem noch neuen Metall leisten. Gefunden wurde der Dolch Ende des 19. Jh.s in einem Grab auf Amorgos, das außerdem noch ein Kykladenidol, eine kleine Marmorschale mit Standring und einen weiteren, kürzeren Dolch enthielt. Durch den Fundkontext wird deutlich, dass der Dolch einst Bestandteil einer reichen Grabausstattung war.

Lit: Wolters 1891, 48 Abb. 4. 49 Nr. 3. B. S.

72 Dolch
Fundort unbekannt
2700–2400 v. Chr., Frühkykladisch II
Arsenbronze, L. 23,2 cm, B. 6,8 cm
Karlsruhe, Badisches Landesmuseum Inv. F 1894

Dieser Dolch fand bereits am Ende des 19. Jh.s Eingang in die Großherzoglichen Sammlungen und wurde laut Inventarbuch 1893 in Athen zusammen mit F 1893 (Kat. 71) und zwei weiteren antiken Bronzen angekauft.
Die trianguläre Dolchklinge mit Mittelrippe verfügt noch über drei von ursprünglich vier Nietlöchern zur Befestigung des Griffes. In der ägäischen Frühbronzezeit gab es mehrere Varianten von Dolchen, die sich in Details wie der Anzahl der Nietlöcher unterschieden. Werkstattspezifische Traditionen, regionale Besonderheiten oder persönliche Erfahrung und Fähigkeit des Handwerkers mögen für das Variantenspektrum verantwortlich sein. Vergleichsstücke für diesen Dolch fanden sich auf den Kykladen, auf Kreta sowie auf dem griechischen Festland und den Ionischen Inseln.

Lit: Unpubliziert. B. S.

73 Kykladenidol
Amorgos
2400–2250 v. Chr., Frühkykladisch II/III
Marmor, H. 22,8 cm
Dresden, Staatliche Kunstsammlungen, Skulpturensammlung Inv. ZV 2595

Das männliche Kykladenidol des Chalandriani-Typus ist mit einem Schurz bekleidet und mit Dolch und Waffengurt ausgerüstet. Es gehört zur Gruppe der sog. Jäger/Krieger-Figuren, die typisch für die ausgehende Frühkykladisch II-Phase sind. Auffällig bei dieser Gruppe ist der Versuch, erneut naturalistische Elemente in der Art der Menschendarstellung zu verwenden. Dazu gehören plastische Angaben der Gesichtsmerkmale wie Augen und Mund sowie die Angabe der Frisur.
Die unruhigen Zeiten, in die auch die Errichtung stark befestigter Siedlungen fällt, mögen Anlass dafür gewesen sein, dass sich im Selbstverständnis der Kykladenbewohner Veränderungen einstellten und eine Darstellung des männlichen Kriegers ein gesuchtes Thema war. Inwiefern die Figuren in die religiös-

73

spirituelle Welt einzuordnen sind, bleibt jedoch fraglich, sodass es letztendlich offenbleibt, ob nun eine kriegerische Gottheit oder ein Mensch mit seinen Status definierenden Attributen in diesen Skulpturen thematisiert werden sollte.

Lit: Karlsruhe 1976, 485 Nr. 240. – Getz-Preziosi 1981, 25ff. 32 Nr. 26. – Müller 1925, 143 Nr. 92 Abb. 38. – Stendal 2011, 173 Nr. 5.14. B. S.

74 Lanzenspitze
Amorgos
2700–2400 v. Chr. Frühkykladisch II
Kupfer oder Bronze, H. 20,0 cm
Paris, Musée du Louvre, Département des antiquités grecques, étrusques et romaines
Inv. Br 1459

Als typischer Vertreter ihrer Gattung für die Zeit des 3. Jt.s v. Chr. zeichnet sich diese Lanzenspitze des Typs Renfrew IIa durch ein gelängt efeuförmiges Blatt aus. Charakteristisch sind auch die ausgeprägte Mittelrippe und die kurze, leicht eingezogene Zunge. Links und rechts der Mittelrippe befindet sich je eine ovale Aussparung, mithilfe derer die Spitze am Schaft befestigt wurde.
Das frühe Auftreten hochwertiger Metallobjekte lokaler Produktion in der Ägäis illustriert den Transfer von Gütern und Technologie im Mittelmeerraum bereits zu Beginn der Bronzezeit, da sowohl reines als auch natürlich mit Zinn versetztes Kupfer gehandelt werden musste.

Lit: Renfrew 1967. A. M.

74

75

75 Lanzenspitze

Angeblich Kreta
2400–2250 v. Chr., Frühkykladisch II/III
Bronze, L. 14,0 cm, B. 2,2 cm
Karlsruhe, Badisches Landesmuseum
Inv. 78/86

Bronzene Lanzenspitzen mit Schaftangel und geschlitztem Blatt sind in der Ägäis nicht allzu häufig anzutreffen. Sie gehören dem Formengut anatolischen Metallhandwerks an, wie Vergleichsstücke aus Troia zeigen. Dies belegt den weitreichenden Austausch von Gütern, der in der Ägäis des 3. Jt.s v. Chr. herrschte.

Lit: Rehm 1997, 87f. Nr. K 21.   B. S.

76 Idol

Paros
2700–2400 v. Chr., Frühkykladisch II
Marmor, H. 17,0 cm, B. 5,6 cm
Karlsruhe, Badisches Landesmuseum
Inv. B 840

Weibliches Idol des Spedos-Typus aus Marmor. Das Stück gelangte als Bestandteil der Sammlung Thiersch bereits 1860 in die Großherzogliche Sammlung und gehört damit zu den ältesten Kykladenobjekten im Badischen Landesmuseum. Die eingeritzten Augen sind nicht antik und zeugen von dem neuzeitlichen Bedürfnis, dem Idol Gesichtsmerkmale zu geben.

Lit: Karlsruhe 1976, 465 Nr. 164. – Rehm 1997, 77f. Nr. K 4. – Thiersch 1835, 585f.   3. S.

77 Figurine

Herkunft unbekannt, in Athen erworben
2700–2600 v. Chr., Frühkykladisch II
Marmor, H. 17,9 cm, B. 7,0 cm
Heidelberg, Antikenmuseum des Archäologischen Instituts der Universität Inv. St 39

Frauenfigur, untere Partie in Höhe der Hüfte gebrochen und verloren. Sie gehört der sog. Kapsala-Variante der „folded-arm"-Figuren an und damit ganz an den Anfang (2700–2600 v. Chr.) der Entwicklung der kanonischen Kykladenidole vom Spedos-Typ, die sich durch den lyraförmigen Kopf und die kantigen Schultern auszeichnen.

Das „Heidelberger Idol" besitzt einen relativ plastisch modellierten Körper, ein rundes, volles Gesicht und vergleichsweise schmale, gerundete Schultern. Die

76

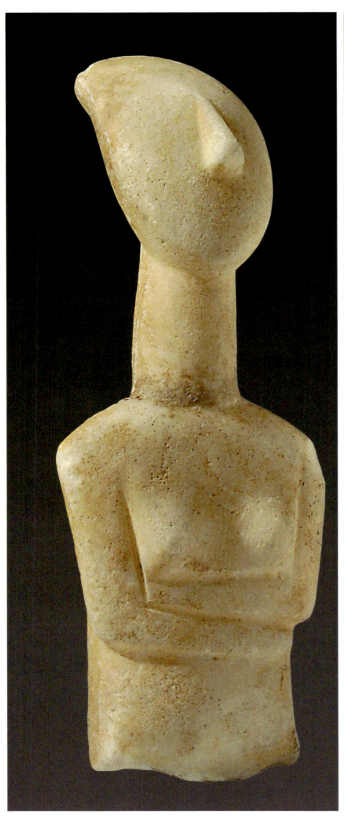

77

Beine muss man sich bis zum Knie als separat gearbeitet vorstellen. Erst die Oberschenkel waren miteinander verbunden. Der vor den Körper geführte rechte Unterarm liegt schon unter dem linken, genau wie bei den späteren Figurinen kanonischen Typs.
Aufgrund stilistischer Kriterien (u. a. der Einritzung des Rückgrats) wurde vermutet, dass dieses Werk von derselben Person geschaffen wurde, der wir auch die größte bekannte Kapsala-Figur verdanken, die zugleich auch die Kykladenskulptur mit den meisten erhaltenen Bemalungsspuren überhaupt ist. Kapsala-Figuren sind aus Grabungskontexten von Naxos, Amorgos und Antiparos bekannt. Der Fundort dieses Stücks ist nicht mehr zu ermitteln. Es wurde vom Archäologen Robert Zahn 1900 als „Oberteil einer nackten weiblichen primitiven Marmorfigur" auf dem Kunstmarkt in Athen gekauft.

Lit: Getz-Preziosi 1987, 85. 116. Nr. 8. – Getz-Gentle 2001, 154 Nr. 8. – Hampe/Gropengießer 1967, 14 Taf. 1. – Neutsch 1948, 18 Nr. 1.   C. H.

78 Kykladenidol

Trymalia/Naxos
2700–2400 v. Chr., Frühkykladisch II
Marmor, H. 22,0 cm
Dresden, Staatliche Kunstsammlungen, Skulpturensammlung Inv. H4 43/445

Marmornes Kykladenidol des Spedos-Typus. Die Figur ist bereits 1841 von Karl Gustav Fiedler beschrieben worden und gehört damit zu den am frühesten publizierten Kykladenidolen. Er beschrieb sie in Hinblick auf zwei ebenfalls von ihm behandelten Louros-Idole (Kat. 28 und 29) als „eine Gestalt fortgeschrittener Bestrebung Vollständigkeit zu bilden" und betont die „tüchtige Nase" der Figur.

Lit: Fiedler 1841, 315 Nr. 3. Taf. 5 Nr. 3. – Karlsruhe 1976, 460 Nr. 140. – Stendal 2011, 169f. Nr. 5.10.   B. S.

79 Kykladenidol

Naxos
2700–2400 v. Chr., Frühkykladisch II
Marmor, H. 29,0 cm
Würzburg, Martin von Wagner Museum
der Universität Inv. H 4263

Eine schlank gearbeitete nackte weibliche Figur mit betont langem und kräftigem Hals und weichen Körperformen hält beide Arme quer unterhalb der Brust verschränkt. An ihrem Hinterkopf ist die charakteristische Neigung nach hinten erkennbar. Ihr Gesicht wurde glatt poliert. Eine Hervorhebung von Frisur, Augen und Mund konnte mithilfe von kräftigen Farben erzielt werden. Die Hände wurden nicht mit Ritzlinien angegeben, sondern sind unbearbeitet belassen. Im Schambereich wurde ebenfalls auf eine plastisch gearbeitete Betonung verzichtet. Auch hier darf eine Farbangabe angenommen werden. Bei einem Brand im Jahre 1945 wurde die Figur beschädigt, sodass die Unterschenkel und Füße jetzt fehlen. Die Nasenspitze wurde aus Gips nachmodelliert.

Lit: Beckel/Froning/Simon 1983, 16. – Simon 1975, 8.

B. St.

80 Kykladenidol

Kykladen
1. Hälfte 3. Jt. v. Chr.
Marmor, H. 20,4 cm
München, Archäologische Staatssammlung
Inv. 1984,3449

Die vollständig erhaltene Figur eines weiblichen Kykladenidols gehört typologisch zur frühen Spedos-Art. Abweichend von den meisten Exemplaren dieses Typus ist die markante Trennungslinie der Beine im Bereich der Unterschenkel nicht durchbrochen gearbeitet. Über der geschwungenen Leistenlinie ist die Taille deutlich eingezogen. Der Oberkörper ist trapezförmig; die verschränkten Arme rahmen die Brüste. Der Kopf mit lyraförmigem Umriss und ausschwingender Oberkante ist leicht schräg zur Seite gestellt. Die ausschwingende Oberkante des Kopfes ist schon antik leicht bestoßen gewesen. Versinterungen sind insbesondere auf der Rückseite erhalten.

Lit: München 1985, 72 Nr. 31 Taf. 20 (G. Zahlhaas). H. S.

80

Die Welt der Dinge 287

81 Kykladenidol
Herkunft unbekannt
2700–2400 v. Chr., Frühkykladisch II
Marmor, H. 12,0 cm
München, Staatliche Antikensammlungen und Glyptothek Inv. 263

Dieses weibliche Idol des Spedos-Typus weist einen runden Kopf mit einer breiten, konischen Nase auf. An den kräftigen Hals schließen die kantigen Schultern an. Unterhalb der plastisch ausgearbeiteten Brust sind die Arme trapezförmig verschränkt. Am Oberschenkelansatz sind schräge Leistenlinien angegeben. Die Beine sind mit einer tiefen Kerbe, die auf Höhe der Waden durchbrochen wurde, voneinander getrennt und enden in fast gerade gestellten, kleinen Füßen. Von den Schultern abwärts verjüngen sich die geschwungenen Konturen der Figur bis zur jeweiligen Fußspitze. An der gelblichen Oberfläche fällt eine bräunliche Versinterung des Marmors auf. Eine Bemalung des unbeschädigten Idols ist nicht erhalten.

Lit: Karlsruhe 1976, 458 Nr. 130. – Lullies 1955, 82 Nr. 263. Abb. S. 83.   B. St.

82 Kykladenidol
Herkunft unbekannt
2700–2400 v. Chr., Frühkykladisch II
Marmor, H. 18,4 cm
München, Staatliche Antikensammlungen und Glyptothek Inv. 10.368

Der rundliche Kopf der weiblichen Figur geht fließend in den etwas überlängten Hals über, der kantig von den Schultern abgesetzt ist. Vergleichsweise spitz gearbeitet sind die schräg verlaufenden Schulterpartien. Beide Arme sind unter den schematisch angegebenen, hoch sitzenden Brüsten verschränkt. Der Unterbauch ist leicht gewölbt und am Unterleib durch schräg verlaufende Vertiefungen deutlich abgesetzt, sodass die Schampartie betont wird. Die geschlossenen Beine sind in den Knien stark eingezogen und die ohne Zehenangabe gearbeiteten Füße stark gekippt. Zwischen Knien und Waden ist die geschlossene Beinhaltung unterbrochen. Außer einem Bruch an den Knien ist die gelb-bräunliche Figur gut erhalten. Eine Bemalung lässt sich nicht nachweisen.

Lit: Karlsruhe 1976, 457. Nr. 127. – Schädler/Weihrauch/Rückert 1966, 227 Abb. 7.   M. B.

82

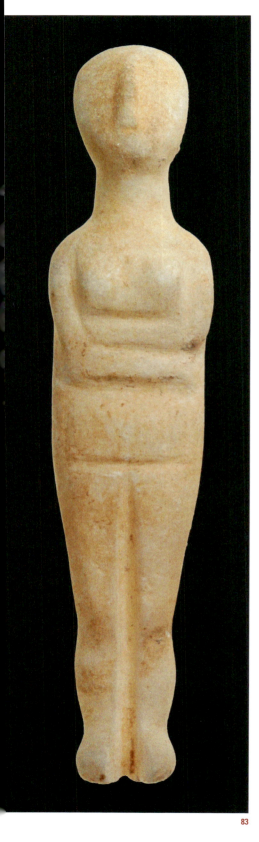

83

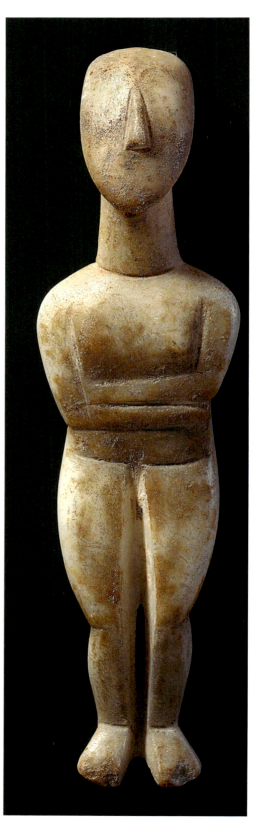

84

85

83 Kykladenidol
Fundort unbekannt
2700–2400 v. Chr., Frühkykladisch II
Marmor, 13,8 cm
Bonn, Akademisches Kunstmuseum
der Universität Inv. B 112

Dieses kanonische Idol von unbekannter Herkunft ist anhand seiner Merkmale klar der Spedos-Form zugehörig: Ein ovaler Kopf mit breiter Nase sitzt auf einem relativ schmal und gerade gearbeiteten Körper mit leicht eingezogener Taille. Die Brüste stehen noch recht nahe beieinander und die Arme sind in typisch kanonischer Haltung unter diesen verschränkt. Die durch eine Hüftlinie vom Rumpf getrennte Beinpartie ist unvollständig durchbrochen, die Knie angewinkelt, die Füße nach unten durchgestreckt. Die Spedos-Form ist die häufigste und variantenreichste der Kykladenidole; die recht eng stehenden Brüste und das fehlende Schamdreieck lassen vermuten, dass unser Stück hier zu den frühen Vertretern des Typus gezählt werden kann.

Lit: Unpubliziert. A. M.

84 Kykladenidol
Angeblich Seriphos
2700–2400 v. Chr., Frühkykladisch II
Marmor, H. 19,2 cm
Berlin, Staatliche Museen zu Berlin,
Antikensammlung Inv. 8427

Das sehr gut erhaltene weibliche Idol des Spedos-Typus zeichnet sich durch weiche Körperformen aus. Der ovale, überlängte Kopf zeigt noch rote Farbreste: ein Diadem auf Stirnhöhe sowie Punktreihen links und rechts der konischen Nase. Im Gegensatz zum langen und breiten Hals wurden die Schultern schmal und rund gearbeitet. Zur Verdeutlichung der Körpergliederung befinden sich an Hals-, Leisten- und Fußpartie tiefe Einkerbungen. Unterhalb der plastisch hervorgehobenen Brust sind die Arme trapezförmig verschränkt. Die Beine sind mit einer Trennlinie versehen, die sich am Rücken in der Wirbelsäulenrille fortsetzt, und berühren sich an Oberschenkeln und Knöcheln. Beide abwärts gerichteten Fußspitzen sind leicht nach außen gedreht.

Lit: Getz-Gentle 2001, 70f. 156 Nr. 2. Taf. 60 b. – Karlsruhe 1976, 461 Nr. 145. – Rohde 1974, 150f. Nr. 2 Taf. 6.2. – Stendal 2011, 170 Nr. 5.11. B. St.

85 Kykladenidol
Herkunft unbekannt
2700–2400 v. Chr., Frühkykladisch II
Marmor, H. 29,7 cm
Berlin, Staatliche Museen zu Berlin,
Antikensammlung Inv. 31573,2

Dieses sehr gut erhaltene weibliche Idol, das aus der Sammlung von Georg Karo stammt, hält die Arme über dem flachen Bauch verschränkt. Hals- und Leistengegend trennen sich vom Oberkörper durch deutliche Einkerbungen. Im Gesicht finden sich außer der trapezförmigen Nase keinerlei Angaben von Augen oder Mund. Einen Kontrast zum langen und breiten Hals bilden die schmalen gerundeten Schultern. Brust- und Bauchpartie wurden plastisch herausgearbeitet, aber nur leicht betont. Die Beine sind durchbrochen und die Knie leicht eingeknickt. Der erhaltene rechte Fuß endet in einer flachen, schräg gearbeiteten Sohle. Angaben von Fingern und Zehen fehlen. An der kristallinen rötlich-gelben Marmoroberfläche lässt sich keine Bemalung mehr feststellen.

Lit: Getz-Gentle 2001, 70f. 156 Nr. 4. Taf. 60 d. – Karlsruhe 1976, 461 Nr. 146. – Rohde 1974, 151 Nr. 3. Taf. 7.1. B. St.

86 Kykladenidol
Herkunft unbekannt
2700–2400 v. Chr., Frühkykladisch II
Bimsstein, H. 34,0 cm
Berlin, Staatliche Museen zu Berlin,
Antikensammlung Inv. 31573,3

Das 1934 aus der Sammlung Georg Karo erworbene weibliche Idol weist einen brettartigen Körper mit flacher Brustpartie auf. Im u-förmig gestalteten Gesicht wurden eine breite, kantige Nase herausgearbeitet sowie der Mund eingeritzt. An den vor dem Bauch verschränkten eckig gestalteten Armen sind Fingereinkerbungen erkennbar. Ab der Hüfte bilden die geschlossenen Beine eine dreieckige Form und enden in auffällig kleinen Füßen. Die Gliederung der Beine besteht an Vorder- und Rückseite aus einer deutlich angegebenen Einkerbung. Neben einigen Bestoßungen an der Nase, der Brust und dem linken Bein weist das leicht versinterte Idol am Hals Schleifspuren auf. Oberhalb der Knie verläuft ein durchgehender Bruch. Farbspuren sind nicht erhalten.

Lit: Karlsruhe 1976, 472f. Nr. 196. – Rohde 1974, 153 Nr. 9 Taf. 10,1. – Wiesner 1937, 256 Abb. 4. B. St.

89 Beinfragment eines Idols
Angeblich Keros
2700–2400 v. Chr., Frühkykladisch II
Marmor, H. 13,5 cm, B. 6,7 cm
Karlsruhe, Badisches Landesmuseum
Inv. 66/170

Als mutmaßlicher Bestandteil des sog. Keros-Hortes gehört dieses marmorne Idolfragment zu einer ganzen Gruppe weiterer, die im Zuge jahrelanger Raubgrabungen von einem früher als Gräberfeld gedeuteten Areal auf der Insel Keros gesammelt wurden und in den Kunsthandel gerieten. Als nunmehr kontextloses Fragment bietet dieses Objekt kaum mehr als eine kunstgeschichtliche Betrachtung und kann keine Erkenntnisse zur Lebensweise oder religiösen Vorstellungswelt der Kykladenbewohner liefern.

Lit: Karlsruhe 1976, 476 Nr. 213. – Rehm 1997, 86 Nr. K 16. – Sotirakopoulou 2005, 228 Nr. 234.   B. S.

87 Kopf eines Idols
Angeblich Paros
2700–2400 v. Chr., Frühkykladisch II
Marmor, H. 10,1 cm, B. 5,3 cm
Karlsruhe, Badisches Landesmuseum
Inv. 63/68

Stark versinterter Kopf eines Marmoridols vom Spedos-Typus. Der Kopf ist bereits in der Antike gebrochen, da auch die Bruchstelle versintert ist. Mangels einer Fundbeobachtung kann nicht gesagt werden, ob das Idol im Rahmen eines Rituals absichtlich zerschlagen wurde, bereits als Fragment beispielsweise in einem Grab niedergelegt wurde oder erst nach der Deponierung durch andere Einflüsse Schaden nahm.

Lit: Rehm 1997, 85 Nr. K 14.   B. S.

88 Idolfragment
Vermutlich Keros
2700–2400 v. Chr., Frühkykladisch II
Marmor, H. 8,8 cm, B. 7,7 cm, T. 1,6 cm
Karlsruhe, Badisches Landesmuseum
Inv. 66/171

Marmorfragment eines Idols vom Typus Dokathismata. Sofern die vermutete Fundortangabe stimmen sollte, läge auch hier ein Teil des „Keros-Hortes" vor, doch ist dies letztendlich nicht mehr zu beweisen.

Lit: Rehm 1997, 78f. Nr. K 7.   B. S.

90 Idolgruppe

Fundort unbekannt
2700–2400 v. Chr., Frühkykladisch II
Marmor, H. 19,0 cm, B. 15,4 cm
Karlsruhe, Badisches Landesmuseum
Inv. 77/59

Gruppenkomposition, die drei marmorne Idole in einem Stück vereint. Zwei männliche Figuren heben auf ihren Armen eine kleinere, weibliche Figur empor. Auf der Stirn der linken der beiden Männerfigurinen ist noch der Rest einer zickzackförmigen Linie, wohl ein Diadem, auszumachen.

Dies ist die einzige vollständig erhaltene Gruppenkomposition, die momentan bekannt ist. Ihre Bedeutung erschließt sich nicht sofort, doch ist ein religiöser Hintergrund der Darstellung nicht auszuschließen. Ob es sich nun konkret um eine göttliche Trias oder eine Art mythologische Gruppe handelt oder um eine im Rahmen eines religiösen Festes durchgeführte rituelle Handlung, die hier in Stein festgehalten ist, darüber kann nur spekuliert werden.

Lit: Karlsruhe 1976, 493 f. Nr. 258. – Rehm 1997, 80 Nr. K 9.

B. S.

91 Fragment einer Idolgruppe
Fundort unbekannt
2700–2400 v. Chr., Frühkykladisch II
Marmor, H. 17,0 cm, B. 8,1 cm
Karlsruhe, Badisches Landesmuseum
Inv. 82/6

Fragment eines weiblichen Kykladenidols des Spedos-Typus, das ursprünglich Bestandteil einer wohl aus zwei Idolen bestehenden Gruppe war. Die beiden Idole standen nebeneinander und umfassten sich gegenseitig an den Schultern. Über die Bedeutung derartiger Kompositionen kann nur spekuliert werden, da bislang keine vollständig erhaltene Zweiergruppe dieser Art existiert und von den bekannten Fragmenten keines aus einer modernen wissenschaftlichen Grabung stammt.

Lit: Rehm 1997, 81 Nr. K 10. – vgl. Stampolidis/Sotirakopoulou 2007, 152f. Nr. 40.   B. S.

92 Idol
Angeblich Attika
2700–2400 v. Chr., Frühkykladisch II
Marmor, H. 10,6 cm, B. 4,3 cm
Karlsruhe, Badisches Landesmuseum
Inv. 71/30

Fragmentiertes Marmoridol des Spedos-Typus. Die Bauchpartie ist bei diesem Idol besonders prominent herausgearbeitet, was den Eindruck erweckt, dass hier die Darstellung einer Schwangeren vorliegt. Ist diese Deutung korrekt, ergibt sich für die Kykladenidole ein weiterer Hinweis auf ihre Bedeutung, der Fruchtbarkeit und Regeneration mit einbezieht. Ob sich dies im Verständnis der Kykladenbewohner nun auf die Welt der Götter, eine uns nicht mehr bekannte Mythologie, auf Aspekte menschlichen Lebens, auf die Jenseitsvorstellungen allgemein oder auf den Verstorbenen speziell bezieht, ist aufgrund des fehlenden Fundkontextes nicht mehr zu bestimmen, sodass allein Spekulationen möglich sind.

Lit: Karlsruhe 1976, 470 Nr. 185. – Rehm 1997, 78 Nr. K 6.   B. S.

92

91

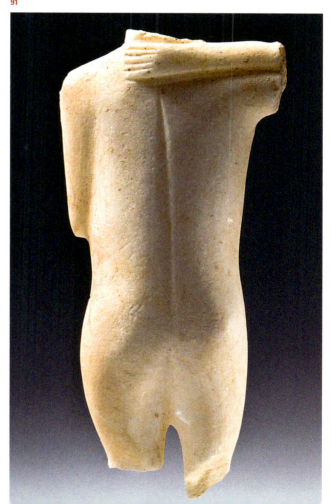

91

93 Doppelidol

Paros
2700–2400 v. Chr., Frühkykladisch II
Marmor, H. 22,0 cm, B. 5,5 cm
Karlsruhe, Badisches Landesmuseum
Inv. B 839

Marmornes Kykladenidol des Spedos-Typus, auf dessen Kopf ein zweites, kleineres der gleichen Art steht. Obwohl keines der beiden Idole über eine Angabe des Geschlechts verfügt, kann davon ausgegangen werden, dass es sich um zwei Frauenfiguren handelt. Insgesamt existieren noch ein anderes, vollständiges Doppelidol und Fragmente von zwei weiteren, die belegen, dass diese Spezialform des Kykladenidols zwar selten, aber nicht einzigartig ist. Über die Bedeutung der Doppelidole kann nur spekuliert werden. Sie muss wohl, da keines der bekannten Stücke aus einer wissenschaftlichen Grabung stammt, weiterhin offen bleiben.

Lit: Karlsruhe 1976, 492 f. Nr. 257. – Rehm 1997, 79 f. Nr. K 8. – Thiersch 1835, 585 f.   B. S.

94 Idol

Angeblich von Paros
2700–2400 v. Chr., Frühkykladisch II
Marmor, H. 52,0 cm, B. 13,6 cm, T. 4,9 cm
Karlsruhe, Badisches Landesmuseum
Inv. 63/46

Diesem großen Marmoridol des Spedos-Typus fehlen lediglich der linke Unterschenkel (ergänzt) sowie beide Füße. Ursprünglich dürfte es wohl um die 60 cm hoch gewesen sein. Bemerkenswert ist, dass es untypischerweise aus einem grauen Marmor gefertigt wurde. Die Figur wurde zu großen Teilen mit einer weißen Schicht aus Kalk übertüncht. Auf dieser Kalkschicht wiederum wurde stellenweise eine rote eisenhaltige Farbe, wahrscheinlich Hämatit, angebracht.
Die ungewöhnliche Bearbeitung dieses Idols könnte zeigen, dass die Kykladenbewohner auch schlechteren Marmor verwendeten und diesen zur Aufwertung weiß verputzten. Nicht völlig auszuschließen ist aber, dass hier eine moderne Fälschung vorliegt und mithilfe des Kalkputzes versucht wurde, eine Sinterschicht nachzuahmen.

Lit: Rehm 1997, 77 Nr. K 3.   B. S.

94

95 Idol
Angeblich Paros
2700–2400 v. Chr., Frühkykladisch II
Marmor, H. 24,5 cm, B. 6,1 cm
Karlsruhe, Badisches Landesmuseum
Inv. 63/67

Marmoridol des Spedos-Typus.

Lit: Karlsruhe 1976, 472 Nr. 192. – Rehm 1997,
78 Nr. K 5.   B. S.

96 Kykladenidol
Paros
2700–2400 v. Chr., Frühkykladisch II
Marmor, H. 16,9 cm
Hamburg, Museum für Kunst und Gewerbe
Inv. 1927,135

Das Idol zeigt eine stehende weibliche Figur. Unterhalb der nur rudimentär angegebenen Brüste hält sie ihre Arme vor dem Körper verschränkt. Am oberen Ende ist der Kopf abgeflacht und lässt eine ovale Form erkennen; Kinn und Nase sind leicht bestoßen. Der Torso wirkt mittels eines schräg verlaufenden Abschlusses von den Oberschenkeln abgesetzt. Durch eine leichte Öffnung zwischen den Unterschenkeln wird die geschlossene Beinhaltung gelöst. Im Bereich der Hüften fällt eine vergleichsweise füllige Bearbeitung auf; Arme und Schultern hingegen wirken schmaler. Ein leichtes Einknicken in den Knien führt zu einer Auflockerung der geraden Körperhaltung. An dem weißen Marmor findet sich eine gelb-rötliche Oberfläche ohne jegliche Bemalung.

Lit: von Mercklin 1928, 274 Abb. 2. – Stendal 2011, 168 f.
Nr. 5.9.   M. B.

97 Kykladenidol
Fundort unbekannt
2700–2400 v. Chr., Frühkykladisch II
Marmor, H. 17,4 cm, B. 8,6 cm
Hamburg, Museum für Kunst und Gewerbe
Inv. 1924,181

Das sehr flache, stark dreieckförmige Idol ist aufgrund der nahezu horizontal verlaufenden Schultern ein Idol der zeitlich späten Stufe des Chalandriani-Typs. Plastisch hervorgehoben sind lediglich Nase, die weit auseinanderstehenden Brüste und das Gesäß. Durch Einritzung sind die vor dem Leib verschränkten Arme, das Schamdreieck und die Beine definiert. Bei diesem Idol ist die nur bei Idolen des Chalandriani-Typs auftretende und

Die Welt der Dinge

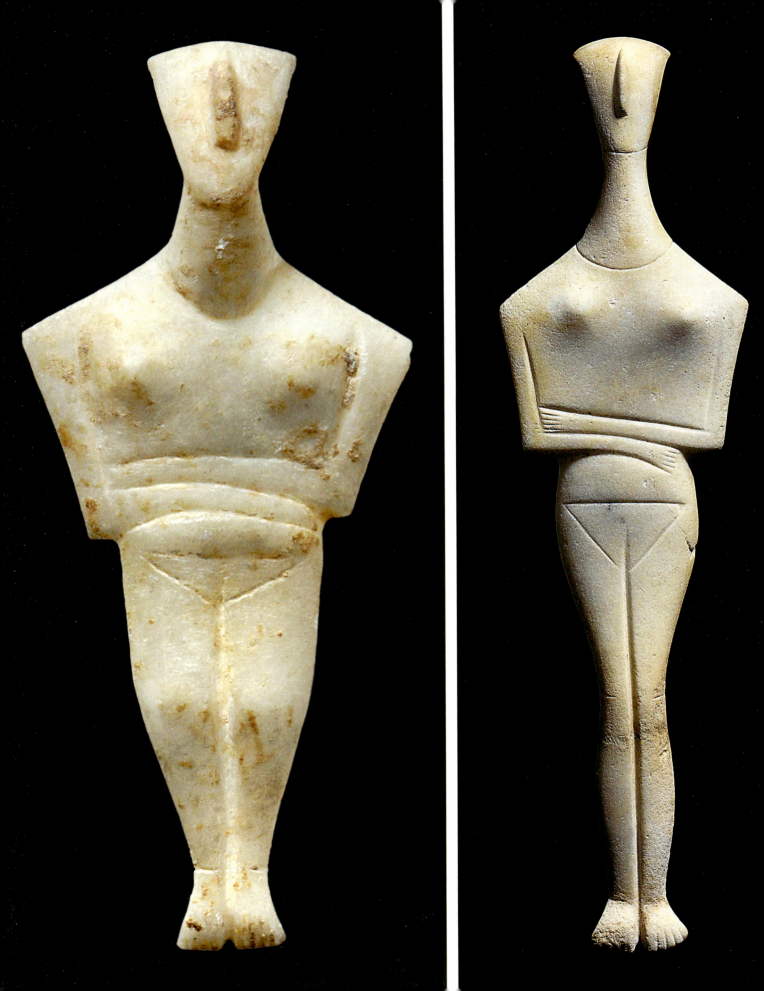

seltene Anordnung der Arme zu beobachten. Hier liegt der rechte Arm über dem linken, üblicherweise liegt jedoch der linke Arm über dem rechten.

Lit: Renfrew 1969, 17f. – Stendal 2010, 172f. Nr. 5.13. – von Mercklin 1928, 274 Nr. 1. – Stendal 2011, 172 Nr. 5.13. L. B.

98 Kykladenidol
Fundort unbekannt
2700–2400 v. Chr., Frühkykladisch II
Marmor, H. 17,3 cm
Hannover, Museum August Kestner
Inv. 1950.46

Das Idol im Chalandriani-Typus zeigt sich in der für diese Idolgruppe typischen, annähernd dreieckigen Körperform, welche eine stetige Verjüngung von den Schultern zu den Füßen ausmacht. Die breiten, kantigen und leicht abfallenden Schultern sprechen für eine Einordnung in die Gruppe der zeitlich frühen Idole des Chalandriani-Typus, da eine Entwicklung hin zu horizontal verlaufenden Schultern festzustellen ist. Halskragen, Schamdreieck, Zehen und Rückenlinie sind durch Einritzung hervorgehoben. Knie und Gesäß sind leicht vorstehend und die Brüste sowie die Nase sind plastisch hervorgehoben.

Lit: Karlsruhe 1976, 479 Nr. 221. – Liepmann 1975, 121 Nr. M 2. L. B.

99 Kykladenidol
Angeblich aus Amorgos
2700–2400 v. Chr., Frühkykladisch II
Marmor, H. 43,0 cm
Berlin, Staatliche Museen zu Berlin, Antikensammlung Inv. 1978.4

Das Idol ist ein besonders fein ausgearbeitetes Exemplar des Dokathismata-Typus. Die für diese Idolgruppe kennzeichnende lange und vor allem sehr flache Form ist gut zu erkennen. Der sich zum Kinn verjüngende Kopf sitzt auf einem trichterförmigen Hals. Von den leicht abfallenden Schultern hin zu den Füßen verjüngt sich ebenso der Körper. Die Besonderheit dieses qualitätvollen Exemplars findet sich im Detail. Hals, Finger, Schamdreieck und Zehen sind durch Einritzungen kenntlich gemacht, wohingegen üblicherweise auf Idolen dieses Typs nur einzelne Details definiert sind.

Lit: Gehrig 1980, 16 Nr. 1. – Getz-Preziosi 1987, 120ff. 163 Taf. 44f. – Knittlmayer/Heilmeyer 1998, 19f. – Stendal 2010, 171f. Nr. 5.12. L. B.

100 Kykladenidol
Angeblich Ios
2700–2400 v. Chr., Frühkykladisch II
Marmor, H. 21 cm
Bonn, Akademisches Kunstmuseum der Universität Inv. B 13

Trotz stark verriebener Oberfläche zeigt das sitzende Idol deutliche Merkmale weiblicher Physiognomie. Die Frauengestalt thront auf einem eckigen Hocker, von dessen Beinen einzig ein Bruchansatz an der linken vorderen Ecke erhalten ist. Ihre Arme sind unter der Brust verschränkt, der typisch ovale Kopf mit der im Ansatz erhaltenen Nase ruht auf einem schlanken Hals und ist leicht nach hinten geneigt. Beide Füße der Sitzenden sind abgebrochen. Es handelt sich wohl nicht um eine normalsterbliche Person, da die Darstellung Thronender in der kykladischen Kunst wie auch in späteren Zeiten zumeist Göttern oder Herrschern vorbehalten war.

Lit: Karlsruhe 1976, 494 Nr. 260. R. N.

101 Harfenspieler
Thera
2700–2400 v. Chr., Frühkykladisch II
Marmor, H. 15,3 cm, T. 10,9 cm
Karlsruhe, Badisches Landesmuseum
Inv. B 863

Marmorne Figur eines auf einem Hocker sitzenden Harfenspielers. Als Spur einer einstigen Bemalung ist auf der Stirn im Verwitterungsrelief eine Doppellinie zu erkennen, die entweder als Haaransatz oder Diadem zu deuten ist.
Entgegen den meisten vergleichbaren Figuren dieser Art gelang es dem Künstler, die starre Komposition aufzubrechen, indem er das Musikinstrument dem Harfenspieler diagonal über den Schoß legte. Gleichsam ist der Kopf leicht dem Musikinstrument zugeneigt, was der Figur zusätzliche Dynamik verleiht. Auch die bessere Herausarbeitung der Gliedmaßen, die entgegen typgleichen Exemplaren gerunderteren Formen und weicheren Übergänge zeugen vom hohen Können und großen Erfahrungsschatz, der bei der Herstellung dieser Figur einfloss. Die Bedeutung, die die Harfenspielerfiguren in der Lebenswelt der damaligen Menschen hatte, muss dagegen leider offen bleiben, dürfte jedoch wohl im kultisch-religiösen Bereich zu suchen sein.

Lit: Karlsruhe 1976, 491f. Nr. 254. – Höckmann 1982. – Rehm 1997, 82f. Nr. K 12.   B. S.

102 Harfenspieler
Thera
2700–2400 v. Chr., Frühkykladisch II
Marmor, H. 16,8 cm, T. 11,5 cm
Karlsruhe, Badisches Landesmuseum
Inv. B 864

Das Harfenspielerpaar, welches zusammen mit drei Marmorgefäßen 1853 von der Sammlung Maler in die Großherzogliche Sammlung überging, gehört zu den frühesten in Europa bekannt gewordenen Kykladenobjekten. Angeblich wurden die Stücke alle zusammen in einem Grab auf Thera gefunden. Harfenspieler sind als Gattung unter den Idolen mehrfach bekannt und zeigen nicht nur den Gebrauch dieses Musikinstruments bereits in der griechischen Frühbronzezeit, sondern könnten auch als früher Nachweis für professionelle Musiker verstanden werden. Die Bedeutung dieser Sonderform unter den Idolen für den antiken Menschen ist nicht leicht zu erschließen. Stets handelt es sich um männliche Figuren, die gelegentlich auch als Paar in das Grab gegeben wurden. Ob es sich um Geleiter für den Verstorbenen, Kultmusiker im Rahmen religiöser Feste oder um die Darstellung göttlicher Wesen handelt, kann heute nicht mehr im Detail nachvollzogen werden.

Lit: Karlsruhe 1976, 492 Nr. 255. – Höckmann 1982. – Rehm 1997, 84f. Nr. K 13.   B. S.

103 Syrinxspieler
Fundort unbekannt
2700–2400 v. Chr., Frühkykladisch II
Marmor, H. 33,6 cm, B. 7,8 cm
Karlsruhe, Badisches Landesmuseum
Inv. 64/100

Die stehende, männliche Marmorfigur des Spedos-Typus spielt ein Blasinstrument, die Syrinx oder Panflöte. Sein rechtes Auge ist noch schwach im Verwitterungsrelief zu erkennen und deutet auf eine einstige Bemalung hin. Musikantendarstellungen sind in der kykladischen Kunst durch die Harfenspieler gut belegt. Der Karlsruher Syrinxspieler hat seine beste Parallele in einem gleichfalls stehenden Doppelflötenbläser im Nationalmuseum Athen, der in einem Grab auf der Insel Naxos zusammen mit einem Harfenspieler gefunden wurde. Bei sämtlichen Musikanten handelt es sich um Männer, wobei nicht zu entscheiden ist, ob es sich hier um eine bestimmte Gottheit oder vielmehr um die Darstellung eines Aufgabenbereiches der Männer bei religiösen Festen handelt. Die genaue Funktion der Figuren an sich ist nicht zu bestimmen, auch ist nicht ersichtlich, welche Rolle sie als Grabbeigabe erfüllten.

Lit: Karlsruhe 1976, 492 Nr. 256. – Rehm 1997, 81f. Nr. K 11.   B. S.

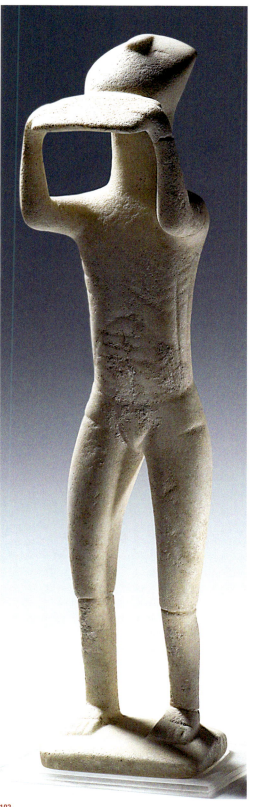
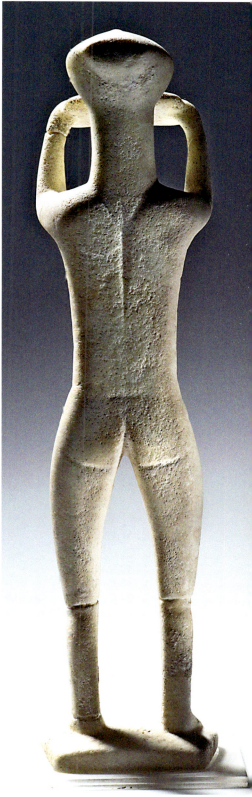

103

104 Modell der kykladischen Siedlung von Kastri auf Syros

Gebaut 2011 von Bernhard Steinmann
Birke, Buche, Pappel
Grundfläche ca. 90 x 90 cm, Maßstab 1:200
Karlsruhe, Badisches Landesmuseum

Das Modell wurde innerhalb einer Bauzeit von etwa acht Wochen angefertigt und ist im Maßstab 1:200, d. h. 1 cm im Modell entspricht 2 m in der Realität. Als Materialien wurden Sperrholzplatten einer Stärke von 1–5 mm aus Birke, Buche und Pappel für Gelände und Gebäude sowie MDF-Platten für die Mauern verwendet. Nach dem Zurechtsägen wurden die Einzelteile nach und nach mit Holzkleber verleimt. Alles ist in Handarbeit mithilfe einer Laubsäge, verschiedener Feilen und Schleifpapier entstanden, nur für das Aussägen der Geländeplatten war der Einsatz einer Stichsäge notwendig. Das Modell blieb unbemalt, da die Eigenfarbe der Hölzer ausreicht, um die verschiedenen Einzelteile wie Gelände, Hauswände, Mauern und Dächer optisch voneinander zu trennen. Der einfache und sachliche Stil des Modells, der auch durch die verwendeten Materialien und die damit verbundenen Einschränkungen bedingt ist, ist durchaus beabsichtigt. Kastri gehört zwar zu den am besten erhaltenen frühkykladischen Siedlungen, doch reichen die Reste bei Weitem nicht aus, um ein detailliertes Modell im Stil einer Modelleisenbahn zu schaffen. Es sind verschiedene Probleme, vor denen der Modellbauer hier steht: zum einen das Gelände, welches sich über die Jahrtausende durch Erosion und Steinbruchtätigkeiten verändert hat. Es ist nur schwer möglich, sich den Zustand des Berges im Jahre 2300 v. Chr. zu vergegenwärtigen, daher bleibt nur, sich an die moderne Topografie zu halten. Zum anderen geben die erhaltenen Baureste keine Auskunft über einstige Mauerhöhen, die Existenz von Fenstern und die Gestalt des Daches. Hier musste spekuliert oder vereinfacht werden, denn nur auf diese Weise ließ sich eine anschauliche Siedlungslandschaft gestalten. Es wurde darauf verzichtet, die gesamte Siedlung zu rekonstruieren, sodass sich das Modell auf die ausgegrabenen Teile beschränkt. Damit hält sich die Rekonstruktion so eng an die archäologischen Befunde wie möglich und verzichtet darauf, dem Betrachter eine in Wahrheit nicht vorhandene Vollständigkeit zu suggerieren.

Lit: Nawracala/Steinmann 2011, 28 ff.   B. S.

105 Modellrekonstruktion eines Kykladenschiffs (s. a. Seite 82 f.)

Gebaut 2011 von Thomas Guttandin, Hattersheim
Birke, Weide, Stein, Epoxydharz, Hanf und Leinen
Rumpflänge 176,0 cm, B. 20,0 cm, H. (ohne Fischverzierung) 38,0 cm;
Maßstab 1:10
Karlsruhe, Badisches Landesmuseum

Der Rekonstruktion liegen verschiedene Darstellungen auf sog. „Kykladenpfannen" und ein Tonmodell von Palaikastro auf Kreta zugrunde. Die Darstellungen auf den sog. „Pfannen" zeigen im Bug einen Knick an der Kiellinie, an der sich eine konkave Linie anschließt. Eine ähnliche Bugform (bei modernen Schiffen als „Klipperbug" bekannt) findet sich an den Schiffen der Haida und Nootkan. Sie entsteht durch die beiden sich treffenden konkaven Seitenflächen, die die Bugwellen teilen, seitlich ableiten und so die Übernahme von Wasser verhindern.

Hinter dem Querbrett befindet sich ein Anker aus einem gelochten Findling. Solche Ankersteine verwendeten auch die Maori Neuseelands auf ihren *waka* und sie wurden als Andeutung notwendiger Ausrüstung ins Modell übernommen. Die Verzierung der Finne im Heck stützt sich auf ein Bild auf einer „Pfanne" von Chalandriani auf Syros (s. Abb. S. 52), die dort ein Zopfmuster zeigt. Im Boot befindet sich nur eine halbe Besatzung. Es ist breit genug und könnte in jedem Segment zwei Paddler und im Mittelbereich zusätzlich noch Passagiere aufnehmen, sodass insgesamt etwa 50 Personen Platz finden könnten. Die kykladischen Schiffe wurden offensichtlich in erster Linie zum Transport von Menschen eingesetzt. Für den Warentransport blieb, neben notwendiger Ausrüstung und Proviant, kaum Platz. Fahrten in fremde Gebiete hatten friedlichen Tausch oder Raub von Gütern zum Ziel. Die spitzen Paddel konnten bei Auseinandersetzungen auch als Waffe verwendet werden.

Lit: Guttandin/Panagiotopoulos/Pflug/Plath 2011, 116–121.   Th. G.

104

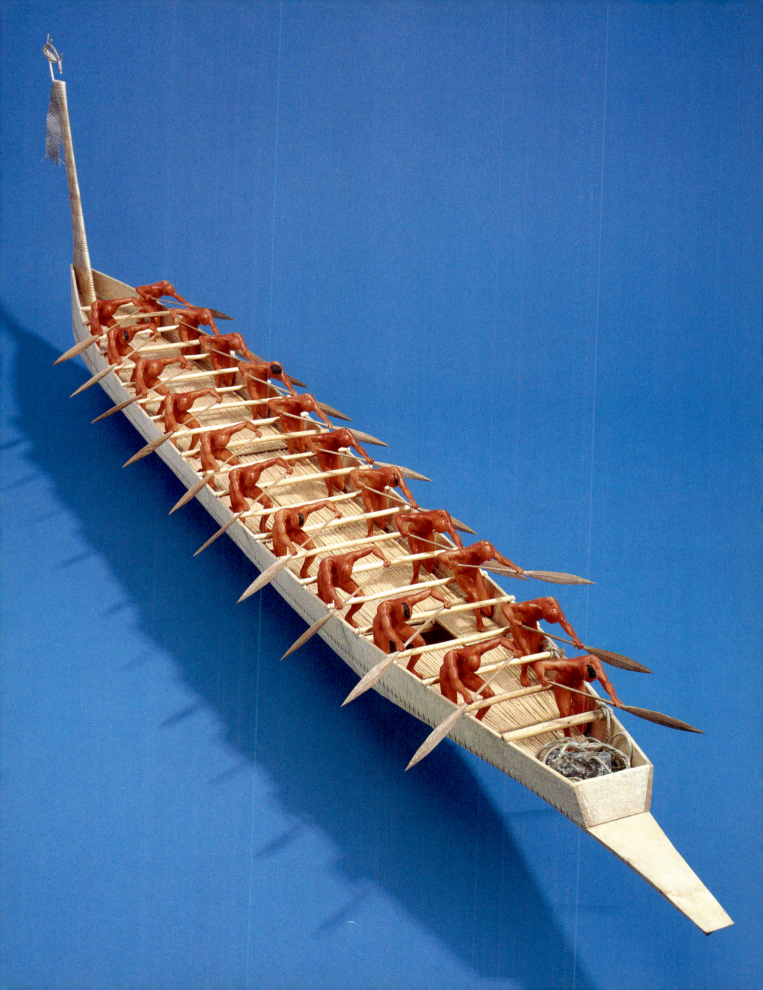

106 Bootsmodelle

Herkunft unbekannt, angeblich von „Drakatis" auf Naxos
2700–2400 v. Chr., Frühkykladisch II (wenn authentisch)
Blei, H. 6,0 cm, L. 39,5 cm (AN1938.725); L. 26,4 cm (AN1938.726)
Oxford, Ashmolean Museum der Universität Oxford Inv. AN1938.725, AN1938.726

Zwei von vier singulären bleiernen Bootsmodellen, von denen drei heute im Ashmolean Museum aufbewahrt werden und eines in Liverpool. Sie sollen aus einem Grab bei „Drakatis" auf Naxos stammen. Obwohl Erkenntnisse der Schiffbautechnik die Interpretation des hohen Endes der Schiffe als Heck favorisieren (wie auf den „Kykladenpfannen"), ist dieser Teil in den Bootsmodellen aus Blei eindeutig als Bug gestaltet. Im Hinblick auf die obskuren Fundumstände der Boote könnten sie eine moderne Fehldeutung der Schiffsbilder auf diesen „Pfannen" durch Fälscher sein. Andererseits könnten sie, falls sie echt sind, einen anderen und sonst unbekannten Typus des Langboots zeigen.

Lit: Sherratt 2000, 107–109 III.5.3 und 5.4. Y. G.

Innenseite von Kat. 107

107 Griffschale

Angeblich Naxos
2700–2400 v. Chr., Frühkykladisch II
Chloritschiefer, H. 19,7 cm, Dm. 17,5 cm,
T. 2,8 cm
Karlsruhe, Badisches Landesmuseum
Inv. 75/11

Diese Griffschale ist eines der wenigen aus Stein gefertigten Exemplare. Verwendet wurde Chloritschiefer, ein vergleichsweise leicht zu bearbeitendes Material, welches auf Naxos ansteht.

Beachtenswert ist die qualitätvolle Ausführung des Dekors: Das Muster aus ineinander verwobenen Spiralen ist sehr exakt konstruiert und zeugt von Erfahrung und Geschick des Steinschneiders. Steingefäße mit sehr ähnlichem Dekor, darunter vor allem Pyxiden, zeigen, dass diese Griffschale zu einer kleinen Gruppe außerordentlich gearbeiteter Gefäße gehört, die im Altertum wohl ganz besondere Prestigeobjekte waren.

Über die Verwendung dieser Gefäßgattung wird immer noch gerätselt, doch spricht vieles dafür, dass es sich um Gefäße handelt, die im Rahmen religiöser Feste verwendet wurden, vielleicht als Trink- oder Spendeschalen (s. Seite 100 ff.

Lit: Getz-Gentle 1996, 190–204. – Karlsruhe 1976, 517 Nr. 364. – Rehm 1997, 35 f. Nr. K 45. – Renfrew 2007, 342–351.

B. S.

Die Welt der Dinge

108 Griffschale
Sikinos
2900–2700 v. Chr., Frühkykladisch I/II
Ton, H. 4,8 cm, Dm. 19,6 cm
Kopenhagen, Nationalmuseum, Antikensammlung Inv. 3245

Griffschale mit bis auf einen Stumpf fehlendem Henkel und beschädigter Oberfläche. In die glatte Oberfläche ist Dekor eingeritzt, wobei es sich um Spiralornamente, die durch parallele Linien verbunden sind, um eine zentrale Spirale in der Mitte im Inneren und kleine eingeritzte Dreiecke am Rand handelt. An der Seite ebenfalls durch Linien verbundener Spiraldekor, darüber und darunter eingeritzte Striche. Die Innenseite ist glatt. Der Ton hat eine dunkelbraune Färbung. Möglicherweise diente sie als Spendeschale oder für die rituelle Reinigung.

Lit: Blinkenberg 1896, 23 Abb. 6. – Blinkenberg/Friis Johansen 1929, 23 Abb. 6

L. D.

109 Griffschale
Herkunft unbekannt
2900–2700 v. Chr., Frühkykladisch I/II
Ton, H. 21,0 cm, Dm. 19,8 cm
Paris, Musée du Louvre, Département des antiquités grecques, étrusques et romaines Inv. CA 2991

Griffschale aus dem Übergang von Frühkykladisch I zu II, mit zylindrischer Wandung und rundem Schalenboden. Auf dem Boden, dem Griff und der Seite Ritz- und Stempeldekor: Kerbschnitte um den Schalenboden und auf dem Griffbalken; Steg mit einfacher Reihung von Strichen; acht Spiralen aus doppellinigen S-Haken um ein Strichfriesband; Strahlenkranz um ein mittig angebrachtes Sternenmotiv. An der Seite Spiral- und Kerbschnittmuster. Grau-braune, antik polierte Oberfläche, guter Erhaltungszustand.

Lit: Bossert 1960, 4 Abb. 6. – Coleman 1985, 89. 211 Nr. 55. – Karlsruhe 1976, 525 Nr. 400. – Renfrew 197 Taf. 4, 1a.b. – Zervos 1957 Abb. 224f.

L. D.

Die Welt der Dinge

110

110 Sauciere (Schnabeltasse)

„Heraia in Arkadien", 1887 vom Louvre erworben
2700–2400 v. Chr., Frühhelladisch II
Gold, H. 17,0 cm, L. 14,4 cm, Gew. 125,2 g
Paris, Musée du Louvre, Département des antiquités grecques, étrusques et romaines Inv. BJ 1885

Die bauchige Tasse (sog. „Sauciere") ist aus einem einzigen Stück Goldblech getrieben. Sie hat einen steilen, schnabelförmigen Ausguss und einen aus der Gefäßwandung herauswachsenden Ringfuß. Der Ausguss ist in der Mitte geknickt und seine Spitzen enden in nach oben gerichteten Zipfeln. Ein Teil des Randes fehlt, wurde aber in neuer Zeit ersetzt. Der zum Gefäßbauch horizontal laufende, angesetzte Bandhenkel ist durch ein Fischgrätmuster geschmückt und wird durch je eine Goldniete gleich unterhalb des Randes gehalten. Die Bandhenkelenden sind platt gehämmert.

Saucieren aus Metall sind nur spärlich nachgewiesen, lediglich ein weiteres goldenes Exemplar ist bekannt. Vergleichbar ist aber auch eine mit zwei Ausgüssen und zwei Henkeln versehene Goldsauciere aus Troia, was ein Hinweis für den regen kulturellen Austausch innerhalb der Ägäis ist. Die Form der Sauciere wurde in Ton imitiert und ist im kykladischen Keramikrepertoire seit der Keros-Syros-Stufe (Frühkykladisch II) bekannt. Auf dem griechischen Festland kommt sie vor allem im Fundgut von Tiryns, Lerna und Korakou vor. Einfache Ausgussschalen, die in kykladischen Gräbern häufig vorkommen, könnten Vorläufer der Saucieren sein. Demnach wären der Entstehungsort dieses Typus die Kykladen. Die Schnabeltassen dienten als Trinkschalen und für rituelle Zwecke.

Lit: Childe 1924, 163 ff. Abb. 1. – Davis 1977, 59 Abb. 41. – Karlsruhe 1976, 532 Nr. 428, 202. 362. – Weinberg 1969, 3 ff. Taf. I, 1–3.
B. S.

112

111 Idol

Fundort unbekannt
3. Jt. v. Chr., Frühbronzezeit
Metabauxit, H. 4,5 cm, B. 2,1 cm
Karlsruhe, Badisches Landesmuseum Inv. 75/2

Dieses aus einem Metabauxit gefertigte Idol erinnert in seiner formalen Gestaltung an Figurinen von den Kykladen, hat jedoch keine direkten Parallelen auf den griechischen Inseln. Vergleichbar, wenn auch nicht in jeder Hinsicht, sind anatolische Idole des Kiliya-Typus. Möglicherweise sind in diesem Idol Ideen zweier Kulturräume zusammengeflossen und erschufen so eine Mischform.

Lit: Karlsruhe 1976, 487 f Nr. 248. – Rehm 1997, 24 Nr. A 23.
B. S.

112 Oberteil einer Figurine

Angeblich aus Paros
4./3. Jt. v. Chr. (?), Chalkolithisch/Frühkykladisch (?)
Marmor, H. 11,5 cm
Bonn, Akademisches Kunstmuseum der Universität Inv. B 37

Auffällig an dem Bruchstück ist der lange, stabförmige, dicke Hals, auf dem ein kleiner knaufartiger Kopf sitzt. Die Figur ist unterhalb der Armansätze schräg abgebrochen und bereits der linke Arm ist stark bestoßen. Für die Kykladen ungewöhnlich sind die Einschnitte, die die Arme vom Körper trennen und die an westanatolische Figurinen vom Typ Kiliya erinnern, was auf eine chalkolithische Zeitstellung hinweisen könnte.

Lit: Bonn 1969, 11 Nr. 2. – Stendal 2010, 103 Nr. 4.13.
C. L.

111

Die Welt der Dinge 311

113/114 Zwei Einsatzbeine einer Figur (?)

Attika
2700–2400 v. Chr., Frühkykladisch II
Grünschiefer, H. 10,5 cm und 10,2 cm
Karlsruhe, Badisches Landesmuseum
Inv. 70/18b und 70/18 c

Zwei Beine aus Grünschiefer mit durchlochten Zapfen am oberen Abschluss. Mithilfe des Zapfens wurden sie wahrscheinlich an einer Figur aus vergänglichem Material befestigt. Innerhalb der Kykladenkultur finden sich keine Parallelen für diese Stücke, zumal das verwendete Material untypisch für die figürliche Kunst der Kykladenkultur ist. Lediglich die Verzierung mit schraffierten Dreiecksbändern ist von kykladischen Objekten wie Knochenröhrchen oder Gefäßen bekannt. Sofern die Kunsthändlerangabe korrekt ist, wurden die Beine zusammen mit der Marmorschale Kat. 56 und einer bauchigen Pyxis mit zwei Ösen, die mit parallelen Riefen geschmückt war, in einem Grab in Attika gefunden. In Attika steht auch das verwendete Material an. Möglicherweise handelt es sich um Reste einer Figur, die nicht dem kykladischen Formenspektrum entspricht, sondern ihren Ursprung eher auf dem frühhelladischen Festland oder dem frühminoischen Kreta hat. Über das ursprüngliche Aussehen der Figur haben wir mangels Vergleichen keine Vorstellung. Möglich wäre aber auch, dass es sich hier um Gerätegriffe in Form von Beinen oder um Schmuckanhänger handelt, doch lässt sich dies ohne Vergleichsstücke kaum belegen.

Lit: Karlsruhe 1976, 536 Nr. 447 a und b. – Rehm 1997, 93 Anm. 156.

B. S.

113

114

115 Pyxis
Angeblich Porto Raphti/Attika
2700–2400 v. Chr., Frühkykladisch II
Marmor, H. 6,8 cm, Dm. 11,9 cm
Karlsruhe, Badisches Landesmuseum
Inv. 72/77

Marmorpyxis mit durchlochtem Boden.

Lit: Karlsruhe 1976, 513 Nr. 349. – Rehm 1997, 94
Nr. K 42.   B. S.

116 Pyxis
Angeblich Porto Raphti/Attika
2700–2400 v. Chr., Frühkykladisch II
Steatit, H. 6,7 cm, Dm. (Mündung) 5,9 cm
Karlsruhe, Badisches Landesmuseum
Inv. 72/76

Pyxis aus Steatit mit zwei senkrecht
durchbohrten Doppelösen. Der Boden
des Gefäßes ist durchbrochen und abgeschliffen.

Lit: Karlsruhe 1976, 514 Nr. 354. – Rehm 1997, 94
Nr. K 43.   B. S.

117 a–g Grabinventar

Arkesine auf Amorgos, Grab G
Kopenhagen, Nationalmuseum, Antikensammlung

Von großer Wichtigkeit für die archäologische Auswertung einer Kultur sind geschlossene Fundkomplexe wie der vorliegende aus Grab G. Dabei handelt es sich um ein Grab aus dem Stadtgebiet von Arkesine auf der Kykladeninsel Amorgos. Berichte aus dem ausgehenden 19. Jh. besagen, dass es sich um eine ungewöhnlich tiefe Grablege, die wohl teilweise mit Bruchsteinen ausgelegt war, gehandelt haben soll. Über dem Grab befand sich eine zweite, etwas spätere Bestattung. Reste des Verstorbenen hatten sich nicht erhalten, doch geht man davon aus, dass hier die übliche Körperbestattung in hockender Position vorlag. Über die verschiedenen, dem Toten zur Seite gelegten Gefäße kann man eine zeitliche Einordnung der Beisetzung vornehmen. Auffällig ist die große Anzahl an unterschiedlich geformten und bemalten Schnabelkannen, die sich gut über die Keramik aus Phylakopi auf Melos an das Ende der Phase Frühkykladisch III oder den Beginn von Mittelkykladisch I stellen lassen. Von besonderer Bedeutung ist zudem der Fund einer untypischen singulären Bronzeklinge.
R. N.

a) Schnabelkanne

2250–1900 v. Chr., Frühkykladisch III/Mittelkykladisch I
Ton, H. 28,3 cm, Dm. 21,1 cm
Kopenhagen, Nationalmuseum, Antikensammlung Inv. 3265

117b

Eine bauchige Schnabelkanne aus hellbraunem Ton mit einem gelblichen Überzug. Die Kanne steht auf einer flachen, recht kleinen Standfläche. Im Vergleich mit weiteren Schnabelkannen fällt die geringe Proportionierung der Henkel- und Ausgusszone auf. Die Wangen der offenen Tülle sind recht schmal, der Ausguss liegt fast genau auf der Mittelachse des Gefäßes.
Ein einfaches luftiges Ziermuster aus matten rötlich braunen Linien schmückt die Wandungsfläche sowie den äußeren Tüllenbereich.
Bemerkenswerterweise sind gegenüber dem Henkel auf Höhe des Halsansatzes zwei kleine Tonknubben angebracht, die als Imitation weiblicher Brustwarzen gedeutet werden. Die Bedeutung dieser Applikation kann überzeugend mit einem symbolisch Leben spendenden Kanneninhalt, wiederum symbolisiert durch die stilisierte weibliche Brust, in Zusammenhang gebracht werden, liefert aber letztlich Raum für allerlei teils abstruse Interpretationen.

Lit: Blinkenberg/Friis Johansen 1929, 30 Taf. 36, 9. – Bossert 1954, 23ff. – Dümmler 1886, 22; Beil. 2 G5.

R. N.

b) Schnabelkanne

2250–1900 v. Chr., Frühkykladisch III/Mittelkykladisch I
Ton, H. 21,0 cm, B. 14,5 cm
Kopenhagen, Nationalmuseum, Antikensammlung Inv. 3266

Es handelt sich um eine formschöne, bauchige Schnabelkanne mit kleiner, stabiler Standfläche aus einem gelblichen Ton. Der aus der Gefäßmitte entspringende Hals mündet in einen ausladenden Ausguss mit hochgezogenen Wangenseiten. Die Oberfläche der Kanne ist glänzend poliert, aber ansonsten unverziert. Wie schon an anderen Kannen finden sich auf Höhe des Halsansatzes zwei kleine Tonknubben, die als stilisierte weibliche Brust zu deuten sind. Diese Applikationen scheinen als Datierungskriterium für Keramik aus dem Ende der Phase Frühkykladisch III gewertet werden dürfen.

Lit: Blinkenberg/Friis Johansen 1929, 30 Taf. 36, 4. – Bossert 1954, 23ff.

R. N.

Die Welt der Dinge 315

117d

c) Bauchige Kanne

2250–1900 v. Chr., Frühkykladisch III/Mittelkykladisch I
Ton, H. 29,7 cm, B. 23,8 cm
Kopenhagen, Nationalmuseum, Antikensammlung Inv. 3264

Einfache bauchige Kanne aus rötlichem Ton mit glimmerartigen Einschlüssen. Die Außenfläche ist poliert, war aber ursprünglich unverziert und ist heute großflächig von einer Sinterkruste bedeckt. Die Halszone wächst senkrecht aus der Mitte des voluminösen Gefäßkörpers. Die Tülle des Ausgusses ist am hinteren Ende leicht beschädigt, lässt sich aber deutlich von den Tüllen der Schnabelkannen unterscheiden. Im Schulterbereich sind zwei kleine rundliche Tonapplikationen feststellbar.

Lit: Blinkenberg/Friis Johansen 1929, 30 Taf. 36, 7. – Bossert 1954, 23 ff. R. N.

d) Bauchiger Krug

2250–1900 v. Chr., Frühkykladisch III/Mittelkykladisch I
Ton, H. 20,0 cm, Dm. 15,3 cm
Kopenhagen, Nationalmuseum, Antikensammlung Inv. 3267

Der Krug ist aus einem hellbraunen Ton gefertigt, der einen roten Überzug von augenscheinlich leuchtend roter Farbe besitzt. Auf diesen Überzug brachte der Handwerker ein Linienmuster aus gelblich weißer Farbe auf. Im Unterschied zu den Schnabelkannen zeichnet sich dieser Krug durch einen geraden Hals mit tellerförmiger Mündung ohne erkennbare Ausgusstülle aus. Auch an diesem Gefäß finden sich zwei stilisierte Warzen.

Lit: Blinkenberg/Friis Johansen 1929, 30 Taf. 36, 6. – Bossert 1954, 23 ff. R. N.

117c

117e

e) Einhenkliger Becher

2250–1900 v. Chr., Frühkykladisch III/Mittelkykladisch I
Ton, H. 8,8 cm, Dm. 9,6 cm
Kopenhagen, Nationalmuseum, Antikensammlung Inv. 3268

Ein formschöner einhenkliger Trinkbecher aus gelblichem Ton. Auffällig sind die sich verjüngende Fußzone des Bechers und die leicht abgesetzte Gefäßlippe. Von seiner Größe zu diesem Gefäß passend, fand man einen scheibenförmigen Deckel aus rötlichem Ton. Auch an diesem Objekt lässt sich eine großflächige Sinterschicht feststellen. Diese Form der Henkelbecher findet sich in weiterern Pithosgräbern aus Phylakopi. Eine Datierung wird um 1900 v. Chr. angenommen und liegt damit, je nach Forschermeinung, noch in Frühkykladisch III oder bereits in Mittelkykladisch I.

Lit: Blinkenberg/Friis Johansen 1929, 30 Taf. 36, 5. – Bossert 1954, 23 ff. – Dümmler 1886, 22 Beil. 2 G 4.

R. N.

f) Pithos

2250–2000 v. Chr., Frühkykladisch III
Ton, H. 37,0 cm, Dm. 17,9 cm
Kopenhagen, Nationalmuseum, Antikensammlung Inv. 3268a

Ein recht schlankes, hohes Gefäß, das in früheren Publikationen gerne als Amphora angesprochen wurde und neuerdings unter der Bezeichnung Pithos geführt wird. Auf einer recht kleinen flachen Standfläche weitet sich das Gefäß zu seinem größten Durchmesser im Schulterbereich. Der schmale Gefäßhals ist röhrenartig aufgesetzt. Im Bereich des größten Durchmessers sitzen zwei halbrunde und rund durchbohrte Tonansätze, die mehr oder weniger als Henkel angesprochen werden können. Auf der Wandung zwischen diesen Henkeln laufen je zwei vertikale, schmale Tonwülste, eine Verzierungsform, die auf Kreta und den Kykladen üblich ist. Auch der Mündungsrand ist durch einen umlaufenden Tonring akzentuiert. Ansonsten ist das Gefäß aus hellbräunlichem Ton mit seinem gelblichen Überzug unverziert. Die Oberfläche ist zudem großflächig mit einer Kalksinterschicht überzogen. Passend zu diesem Pithos fand man einen scheibenförmigen Marmordeckel.

Lit: Blinkenberg/Friis Johansen 1929, 30 Taf. 36, 8. – Bossert 1954, 23 ff. – Dümmler 1886, 22 Beil. 2 G 6.

R. N.

g) Bronzedolch

2250–2000 v. Chr., Frühkykladisch III
Bronze L. 11,4 cm
Kopenhagen, Nationalmuseum, Antikensammlung Inv. 3269

Eine kurze, gedrungene Bronzeklinge, die früher als Lanzenspitze und mittlerweile nicht in allen Punkten überzeugend als Dolchstabklinge bezeichnet wird. Die Klinge der Waffe ist unsymmetrisch auf einer Seite stärker eingezogen. Am unteren Ende ist, untypisch für Dolchstabklingen, eine Griffzunge ausgearbeitet, die eine Nietbohrung aufweist. Zwei weitere Nietlöcher mit Bronzestiften befinden sich unterhalb des Klingenansatzes in der Griffplatte. Das Stück ist in vielerlei Hinsicht sehr interessant. Eindeutige Parallelfunde gibt es nicht, im östlichen Mittelmeer ist dieser Typus bislang völlig

117f

117g

unbekannt. Einzelne Elemente lassen sich an anderen Dolchen im westlichen Bereich wiederfinden, doch scheint hier aus unbekannten Gründen eine Vermischung zahlreicher Elemente stattgefunden zu haben.

Lit: Bossert 1954, 23ff. – Dümmler 1886, 22 Beil. 1, 17.

R. N.

118 Speerspitze

Angeblich aus einem Kistengrab („Grab G") bei Arkesine auf Amorgos
2250–2000 v. Chr., Frühkykladisch III
Kupferlegierung, L. 23,2 cm, B. 3,2 cm
Oxford, Ashmolean Museum der Universität Oxford Inv. AE.231 (AN1893.58)

Speerspitze mit vier Befestigungslöchern, angeblich in der oberen Bestattung aus einem mehrstöckigen Kistengrab bei Arkesine auf der Insel Amorgos geborgen. Wohl aus Kupfer von Kythnos hergestellt, könnte die breite blattförmige, geschlitzte Klinge den Versuch darstellen, im späten 3. Jt. eine leistungsfähige Stoßlanze zu entwickeln.

Lit: Bossert 1954, 24, 28 Taf. 14.3, 15.4. – Dümmler 1886, 21, 24 Beil. 1.8. – Dümmler 1901, 61 Abb. 77. – Sherratt 2000, 90f. III.3.19.

Y. G.

118

120

119

119 Y-förmiges Fragment
Angeblich aus einem Kistengrab („Grab G")
bei Arkesine auf Amorgos
2250–2000 v. Chr., Frühkykladisch III?
Blei, L. 7,5 cm, B. 1,4 cm
Oxford, Ashmolean Museum der Universität
Oxford Inv. AE.243 (AN1893.71)

Das gegabelte Bleifragment soll in der unteren Bestattung eines mehrstöckigen Kistengrabs bei Arkesine gefunden worden sein. An allen Enden gebrochen, war es wohl in einer offenen Form gegossen worden. Die Oberfläche ist unten glatt, oben rau. Ein Deutungsversuch erwägt, dass es sich bei dem Objekt im Hinblick auf Größe und Gestalt, insbesondere wenn es als umgekehrtes Y begriffen wird, um den abgebrochenen Versuch handelt, eine menschengestaltige Bleifigur zu schaffen.

Lit: Dümmler 1886, 21. – Bossert 1954, 24 Nr. 8. – Sherratt 2000, 102f. III.5.1. – Mögliche Parallelen (falls es sich um eine Figurine handelt) s. Karlsruhe 1976, 297, 488f. Nr. 251 und 252.
Y. G.

120 Kernos
Herkunft unbekannt (vielleicht Melos)
2250–2000 v. Chr., Frühkykladisch III
Ton, H. 32,0 cm, Dm. 23,4 cm
Oxford, Ashmolean Museum der Universität
Oxford Inv. AN1925.677

Als Mehrfachgefäß ist der Kernos vielleicht die eindrucksvollste Gefäßform frühkykladischer Zeit. Wahrscheinlich eine Besonderheit von Melos, ist ihre exakte Funktion rätselhaft. Nur ungefähr 20 einigermaßen vollständige Exemplare sind bekannt. Über rituellen, zeremoniellen und funerären Gebrauch dieser Kompositgefäße wurde spekuliert, die vermutlich für Opfergaben wie Flüssigkeiten, Samen und Früchte bestimmt waren. Dieser Kernos auf hohem Fuß besitzt zwei Reihen schmaler Behälter, die sich um eine große kugelförmige Schale gruppieren, 15 auf der äußeren Reihe, zehn auf der inneren. Die kleineren Gefäße sind nicht direkt miteinander verbunden. Bei der Aufnahme des Kernos in den Bestand des Ashmolean Museum wurden rezente pflanzliche getrocknete Reste und Samen in seinem Inneren gefunden. Die Analyse dieser Reste lässt darauf schließen, dass er als Behältnis für Blumenarrangements in einem herrschaftlichen Anwesen in England diente, bevor er in die Sammlung kam.

Lit: Picón 2006, 37f. 41 Nr. 17. – Sherratt 2000, 212f. III.13.a.15.
Y. G.

121 Weibliches Idol
Angeblich Delos
2400–2100 v. Chr., Frühkykladisch III
Marmor, H. 11,1 cm
Mainz, Römisch-Germanisches Zentralmuseum Inv. O.16247

Das Marmoridol von gedrungener Körperform hat einen außergewöhnlich breiten dreieckiger Kopf, auf dessen Vorderseite allein die heute bestoßene Nase plastisch hervortritt. Durch die rund modellierten Brüste und das überdimensioniert eingeritzte Schamdreieck auf der ansonsten glatt belassenen Beinpartie wird das weibliche Geschlecht der Figur ersichtlich. Die dünnen Arme liegen flach an den Seiten des rechteckigen Oberkörpers an und werden angewinkelt zur Körpermitte geführt, wo sich die beiden verschliffenen Handflächen leicht berühren. Das Fehlen der verschränkten Unterarme ist typisch für Idole der nachkanonischen Formen, die sich – besonders im Hinblick auf die Armhaltung – durch eine größere Gestenvariabilität auszeichnen.

Lit: Karlsruhe 1976, 487 Nr. 247. – Mainzer Zeitschrift 1929/1930, 108 Taf. 23. 4.
St. H.

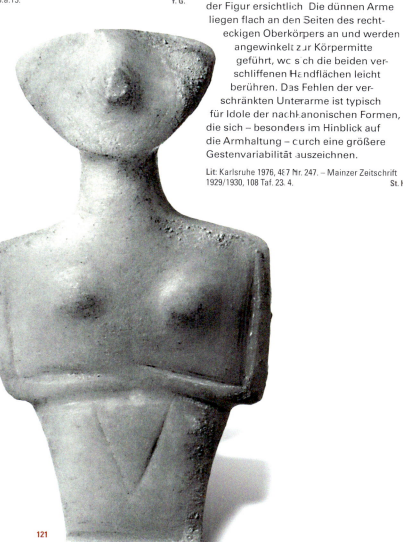

121

122 Ueber Paros und parische Inschriften

von Friedrich Wilhelm Thiersch
aus den Abhandlungen der bayerischen Akademie der Wissenschaften, Philosophisch-Philologische und Historische Klasse
Bd. 1, München 1835
Papier, H. 26,0 cm, B. 23,0 cm
Heidelberg, Universitätsbibliothek
Sig. H 93-9::phil-phil: 1.1835

Hauptsächlich setzt sich Thiersch in diesem Buch mit griechischen Inschriften von der Kykladeninsel Paros auseinander. Darüber hinaus beschreibt er eingangs zwei Kykladenidole, die er auf Paros erwarb und die sich beide seit 1860 in der Karlsruher Sammlung befinden (s. Kat. 76, Kat. 93). In einem schönen Aquarell bildet er diese Figuren auch ab. Thiersch deutete sie als Skulpturen, die von vorgriechischen Stämmen angefertigt wurden. Wohl dachte er dabei, sich auf Aussagen des antiken Autors Thukydides stützend, an die kleinasiatischen Karer, die bis zu ihrer Vertreibung durch König Minos einst auf den Kykladen gesiedelt haben sollen.

Lit: http://digi.ub.uni-heidelberg.de/diglit/thiersch1835a

B. S.

123 Reise durch alle Theile des Königreiches Griechenland

von Karl Gustav Fiedler
Bd. 2, Verlag Friedrich Fleischer, Leipzig 1841
Papier, H. 21,8 cm, B. 14,0 cm
Heidelberg, Universitätsbibliothek
Sig. A 3682 RES::2

Das Buch berichtet über Fiedlers Reisen durch Griechenland in den Jahren 1834–1837, während der er hauptsächlich Studien zu Geologie und Mineralogie Griechenlands betrieb. In einigen Passagen wird jedoch auch kurz Archäologisches behandelt. Darunter fallen Beschreibungen dreier kykladischer Idole (Kat. 28, Kat. 29, Kat. 78) und einer Marmorpalette, die Fiedler während seiner Reise auf Naxos sah und erwarb. Sie sind in seinem Buch als Lithografien abgebildet. Er deutete die Idole als Darstellungen der Isis und sah in ihnen Produkte „aus den ersten Zeiten der Kunst". Die Palette hingegen sah er als heilige Schwinge, in der sich Gottheiten oder ein heiliger Gegenstand hin- und herschwingen ließen. Heute befinden sich alle vier Stücke in der Staatlichen Skulpturensammlung Dresden.

Lit: http://digi.ub.uni-heidelberg.de/diglit/fiedler1841bd2

B. S.

124 Archäologische Aufsätze (ohne Abb.)

von Ludwig Ross
Bd. 1, Verlag B. G. Teubner, Leipzig 1855
Papier, H. 22,0 cm, B. 14,5 cm
Heidelberg, Universitätsbibliothek
Sig. C 2600::1.1855

In dieser Aufsatzsammlung des Archäologen Ludwig Ross ist unter anderem ein Beitrag zu vorgriechischen Gräbern zu finden. Er beschreibt den typischen Inhalt frühkykladischer Gräber und die darin vorkommenden Obsidianklingen, Marmorschalen und Idole. Letztere deutet er als Darstellungen der Astarte oder Aphrodite, zweifelt aber an der Deutung Friedrich Thierschs, dass es sich hierbei um Produkte vorgriechischer Stämme oder gar der Karer handelt. Im Gegenteil, er schließt nicht aus, dass sie wesentlich jünger sein könnten und vielleicht schon in frühgriechische Zeit gehören.

Lit: http://digi.ub.uni-heidelberg.de/diglit/ross1855bd1

B. S.

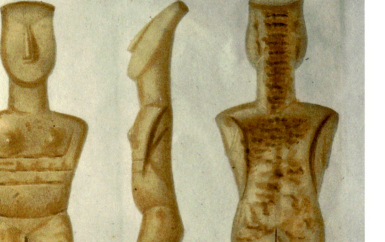

122

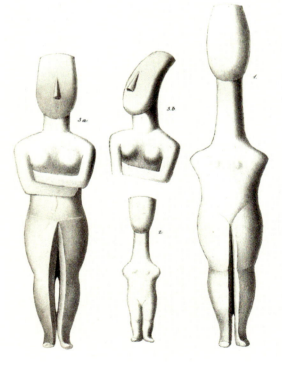

123

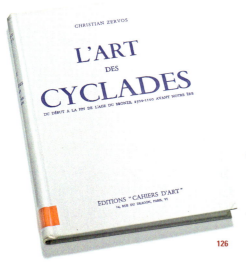

126

126 Marmorschale
Zeitstellung unbestimmt
Marmor, H. 4,5 cm, B. 25,5 cm
Karlsruhe, Badisches Landesmuseum
Inv. 77/106

Die sehr dick gearbeitete rechteckige Schale steht auf vier quadratischen Füßchen. Solche Füßchen kommen beim Typus der rechteckigen kykladischen Marmorschale eigentlich nicht vor. Weiterhin ist die Oberfläche der Schale durch Sinter stark angegriffen, was ein Hinweis auf eine künstliche Versinterung des Objektes mit Säure sein könnte. Allerdings kann eine derartige Sinterschicht auch durch eine jahrhundertelange Lagerung in Meerwasser entstehen. Somit ist nicht ganz klar, ob die Schale nun echt ist oder eine Fälschung. Es ist daher nicht auszuschließen, dass das Objekt antik ist, es muss aber nicht unbedingt frühbronzezeitlich sein.

Lit: Rehm 1997, 329 Nr. Z 7. B. S.

125 L'Art des Cyclades
Du début à la fin de l'Âge du bronze, 2500–1100 avant notre ère
von Christian Zervos
Éditions Cahiers d'Art, Paris 1957
Papier, H. 38,0 cm, B. 29,0 cm
Karlsruhe, Badisches Landesmuseum
(Bibliothek) Sig. A 024 Zervo 001 GF

Der eindrucksvolle und großzügig gestaltete Bildband zur Kykladenkultur markiert den Beginn eines breiteren Interesses für kykladische Kunst. Zahlreiche großformatige Aufnahmen in Schwarz-Weiß zeigen in guter Qualität die Vielfalt kykladischer Objekte, sodass dieser Band auch heute noch einen umfangreichen Überblick über das Material gibt.

Lit: Derouet 2011, 78 f. B. S.

127 Idol
1960–70
Marmor, H. 46,8 cm, B. 7,7 cm
Karlsruhe, Badisches Landesmuseum
Inv. 82/349

Bei dieser schlanken Figur wurden verschiedene Stilelemente kykladischer Idole vereint. Die aneinanderstoßenden Finger erinnern an Figuren des Plastiras-Typus, wohingegen bei der Gestaltung des Kopfes und des übrigen Körpers Elemente des Plastiras-, des Kapsala- und des Spedos-Typus verwendet wurden. Insgesamt wirkt die ganze Figur für

126

Die Welt der Dinge 323

128

129

kykladische Kunst zu naturalistisch gearbeitet, die Formen insgesamt sind zu weich, zu gerundet und zu organisch. Zahlreiche weitere Details wie die zu lange Bauchpartie oder die fehlende Versinterung deuten darauf hin, dass es sich hierbei sehr wahrscheinlich um eine Fälschung handelt.

Lit: Rehm 1997, 328 Nr. Z 4.　　　　B. S.

128 Idol
1960–80
Marmor, H. 18 cm, B. 5,1 cm
Karlsruhe, Badisches Landesmuseum
Inv. 82/350

Den Angaben des Kunsthändlers zufolge ist dieses Idol eine Fälschung. Stilistisch ist es gut getroffen und lehnt sich an Idole des Dokathismata-Typus an. Die beiden Figuren aus Grab 14 von Dokathismata auf Amorgos könnten hier Vorbild gewesen sein. Für eine Fälschung spricht lediglich die etwas merkwürdig anmutende Versinterung, die sich jedoch in dieser Weise nur schwer künstlich erzeugen lässt. Es ist daher nicht völlig auszuschließen, dass es sich um ein Original handelt.

Lit: Rehm 1997, 328 Nr. Z 5.　　　　B. S.

129 Idol
1960–80
Marmor, H. 12,7 cm, B. 4,5 cm
Karlsruhe, Badisches Landesmuseum
Inv. 82/351

Das stark von Versinterung angegriffene, aus rötlichem Marmor bestehende Idol wurde vom Kunsthändler als Fälschung deklariert. Trotz der stilistisch guten Ausarbeitung wecken manche Details berechtigte Zweifel an der Echtheit. Eine Brustangabe fehlt, ebenso eine Wölbung des Bauches. Der Kopf wirkt übertrieben gebogen. Die Versinterung könnte gleichfalls künstlich erzeugt worden sein, wirkt aber sehr authentisch. Vor allem aber wurden Sitzfiguren stets mit ihrem Hocker oder Thron aus einem Stück gearbeitet, nie separat.

Lit: Rehm 1997, 328f. Nr. Z 6.　　　　B. S.

130 Kopf eines Idols
wohl 1960–70
Marmor, H. 15,5 cm, B. 9,5 cm, T. 5,9 cm
Karlsruhe, Badisches Landesmuseum
Inv. 82/352

Nach Angabe des Kunsthändlers handelt es sich bei diesem Kopf um eine Fälschung. Als Vorbild dienten Kykladenidole des Spedos-Typus. Obwohl der Kopf stilistisch gut gelungen ist, wirkt die Art der Versinterung verdächtig. Möglicherweise wurde sie künstlich mit Säure erzeugt, worauf die Löcher am Hinterkopf hindeuten. Dort wurde möglicherweise zu viel Säure verwendet. Allerdings kann eine derartige Versinterung auch durch eine sehr lange Lagerung in Meerwasser erzeugt werden. Träfe dies zu, wäre der Kopf echt und würde aus einer heute unter Wasser liegenden Fundstelle stammen.

Lit: Rehm 1997, 327 Nr. Z 3.　　　　B. S.

131

132

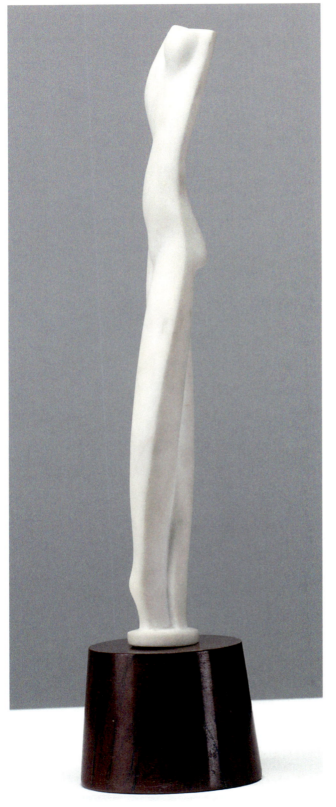
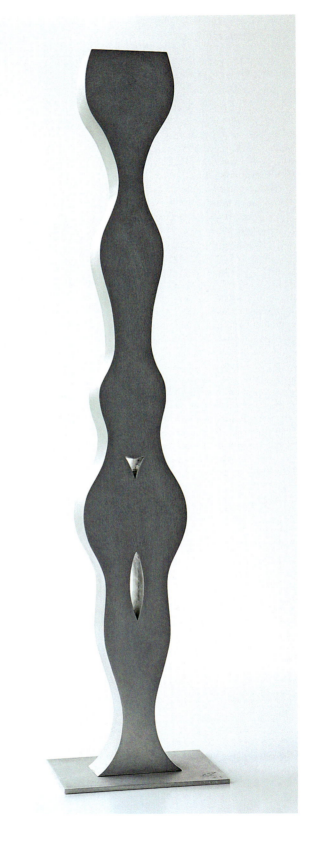

131 Flacher Torso

von Alexander Archipenko
1914
Marmor, H. 39,1 cm,
B. (Figur) 9 cm, H. (Sockel) 11 cm
Stuttgart, Staatsgalerie Inv. P 213

Flacher Torso ist eines der berühmtesten Werke Archipenkos. Seine Inspiration erhielt der Künstler von der antiken Statue der Aphrodite im Louvre, der sog. *Venus von Milo*. Allerdings erweiterte Archipenko die klassische Art der Darstellung, indem er sie mit Elementen der kykladischen Formensprache vereinigte. Die strenge Vorderansicht, die Mittelachse, die sehr geringe Tiefe und die geschwungenen klaren Umrisslinien werden von ihm dafür sehr bewusst eingesetzt: „Die Verstärkung der Vorderansicht dieser Skulptur wird erreicht durch die Reduzierung des Profils auf eine sehr schmale Form." Der Körper selbst ist flächig gearbeitet und weist kaum noch ein plastisches Volumen auf. Auch die Ausführung der Rückseite zeigt den Torso nur als flache Scheibe. Archipenko erarbeitete mit dieser Plastik beispielhaft das Verhältnis von Figur zu Raum und von Volumen zur Linie. Für den Künstler selbst war die Ausarbeitung dieses Torsos so gelungen, dass er ihn als ein Musterbeispiel für die generelle Wiedergabe des menschlichen Torsos betrachtete. A. z. S.

132 Säulenskulptur

von Hans Arp
1961
Duraluminium, H. 96,5 cm, B. 14,0 cm,
T. 6,0 cm
Remagen, Arp Museum Bahnhof Rolandseck Inv. LS 303

Die Plastik *Säulenskulptur* ist ein beeindruckendes Beispiel der Verbundenheit Arps mit der kykladischen Kunst. Die Inspiration, die Arp durch die Auseinandersetzung mit prähistorischen Kulturen erlangte, wurde 1951 und 1954 durch zwei Reisen nach Griechenland noch verstärkt, wo er die antiken Originale vor Ort studierte. Diese intensive Beschäftigung mit der Kunst der Kykladen führte zu einer erweiterten Formensprache in Arps Werk. Neben den bisher für seine Werke typischen Biomorphismus treten nun die Geometrie und die Darstellung der menschlichen Gestalt. Es entstehen Arbeiten, deren Verbundenheit mit den kykladischen Idolen offensichtlich ist.

Vor allem in den 1960er-Jahren erschafft Arp auf Vorderansicht gearbeitete, freistehende, symmetrische Skulpturen von geringer Tiefe, die Durchbrechungen aufweisen. Die Konturen bestehen häufig aus welligen Linien, die den Umriss menschlicher Körper bilden. Die achsensymmetrische *Säulenskulptur* zeigt diese neue Verbindung besonders deutlich. Die seitlichen Konturen verlaufen in organischen Wellenlinien und bilden durch ihre unterschiedlichen Aus- und Einbuchtungen eine weibliche Figur nach. Weiter eindeutig bestimmt wird diese durch ein Schamdreieck. Arps Biomorphismus manifestiert sich hier in den Wellenlinien der Figur, die Geometrie hingegen im symmetrischen Aufbau und in den vollkommen ebenen Flächen, die den Körper bilden und durch scharfe Grate voneinander getrennt sind. A. z. S.

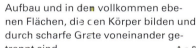

133 Idol

von Hans Arp
1961
Holzschnitt, bemalt, H. 49,6 cm, B. 25,0 cm
Remagen, Arp Museum Bahnhof Rolandseck Inv. LS 138

Der Holzschnitt *Idol* von 1961 zeigt die Annäherung Arps an die archetypischen Formen der prähistorischen Kunst als Folge seiner Suche nach einer umfassenden Urform in der Kunst. Ausgehend von der bereits abstrakten und aus keiner kunsthistorischen Tradition hergeleiteten

Die Welt der Dinge 327

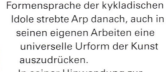

Formensprache der kykladischen Idole strebte Arp danach, auch in seinen eigenen Arbeiten eine universelle Urform der Kunst auszudrücken.

In seiner Hinwendung zur Abbildung des Menschen bediente er sich der Annäherung an archetypische Gestalten, da für Arp der menschliche Gehalt der Idole „kräftiger" war als in den Darstellungen der klassischen Skulpturen und Plastiken. Bei seinen Idolen verzichtete Arp bewusst auf die Darstellung von Details und individuellen Merkmalen und hielt so den Anspruch auf Anonymität aufrecht, den er an sein Werk stellte. Wie bei den kykladischen Vorbildern sind die geschwungenen Umrisslinien und die reduzierte Ausgestaltung des Gesichtes ausreichend, um Arps Idole eindeutig als menschliche Formen zu bestimmen. A. z. S.

134 Ohne Titel
von Hans Arp
o. J. (um 1963)
Muranoglas, H. 71,5 cm, Dm. 18,5 cm
Remagen, Arp Museum Bahnhof Rolandseck Nr. LS 29

Die Plastik *Ohne Titel* ist eine Ausführung des Holzschnittes *Idol* in einem anderen Medium. Nun rundplastisch gestaltet und in Muranoglas ausgeführt, bleibt die künstlerische Aussage dieselbe. Auch hier gelingt es Arp mit minimalen Mitteln, den Eindruck eines archaischen Idols zu vermitteln. Die konkaven und konvexen Wellenlinien bilden den Kopf-, Rumpf- und Beinbereich der Figur, eine waagerechte und eine horizontale Linie definieren das Gesicht. In dieser Arbeit wird die Verbindung der menschlichen Gestalt mit der Symmetrie in Arps Spätwerk besonders deutlich.

Die schwungvollen Formen der Figur sind exakt symmetrisch um eine senkrechte Mittelachse geformt. So entsteht der Eindruck einer ruhig dastehenden, erhabenen Figur, nicht menschlich, sondern eine mystische Wirklichkeit aufzeigend, wie sie Arp in seinen Werken immer wieder ausdrücken wollte. Dieser transzendente Eindruck wird noch durch das Material verstärkt, durch seine leuchtend blaue, fast unwirkliche Farbe und die spiegelnde, vollkommen glatte Oberfläche. A. z. S.

135 Thin Nude Mother and Child
von Henry Moore
1980
Bronze, H. 17,0, cm, B. 13,0 cm, T. 19,5 cm
Künzelsau, Museum Würth Inv. 2492

Der kykladische Harfenspieler aus dem Nationalmuseum in Athen ist eine Figur, die den Künstler Moore durch ihre Bearbeitung besonders beeindruckte. Er bewunderte die „bemerkenswerte Weise, in der bei dieser Arbeit der Bildhauer den Stein öffnete, bestimmte Areale aushöhlte und den Stuhl und die Figur völlig vom originalen Marmorblock befreite". Dieses gestalterische Prinzip des antiken Harfenspielers übernahm Moore bewusst mehrfach in eigenen Werken, so etwa in *Seated figure* (1930). Aber noch sehr viel später findet sich diese kykladische Inspiration bei Moore wieder, wie in seiner Arbeit *Thin Nude Mother and Child* von 1980. A. z. S.

136

136 Büste 14/55 – Mädchenbüste
von Wilhelm Loth
1955–57
Gips, H. 73,0 cm, B. 43,5 cm, T. 31,0 cm
Karlsruhe, Wilhelm-Loth-Stiftung WKV 141

In *Mädchenbüste* hat der Bildhauer Wilhelm Loth eine Hommage an die Idole der Kykladen erschaffen. Nicht nur eine entfernte Inspiration gibt die Figur wieder, sie wirkt geradezu wie die vergrößerte Kopie eines Originals und kann auf den ersten Blick kaum als zeitgenössische Arbeit erkannt werden. Sich eng an die archaischen Vorgaben haltend, formte der Bildhauer das abstrakte und dennoch eindeutige Abbild eines grazilen jungen Mädchens. A. z. S.

137 Torso 1/63 – Kleiner Flaschentorso
von Wilhelm Loth
1963
Gips, H. 46,0 cm, B. 30,0 cm, T. 9,0 cm
Karlsruhe, Wilhelm-Loth-Stiftung WKV 324

Wilhelm Loth nahm für sich in Anspruch, mit seiner Kunst den Bogen von den Uranfängen der Menschheitsgeschichte bis in unsere Zeit schlagen zu wollen. Auf seiner Suche nach einer zeitlosen und allgemeingültigen Formensprache wurde er vor allem in der Kunst der Kykladen fündig. In enger Anlehnung daran entstand die Plastik *Kleiner Flaschentorso*. Gleich einem antiken Idol ist sie auf Vorderansicht mit einer sehr geringen Tiefe gearbeitet und stellt somit keine rundplastische Figur im eigentlichen Sinne dar. Der flache symmetrische Körper, der überlängte Hals und die Andeutung der kleinen Brüste reichen aus, um den Torso eindeutig als Abbildung einer Frau zu bestimmen. Loth gelang es dadurch, in seiner Arbeit die typischen Gestaltungsprinzipien der weiblichen Kykladenidole in unserer Zeit wiederzubeleben. A. z. S.

138 Kleine transparente Statue B
von Lothar Fischer
1985
Eisen, H. 19,0 cm, B. 3,0 cm, T. 3,0 cm
Neumarkt i.d.OPf., Museum Lothar Fischer
Inv. BLF 372

Das Thema des Bildhauers Lothar Fischer war der Mensch in seinen Grundhaltungen Stehen, Sitzen und Liegen. Seine stark abstrahierten menschlichen Formen näherten sich in der Spätphase seiner Arbeit noch einmal deutlich den prähistorischen Vorbildern an, die schon in früheren Werken zum Ausdruck kamen. Zu den von archaischen Werken inspirierten Arbeiten gehört *Kleine transparente Statue B*, in der die Begeisterung des Künstlers für die Kunst der Kykladen besonderen Ausdruck fand. Die vollkommen ruhig stehende, in sich geschlossene Figur gibt eine archaisch anmutende „Idolhaftigkeit" wieder. Streng frontal und symmetrisch angelegt, wird die weibliche Figur vor allem durch horizontale, vertikale Linien und Dreiecke bestimmt. Die Gestalt, die Haltung der Arme, die kleinen Brüste und das Schamdreieck verweisen deutlich auf die kykladischen Vorbilder des Künstlers. A. z. S.

137

139 Heilbronner Kopf A
von Franz Bernhard
2000
Bronze, gegossen, gelötet; Eisenoxid,
H. 47,0 cm, B. 22,0 cm, T. 27,0 cm
Karlsruhe, Badisches Landesmuseum
Inv. FD 109

Die Plastik *Heilbronner Kopf A* ist ein stark verkleinerter Bronzeguss eines der vier „Brückenköpfe" an der Friedrich-Ebert-Brücke in Heilbronn, die der Künstler jeweils paarweise in den Jahren 1997 und 2001 auf beiden Seiten der Brücke errichtete. Diese eigentlichen „Heilbronner Brückenköpfe" sind mit einer Höhe von 5,20 m und 5,50 m deutlich überlebensgroß. Die in der Ausstellung gezeigte kleine Maquette misst weniger als ein Zehntel. Im Gegensatz zu den über 5 m hohen Köpfen besteht die Plastik aus Bronze, einzelne Platten und ein gebogenes Band wurden an mehreren Stellen gut sichtbar zusammengeschweißt. Um an die großen Brückenköpfe deutlich zu erinnern, wurde die Bronze der kleinen Plastik mit einer Eisenpatina versehen.

Franz Bernhard hat sich während seiner künstlerischen Tätigkeit intensiv mit der Darstellung von Menschen und dabei insbesondere mit Köpfen auseinandergesetzt. Viele seiner Werke – Skulpturen, Güsse, Zeichnungen und Radierungen – stellen den menschlichen Körper in einfacher, stark abstrahierter Form dar. Bei den Kopf-Skulpturen sind es markante Formeln, die ausreichen, um einen menschlichen Kopf eindeutig zu charakterisieren: ein spitzes Kinn, die abgerundete Stirn, der Hinterkopf sowie ein klar vom Kopf abgesetzter Hals, der gleichzeitig auch als Sockel dient.

Damit weist Bernhards *Heilbronner Kopf A* eine unübersehbare Ähnlichkeit und Nähe zu den Gestaltungsprinzipien der Kykladenidole auf. Überlebensgroße Werke wie die vier „Brückenköpfe" in Heilbronn finden sich in mehreren größeren Städten Deutschlands. In Karlsruhe ist Bernhard seit 1984 mit der Skulptur *Vitale Form* beim Bühneneingang des Badischen Staatstheaters vertreten.

A. z. S.

140

140 Leaf Venus 2
von William Turnbull
1986
Bronze, H. 131,4 cm, B. 41,9 cm, T. 20,3 cm
Berlin, Sammlung Michael und
Anna Haas

Seit 1955 beinhalten die Arbeiten William Turnbulls eine besonders enge Verbindung von archaischer Einfachheit und zeitgenössischer Abstraktion. Von der kykladischen Formensprache inspiriert, zeigen seine Figuren nun verstärkt einen symmetrischen Aufbau und sind auf Vordersicht gearbeitet, gleichzeitig verlieren sie an Tiefe. Die einfachen, klaren Formen werden durch minimale Binnenzeichen weiter definiert. Der Grat einer Nase steht stellvertretend für ein ganzes Gesicht, zwei kleine Erhebungen, die an Brüste erinnern, reichen aus, um eine Figur als weiblich zu bestimmen. Die Gliedmaßen können auf kurze, horizontale Striche zurückgenommen sein. Diese Arbeiten verweisen klar auf die kykladischen Idole, die in ihrer stark reduzierten Form ebenfalls immer eindeutig erkennbare, meist weibliche Figuren wiedergeben. Gleichzeitig kann sich die Form von Turnbulls Figuren auch an einen stehenden Stein, an ein Ruder oder an ein Blatt anlehnen, die minimalen Innenzeichnungen kennzeichnen sie dennoch eindeutig als menschliche Gestalt. In der Blattgestalt von *Leaf Venus 2* verarbeitete der Künstler, neben der Formensprache der Idole, auch den tiefen Eindruck, den der malaysische Dschungel während einer Reise 1962 nach Singapur auf ihn machte. A. z. S.

141

141 Head 3
von William Turnbull
1979
Bronze, H. 27,9 cm, B. 13 cm, T. 12 cm
München, Sammlung Heinz Schoeffmann

William Turnbulls Arbeit *Head 3* gehört zu einer Serie von menschlichen Köpfen, zu der ihn der kykladische Kopf von Keros im Louvre anregte. In Anlehnung an dieses Vorbild strebte Turnbull nach der aufs Wesentliche konzentrierten einfachen Form, die unbegrenzte Bedeutungen beinhalten kann. Diese Abstraktion gab Turnbull die Freiheit, sich auf Blickwinkel der menschlichen Form zu konzentrieren, die er im Naturalismus nie gefunden hatte.

Die Darstellung eines Kopfes als Abbild einer speziellen Person war für Turnbull nicht von Interesse, der Kopf sollte für ihn Form und Symbol zugleich sein. Nur er sollte die Fähigkeit erhalten, die gesamte menschliche Erfahrung auszudrücken. Turnbull reduzierte nun seine eigenen Darstellungen auf ein Minimum: Wie bei den kykladischen Vorbildern reichen die vage Form des Kopfes und eine angedeutete Nase, um nicht ein spezielles Gesicht, sondern jede vorstellbare Physiognomie ausdrücken zu können. Viele Masken und Köpfe aus

Turnbulls späteren Jahren gehen auf dieses kykladische Prinzip zurück. Turnbulls Werke zeigen eine ganz eigenständige Verbindung archaischer Einfachheit mit zeitgenössischer Abstraktion. Durch die radikale Vereinfachung seiner Formensprache erinnern die Arbeiten nun selbst an archaische Idole. A. z. S.

142 Kopf eines Idols
Angeblich Keros
2700–2400 v. Chr., Frühkykladisch II
Marmor, H. 27,0 cm
Paris, Musée du Louvre, Département des antiquités grecques, étrusques et romaines
Inv. MA 2709

Dieser monumentale Kopf eines einst ca. 150 cm messenden Kykladenidols wurde dem Louvre 1873 von Olivier Rayet geschenkt. Idole dieser Größe sind selten und galten den Kykladenbewohnern aufgrund ihres Herstellungsaufwandes wohl als besonders prestigeträchtig. Eine ausschließliche Verwendung solcher Idole durch sozial hochstehende Persönlichkeiten wäre denkbar. Möglicherweise wurden sie auch von einer Familie oder einem Dorf gemeinschaftlich genutzt.
Die kulturgeschichtliche Bedeutung dieses Kopfes beschränkt sich aber nicht allein auf die Kykladenkultur. Künstler der Moderne bewunderten die Skulptur und ließen sich von ihrer klaren, einfachen Formensprache anregen oder nahmen sie direkt als Vorbild für eigene Werke. Somit ist dieser Kopf nicht nur ein beredtes Zeugnis frühbronzezeitlicher kykladischer Religiosität, sondern darüber hinaus ein immer neue Funken der Inspiration schlagendes Artefakt, das auch nach 4500 Jahren nichts von seiner kulturellen Relevanz einbüßt.

Lit: Getz-Gentle 2001, 178. – Karlsruhe 1976, 473f. Nr. 200. B. S.

Literaturverzeichnis

Åberg 1933 | N. Åberg, Bronzezeitliche und früheisenzeitliche Chronologie IV (Stockholm 1933).

Alram-Stern 1996 | E. Alram-Stern, Die Ägäische Frühzeit. 2. Serie, Forschungsbericht 1975–1993. Band 1: Das Neolithikum in Griechenland mit Ausnahme von Kreta und Zypern. Österreichische Akademie der Wissenschaften, Philosophisch-Historische Klasse: Veröffentlichungen der Mykenischen Kommission 16 (Wien 1996).

Alram-Stern 2004 | E. Alram-Stern, Die Ägäische Frühzeit. 2. Serie, Forschungsbericht 1975–2002. 2 Bände: Die Frühbronzezeit in Griechenland mit Ausnahme von Kreta, Österreichische Akademie der Wissenschaften, Philosophisch-Historische Klasse: Veröffentlichungen der Mykenischen Kommission 21 (Wien 2004).

Altherr/Siebel 2002 | R. Altherr – W. Siebel, I-type Plutonism in a Continental Back-arc Setting: Miocene Granitoids and Monzonites From the Central Aegean Sea, Greece, Contributions to Mineralogy and Petrology 143, 2002, 397–415.

Altherr u. a. 1979 | R. Altherr – M. Schliestedt – M. Okrusch – E. Seidel – H. Kreuzer – W. Harre – H. Lenz – I. Wendt – G. A. Wagner, Geochronology of High-pressure Rocks on Sifnos (Cyclades, Greece), Contributions to Mineralogy and Petrology 70, 1979, 245–255.

Altherr u. a. 1982 | R. Altherr – H. Kreuzer – I. Wendt – H. Lenz – G. A. Wagner – J. Keller – W. Harre – A. Höhndorf, A Late Oligocene/Early Miocene High Temperature Belt in the Attic-Cycladic Crystalline Complex (SE Pelagonian, Greece), Geologisches Jahrbuch E23, 1982, 97–164.

Altherr u. a. 1994 | R. Altherr – H. Kreuzer – H. Lenz – I. Wendt – W. Harre – S. Dürr, Further Evidence For a Late Cretaceous Low-pressure/High-temperature Terrane in the Cyclades, Greece, Chemie der Erde 54, 1994, 319–328.

Aruz/Wallenfels 2003 | J. Aruz – R. Wallenfels (Hrsg.), Art of the First Cities. The Third Millennium B.C. From the Mediterranean to the Indus. Ausstellungskatalog New York (New York 2003).

Ascalone/Peyronel 2006 | E. Ascalone – L. Peyronel, I pesi da bilancia del Bronzo Antico e del Bronzo Recente. Materiali e Studi Archeologici di Ebla VII (Rom 2006).

Bach 2006 | Fr. T. Bach, Shaping the Beginning: Modern Artists and the Ancient Eastern Mediterranean. N. P. Goulandris Foundation, Museum of Cycladic Art (Athen 2006).

Barber 1994 | R. L. N. Barber, Οι Κυκλάδες στην εποχή του χαλκού, Εμπορική Τράπεζα της Ελλάδος (Athen 1994).

Basch 1987 | L. Basch, Le Musée imaginaire de la marine antique (Athen 1987).

Beard 1991 | M. Beard, Adopting an Approach, in: T. Rasmussen – N. Spivey (Hrsg.), Looking at Greek Vases (Cambridge 1991) 12–35.

Beckel/Froning/Simon 1983 | G. Beckel – H. Froning – E. Simon, Werke der Antike im Martin-von-Wagner-Museum der Universität Würzburg (Mainz 1983).

Becker/Kroll 2008 | C. Becker – H. Kroll, Das prähistorische Olynth. Ausgrabungen in der Toumba Agios Mamas 1994–1996. Ernährung und Rohstoffnutzung im Wandel. Prähistorische Archäologie in Südosteuropa 22 (Rahden 2008).

Bent 1884 | J. Th. Bent, Researches Among the Cyclades, Journal of Hellenic Studies 5, 1884, 42–59.

Bent 1885 | J. Th. Bent, The Cyclades or Life Among the Insular Greeks (1885) – Nachdruck Chicago von 1966 unter dem Titel „Aegean Islands: The Cyclades or Life Among the Insular Greeks" mit einem Vorwort von A. N. Oikomomides.

Bent 1888 | J. Th. Bent, Discoveries in Asia Minor, Journal of Hellenic Studies 9, 1888, 82–87.

Beschi 1999 | L. Beschi, Vecchie ricerche a Thera, in: N. Chr. Stampolidis (Hrsg.), ΦΩΣ ΚΥΚΛΑΔΙΚΟΝ. Gedenkschrift für Nikos Zapheiropoulos (Athen 1999) 384–393.

Best 1925 | E. Best, The Maori Canoe (Wellington 1925).

Birtacha 2003 | K. Birtacha, Colours and Coloration in the Early Bronze Age Cyclades, in: A. G. Vlachopoulos – K. Birtacha (Hrsg.), ΑΡΓΟΝΑΥΤΗΣ. Festschrift für Christos G. Doumas (Athen 2003) 263 ff.

Blinkenberg 1896 | Chr. Blinkenberg, Præmykeniske oldsager. Bidrag til studiet af Grækenlands ældste kultur, Aarbøger for nordisk oldkyndighed og historie 11, 1896, 1–64.

Blinkenberg/Friis Johannsen 1925 | Chr. Blinkenberg – K. Friis Johansen, Corpus Vasorum Antiquorum Dänemark 1 (Kopenhagen 1925).

Bonn 1969 | Akademisches Kunstmuseum (Hrsg.), Antiken aus dem Akademischen Kunstmuseum Bonn. Führer des Rheinischen Landesmuseums in Bonn. Kunst und Altertum am Rhein 19 (Düsseldorf 1969).

Bossert 1954 | E.-M. Bossert, Zur Datierung der Gräber von Arkesine auf Amorgos, in: W. Kimmig (Hrsg.) Festschrift für Peter Goessler (Stuttgart 1954) 23–34.

Bossert 1960 | E.-M. Bossert, Die gestempelten Verzierungen auf frühbronzezeitlichen Gefäßen der Ägäis, Jahrbuch des Deutschen Archäologischen Instituts 75, 1960, 1–16.

Bossert 1965 | E.-M. Bossert, Ein Beitrag zu den frühkykladischen Fundgruppen, Anadolu araştırmaları 2, 1965, 53–75.

Bossert 1967 | E.-M. Bossert, Kastri auf Syros. Vorbericht über eine Untersuchung der prähistorischen Siedlung, Archaiologikon Deltion 22,1 (Meletes), 1967, 53–76.

Branigan 1974 | K. Branigan, Aegean Metalwork of the Early and Middle Bronze Age (Oxford 1974).

Branigan 1976 | K. Branigan, Waffen und Metallwerkzeuge der Kykladenkultur, in: Karlsruhe 1976, 120–125.

Braun 1999 | J. Braun, Die Musikkultur Altisraels/Palästinas. Studien zu archäologischen, schriftlichen und vergleichenden Quellen. Orbis Biblicus et Orientalis 164 (Freiburg, Schweiz/Göttingen 1999).

Brinkmann 2006 | V. Brinkmann, The Idol's Glance, in: Bach 2006, 121–126.

Brinkmann 2008 | V. Brinkmann, Die Augen des Idols. Zur Farbigkeit der Kykladischen Kunst, in: V. Brinkmann (Hrsg.), Bunte Götter. Die Farbigkeit antiker Skulptur. Ausstellung Liebighaus Frankfurt (Frankfurt 2008) 43–49.

Brodie/Doole/Gavalas/Renfrew 2008 | N. Brodie – J. Doole – G. Gavalas – C. Renfrew (Hrsg.), Horizon. Ορίζων: A Colloquium on the Prehistory of the Cyclades. 25.–28. März 2004. McDonald Institute Monographs (Cambridge 2008).

Broodbank 1989 | C. Broodbank, The Longboat and Society in the Cyclades in the Keros-Syros culture, American Journal of Archaeology 93, 1989, 319–337.

Broodbank 1999 | C. Broodbank, Colonization and Configuration in the Insular Neolithic of the Aegean, in: P. Halstead (Hrsg.), Neolithic Society in Greece. Sheffield Studies in Aegean Archaeology 2 (Sheffield 1999) 15–42.

Broodbank 2000 | C. Broodbank, An Island Archaeology of the Early Cyclades (Cambridge 2000).

Broodbank 2008 | C. Broodbank, The Early Bronze Age in the Cyclades, in: C.W. Shelmerdine (Hrsg.) The Cambridge Companion to the Aegean Bronze Age (Cambridge 2008) 47–76.

Buchholz 1972 | H.-G. Buchholz, Das Blei in der mykenischen Kultur und in der bronzezeitlichen Metallurgie Zyperns, Jahrbuch des Deutschen Archäologischen Instituts 87, 1972, 1–59.

Canciani 1966 | F. Canciani, Corpus Vasorum Antiquorum Heidelberg 3 (München 1966).

Carter 1998 | T. Carter, Reverberations of the International Spirit: Thoughts Upon ‚Cycladica' in the Mesara, in: K. Branigan (Hrsg.), Cemetery and Society in the Aegean Bronze Age. Sheffield Studies in Aegean Archaeology 1 (Sheffield 1998) 59–77.

Caskey 1971 | J. L. Caskey, Marble Figurines From Ayia Irini on Keos, Hesperia 40, 1971, 113–126.

Caskey 1972 | J. L. Caskey, Investigations in Keos. Part II: A Conspectus of the Pottery, Hesperia 41, 1972, 337–401.

Cherry 1990 | J. F. Cherry: The First Colonization of the Mediterranean Islands: A Review of Recent Research, Journal of Mediterranean Archaeology 3/2, 1990, 145–221.

Cherry 1992 | J. F. Cherry, Beazley in the Bronze Age? Reflections on Attribution Studies in the Aegean Bronze Age, in: R. Laffineur – J. L. Crowley (Hrsg.), EIKΩN. Aegean Bronze Age Iconography: Shaping a Methodology. Aegaeum 8 (Liège 1992) 123–144.

Cherry 1999 | J. F. Cherry, After Aidonia: Further Reflections on Attribution in the Aegean Bronze Age, in: P. Betancourt u.a. (Hrsg.), MELETEMATA: Studies in Aegean Archaeology Presented to Malcolm H. Wiener As He Enters His 65th Year. Aegaeum 20 (Liège/Austin 1999) 103–110.

Childe 1924 | V. G. Childe, A Gold Vase of Early Helladic Type, Journal of Hellenic Studies 44, 1924, 163–165.

Childe 1941 | V. G. Childe, What Happened in History (Harmondsworth 1941).

Coleman 1977 | J. E. Coleman, Kephala. A Late Neolithic Settlement and Cemetery. Keos: Results of Excavations Conducted by the University of Cincinnati Under the Auspices of the American School of Classical Studies at Athens I (Princeton/Philadelphia 1977).

Coleman 1985 | J. E. Coleman, „Frying Pans" of the Early Bronze Age Aegean, American Journal of Archaeology 89, 1985, 191–219.

Coleman 1992 | J. E. Coleman, Greece, the Aegean and Cyprus, in: R.W. Ehrich (Hrsg.), Chronologies in Old World Archaeology ³(Chicago/London 1992) Bd. 1, 247–288. Bd. 2, 203–229.

Cook 1955 | R. M. Cook, Thucydides as Archaeologist, Annual of the British School at Athens 50, 1955, 266–270.

Craxton/Warren 2004 | J. Craxton – P. M. Warren, A Neocycladic Harpist?, in: N. Brodie – C. Hills (Hrsg.), Material Engagements: Studies in Honour of Colin Renfrew (Cambridge 2004) 109–113.

Cullen 2001 | T. Cullen (Hrsg.), Aegean Prehistory: A Review. American Journal of Archaeology Supplement 1 (Boston 2001).

Davaras/Betancourt 2004 | C. Davaras – Ph. P. Betancourt, The Hagia Photia Cemetery I. The Tomb Groups and Architecture (Philadelphia 2004).

Davidson 2005 | A. A. Davidson, The Sculpture of William Turnbull. The Henry Moore Foundation (2005).

Davis 1977 | E. N. Davis, The Vapheio Cups and Aegean Gold and Silver Ware (New York/London 1977).

Davis 1992 | J. L. Davis, Review of Aegean Prehistory I: The Islands of the Aegean, American Journal of Archaeology 96, 1992, 699–756.

Davis 2001 | J. L. Davis, Review of Aegean Prehistory I: The Islands of the Aegean, in: Cullen 2001, 19–76.

Davis/Tzonou-Herbst/Wolpert 2001 | J. L. Davis – I. Tzonou-Herbst – A. D. Wolpert, Addendum: 1992–1999, in: Cullen 2001, 77–94.

Day/Wilson/Kiriatzi 1998 | P. M. Day – D. E. Wilson – E. Kiriatzi, Pots, Labels and People: Burying Ethnicity in the Cemetery at Aghia Photia, Siteias, in: K. Branigan (Hrsg.), Cemetery and Society in the Aegean Bronze Age. Sheffield Studies in Aegean Archaeology 1 (Sheffield 1998) 133–149.

Della Casa 1995 | P. Della Casa, The Cetina Group and the Transition From Copper to Bronze Age in Dalmatia, Antiquity 69, 1995, 565–576.

Dering 2000 | P. Dering, hans arp – Metamorphosen 1915–1965 (Zürich 2000).

Derouet 2011 | Chr. Derouet, Postface, in: A. Caubet (Hrsg.) Zervos et L' Art des Cyclades, Ausstellungskatalog Musée Zervos, Vézelay (2011).

Doumas 1964 | Chr. G. Doumas, Αρχαιότητες και μνημεία των Κυκλάδων, Achaeologikon Deltion 19 (Chronika) (2), 1964, 409–412.

Doumas 1972 | Chr. G. Doumas, Notes on Early Cycladic Architecture, Archäologischer Anzeiger 1972, 151–170.

Doumas 1976 | Chr. G. Doumas, Die archäologische Erforschung der frühen Bronzezeit auf den Kykladen, in: Karlsruhe 1976, 190–197.

Doumas 1977 | Chr. G. Doumas, Early Bronze Age Burial Habits in the Cyclades. Studies in Mediterranean Archaeology 48 (Göteborg 1977).

Doumas 1978 | Chr. G. Doumas, Exhibition of Ancient Greek Art from the N. P. Goulandris Collection (Athen 1978).

Doumas 1983 | Chr. G. Doumas (Hrsg.), L'art des Cyclades dans la collection N. P. Goulandris. Marbre, céramique et métal à l'âge du bronze ancien (Paris 1983).

Doumas 1993 | Chr. G. Doumas, To protokykladiko tiganoschimo skevos. Skepseis gia mia pithani chrisi tou, in: Epeteris Etaireias Kykladikon Meleton 14, 1991–1993 (1993), 299–318.

Doumas 1993 a | Chr. G. Doumas, Ergon 39, 1992 (1993) 78–80.

Doumas/La Rosa 1997 | Chr. G. Doumas – V. La Rosa (Hrsg.), Η Πολιόχνη και η Πρώιμη Εποχή του Βόρειο Αιγαίο – Poliochni e l'antica età del bronzo nell' Egeo Settentrionale (Athen 1997).

Dörpfeld 1935 | W. Dörpfeld, Alt-Olympia I–II, Untersuchungen und Ausgrabungen zur Geschichte des ältesten Heiligtums von Olympia und der älteren griechischen Kunst (Berlin 1935).

Dugas 1925 | C. Dugas, La céramique des Cyclades (Paris 1925).

Dümmler 1886 | F. Dümmler, Mittheilungen von den griechischen Inseln, Athenische Mitteilungen 11, 1886, 15–46.

Dümmler 1901 | F. Dümmler, Kleine Schriften III: Archaeologische Aufsaetze (Leipzig 1901).

Efe 1988 | T. Efe, Demircihüyük III.2. Die Keramik 2. C Die frühbronzezeitliche Keramik der jüngeren Phasen (ab Phase H) (Mainz 1988).

Ekschmitt 1986 | W. Ekschmitt, Kunst und Kultur der Kykladen. Teil I: Neolithikum und Bronzezeit (Mainz 1986).

Evans 1979 | R. K. Evans, The Significance of the Cycladic Early Bronze Age: From *Life Among the Insular Greeks* to the „Multiplier Effect" and Beyond, in: J. L. Davis – J. F. Cherry (Hrsg.), Papers in Cycladic Prehistory. Institute of Archaeology, University of California/Los Angeles. Monograph XIV (Los Angeles 1979) 7–21.

Faucounau 1978 | J. Faucounau, La civilisation de Syros et l'origine du disque de Phaistos, Kretologia 7, 1978, 103–113.

Felten u.a. 2007 | F. Felten – C. Reinholdt – E. Pollhammer – W. Gauß – R. Smetana, Ägina-Kolonna 2007. Jahreshefte des Österreichischen Archäologischen Instituts 77, 2008, 47–76.

Fiedler 1841 | K. Fiedler, Reise durch alle Theile des Königreiches Griechenland Bd. 2 (Leipzig 1841).

Fitton 1989 | J. L. Fitton, *Esse Quam Videri*: A Reconsideration of the Kythnos Hoard of Early Cycladic Tools, American Journal of Archaeology 93, 1989, 31–39.

Fitton 1995 | J. L. Fitton, The Discovery of the Greek Bronze Age (London 1995).

Fittschen 1999 | K. Fittschen, Archäologische Forschungen in Griechenland zur Zeit König Ottos (1832 bis 1862) in: R. Baumstark (Hrsg.) Das Neue Hellas. Griechen und Bayern zur Zeit Ludwigs I. Ausstellungskatalog des Bayerischen Nationalmuseums München 1999/2000 (München 1999) 133–147.

Forsén 1992 | J. Forsén, The Twilight of the Early Helladics: A Study of the Disturbances in East-Central and Southern Greece Towards the End of the Early Bronze Age. Studies in Mediterranean Archaeology Pocket-book 116 (Jonsered 1992).

Fotiadis 2002 | M. Fotiadis, Collecting Prehistoric Antiquities in the 19th Century Aegean, in: P. Darque – M. Fotiadis – O. Polychronopoulou (Hrsg.), Mythos. La préhistoire égéenne du XIXe au XXIe siècle après J.-C.; actes de la table ronde internationale d'Athènes (21–23 novembre 2002). Bulletin de Correspondance Hellénique Supplement 46 (Athen 2002) 9–16.

Friedrich 2000 | W. L. Friedrich, Fire in the Sea: The Santorini Volcano, Natural History and the Legend of Atlantis (Cambridge 2000).

Galanakis in Vorb. | Y. Galanakis, Cycladic Archaeology Before Tsountas and the Early Prehistoric Research on Amorgos, American Journal of Archaeology (in Vorbereitung).

Gale 1981 | N. H. Gale, Mediterranean Obsidian Source Characterisation By Strontium Isotope Analysis, Archaeometry 23, 1981, 41–51.

Gale/Stos-Gale 2008 | N. H. Gale – Z. A. Stos-Gale, Changing Patterns in Prehistoric Cycladic Metallurgy, in: Brodie/Doole/Gavalas/Renfrew 2008, 387–408.

Gauss/Smetana 2004 | W. Gauss – R. Smetana, Bericht zur Keramik und Stratigraphie der Frühbronzezeit III aus Ägina Kolonna, in: Alram-Stern 2004, 1104–1113.

Gehrig 1980 | U. L. Gehrig, Weibliches Idol der Kykladen-Kultur, in: U. L. Gehrig (Hrsg.), Die Meisterwerke aus dem Antikenmuseum Berlin, Staatliche Museen Preußischer Kulturbesitz (Stuttgart 1980).

Genz 2003 | H. Genz, Ritzverzierte Knochenhülsen des dritten Jahrtausends im Ostmittelmeerraum: eine Studie zu den frühen Kulturverbindungen zwischen Levante und Ägäis. Abhandlungen des Deutschen Palaestinavereins 31 (Wiesbaden 2003).

Getz-Preziosi/Weinberg 1970 | P. Getz-Preziosi – S. S. Weinberg, Evidence for Painted Details in Early Cycladic Sculpture, Antike Kunst 13, 1970, 4–12.

Getz-Preziosi 1981 | P. Getz-Preziosi, The Male Figure in Early Cycladic Sculpture, Metropolitan Museum Journal 15, 1981, 5–33.

Getz-Preziosi 1987 | P. Getz-Preziosi, Sculptors of the Cyclades: Individual and Tradition in the Third Millennium B. C. (Ann Arbor 1987).

Getz-Preziosi 1987 a | P. Getz-Preziosi (Hrsg.), Early Cycladic Art in North American Collections. Ausstellungskatalog Virginia Museum of Fine Arts (Richmond 1987).

Getz-Gentle 1996 | P. Getz-Gentle, Stone Vessels of the Cyclades in the Early Bronze Age (University Park 1996).

Getz-Gentle 2001 | P. Getz-Gentle, Personal Styles in Early Cycladic Sculpture (Madison 2001).

Getz-Gentle 2008 | P. Getz-Gentle, The Keros Hoard Revisited, American Journal of Archaeology 112, 2008, 299–305.

Getz-Gentle 2008 a | P. Getz-Gentle, Keros Hoard Objects in Detail, American Journal of Archaeology 112, 2008, http://www.ajaonline.org/sites/default/files/AJA1122_Getz-Gentle_ADD.pdf (Zugriff vom 01.10.2011).

Gill/Chippindale 1993 | D. Gill – Chr. Chippindale, Material and Intellectual Consequences of Esteem for Cycladic Figures, American Journal of Archaeology 97, 1993, 601–659.

Goodison 1989 | L. Goodison, Death, Women and the Sun. Symbolism of Regeneration in Early Aegean Religion, Bulletin of the Institute of Classical Studies Supplement 53 (London 1989).

Gropengießer 1986 | H. Gropengießer, Siphnos, Kap Hagios Sostis: Keramische prähistorische Zeugnisse aus dem Gruben- und Hüttenrevier, Athenische Mitteilungen 101, 1986, 1–39.

Gropengießer 1987 | H. Gropengießer, Siphnos, Kap Hagios Sostis: Keramische prähistorische Zeugnisse aus dem Gruben- und Hüttenrevier II, Athenische Mitteilungen 102, 1987, 1–5.

Gropengießer 2001 | H. Gropengießer, Kykladische Körbchen, in: St. Böhm – K.-V. von Eickstedt (Hrsg.), ΙΘΑΚΗ. Festschrift für Jörg Schäfer zum 75. Geburtstag am 25. April 2001 (Würzburg 2001) 1–9.

Guttandin 2009 | Th. Guttandin, Vom Einbaum zum Plankenschiff. „Geschnäbelte" Boote als Konstruktionsprinzip im mittelminoischen Schiffsbau, Skyllis 9, 2009, 124–137.

Guttandin/Panagiotopoulos/Pflug/Plath 2011 | Th. Guttandin – D. Panagiotopoulos – H. Pflug – G. Plath, Inseln de Winde – Die maritime Kultur der bronzezeitlichen Ägäis. Begleitbuch zur gleichnamigen Ausstellung (Heidelberg 2011).

Halstead 2007 | P. Halstead, Carcasses and Commensality: Investigating the Social Context of Meat Consumption in Neolithic and Early Bronze Age Greece, in: Chr. Mee – J. Renard, Cooking Up the Past. Food and Culinary Practices in the Neolithic and Bronze Age Aegean (Oxford 2007).

Hampe/Gropengießer 1967 | F. Hampe – H. Gropengießer, Aus der Sammlung des Archäologischen Instituts der Universität Heidelberg. Werke der Kunst in Heidelberg 2 (Berlin 1967).

Hansen 1988 | J. M. Hansen, Agriculture in the Prehistoric Aegean: Data versus Speculation, American Journal of Archaeology 92, 1988, 39–52.

Hansen 2007 | S. Hansen, Bilder vom Menschen in der Steinzeit. Untersuchungen zur anthropomorphen Plastik der Jungsteinzeit und Kupferzeit in Südosteuropa. Archäologie in Eurasien Band 20 (Mainz 2007).

Hekman 1991 | J. J. Hekman, The Early Cycladic Cemetery at Chalandriani on Syros: Report on the 1991 Topographical Survey, Newsletter Athen 4, 1991, 17–43.

Hendrix 1997/98 | E. A. Hendrix, Painted Ladies of the Early Bronze Age, Metropolitan Museum of Art Bulletin 55, 1997/98, 4–15.

Hendrix 2003 | E. A. Hendrix, Painted Early Cycladic Figures: an Exploration of Context and Meaning, Hesperia 72, 2003, 405–446.

Hendrix 2003 a | E. A. Hendrix, Some Methods for Revealing Paint on Early Cycladic Figures, in: K. Polinger Foster – R. Laffineur (Hrsg.), METRON. Measuring the Aegean Bronze Age. 9th International Aegean Conference: New Haven, Yale University, 18.–21. April 2002. Aegaeum 24 (Liège 2003) 139–148.

Heyd 2007 | V. Heyd, When the West Meets the East: The Eastern Periphery of the Bell Beaker Phenomenon and its Relation with the Aegean Early Bronze Age, in I. Galanaki – H. Tomas – Y. Galanakis – R. Laffineur (Hrsg.), Between the Aegean and Baltic Seas. Prehistory Across Borders. Proceedings of the International Conference, Bronze and Early Iron Age Interconnections and Contemporary Developments Between the Aegean and the Regions of the Balkan Peninsula, Central and Northern Europe University of Zagreb, 11.–14. April 2005. Aegaeum 27 (Zagreb 2007) 91–104.

Höckmann 1968 | O. Höckmann, Zu Formenschatz und Ursprung der schematischen Kykladenplastik, Berliner Jahrbuch für Vor- und Frühgeschichte 8, 1968, 45–75.

Höckmann 1975 | O. Höckmann, Zu dem Gebäudemodell aus Melos, Istanbuler Mitteilungen 25, 1975, 269–299.

Höckmann 1976 | O. Höckmann, Die Religion der Kykladenkultur, in: Karlsruhe 1976, 38–53.

Höckmann 1982 | O. Höckmann, Zur kykladischen Harfenspielerfigur von Keros, Boreas 5, 1982, 33–48.

Hoffman 2002 | G. L. Hoffman, Painted Ladies: Early Cycladic II Mourning Figures?, American Journal of Archaeology 106, 2002, 525–550.

Hofrichter 2001 | R. Hofrichter (Hrsg.), Das Mittelmeer. Fauna, Flora, Ökologie I. Allgemeiner Teil (Heidelberg/Berlin 2001).

Hughes-Brock/Boardman 2009 | H. Hughes-Brock – J. Boardman, Corpus der minoischen und mykenischen Siegel V I. Oxford, The Ashmolean Museum (Mainz 2009).

İstanbul 2011 | V. Şahoğlu – P. Sotirakopoulou – N. Chr. Stampolidis (Hrsg.), Across. The Cyclades and Western Anatolia during the 3rd Millennium B. C. Ausstellungskatalog Sabancı University. Sakıp Sabancı Museum İstanbul (İstanbul 2011).

Ivanova 2008 | M. Ivanova, Befestigte Siedlungen auf dem Balkan, in der Ägäis und in Westanatolien, ca. 5000–2000 v. Chr. (Münster 2008).

Kaiser/Forenbaher 1999 | T. Kaiser – S. Forenbaher, Adriatic Sailors and Stone Knappers: Palagruža in the 3rd Millennium BC, Antiquity 73, 1999, 313–324.

Karantzali 1996 | E. Karantzali, Le Bronze Ancien dans les Cyclades et en Crète: les relations entre les deux régions. Influence de la Grèce continentale, British Archaeological Reports International Series (Paris 1996).

Karlsruhe 1976 | J. Thimme (Hrsg.), Kunst und Kultur der Kykladeninseln im 3. Jahrtausend v. Chr. Katalog zur Ausstellung unter dem Patronat des International Council of Museums ICOM im Karlsruher Schloß vom 25. Juni – 10 Oktober 1976 (Karlsruhe 1976).

Karlsruhe 2001 | E. Rödiger-Diruf (Hrsg.), Wilhelm Loth: Torso der Frau. Plastiken, Zeichnungen, Fotografien, Gemälde. Ausstellungskatalog Stadt Karlsruhe (Karlsruhe 2001).

Kilikoglou/Bassiakos/Grimanis/Souvatzis 1996 | V. Kilikoglou – Y. Bassiakos – A. P. Grimanis – K. Souvatzis, Carpathian Obsidian in Macedonia, Greece, Journal of Archaeological Science 23, 1996, 343–349.

Knittlmayer/Heilmeyer 1998 | B. Knittlmayer – W.-D. Heilmeyer (Hrsg.) Die Antikensammlung. Altes Museum, Pergamonmuseum. Staatliche Museen zu Berlin (Mainz 1998).

Knittlmayer 2001 | B. Knittlmayer, Wiedervereinigte Funde von der Kykladeninsel Syros. Grabbeigaben der frühen Bronzezeit in der Berliner Antikensammlung, Jahrbuch der Berliner Museen 43, 2001, 37–52.

Köhler 1878 | U. Köhler, Über die Zeit und den Ursprung der Grabanlagen in Mykene und Spata, Athenische Mitteilungen 3, 1878, 1–13.

Krzyszkowska (2010) | O. Krzyszkowska (Hrsg.), Cretan Offerings. Studies in Honour of Peter Warren. British School at Athens Studies 18 (London 2010).

Küchler/Melion 1991 | S. Küchler – W. Melion (Hrsg.), Images of Memory on Remembering and Representation. Symposium on Relation of Mnemonic Functions to Pictorial Representations (1991).

Lawergren 1996 | B. Lawergren, Harfen (Antike), in: L. Finscher (Hrsg.), Die Musik in Geschichte und Gegenwart. Allgemeine Enzyklopädie der Musik ^{2}(Kassel 1996) Sachteil 4,39–62.

Legarra Herrero 2009 | B. Legarra Herrero, The Minoan Fallacy: Cultural Diversity on Crete At the Beginning Of the Bronze Age As Assessed Through the Mortuary Behavior, Oxford Journal of Archaeology 28, 2009, 29–57.

Lichtenstern 1994 | Chr. Lichtenstern, Henry Moore und die Antike. Ein langer Weg zurück zu sich selbst, in: J. Summers – Chr. Lichtenstern (Hrsg.), Henry Moore – Form und Ethos, Ausstellungskatalog Pforzheim/Bad Homburg v. d. Höhe 1994 (Pforzheim 1994).

Lichter 2005 | C. Lichter (Hrsg.), How Did Farming Reach Europe? Anatolian-European Relations From the Second Half of the 7th Through the First Half of the 6th Millennium cal. B C. Proceedings of the International Workshop İstanbul, 20.–22. Mai 2004. BYZAS 2 (İstanbul 2005).

Lichter/Herling/Kasper/Meriç 2008 | C. Lichter – L. Herling – K. Kasper – R. Meriç, Im Westen nichts Neues? Ergebnisse der Grabungen 2003 und 2004 in Dedecik-Heybelitepe. Istanbuler Mitteilungen 58, 2008, 13–65.

Liepmann 1975 | U. Liepmann, Griechische Terrakotten, Bronzen, Skulpturen. Bildkatalog des Kestner Museums (Hannover 1975).

Lullies 1955 | R. Lullies, Eine Sammlung griechischer Kleinkunst (München 1955).

Lund/Rasmussen 1994 | J. Lund – B. Bundgaard Rasmussen, Antiksamlingen. Grækere, etruskere, romere (København 1994).

MacGillivray 1980 | J. A. MacGillivray, Mount Kynthos in Delos. The Early Cycladic Settlement, Bulletin de correspondance hellénique 104, 1980, 3–45.

McGrail 2001 | S. McGrail, Boats of the World – From the Stone Age to Medieval Times (Oxford 2001).

Maier 2000 | B. Maier, Idole und Idolatrie § 2 Religionswissenschaftliche Aspekte, in: H. Jankuhn – H. Beck u. a. (Hrsg.), Reallexikon der Germanischen Altertumskunde 15 (Berlin/New York 2000) 325–330.

Mainzer Zeitschrift 1929/30 | Jahresbericht des Römisch-Germanischen Zentral-Museums in Mainz für die Zeit vom 1. April 1929 bis 31. März 1930, Mainzer Zeitschrift 24/25, 1929/1930

Malraux 1976 | A. Malraux, Picasso's Mask (New York 1976).

Manning 1995 | S. W. Manning, The Absolute Chronology of the Aegean Early Bronze Age. Archaeology, Radiocarbon and History. Monographs in Mediterranean Archaeology 1 (Sheffield 1995).

Maran 1986 | J. Maran, Überlegungen zur Abkunft der FH III-zeitlichen ritz- und einstichverzierten Keramik, Hydra 2, 1986, 1–28.

Maran 1998 | J. Maran, Kulturwandel auf dem griechischen Festland und den Kykladen im späten 3. Jahrtausend v. Chr. Studien zu den kulturellen Verhältnissen in Südosteuropa und dem zentralen sowie östlichen Mittelmeerraum in der späten Kupfer- und frühen Bronzezeit. Universitätsforschungen zur prähistorischen Archäologie 53 (Bonn 1998).

Maran 2007 | J. Maran, Seaborne Contacts Between the Aegean, the Balkans and the Central Mediterranean in the 3rd Millennium BC – The Unfolding of the Mediterranean World, in: I. Galanaki – H. Tomas – Y. Galanakis – R. Laffineur (Hrsg.), Between the Aegean and Baltic Seas. Prehistory Across Borders. Proceedings of the International Conference, Bronze and Early Iron Age Interconnections and Contemporary Developments Between the Aegean and the Regions of the Balkan Peninsula, Central and Northern Europe University of Zagreb, 11.–14. April 2005. Aegaeum 27 (Zagreb 2007) 3–21.

Marangou 1990 | L. Marangou, Cycladic Culture. Naxos in the 3rd Millennium B C. Ausstellungskatalog Athen 1990 (Athen 1990).

Marangou 1999 | L. Marangou, Μαρμάρινο κυκλαδικό αγαλμάτιο μουσικού από την Αμοργό, in: N. Chr. Stampolidis (Hrsg.), Φως κυκλαδικόν. Τιμητικός τόμος στη μνήμη του Νίκου Ζαφειρόπουλου (Athen 1999) 20–29.

Marangou/Renfrew/Doumas/Gavalas 2006 | L. Marangou – C. Renfrew – Chr. G. Doumas – G. Gavalas (Hrsg.), Markiani, Amorgos. An Early Bronze Age Fortified Settlement. Overview of the 1985–1991 Investigations. Annual of the British School at Athens Supplement 40 (London 2006).

Matthäus 1978 | H. Matthäus, Ein frühbronzezeitlicher Dolch aus Marathon, Archäologisches Korrespondenzblatt 8, 1978, 91–96.

Matthäus 1980 | H. Matthäus, Ein Kykladenidol in Marburg. Bemerkungen zur Chronologie der kykladischen Frühbronzezeit, Archäologischer Anzeiger 1980, 149–165.

Mellink 1956 | M. Mellink, The Royal Tombs at Alaca Hüyük and the Aegean World, in: S. Weinberg (Hrsg.) The Aegean and the Near East. Studies Presented to Hetty Goldman on the Occasion of Her Seventy-Fifth Birthday (New York 1956) 39–58.

Michon 1929 | É. Michon, Idoles des Cyclades (Musée du Louvre), Cahiers d'Art 4, 1929, 251 ff.

Mikrakis in Vorb. | M. Mikrakis, Saiteninstrumente der Bronze- und frühen Eisenzeit in der Ägäis und auf Zypern: Musikausübung und Kultur zwischen Kontinuität und Wandel (Diss. Univ. Heidelberg 2006) (Druck in Vorbereitung).

Mina 2008 | M. Mina, Anthropomorphic Figurines from the Neolithic and Early Bronze Age Aegean: Gender Dynamics and Implications for the Understanding of Early Aegean Prehistory. British Archaeological Reports International Series 1894 (Oxford 2008).

Mina 2008 a | M. Mina, Carving Out Gender in the Prehistoric Aegean: Anthropomorphic Figurines of the Neolithic and Early Bronze Age, Journal of Mediterranean Archaeology 21, 2008, 213–239.

Moore 1982 | H. Moore, Über die Plastik – Ein Bildhauer sieht seine Kunst (München 1982).

Morris 1993 | Chr. Morris, Hands Up For the Individual! The Role of Attribution Studies in Aegean Prehistory, Cambridge Archaeological Journal 3. 1993, 41–66.

Müller 1830 | K. O. Müller, Handbuch der Archaeologie der Kunst (Breslau 1830).

Müller 1925 | W. Müller, Erwerbungen der Antikensammlungen Deutschlands. Dresden, Skulpturensammlung, Archäologischer Anzeiger 1925, 96–161.

München 1985 | H. Dannheimer (Hrsg.), Idole. Frühe Götterbilder und Opfergaben. Prähistorische Staatssammlung München, Museum für Vor- und Frühgeschichte. Ausstellungskatalog der Prähistorischen Staatssammlung 12 (Mainz 1985).

Nawracala/Steinmann 2011 | R. Nawracala – B. Steinmann, Methoden des Modellbaus, in: B. Steinmann – R. Nawracala – M. Boss (Hrsg.), Im Zentrum der Macht. Das Forum Romanum im Modell (Erlangen 2011) 28–31.

Neel 1995 | D. Neel, The Great Canoes (Vancouver/Toronto 1995).

Neutsch 1948 | B. Neutsch (Hrsg.), Die Welt der Griechen im Bild der Originale der Heidelberger Universitätssammlung (Heidelberg 1948).

Nicolis 2005 | F. Nicolis, Long Distance Cultural Links between Northern Italy, the Ionian Islands and the Peloponnese in the Last Centuries of the 3rd Millennium B.C., in: R. Laffineur – E. Greco (Hrsg.), EMPORIA. Aegeans in the Central and Eastern Mediterranean. Proceedings of the 10th International Aegean Conference: Italian School of Archaeology, Athen 14.–18. April 2004. Aegaeum 25 (Liège/Austin 2005) 527–538.

Nürnberg 1994 | Chr. Hopfengart (Hrsg.), Hans Arp. Ausstellungskatalog Kunsthalle Nürnberg (Ostfildern 1994).

Oustinoff 1083 | E. Oustinoff, The Manufacture of Cycladic Figurines: A Practical Approach, in: J. L. Fitton (Hrsg.), Cycladica: Studies in Memory of N. P. Goulandris (London 1983) 38–47.

Papadatos 2007 | Y. Papadatos, Beyond Cultures and Ethnicity: a New Look At Material Culture Distribution and Inter-regional Interaction in the Early Bronze Age Southern Aegean, in: S. Antoniadou – A. Pace (Hrsg.), Mediterranean Crossroads (Athen 2007) 419–451.

Papathanassoglou/Georgouli 2009 | D. Papathanassoglou – Ch. Georgouli, The „Frying Pans" of the Early Bronze Age Aegean: An Experimental Approach to Their Possible Use As Liquid Mirrors, Archaeometry 51, 2009, 658–671.

Papathanassopoulos 1981 | G. A. Papathanassopoulos, Neolithic and Cycladic Civilization (Athen 1981).

Papathanassopoulos 1996 | G. A. Papathanassopoulos, Neolithic Culture in Greece (Athen 1996).

Parzinger 1993 | H. Parzinger, Studien zur Chronologie und Kulturgeschichte der Jungstein-, Kupfer- und Frühbronzezeit zwischen Karpaten und Mittlerem Taurus. Römisch-Germanische Forschungen 52 (Mainz 1993).

Pe-Piper/Piper 2002 | G. Pe-Piper – D. J. W. Piper, The Igneous Rocks of Greece: The Anatomy of an Orogen (Berlin 2002).

Perlès/Takaoğlu/Gratuze 2011 | C. Perlès – T. Takaoğlu – B. Gratuze, Melian Obsidian in North Western Turkey: Evidence For Early Neolithic Trade, Journal of Field Archaeology 36/1, 2011, 42–49.

Pernicka 1998 | E. Pernicka. Die Ausbreitung der Zinnbronze im 3. Jahrtausend, in: B. Hänsel (Hrsg.), Mensch und Umwelt in der Bronzezeit Europas. Tagung Berlin (Kiel 1998) 135–147.

Petrakos 2006 | V. Petrakos, Chalandriani Syros, Ergon 2006, 54–59.

Petrakos 2007 | V. Petrakos, Chalandriani Syros, Ergon 2007, 60–65.

Petrakos 2008 | V. Petrakos, Chalandriani Syros, Ergon 2008, 87–92.

Petrakos 2009 | V. Petrakos, Chalandriani Syros, Ergon 2009, 64–67.

Picón 2006 | C. Picón, A Group of Cycladic Vases in New York, in: N. Chr. Stampolidis (Hrsg.), ΓΕΝΕΘΛΙΟΝ. Museum of Cycladic Art 20th Anniversary (Athen 2006) 35–42.

Pini/Müller 2001 | I. Pini – W. Müller (Bearb.), Corpus der minoischen und mykenischen Siegel Band V Supplementum 3 (Berlin 2004).

Plantzos 2006 | D. Plantzos „Grèce mensongère": Christian Zervos and the Rehabilitation of Cycladic Art, in: N. Chr. Stampolidis (Hrsg.), ΓΕΝΕΘΛΙΟΝ. Αναμνηστικός τόμος για την συμπλήρωση είκοσι χρόνων λειτουργίας του Μουσείου Κυκλαδικής Τέχνης (Athen 2006) 335–345.

Polychronopoulou 1999 | O. Polychronopoulou, Archéologues sur les pas d'Homère. La naissance de la protohistoire égéenne (Paris 1999).

Rambach 2000 | J. Rambach, Kykladen I. Die frühe Bronzezeit. Grab- und Siedlungsbefunde. Beiträge zur ur- und frühgeschichtlichen Archäologie des Mittelmeer-Kulturraums 33 (Bonn 2000).
J. Rambach, Kykladen II Die frühe Bronzezeit. Frühbronzezeitliche Beigabensitten-Kreise auf den Kykladen. Relative Chronologie und Verbreitung. Beiträge zur ur- und frühgeschichtlichen Archäologie des Mittelmeer-Kulturraums 34 (Bonn 2000).

Rambach 2001 | J. Rambach, Bemerkungen zur Zeitstellung der Apsidenhäuser in der Altis von Olympia, in: R. M. Boehmer – J. Maran (Hrsg.), Lux Orientis, Archäologie zwischen Asien und Europa. Festschrift für Harald Hauptmann zum 65 Geburtstag. Internationale Archäologie: Studia honoraria 12 (Rahden 2001) 327–333.

Rambach 2004 | J. Rambach, Olympia im ausgehenden 3. Jahrtausend v. Chr.: Bindeglied zwischen zentralem und östlichem Mittelmeerraum, in: E. Alram-Stern, Die Ägäische Frühzeit, 2. Serie Forschungsbericht 1975–2002, 2. Band Teil 2, Die Frühbronzezeit in Griechenland mit Ausnahme von Kreta, Wien (2004), 1199–1254.

Rambach 2007 | J. Rambach, Olympia and Andravida-Lechaina: Two Bronze Age Sites in the Northwest Peloponnese With Far Reaching Overseas Cultural Connections, in: I. Galanaki – H. Tomas – Y. Galanakis – R. Laffineur (Hrsg.), Between the Aegean and Baltic Seas. Prehistory Across Borders. Proceedings of the International Conference, Bronze and Early Iron Age Interconnections and Contemporary Developments Between the Aegean and the Regions of the Balkan Peninsula, Central and Northern Europe University of Zagreb, 11.–14. April 2005. Aegaeum 27 (Zagreb 2007) 81–90.

Rambach (im Druck) | J. Rambach, Die prähistorischen „Rechteckbauten" in der Altis von Olympia, in: XIII. Bericht über die Ausgrabungen in Olympia, Berlin (im Druck).

Rahmstorf 2006 | L. Rahmstorf, Zur Ausbreitung vorderasiatischer Innovationen in die frühbronzezeitliche Ägäis, Prähistorische Zeitschrift 81, 2006, 49–96.

Rahmstorf 2010 | L. Rahmstorf, The Concept of Weighing During the Bronze Age in the Aegean, the Near East and Europe, in: I. Morley – C. Renfrew (Hrsg.), The Archaeology of Measurement. Comprehending Heaven, Earth and Time in Ancient Societies (Cambridge 2010) 88–105.

Rasmussen 1989 | B. Bundgaard Rasmussen, „Et raat barbarisk Idol". Om græske marmorskulpturer fra 3. artusind f. Kr., Nationalmuseets Arbejdsmark 1989, 68–86.

Rehm 1997 | E. Rehm, Kykladen und Alter Orient. Bestandskatalog des Badischen Landesmuseums Karlsruhe (Karlsruhe 1997).

Reinecke 1905/06 | P. Reinecke, Die Originalaltertümer in den Sammlungen des Römisch-Germanischen Centralmuseums in Mainz. Vermehrung im Berichtsjahre 1905/1906, Mainzer Zeitschrift 2, 1907.

Reingruber 2008 | A. Reingruber, Die Argissa-Magula. Das frühe und das beginnende mittlere Neolithikum im Lichte transägäischer Beziehungen. Die deutschen Ausgrabungen auf der Argissa-Magula in Thessalien 2. Beiträge zur ur- und frühgeschichtlichen Archäologie des Mittelmeer-Kulturraumes 35 (Bonn 2008).

Reinholt 2008 | C. Reinholdt, Der frühbronzezeitliche Schmuckhortfund von Kap Kolonna. Ägina und die Ägäis im Goldzeitalter des 3. Jahrtausends v.Chr. Mit einem Beitrag von A. G. Karydas und Ch. Zarkadas. Ägina-Kolonna. Forschungen und Ergebnisse 2 = Contributions to the Chronology of the Eastern Mediterranean 15 = Österreichische Akad. Wiss. Denkschriften der Gesamtakademie 46 (Wien 2008).

Renfrew 1967 | C. Renfrew, Cycladic Metallurgy and the Aegean Early Bronze Age, American Journal of Archaeology 71, 1967, 1–20.

Renfrew/Springer Peacey 1968 | C. Renfrew – J. Springer Peacey, Aegean Marble: A Petrological Study, Annual of the British School at Athens 63, 1968, 45–66.

Renfrew 1969 | C. Renfrew, The Development and Chronology of the Early Cycladic Figurines, American Journal of Archaeology 73, 1969, 1–32.

Renfrew 1972 | C. Renfrew, The Emergence of Civilisation. The Cyclades and the Aegean in the Third Millennium B.C. (London 1972).

Renfrew 1976 | C. Renfrew, Typologie und Chronologie der Kykladenidole, in: Karlsruhe 1976, 60–73.

Renfrew 1983 | C. Renfrew, Speculations On the Use of Early Cycladic Sculpture, in: J. L. Fitton (Hrsg.), Cycladica: Studies in Memory of N. P. Goulandris (London 1983) 24 ff.

Renfrew 1984 | C. Renfrew, From Pelos to Syros: Kapros Grave D and the Kampos Group, in J. A. MacGillivray – R. L. N. Barber (Hrsg.), The Prehistoric Cyclades: Contributions to a Workshop on Cycladic Chronology (in Memoriam: John Langdon Caskey, 1908–1981) (Edinburgh 1984) 41–54.

Renfrew 1991 | C. Renfrew, The Cycladic Spirit. Masterpieces from the Nicholas P. Goulandris Collection (New York 1991).

Renfrew 2000 | C. Renfrew, Loot, Legitimacy and Ownership: the Ethical Crisis in Archaeology (London 2000).

Renfrew 2004 | C. Renfrew, Ankäufe durch Museen: Verantwortung für den illegalen Handel mit Antiken, in: W.-D. Heilmeyer – J. C. Eule (Hrsg.), Illegale Archäologie. Internationale Konferenz über zukünftige Probleme bei unerlaubtem Antikentransfer 23.–25. 5. 2003 in Berlin, aus Anlass des 15. Jahrestages der Berliner Erklärung (Berlin 2004) 61–75.

Renfrew 2007 | C. Renfrew (Hrsg.), Keros, Dhaskalio Kavos. The investigations of 1987–88 (Oxford 2007).

Renfrew u.a. 2007 | C. Renfrew – O. Philaniotou – N. Brodie – G. Gavalas – E. Margaritis – C. French – P. Sotirakopoulou, Keros: Dhaskalio and Kavos, Early Cycladic Stronghold and Ritual Centre. Preliminary Report of the 2006 and 2007 Excavation Seasons, Annual of the British School at Athens 102, 2007, 103–136.

Renfrew u.a. 2007 a | C. Renfrew – Chr. G. Doumas – L. Marangou – G. Gavalas (Hrsg.), Keros: Dhaskalio Kavos, the Investigations of 1987–88. McDonald Institute For Archaeological Research (Cambridge 2007).

Renfrew u.a. 2009 | C. Renfrew – O. Philaniotou – N. Brodie – G. Gavalas, The Early Cycladic Settlement at Dhaskalio, Keros: Preliminary Report on the 2008 Excavations, Annual of the British School at Athens 104, 2009, 27–47.

Renfrew 2010 | C. Renfrew, The Emergence of Civilisation: the Cyclades and the Aegean in the Third Millennium BC (Oxford/Oakville 2010) (Erstausgabe 1972).

Renfrew/Boyd im Druck | C. Renfrew – M. J. Boyd, The Oldest Maritime Sanctuary? Dating the Sanctuary at Keros and the Cycladic Early Bronze Age, Antiquity (im Druck).

Renfrew u.a. in Vorb. | C. Renfrew – O. Philaniotou – N. Brodie – G. Gavalas – M. J. Boyd (Hrsg.), The Sanctuary at Keros and the Origins of Aegean Ritual Practice: Excavations at Dhaskalio and Dhaskalio Kavos, Keros 2006–2008. McDonald Institute for Archaeological Research 4 Bde. (Cambridge, in Vorbereitung).

Rhomaios 1929 | K. A. Rhomaios, Ἡ καθάρσις τῆς Δήλου καὶ τὸ εὕρημα τοῦ Σταυροπούλου, Archaiologikon Deltion 12, 1929, 181–223.

Ring/Kumerics 2008 | U. Ring – C. Kumerics, Vertical Ductile Thinning and Its Contribution to the Exhumation of High-pressure Rocks: the Cycladic Blueschist Unit in the Aegean, Journal of the Geological Society of London 165, 2008, 1019–1030.

Ring u.a. 2007 | U. Ring – T. Will – C. Kumerics – K. Gessner – S. Thomson – T. Güngör – P. Monie – M. Okrusch – K. Drüppel, Early Exhumation of High-pressure Rocks in Extrusion Wedges: Cycladic Blueschist Unit in the Eastern Aegean, Greece and Turkey, Tectonics 26, 2007, TC2001.

Rodiek 1995 | T. Rodiek, Lothar Fischer, Plastiken und Zeichnungen aus 40 Jahren (Bramsche 1995).

Rohde 1974 | E. Rohde: Die frühbronzezeitlichen Kykladenfiguren der Berliner Antiken-Sammlung. Staatliche Museen zu Berlin, Forschungen und Berichte 16, 1974, 149–159.

Ross 1840/43 | L. Ross, Inselreisen I/II (1985) – Nachdruck der Ausgabe Halle 1912/13: Gesamtausgabe von Dr. Ludwig Ross, Reisen auf den griechischen Inseln des ägäischen Meeres, erster Band 1840, zweiter Band 1843.

Rutter 1982 | J. B. Rutter, A Group of Distinctive Pattern-Decorated Early Helladic III Pottery From Lerna and Its Implications, Hesperia 51, 1982, 459–488.

Rutter 1995 | J. B. Rutter, Lerna. A Preclassical Site in the Argolid III. The Pottery of Lerna IV. (Princeton 1995).

Sacchini 1984 | A. Sacchini, Prehistoric Figures and Their Influences on Early Twentieth-Century Sculpture (Diss. Univ. Edinburgh 1984).

Şahoğlu 2005 | V. Şahoğlu, The Anatolian Trade Network and the İzmir Region During the Early Bronze Age, Oxford Journal of Archaeology 24 (4), 2005, 339–361.

Şahoğlu 2008 | V. Şahoğlu, Liman Tepe and Bakla Tepe: New Evidence for the Relations Between the İzmir Region, The Cyclades and the Greek Mainland During the Late Fourth and Third Millennia BC, in: H. Erkanal – H. Hauptmann – V. Şahoğlu – R.Tuncel (Hrsg.), The Aegean in the Neolithic, Chalcolithic and Early Bronze Age, Proceedings of the International Symposium, 13.–19. October 1997, Urla, Ankara (2008) 483–501.

Sampson 2002 | A. Sampson, The Neolithic Settlement at Ftelia, Mykonos (Rhodos 2002).

Sampson 2006 | A. Sampson, The Prehistory of the Aegean Basin. Palaeolithic – Mesolithic – Neolithic (Athen 2006).

Sapouna-Sakellarakis 1976 | E. Sapouna-Sakellarakis, Frühkykladischer Schmuck, in: Karlsruhe 1976, 126–132.

Sapouna-Sakellarakis 1998 | E. Sapouna-Sakellarakis, Skyros (Athen 1998).

Sarpaki 1992 | A. Sarpaki, The Palaeoethnobotanical Approach. The Mediterranean Triad or Is It a Quartet?, in: B. Wells (Hrsg.), Agriculture in Ancient Greece. Proceedings of the Seventh International Symposium at the Swedish Institute at Athens 16.–17. Mai 1990. Skrifter utgivna av Svenska Institutet i Athen 4°, XLII (Stockholm 1992) 61–76.

Schachermeyr 1976 | F. Schachermeyr, Die Ägäische Frühzeit. Die vormykenischen Perioden des griechischen Festlandes und der Kykladen 1 (Wien 1976).

Schulze 2010 | H. Schulze, Grabfund mit Kykladenidol. Magische Ornamente in Ocker, in: R. Gebhard (Hrsg.), Archäologische Staatssammlung München. Glanzstücke des Museums (München 2010) 220 f.

Seeher 1992 | J. Seeher, Die kleinasiatischen Marmorstatuetten vom Typ Kiliya, Archäologischer Anzeiger 1992, 153–170.

Segall 1938 | B. Segall, Katalog der Goldschmiedearbeiten. Museum Benaki, Athen (Athen 1938).

Seiterle 2010 | G. Seiterle, Mädchen der Kykladen-Inseln – Eine neue Deutung der Marmorstatuetten, in: Stendal 2010, 141–162.

Sherratt 2000 | E. S. Sherratt, Catalogue of Cycladic Antiquities in the Ashmolean Museum. The Captive Spirit. 2 Bde. (Oxford 2000).

Simon 1975 | E. Simon (Hrsg.): Führer durch die Antikenabteilung des Martin von Wagner Museums der Universität Würzburg (Mainz 1975).

Sporn 2005 | K. Sporn, Ludwig Ross auf den Kykladen, in: H. R. Goette – O. Palagia (Hrsg.), Ludwig Ross und Griechenland Akten des internationalen Kolloquiums, Athen, 2.–3. Oktober 2002 (2005) 159–173.

Stampolidis/Sotirakopoulou 2007 | N. Chr. Stampolidis – P. Sotirakopoulou, Aegean Waves. Artworks of the Early Cycladic Culture in the Museum of Cycladic Art at Athens (Athen 2007).

Stendal 2010 | M. Kunze (Hrsg.), Götzen, Götter und Idole. Frühe Menschenbilder aus 10 Jahrtausenden. Ausstellungskatalog Winckelmann-Museum Stendal und Museum für Kunst und Gewerbe Hamburg (Ruhpolding/Mainz 2010)

Sotirakopoulou 2005 | P. Sotirakopoulou, The „Keros Hoard": Myth or Reality? Searching For the Lost Pieces of a Puzzle. N. P. Goulandris Foundation Museum of Cycladic Art (Athen 2005).

Takaoğlu 2005 | T. Takaoğlu, A Chalcolithic Marble Workshop at Kulaksızlar in Western Anatolia. An Analysis of Production and Craft Specialization. British Archaeological Reports International Series 1358 (2005).

Thiersch 1816 | Fr. Thiersch, Ueber die Epochen der bildenden Kunst unter den Griechen (München 1816).

Thiersch 1835 | Fr. Thiersch, Ueber Paros und parische Inschriften, in: Abhandlungen der philosophisch-historischen Classe der Königlich Bayerischen Akademie der Wissenschaften Bd. 1 (München 1835) 583–644.

Thimme 1965 | J. Thimme, Die religiöse Bedeutung der Kykladenidole, Antike Kunst 8, 1965, 72–86.

Thimme 1982 | J. Thimme, Badisches Landesmuseum – Neuerwerbungen 1980–1981. Antike, Jahrbuch der Staatlichen Kunstsammlungen in Baden-Württemberg 19, 1982, 126–140.

Torrence 1986 | R. Torrence, Production and Exchange of Stone Tools: Prehistoric Obsidian in the Aegean (Cambridge 1986).

Tsountas 1898 | Chr. Tsountas, Κυκλαδικά I, Archaiologike Ephemeris 16, 1898, 137–212.

Tsountas 1899 | Chr. Tsountas, Κυκλαδικά II, Archaiologike Ephemeris 17, 1899, 73–134.

Uenze 1968 | H. Uenze, Eine Neuerwerbung in der Prähistorischen Staatssammlung aus dem Bereich der älteren Kykladenkultur, in: H.-J. Kellner (Hrsg.) Schätze aus Zypern. Ausstellung im Münchener Stadtmuseum in Verbindung mit der Prähistorischen Staatssammlung, München, 1.2.–31.3.1968 (München 1968) 167–170.

Valamoti 2009 | S. M. Valamoti, Plant Food Ingredients and „Recipes" From Prehistoric Greece: the Archaeobotanical Evidence, in: J.-P. Morel – A. M. Mercuri (Hrsg.), Plants and Culture: Seeds of the Cultural Heritage of Europe. Centro Universitario Europeo per i Beni Culturali, Ravello. Studio, tutela e fruizione dei beni culturali 3 (Bari 2009) 25–38.

van Schaik 1998 | M. van Schaik, The Marble Harp Players from the Cyclades (Utrecht 1998).

Vasilikou 2006 | D. Vasilikou, Οι ανασκαφές της Αρχαιολογικής Εταιρείας στις Κυκλάδες 1872–1910. Βιβλιοθήκη της εν Αθήναις Αρχαιολογικής Εταιρείας, Αρ. 242 (Athen 2006).

Vavouranakis 2011 | G. Vavouranakis, Funerary customs and maritime activity in Early Bronze Age Crete, in: G. Vavouranakis (Hrsg.), The Seascape in Aegean Prehistory. Monographs of the Danish Institute at Athens 14 (Athen 2011) 91–118.

von Bothmer 1990 | D. von Bothmer (Hrsg.), Glories of the Past. Ancient Art from the Shelby White and Leon Levy Collection (New York 1990).

von Mercklin 1928 | E. von Mercklin, Antiken im Hamburgischen Museum für Kunst und Gewerbe, Archäologischer Anzeiger 1928, 273 ff.

Wagner/Weisgerber 1985 | G. A. Wagner – G. Weisgerber (Hrsg.). Silber, Blei und Gold auf Sifnos (Bochum 1985).

Wagner/Weisgerber 1988 | G. A. Wagner – G. Weisgerber (Hrsg.), Antike Edel- und Buntmetallgewinnung auf Thasos (Bochum 1988).

Walz 1853 | Chr. Walz Über die Polychromie der Antiken Sculptur. Einladung zu der Feier des fünfzigjährigen Doctor-Jubiläums des Herrn D. Eduard von Schrader (Tübingen 1853).

Warren/Hankey 1988 | P. M. Warren – V. Hankey, The Absolute Chronology of the Aegean Bronze Age (Bristol 1988).

Wedde 1999 | M. Wedde, Bronzezeitliche Schiffsdarstellungen in der Ägäis. Vorgeschichte, Entwicklung und eisenzeitliches Weiterleben der frühen Schiffsbaukunst Griechenlands, in: E. Chrysos – D. Letsios – H. A. Richter – R. Stupperich (Hrsg.), Griechenland und das Meer. Beiträge eines Symposions in Frankfurt im Dezember 1996. Peleus. Studien zur Archäologie und Geschichte Griechenlands und Zyperns, Band 4 (Mannheim/Möhnesee 1999) 45–64.

Wedde 2000 | M. Wedde, Towards a Hermeneutics of Aegean Bronze Age Ship Imagery. Peleus. Studien zur Archäologie und Geschichte Griechenlands und Zyperns, Band 6 (Mannheim/Möhnesee 2000).

Weege 1911 | Fr. Weege, Einzelfunde von Olympia 1907–1909, Athenische Mitteilungen 36, 1911, 163–192.

Weinberg 1969 | S. S. Weinberg, A Gold Sauceboat in the Israel Museum, Antike Kunst 12, 1969, 3–8.

Whitelaw 2004 | T. M. Whitelaw, Alternate Pathways to Social Complexity in the Southern Aegean, in: J. C. Barrett – P. Halstead (Hrsg.), Emergence of Civilisation Revisited. Sheffield Studies in Aegean Archaeology 6 (Oxford 2004).

Wiesner 1937 | J. Wiesner, Gastvortrag über vorgriechische Idole, Archäologischer Anzeiger 1937.

Wilson 1999 | D. E. Wilson, Keos IX: Ayia Irini: Periods I–III. The Neolithic and Early Bronze Age Settlements (Mainz 1999).

Wilson/Day/Dimopoulou-Rethemiotaki 2008 | D. E. Wilson – P. M. Day – N. Dimopoulou-Rethemiotaki, The Gateway Port of Poros-Katsambas: Trade and Exchange Between North-central Crete and the Cyclades in EB I–II, in: Brodie/Doole/Gavalas/Renfrew 2008, 493–528.

Wolters 1891 | P. Wolters, Marmorkopf aus Amorgos, Athenische Mitteilungen 16, 1891, 46–58.

Younger 1998 | J. G. Younger, Music in the Aegean Bronze Age. Studies in Mediterranean Archaeology Pocket-Book 144 (Jonsered 1998).

Zahlhaas 1993 | G. Zahlhaas, Führer durch die Ausstellung Idole und Votive. Prähistorische Staatssammlung, Museum für Vor- und Frühgeschichte. Kleine Ausstellungsführer/Prähistorische Staatssammlung München 6 (München 1993).

Zapheiropoulou 1967 | Ph. Zapheiropoulou, Αρχαιότητες και μνημεία Σάμου και Κυκλάδων· Κέρος, Achaiologikon Deltion (Chronika) 22, 1967, 466.

Zapheiropoulou 1968 | Ph. Zapheiropoulou, Κυκλάδες: ανασκαφικαί έρευναι – περιοδείαι– Κέρος, Archaiologikon Deltion (Chronika) 23, 1968, 381–383.

Zapheiropoulou 1968 a | Ph. Zapheiropoulou, Cycladic Finds from Keros, Athens Annals of Archaeology 1, 1968, 97–100.

Zapheiropoulou 1969 | Ph. Zapheiropoulou, A Prehistoric House Model from Melos, Αρχαιολογικά Ανάλεκτα εξ Αθηνών 2, 1969, H. 3, 406–408.

Zervos 1929 | Chr. Zervos, Les dernières œuvres de Picasso, Cahiers d'Art 4, 1929, 233ff.

Zervos 1957 | Chr. Zervos, L'Art des Cyclades. Du début a la fin de l'age du Bronze, 2500–1100 avant notre ère (Paris 1957).

Zschietzschmann 1935 | W. Zschietzschmann, „Kykladenpfannen", Archäologischer Anzeiger 1935, 652–668.

Am Ausstellungsprojekt Beteiligte

Gesamtleitung
Prof. Dr. Harald Siebenmorgen

Projektleitung
Dr. Katarina Horst

Assistent der Projektleitung
Dr. Bernhard Steinmann

Katalogredaktion
Claus Hattler

Ausstellungskoordination
Anna Krüger

Kaufmännische Direktion
Susanne Schulenburg

Museumspädagogisches Programm
Dr. Gabriele Kindler
Dr. Sarah Hoke
Kira Kokoska
Ulrike Radke
Ute Schmidt-Kuhn
Eric Wychlacz

Buchungs- und Besucherservice
Doris Götz
Mechthild Seiffer

Leiter des Aufsichtsdienstes
Hans-Joachim Anger

Veranstaltungsmanagement
Gabriele Queck
Daniela Maier

Presse- und Öffentlichkeitsarbeit sowie Marketing
Katrin Lorbeer
Dr. Christiane Dätsch
Nina Gothe
Lydia Meißner

Personal- und Finanzverwaltung
Petra Weiler
Tanja Mercedes-Bernabel
Larissa Diel
Ingrid Draksler
Lothar Finckh
Erich Gimber
Eugen Lehr
Ina Twelker
Renate Winteroll

Controlling
Stefan Konstandin

Sekretariat
Jadwiga Grafmüller
Hilde Pinnel

Fotoarbeiten
Thomas Goldschmidt
Angelika Hildenbrand
Ursula Kinzinger

Bibliothek
Birgit Wendel
Tina Metz
Angelika Moll
Petra Müller

Restauratorische Betreuung und Ausstellungseinrichtung
Christoph Adler
Bettina Bombach-Heidbrink
Ines Boysen
Nicole Freivogel-Sippel
Maria Mercedes Juste Aparicio
Corinna Knobloch
Agnes Krippendorf
Irmgard Lell
Babara Neubauer
Detlef Sippel
Carmen Tommack
Andrea Wähning

Haustechnik
Joachim Henrich
Karl Beck
Oliver Föll
Klaus Fritz
Michael Haller
Wilfried Hartmann
Theodor Heller
Walter Schroeder
Andreas Stammer
Günter Wagner
Volker Wurmbäck

Museumsshop
Ursula Strauß
Helga Weißhuhn

Kasse und Besucherinformation
Susanne Gottwald
Iris Volkens
Gabriele Zetzmann

Gestaltung der Ausstellung und des Plakatmotivs
Ranger Design, Stuttgart
Kurt Ranger
Silvia Ancora
Peter Fajt
Roswitha Feil
Simone Ranger
Marc Wahl

Bau der Ausstellungsarchitektur
Schreinerei Muny GmbH und Haustechnik des Badischen Landesmuseums

Mediengestaltung
2av – GmbH

Herstellung der Ausstellungsgrafik
Visuell GmbH – Faszination Großbild
Werbeart GmbH

Modellrekonstruktionen
Thomas Guttandin, Hattersheim
Dr. Bernhard Steinmann, Karlsruhe

Rekonstruktion bemalter Kykladenskulptur
Christoph Lehr, Elchesheim-Illingen
Dr. Bernhard Steinmann, Karlsruhe
Andrea Wähning, Karlsruhe

Modell des Ägäisbeckens mit Wind- und Strömungsrichtungsprojektion
Historische Bauforschung Gerhard Plath, Offenbach am Main

Kartografie für Ausstellung und Katalog
MediaCultura Dr. Jürgen Süß, Brühl

Smartphone Application zur Ausstellung
Angelika Zinsmaier
Eric Wychlacz
Konrad Theiss Verlag GmbH, Stuttgart

Broschüre mit Übersetzungen der Saaltexte
Katherine Lewald (ins Englische)
Pascal Paul-Harang (ins Französische)

Transporte
Schenker Deutschland AG, Düsseldorf
ATI Kunsttransporte, Berlin
Musées royaux d'Art et d'Histoire, Brüssel
Badisches Landesmuseum

Die Texte zu den Exponaten wurden verfasst von
L.B.   Luisa Bierstedt
M.B.   Max Böhler
L.D.   Larissa Düchting
K.F.   Kristina Fleischmann
Y.G.   Yannis Galanakis
Th.G. Thomas Guttandin
C.H.   Claus Hattler
St.H. Stefanie Hubert
C.L.   Clemens Lichter
A.M.   Agnes Malecha
T.M.   Tobias Mühlenbruch
R.N.   Robert Nawracala
H.S.   Harald Schulze
B.St. Beatrice Stärz
B.S.   Bernhard Steinmann
A.z.S. Anna zu Stolberg

Übersetzung der englischsprachigen Katalogbeiträge
Claus Hattler

Danksagung

Das Badische Landesmuseum weiß sich allen, die zum Gelingen der Ausstellung und der vorliegenden Publikation beigetragen haben, insbesondere den leihgebenden Institutionen, den Autorinnen und Autoren der Katalogbeiträge, dem Kooperationspartner, sowie allen weiteren Personen oder Einrichtungen, deren Engagement die Ausstellung erst ermöglicht hat, zu großem Dank verpflichtet.

Im Einzelnen gilt der Dank

dem Kooperationspartner

UNIVERSITÄT HEIDELBERG
Zukunft. Seit 1386.

den Direktionen, Mitarbeiterinnen und Mitarbeitern der leihgebenden Museen

Berlin, Staatliche Museen zu Berlin, Antikensammlung
Bonn, Akademisches Kunstmuseum der Rheinischen Friedrich-Wilhelms-Universität
Brüssel, Musées royaux d'Art et d'Histoire
Dresden, Staatliche Kunstsammlungen, Skulpturensammlung
Hamburg, Museum für Kunst und Gewerbe
Hannover, Museum August Kestner
Heidelberg, Archäologisches Institut der Ruprecht-Karls-Universität
Heidelberg, Institut für Geowissenschaften der Ruprecht-Karls-Universität
Heidelberg, Bibliothek der Ruprecht-Karls-Universität
Karlsruhe, Wilhelm-Loth-Stiftung
Kopenhagen, Nationalmuseum, Antikensammlung
Künzelsau, Museum Würth
Mainz, Römisch-Germanisches Zentralmuseum
Marburg, Vorgeschichtliches Seminar der Philipps-Universität
München, Archäologische Staatssammlung Museum für Vor- und Frühgeschichte
München, Staatliche Antikensammlungen und Glyptothek
Neumarkt in der Oberpfalz, Museum Lothar Fischer
Oxford, Ashmolean Museum der Universität Oxford
Paris, Musée du Louvre
Remagen, Arp Museum Bahnhof Rolandseck
Schaffhausen, Museum zu Allerheiligen
Stuttgart, Staatsgalerie
Würzburg, Martin von Wagner Museum der Julius-Maximilians-Universität

außerdem

Thomas Guttandin, Hattersheim
Historische Bauforschung
Gerhard Plath, Offenbach am Main
Michael und Anna Haas, Berlin
Heinz Schoeffmann, München

Für vielfältige Hilfe, Unterstützung und Rat gilt unser besonderer Dank

Prof. Dr. Rainer Altherr, Heidelberg
Dr. Maria Andreadaki-Vlazaki, Athen
Christoph Behr, Künzelsau
Luisa Bierstedt, Göttingen
Jan Böttger, Berlin
Dr. Jan Breder, Bonn
Linda Briscoe Myers, Austin (Texas)
Prof. Dr. Cyprian Broodbank, London
Bodil Bundgaard Rasmussen, Kopenhagen
Prof. Dr. Jack L. Davis, Athen/Cincinnati
Catharina Dobler, Karlsruhe
Prof. Dr. Michel Draguet, Brüssel
Susanne Erbelding, Karlsruhe
Michaela Franke, Leonberg
Dr. Yannis Galanakis, Oxford
Dr. Wilfred Geominy, Bonn
Ioannis Georgiou, Heidelberg
Cathrin Grüner, München
Thomas Guttandin, Hattersheim
Alexander Heil, Karlsruhe
Scott Hemphill, Badenweiler
Carol Hershenson, Cincinnati
Romy Heyner, Karlsruhe
Amba Horton, London
Heidrun Jecht, Karlsruhe
Dr. h.c. Peter Jezler, Schaffhausen
Dr. Gerhard Kabierske, Karlsruhe
Dr. Katerina Karakasi, Frankfurt am Main
Rainer und Ursula Kinzinger, Karlsruhe
Dr. Kordelia Knoll, Dresden
Prof. Dr. Helmut Kroll, Kiel
Christoph Lehr, Elchesheim-Illingen
Florian Leitmeir, München
Henryk Löhr, Halle an der Saale
Dr. Natacha Massar, Brüssel
Prof. Dr. Diamantis Panagiotopoulos, Heidelberg
Emily Peters, Perry Green (Hertfordshire)
Dr. Hermann Pflug, Heidelberg
Gerhard Plath, Offenbach am Main
Prof. Dr. Joseph Maran, Heidelberg
Dr. Hans-Peter Meyer, Heidelberg
Dr. Angelia Papagiannopoulou, Athen/Syros
Goris Philippe, Brüssel
Dr. Jörg Rambach und Dr. Xeni Arapogianni, Kalamata
Agata Rutkowska, London
Angelika Sauer, Karlsruhe
Valeria Schäfer, Tübingen
Dr. Gisela Schumacher-Matthäus, Nürnberg
Dr. Agnes Schwarzmaier, Berlin
Giannina Spargnapani, München
Prof. Dr. Nikolaos Chr. Stampolidis, Athen/Rethymnon
Gero Steffens, Bochum
Prof. Dr. Thomas Stöllner, Bochum
Amy Taylor, Oxford
Dr. Soultana Maria Valamoti, Thessaloniki
Greet Van Deuren, Brüssel
Horst Vogel, Karlsruhe
Dr. Samuel Wolff, Jerusalem

sowie der

BBBank eG, Karlsruhe für die freundliche Unterstützung des museumspädagogischen Programms für Vorschulgruppen

Ortsregister

A
A'ali 148
Afghanistan 150
Afrika 30
Ägina 24, 66, 133, 149, 157, 161, 218
Ägypten 58, 108, 117, 132, 224
Ailas 112
Ajia Irini 50, 61f., 66, 69, 73, 146f., 151f., 158–160, 226
Ajia Photia 76, 124, 138f.
Ajii Anarjyri 124, 130, 275
Ajios Ioannis 26
Ajios Loukas 160
Ajios Sostis 110
Akrotiri 29, 76, 81, 124, 130, 146, 151, 160, 195, 226
Alaca Höyük 100, 103, 105f., 114
Aladağ 40
Amerika 82, 201
Amorgos 41, 47, 60, 62, 73, 112–114, 118f., 124, 127, 132f., 146–148, 152, 156, 158, 160, 164, 173, 178f., 185, 199, 210, 211–213, 224, 263, 265, 268, 272, 276, 281f., 285, 301, 315, 319, 321, 325
Anatolien 39f., 100, 106, 108, 111, 117, 150f., 153f., 156
Andravida-Lechaina 161
Andros 24, 31, 37, 39, 41, 60, 62, 66f., 67, 69, 71f., 132, 220
Ano Kouphonisi 138, 171
Antimelos 24
Antiparos 26, 36, 60, 124, 132, 211, 224, 285
Aphendika 58
Aplomata 50, 130, 182
Archanes 139
Argolis 31f., 53, 66, 144, 148, 158f.
Arkadien 114, 311
Arkesine 119, 160, 315, 319, 321
Asprochori 160
Athen 210, 223
Attika 27, 76, 81, 124, 137, 250, 265, 268f., 295, 312f.
Avyssos 132

B
Bahrain 148
Bodrum 220
Bolkardağ 40

C
Chalandriani 50, 75, 77, 90, 101, 125, 127, 130–132, 158, 179, 224f., 266, 275–277
Chora 152, 197

D
Dalmatien 161
Dardanellen 30
Daskalio 46, 50, 61f., 66–68, 132, 144, 151, 160, 164–166, 169–172
Delos 61, 66, 69, 146, 158, 160, 174, 207, 210, 218, 220f., 224, 251, 321
Demenegaki 26, 34
Despotiko 25, 132
Dodekanes 31
Dokathismata 114, 118, 124, 179, 265, 325
Domeniko 180
Drios 259

E
Ebla 152
Ermoupolis 224
Euböa 31, 55, 76, 81f., 100, 113, 124, 137, 159, 276
Eutresis 133

G
Giaros 24
Gournes 138f.
Grotta 50, 60, 132

H
Halikarnassos 220
Heraia 311
Heraklion 138f.
Horoztepe 100

I
Iberien 157
Ikaria 33
Ios 50, 60f., 66, 69, 210, 218, 222–224, 301
Iraklia 247, 277, 279
Iran 150
Israel 58
Italien 223
Ithaka 218
İzmir 29, 39, 156, 240

K
Kampos 132
Kanli Kastelli 124
Kapros 112–114, 212
Karien 220, 224
Karpathos 31
Karum Kaneš 153
Kastri 50, 61f., 64, 66f., 114, 117f., 131f., 146, 151f., 158, 160, 225, 304
Katapola 112
Kato Akrotiri 132
Kavos 46, 99, 50, 151, 160, 164–166, 169–172, 174
Keos 24, 27, 37, 43, 50, 60f., 66, 111, 132, 146f., 151, 158f., 226, 240, 242f.
Kephala 27, 37, 39f., 43, 60, 111, 132, 240, 242f.
Keros 16, 50, 58, 61, 66, 68, 99, 132, 144, 164, 166f., 169, 171–174, 195, 199, 211, 217, 229, 264, 292, 333
Kestel 108
Kilikien 132, 151
Kleinasien 46, 108, 114, 136f., 161, 196, 224
Knidos 224
Knossos 139, 225
Kolonna 66, 149f., 152, 157, 161
Konstantinopel 221
Korakou 311
Korinth 90, 221, 224
Korphi t'Aroniou 66, 69, 72, 75
Kos 24, 26
Koukounaries 61, 67, 69f., 73
Koumasa 141
Kouphonisia 127
Krasades 124
Krasi 139
Kreta 17, 30f., 33f., 44, 75f., 78, 81, 84, 86f., 91, 99f., 114, 124, 136f. 139–144, 154, 156, 161, 218f., 225, 241, 258, 281, 283, 318
Kulaksızlar 39, 240
Kültepe 153
Kumtepe 133
Kynthos 61, 66, 69, 146, 151, 158, 160
Kyparissi 139
Kythera 31
Kythnos 27, 33, 35, 40, 53, 60, 108, 112, 279, 319

L
Lakkoudes 123
Larissa 180
Lavrion 27, 110f., 152, 272
Lefkandi 159
Lemnos 53, 147
Leondari-Provatsa 151
Lerna 53, 66, 111, 133, 159, 161, 274, 311
Leukas 158, 281
Libyen 218
Louros Athalassiou 177

M
Makedonien 33, 154
Makronissos 151
Malia 76
Malta 157
Mandres tou Roussou 58
Manika 55, 76
Manisa 39, 240
Markiani 60–62, 68, 73, 133, 146f., 151, 158, 160, 199
Maroulas 33, 35, 60
Megiddo 58
Melos 22, 24, 26f.. 32–35, 41, 53, 61, 69f., 74, 91, 108, 120, 127, 132, 140, 144, 154, 159f., 172, 210, 223, 225, 241, 315, 321

Mesopotamien 44f., 132, 154, 157
Methana 24
Milet 81
Mochlos 78, 114, 140, 142
Mykene 206, 224
Mykonos 24, 41, 60, 176, 218
Myrina 147

N
Nafplion 208
Naxos 22, 24f., 27, 29, 37, 41, 43, 45, 50, 58, 60f., 65f., 69, 72, 75f., 84, 108, 111f., 118, 123f., 127, 130, 132, 147, 152, 158, 164, 172f., 176f., 178, 182, 195, 197, 210, 218f., 221, 223, 240f., 244, 246f., 252–255, 258, 269, 271, 275–277, 279, 285f., 303, 306f., 322
Neuseeland 82, 200, 304
Nisyros 24, 26

O
Olympia 161, 211
Orchomenos 75

P
Palaikastro 75f., 82, 304
Palamari 118
Panajia 121, 124
Panormos 61, 65f., 118, 158
Papua-Neuguinea 199
Parikia 160
Paros 25, 41, 43, 61f., 66f., 69f., 108, 121, 124, 132, 160, 176, 195, 207, 210, 220, 224, 243f., 246, 248f., 259, 269, 276, 283, 292, 297f., 311, 322
Peloponnes 33, 39, 82, 132, 137
Pelos 84, 132
Petri 151
Phourni 139
Phournion 62
Phtelia 36, 40, 43, 60, 176
Phtellos 160
Phtiotis 76

Phylakopi 61, 68, 75, 84, 91, 120, 132, 160, 184, 225, 315, 318
Phyrrojes 123
Plastiras 124, 176, 246
Poliochni 53, 149, 150–152
Polyegos 27
Polynesien 200
Poros 24
Poros-Katsambas 139f.
Porto Raphti 269, 313
Pseira 241
Pyrgos 61, 66, 124, 132, 139
Pyrgos Livanaton 76

R
Rheneia 210, 220
Rhodos 30f.
Rivari 70, 159

S
Saliagos 36, 40, 43, 45, 60, 176
Samothrake 81
Santorin 22, 24, 29, 160, 224
Seriphos 27, 40, 291
Sikinos 308
Siphnos 27, 40, 53, 108, 110f., 121, 132, 220, 265, 272
Sitia 76, 138
Skarkos 50, 60f., 66, 69
Skouries 40
Skyros 118, 159
Smyrna 29
Spathi 160
Spedos 45
Sporaden 31
Sta Nychia 26, 34
Stavros 118
Strophilas 37, 39, 60, 62, 66f., 69, 71f., 132
Susa 148
Syrien 150, 156

Syros 26, 46, 50, 61f., 75, 100f., 114, 117f., 125, 127, 130, 132, 146, 151, 158, 160, 173, 179, 218, 224f., 266, 275, 277

T
Tarsus 151
Tekes 139
Tenos 24, 41
Thasos 108
Theben 75
Thera 31, 41, 58, 76, 81, 99, 127, 146, 210, 218, 224, 226, 269f., 302
Therasia 210
Thessalien 33, 154, 180, 244
Thrakien 155, 157, 224
Tiryns 151, 274, 311
Transsylvanien 108
Troia 66, 111, 113f., 132f., 149–152, 156f., 218, 221, 241, 283, 311
Trymalia 253f., 285
Tsepi 76
Tsikniades 113

U
Umm an-Nar 148
Ur 150
Uruk 157

V
Varna 39, 108, 240
Venedig 221
Vouni 148

W
Westafrika 201

Y
Yali 24, 26, 40
Youra 33

Z
Zypern 30, 34, 108, 156

Bildnachweis

Akademisches Kunstmuseum Bonn/Jan Breder: Seite 56 rechts. 241 oben. 246 oben. 252 links. 269 oben. 290 links. 301. 311 oben.

Rainer Altherr: Seite 22. 25 oben. 27.

Archäologisches Institut Heidelberg/Hubert Vögele: Seite 86 unten. 94. 178 links. 208 links. 244 rechts. 246 unten. 247. 266 rechts oben und unten. 284.

Archäologisches Landesmuseum Baden-Württemberg/Hilde Jensen, Universität Tübingen: Seite 203 unten.

Archäologisches Museum der Martin-Luther-Universität Halle-Wittenberg: Seite 208 rechts.

Archäologische Staatssammlung München: Seite 277 (Stefanie Friedrich). 278 (Manfred Eberlein). 287 (Stefanie Friedrich).

Archiv Stiftung Hans Arp und Sophie Taeuber-Arp e.V., Rolandswerth/Robert David: Seite 234.

Arp Museum Bahnhof Rolandseck: Seite 326 rechts (Mick Vincenz). 327 (Nic Tenwiggenhorn). 328 (Mick Vinzenz).

Ashmolean Museum, University of Oxford: Seite 93. 259 oben links. 273. 306 unten. 319 rechts. 320. 321 oben.

Badisches Landesmuseum Karlsruhe/Thomas Goldschmidt: Seite 14. 20 f. 42. 48 f. 54. 56 links. 62 unten. 96. 98. 100. 101. 107 (Nachbildung der Schale von Ute Schmidt-Kuhn). 137. 143. 162. 181. 186. 187 rechts. 189. 190. 191. 192. 194. 197 rechts unten (Nachbildung der ritzverzierten Knochentuben von Kira Kokoska). 202. 203 oben. 217. 238 f. 241 unten. 242 links. 243 rechts. 244 oben. 244 links. 245 oben. 248 oben. 249 oben. 250. 255 rechts oben und unten. 258. 259 rechts oben und unten. 261. 263. 264. 265 unten. 267. 268 links oben. 269 unten. 270. 271. 280 Mitte und unten. 282 rechts. 283. 292. 293. 294. 295. 296. 297. 298. 302. 303. 304 (Modell von Bernhard Steinmann). 306 oben. 307. 311 unten. 312. 313. 323. 324. 325. 331 rechts.

Bildagentur Mops/Kai Lichter: Seite 34. 35 links.

BLM Bildarchiv: Seite 133. 210. 214. 215. 225.

bpk/RMN/Paris, Musée Picasso/René-Gabriel Ojéda: Seite 236.

bpk/RMN/Paris, Musée du Louvre: Seite 260 (Tony Querrec). 282 links (Tony Querrec). 309 (Hervé Lewandowski). 310 (Les frères Chuzeville). 333 (Hervé Lewandowski).

bpk/Staatliche Museen zu Berlin, Antikensammlung/Johannes Laurentius: Seite 37. 128 f. 251. 265 oben. 274. 275. 290 Mitte und rechts. 291. 300 rechts.

Cambridge Keros Project: Seite 164 f. 166. 167. 168. 169. 170. 171. 172. 173.

Department of Classics, University of Cincinnati: Seite 46 oben.

Deutsches Archäologisches Institut Athen (D-DAI-ATH-Emile-0767): Seite 119.

Deutsches Bergbau-Museum Bochum/Sifnos Projekt: Seite 109. 110 unten.

Galerie Michael Haas, Berlin: Seite 233 rechts. 332 links.

Galerie Thomas, München: Seite 233 links. 332 rechts.

Thomas Guttandin: Seite 82 f.

Thomas Guttandin und Archäologisches Institut Heidelberg/Hubert Vögele: Seite 79. 83 oben. 305.

Claus Hattler: Seite 16 f. 30. 68 f. 160. 196. 197 links.

Harry Ransom Center, University of Texas at Austin/David Douglas Duncan: Seite 213.

Katarina Horst: Seite 5. 23. 24. 51. 61. 67. 195.

Institut für Geowissenschaften Heidelberg/Thomas Goldschmidt: Seite 25 unten. 28 f. 110 oben. 188.

Israel Antiquities Authority: Seite 59.

Ursula Kinzinger/Thomas Goldschmidt: Seite 201.

Martin von Wagner Museum der Universität Würzburg/Peter Neckermann: Seite 242 rechts. 243 links. 245 unten. 257. 286.

Hartmut Matthäus/Umzeichnung Robert Nawracala: Seite 113 oben.

Musées Royaux d'Art et d'Histoire, Brüssel: Seite 175.

Museum August Kestner/Christian Tepper: Seite 300 links.

Museum für Kunst und Gewerbe Hamburg: Seite 248 unten. 249 unten. 299.

Museum Lothar Fischer, Neumarkt i.d.OPf.: Seite 235. 331 links (Andreas Pauly).

Museum zu Allerheiligen, Schaffhausen: Seite 178 rechts.

Nationalmuseum Kopenhagen, Antikensammlung/Arnold Mikkelsen: Seite 38 unten. 240. 262. 266 links. 268 rechts oben und unten. 279. 308. 314. 315. 316. 317. 318. 319 links.

picture-alliance/Hackenberg-Photo-Köln/Rainer Hackenberg: Seite 200 unten.

Lorenz Rahmstorf: Seite 147 unten. 148 unten. 149 oben. 150. 151. 153.

Jörg Rambach: Seite 122 links. 161 oben.

Jörg Rambach (mit freundlicher Genehmigung der Dr. Rudolf Habelt GmbH): Seite 45. 84. 85. 86 oben. 87. 88. 90 oben. 102. 104. 105. 121. 122 rechts. 123. 124. 125 rechts. 126. 130 links. 158. 159 oben. 179.

Ranger Design: Seite 199.

Colin Renfrew: Seite 165 oben.

Römisch-Germanisches Zentralmuseum Mainz: Seite 280 oben. 321 unten.

Sammlung Würth/The Henry Moore Foundation/Archiv Sammlung Würth: Seite 329.

Gisela Schumacher-Matthäus: Seite 62 oben. 63 unten. 64 unten. 65.

Staatliche Antikensammlungen und Glyptothek München: Seite 71.

Staatliche Antikensammlungen und Glyptothek München/Renate Kühling: Seite 256. 288. 289.

Staatliche Kunsthalle Karlsruhe: Seite 219. 222.

Staatliche Kunstsammlungen Dresden, Skulpturensammlung/Herbert Boswank: Seite 252 rechts. 253. 254. 281. 285.

Staatsgalerie Stuttgart: Seite 326 links.

Bernhard Steinmann: Seite 193.

Jürgen Süß: Seite 18. 19. 31 (nach Gerhard Plath). 33 (nach Clemens Lichter). 131 (nach Jörg Rambach). 134 f. (nach Bernhard Steinmann). 155 (nach Şahoğlu 2005).

The Art Archive/Musée National de Céramique Sèvres/Gianni Dagli Orti: Seite 91.

The Art Archive/National Archaeological Museum Athens/Gianni Dagli Orti: Seite 52. 58. 89. 185.

The Art Archive/Gianni Dagli Orti: Seite 81.

The Art Archive/Kharbine-Tapabor/Coll. S. Kakou: Seite 200 oben.

The Henry Moore Foundation/David Finn: Seite 212.

The Henry Moore Foundation/The Henry Moore Family Collection: Seite 230. 231 oben.

The Metropolitan Museum of Art/Joseph Pulitzer Bequest, 1946: Seite 112.

The Metropolitan Museum of Art/Bequest of Walter C. Baker, 1971: Seite 113 unten.

The Trustees of the British Museum: Seite 207.

Soultana Maria Valamoti: Seite 43.

Vorgeschichtliches Seminar der Universität Marburg/Katja Bieber: Seite 255 links.

Andrea Wähning: Seite 187 links.

Michael Wedde: Seite 74. 75 unten. 77. 78.

Wilhelm-Lehmbruck-Museum Duisburg/Bernd Kirtz: Seite 231 unten.

Wilhelm-Loth-Stiftung, Karlsruhe/Thomas Goldschmidt: Seite 232 links. 330.

Nach Büchern reproduzierte Abbildungen

Aruz/Wallenfels 2003: Seite 146 rechts. 149 unten.

Badisches Landesmuseum (Hrsg.), Vor 12 000 Jahren in Anatolien. Die ältesten Monumente der Menschheit. Ausstellungskatalog Karlsruhe (Stuttgart 2007): Seite 35 rechts oben.

Bossert 1967: Seite 152.

Brodie/Doole/Gavalas/Renfrew 2008: Seite 70. 72. 226.

Broodbank 2000: Seite 144.

British School at Athens (Hrsg.), Excavations at Phylakopi in Melos (1904): Seite 184.

Coleman 1977: Seite 38 oben.

Davaras/Betancourt 2004: Seite 138.

N. Dimopoulou-Rethemiotaki, Το Αρχαιολογικό Μουσείο Ηρακλείου (Athen 2005): Seite 139 rechts. 141.

Chr.G. Doumas, Early Cycladic Culture. The N.P. Goulandris Collection (Athen 2000): Seite 46 unten.

Ekschmitt 1986: Seite 114.

Fiedler 1841: Seite 238 f. 322 rechts.

J.L. Fitton, Cycladic Art ²(London 1999): Seite 90 unten. 120. 130 rechts.

Getz-Preziosi 1987 und 1987 a: Seite 197 rechts oben.

Getz-Gentle 1996: Seite 95. 97.

Getz-Gentle 2001: Seite 183.

Guttandin/Panagiotopoulos/Pflug/Plath 2011: Seite 75 oben.

İstanbul 2011: Seite 103.

Karlsruhe 2001: Seite 232 rechts.

U. Köhler, Athenische Mitteilungen 9, 1884: Seite 180.

Maran 1998: Seite 161 unten.

Marangou 1990: Seite 44. 64 oben. 125 links. 145. 182.

Papathanassopoulos 1996: Seite 32. 35 rechts unten. 36. 39 rechts. 40. 47.

Petrakos 2008: Seite 63 oben.

Pini/Müller 2001: Seite 147 oben.

Reinholdt 2008: Seite 148 oben. 149 unten.

Renfrew 1972: Seite 159 unten.

Rhomaios 1929: Seite 221.

Y. Sakellarakis - E. Sakellarakis, Archanes. Minoan Crete in a New Light (Athen 1997): Seite 139 links. 140.

Sapouna-Sakellarakis 1998: Seite 146 links.

R.B. Seager, Explorations in the Island of Mochlos (Boston/New York 1912): Seite 142.

Staatsgalerie Stuttgart (Hrsg), Die Sammlung. Meisterwerke vom 14. bis zum 21. Jahrhundert (München 2008): Seite 237.

Stampolidis/Sotirakopoulou 2007: Seite 39 links. 99.

Thiersch 1835: Seite 209. 322 links.

Puschkin-Museum (Hrsg.), Der Schatz aus Troja. Schliemann und der Mythos des Priamos-Goldes. Ausstellungskatalog Moskau 1996/97 (Stuttgart/Zürich 1997): Seite 157.

Tsountas 1899: Seite 115. 116. 117.

Vasilikou 2006: Seite 177.

Walz 1853: Seite 223.

Wolters 1891: Seite 206.

Zervos 1957: Seite 57. 176. 229.

© für die Werke von Alexander Archipenko, Jean Arp, Franz Bernhard, Lothar Fischer, Henry Moore und William Turnbull bei VG Bild-Kunst, Bonn 2011.

© für die Werke von Pablo Picasso bei Succession Picasso/VG Bild-Kunst, Bonn 2011.

Wir danken allen Einrichtungen und Personen, die uns für dieses Werk Bildvorlagen und die Erlaubnis zu deren Abdruck gewährt haben, ganz besonders denen, die uns solche unentgeltlich zur Verfügung gestellt haben. Es war nicht in allen Fällen möglich, Bildrechteinhaber zu kontaktieren. Berechtigte Forderungen können daher zu üblichen Konditionen an das Badische Landesmuseum gerichtet werden.